之
Balancing
间

平 衡 你 自 己

人之初

母语九章

王尚文
西　渡
郭初阳
颜炼军
编选

SPM 南方传媒
广东人民出版社
·广州·

编者前言

青少年成长的核心问题，可以归纳为四十六个关键词，我们历时数年编成了《人之初：现代蒙学四十六课》，自 2016 年出版至今，得到读者的持续欢迎。读者在日日更新与成长，编者的心意也如故乡水，万里送行舟。如果说《人之初：现代蒙学四十六课》是借着经典文学作品而展开的启蒙教育，那么《人之初：母语九章》则是以母语为核心的语感培养与审美教育，九章绵延相续，每一章都由导读、注释、经典文章、精彩鉴赏四部分构成，帮助读者从从容容地拾级而上，走出自己，走到高处，走进经典。

第一章"汉语：我们的精神家园"开宗明义，揭示出个人和母语、人和语言的关系的本质。人生活在语言中，语言不仅是我们的思维方式，也是我们的存在方式。人创造了语言，同时也就创造了自己。汉语和汉字是我们祖先的伟大发明，汉民族煌煌的精神大厦就奠基于汉语这一媒介中。汉语是祖先遗留给我们的宝贵的精神遗产，也是我们心灵的最终归宿。

第二章"感受汉语之美"，通过"文字的音乐和音乐的文字""对联：

汉语的奇葩”“书法：汉字的舞蹈”“回文：汉字的组合”四个专题引导读者从汉语和汉字的形象性、音乐性，语法、意义、结构特点等不同方面领悟汉语独特的魅力，激发读者热爱、珍视母语的情感，唤醒其提高语文能力的志趣和主动性，并由此进一步培养读者的民族自豪感和民族自信心，陶育高尚的爱国情操。

第三章“母语是一条流淌的长河”，从月亮、杨柳、酒、桃花源、鲲鹏等汉语文学中典型意象的形成、发展、变化来体现母语的源远流长和生生不息，进一步引导读者感受母语传统之丰富深厚，增强读者对母语的感情，培养读者把母语当作精神家园的自觉。

第四章“词语的灵境”则从自然、人文环境、人生三个不同角度进一步展现语言和人之存在的关系：语言对世界的表达重新塑造了世界，这个世界就是人之存在的世界——语言重造了自然，重造了环境，并最终塑造了我们的人生。

第五章“语言：思想的猎鹰”通过“道可道，非常道”、“思维的乐趣”两个专题展示语言和人的思维活动的关系，让读者体会到语言不仅是表达思想的工具和手段，语言在某种程度上就是思想本身，从而进一步提高读者学习、丰富、提升自己语言能力的自觉性。

第六章“万紫千红各占春”则从人与风格、语体与风格的角度深化对语言与人、语言与人生的关系的理解。语言在表达世界和心灵的过程中塑造了人，人在这个过程中也在不断丰富语言的积累和语言的传统。本章既从个体角度展现语言和人互相发明的美妙景观，又展示了不同文体的特征和特长。

第七章“知音：心灵的相遇”，意在培养读者基本的文学鉴赏能力，传授文学鉴赏基本的方法和技巧。文学鉴赏实际上就是通过语言去体验作家的情感、生命，感知作家的个性、人格的过程。在这一过程中，语言是我们唯一的凭借。因此，解读文本、欣赏文本的过程，就是感知、体验语言的过程。

第八章“翻译：语言之间的对话”，从翻译角度引导读者感受汉语传统的丰富深厚。本章在古汉语传统之外进一步展示了方言、外国语、少数民族语言在建构现代汉语传统中的作用，充分展现了现代汉语丰富活力的源泉。

第九章“写作：阅读的升华”，从写作的角度展示语言和人生的关系，引导读者通过写作提升自身的人文素养和精神境界，进而发现自我、完成自我、实现自我。

诗人奥登说：“有时候，当我邂逅一本书，会感到这本书只为我一人而写。就像唯恐失去的恋人，我不想让别人知道她的存在。”亲爱的读者，希望《人之初：母语九章》就是这样一本书。

目录

第一章

汉语：我们的精神家园

人生活在语言中，就像鱼生活在水中。语言，不仅是我们的思维方式，也是我们的生存方式。我们命定生活在语言给出的世界里。这个世界在空间上无限辽阔，在时间上无限悠远。正是语言，把动物生存的有限环境变成了人生活的无限世界。人创造了语言，同时也就创造了自己。人和语言互相创造。所以，海德格尔说，“语言是存在的家”。

汉语和汉字是我们祖先的伟大发明。仓颉造字，“天雨粟，鬼夜哭”，汉民族煌煌的精神大厦由此奠基。古往今来，无数仁人志士不断地为这座精神大厦添砖加瓦，它那光辉的拱顶至今仍在不断上升中……汉语是祖先遗留给我们的宝贵的精神遗产，也是我们心灵的最终归宿。

死火[①]

鲁迅

我梦见自己在冰山间奔驰。

这是高大的冰山，上接冰天，天上冻云弥漫，片片如鱼鳞模样。山麓有冰树林，枝叶都如松杉。一切冰冷，一切青白。

但我忽然坠在冰谷中。

上下四旁无不冰冷，青白。而一切青白冰上，却有红影无数，纠结如珊瑚网。我俯看脚下，有火焰在。

这是死火。有炎炎的形，但毫不摇动，全体冰结，像珊瑚枝；尖端还有凝固的黑烟，疑这才从火宅中出，所以枯焦[②]。这样，映在冰的四壁，而且互相反映，化成无量数影，使这冰谷，成红珊瑚色。

哈哈！

当我幼小的时候，本就爱看快艇激起的浪花，洪炉喷出的烈焰。不但爱看，还想看清。可惜他们都息息变幻，永无定形。虽然凝视又凝视，总不留下怎样一定的迹象。

死的火焰，现在先得到了你了！

我拾起死火，正要细看，那冷气已使我的指头焦灼；但是，我还熬着，将他塞人衣袋中间。冰谷四面，登时完全青白。我一面思索着走出冰谷的法子。

我的身上喷出一缕黑烟，上升如铁线蛇[③]。冰谷四面，又登时满有红焰流动，如大火聚[④]，将我包围。我低头一看，死火已经燃烧，烧穿了我的衣裳，流在冰地上了。

“唉，朋友！你用了你的温热，将我惊醒了。”他说。

我连忙和他招呼，问他名姓。

“我原先被人遗弃在冰谷中，”他答非所问地说，“遗弃我的早已灭亡，消尽了。我也被冰冻得要死。倘使你不给我温热，使我重行烧起，我不久就须灭亡。”

“你的醒来，使我欢喜。我正在想着走出冰谷的方法；我愿意携带你去，使你永不冰结，永得燃烧。”

“唉唉！那么，我将烧完！”

“你的烧完，使我惋惜。我便将你留下，仍在这里罢。”

“唉唉！那么，我将冻灭了！”

“那么，怎么办呢？”

“但你自己，又怎么办呢？”他反而问。

“我说过了：我要出这冰谷……”

“那我就不如烧完！”

他忽而跃起，如红彗星，并我都出冰谷口外。有大石车突然驰来，我终于碾死在车轮底下，但我还来得及看见那车就坠入冰谷中。

“哈哈！你们是再也遇不着死火了！”我得意地笑着说，仿佛就愿意这样似的。

一九二五年四月二十三日

① 选自《鲁迅全集·第二卷·野草》，人民文学出版社 1981 年版。鲁迅（1881—1936），原名周树人，字豫才，浙江绍兴人，著有小说集《呐喊》《彷徨》《故事新编》，散文诗集《野草》，散文集《朝花夕拾》，杂文集《华盖集》《而已集》《三闲集》等。鲁迅的创作奠定了中国现代文学的基础，对中国现代思想进程有深刻影响。

② 火宅：佛家语。《法华经·譬喻品》中说：“三界（按即所谓欲界、色界、无色界，泛指世界）无安，犹如火宅，众苦充满，甚可怖畏，常有生老病死忧患，如是等火，炽燃不息。”

③ 铁线蛇：又名盲蛇，无毒，状如蚯蚓，见于浙江、福建等地。

④ 火聚：佛家语，猛火聚集的地方。

导读

鲁迅的《野草》是中国现代文学的一部杰作，从问世之日起便以其深刻的内涵和精湛的技艺引起了热烈的回响。如今，它已经成为中国知识分子在现代化进程中复杂心路历程的一个象征。《野草》素以难解著称，研究《野草》的著作汗牛充栋，但时至今日，关于它的题旨、内涵，研究者仍争论不休。关于本篇，就存在几种针锋相对的看法。一种观点认为，它表现了鲁迅"为革命事业献身的牺牲精神"；另一种观点把它和普罗米修斯盗火的希腊神话联系起来，认为它表现了鲁迅"出于心悦的牺牲的精神"；还有一种观点认为"死火"乃是鲁迅"冷藏情热的象征"；更有一种观点认为本篇的主旨乃在表现爱情，盛赞本篇乃"爱情寓言诗的不朽艺术杰作"。你支持哪种观点？或者你还有什么新的看法？

触类引申

一、关于《野草》

孔子曾盛称："关雎乐而不淫，哀而不伤"，所以诗以悱恻缠绵，温柔敦厚为主，扩大开来，中国的思想，也都以中庸为主。不偏之为中，不易之谓庸，就是乐而不淫，哀而不伤的注脚。舍乎此，不是过火，就是不及，都属于偏激者流，为中国的传统思想所不许的。鲁迅先生的思想本来是反传统的，而《野草》却最为特色，全部是乐而淫，哀而伤，毫无温柔敦厚，不偏不易之气。《野草》中间所表示的绝望，是真实的绝望以上的绝望；表示的憎恨，是真实的憎恨以上的憎恨；而他所看见的黑暗，也是真实的黑暗以上的黑暗；所感到的寂寞，更是真实的寂寞以上的寂寞。

…………

《野草》是鲁迅先生为自己写，写自己的书，是理解他的锁钥，是他的思想发展的全程中一个重要的枢纽；不过，同时也是整个中国文化思想不能不向前迈进一大步的忠实的反映。

——聂绀弩《略谈鲁迅先生的〈野草〉》，见《聂绀弩杂文集》，生活·读书·新知三联书店 1981 年版

我至今仍然认为，鲁迅浩如烟海的全部著述中，薄薄一册《野草》，是将自我心灵的剖露与生命哲理的沉思完美结合而达到最高境界的杰作。它以奇异瑰丽波谲云诡的构思和意象所构成的独特世界，为中国新文学象征主义艺术自觉探索的滥觞，也是 20 世纪中国现代散文诗开山的界碑和巅峰。

——孙玉石《〈野草〉研究》“再版后记”，载孙玉石《〈野草〉研究》，北京大学出版社 2007 年版

鲁迅说，《野草》包含了我的全部哲学。这哲学其实大部分是关于黑暗的哲学，关于失败的哲学，也是关于跋涉的哲学，关于肉搏的哲学，关于挪用“远方”与“人们”的哲学，关于战斗的哲学和绝望的哲学。

——敬文东《重读鲁迅：失败的偶像》，花城出版社 2003 年版

二、关于《死火》

这（《死火》）使我们很容易想到希腊神话所说，波罗米修斯盗火的

故事。虽然情节不尽相同，一个是火的夺取，一个是火的复燃，但给予人们以“火”的力，这是完全一样的。

——杜子劲《鲁迅先生的〈野草〉》，见茅盾、许景宋等《鲁迅研究》（上集），嘉陵江出版社 1946 年版

这“死火”的生存困境，两难中的最后选择，都是鲁迅对生命存在本质的独特发现，而且明显地注入了自己的生命体验；因此，我们可以说，这是一种“个体化”的想象与发现。

——钱理群《与鲁迅的生命相遇》，见《北大文学讲堂》，温儒敏、姜涛编，中央编译出版社 2005 年版

《死火》是他和她的恋爱进入新阶段，即热恋阶段的征象，也是他俩恋爱胜利的宣言书，虽然诗人对他俩恋爱的前途依然充满忧虑。《死火》是鲁迅和许广平恋爱和恋爱过程的私人寓言，也是他俩恋爱全过程象征的浓缩。《死火》是爱情寓言诗的不朽艺术杰作。

……《死火》里的“死火”意象——“他”，是鲁迅象征的自喻；“我”则是暗喻“秘密窝（冰谷）探险”的她。《死火》是她的梦。

……用“冰谷”象征没有爱情、只有名义的婚姻生活，是最恰当不过了。

——胡尹强《鲁迅：为爱情作证——破解〈野草〉世纪之谜》，人民文学出版社 2004 年版

祖国（或以梦为马）[①]

海子

我要做远方的忠诚的儿子
和物质的短暂情人
和所有以梦为马的诗人一样
我不得不和烈士和小丑走在同一道路上

万人都要将火熄灭 我一人独将此火高高举起
此火为大 开花落英于神圣的祖国
和所有以梦为马的诗人一样
我藉此火得度一生的茫茫黑夜

此火为大 祖国的语言和乱石投筑的梁山城寨
以梦为上的敦煌——那七月也会寒冷的骨骼
如雪白的柴和坚硬的条条白雪 横放在众神之山
和所有以梦为马的诗人一样
我投入此火 这三者是囚禁我的灯盏 吐出光辉

万人都要从我刀口走过 去建筑祖国的语言
我甘愿一切从头开始
和所有以梦为马的诗人一样
我也愿将牢底坐穿

众神创造物中只有我最易朽 带着不可抗拒的死亡的速度

只有粮食是我珍爱 我将她紧紧抱住 抱住她在故乡生儿育女
和所有以梦为马的诗人一样
我也愿将自己埋葬在四周高高的山上 守望平静家园

面对大河我无限惭愧
我年华虚度 空有一身疲倦
和所有以梦为马的诗人一样
岁月易逝 一滴不剩 水滴中有一匹马儿一命归天

千年后如若我再生于祖国的河岸
千年后我再次拥有中国的稻田 和周天子的雪山 天马踢踏
和所有以梦为马的诗人一样
我选择永恒的事业

我的事业 就是要成为太阳的一生
他从古至今——“日”——他无比辉煌无比光明
和所有以梦为马的诗人一样
最后我被黄昏的众神抬入不朽的太阳

太阳是我的名字
太阳是我的一生
太阳的山顶埋葬 诗歌的尸体——千年王国和我
骑着五千年凤凰和名字叫“马”的龙——我必将失败
但诗歌本身以太阳必将胜利

1987

① 选自《海子诗全编》（西川编），上海三联书店 1997 年版。海子（1964—1989），原名查海生，安徽怀宁人，当代诗人，1979—1983 年就读于北京大学法律系，毕业后任教于中国政法大学，大学期间开始写诗，在其短暂的写作生涯中创作了大量作品。

导读

语言承载着历史和文明的记忆。诚如一位诗人所说，“母语即是祖国”。“建筑祖国的语言”无疑是诗人的最高使命。在诗歌与语言的薪火相传中，语言是火，是太阳，诗人是薪，是失败的尸体；诗人作为“物质的短暂情人”死去了，失败了，“但诗歌本身以太阳必将胜利”。

触类引申

他（海子）已成为一个诗歌时代的象征：他的诗歌理想，他营造的独特的系列意象，他对于中国诗歌的创造性贡献——他把古典精神和现代精神、本土文化和外来文化、乡土中国和现代精神作了成功的融合，以及他的敬业精神、他对于诗歌的虔诚和敬怵。

——谢冕《不死的海子·序》，见《不死的海子》，崔卫平编，中国文联出版公司 1999 年版

海子的重要性特别表现在：海子不是一个事件，而是一种悲剧，正如酒和粮食的关系一样，这种悲剧把事件造化为精华；海子不唯是一种悲剧，也是一派精神氛围，凡与他研究或争论过的人，都会记忆犹新地

想起这种氛围的浓密难辨、猛烈集中、质量庞大和咄咄逼人，凡读过他作品序列的人会感到理解这种氛围所需要的思维运转速度和时间。

——骆一禾《海子生涯》，见《海子诗全编》，西川编，上海三联书店 1997 年版

简单地说，海子在这首诗［指《祖国（或以梦为马）》］中倾诉了他毫不妥协的诗歌态度（“远方的忠诚儿子，物质的短暂情人”）和对“语言”的狂热信仰（“此火为大”）。从形式上看，它似乎遵循着一般朗诵诗的基本模式，以“我”的激情的独白展开，但是读者在感受到情感冲击的同时，也会被诗中杂多纷乱的词语和形象所震撼，尤其是这第三、四节：从“祖国的语言”到“乱石投筑的梁山城寨”，再到“敦煌”，再到“寒冷的骨骼”“坚硬的条条白雪”“众神之山”，一直到最后“将牢底坐穿”（我们都熟悉，海子在这里借用了一首革命烈士的诗句），词语、形象在诗中急速转换着，但其中没有多少逻辑的关联，最关键的是一种强悍的节奏感，在语无伦次中，产生一种天马行空般的自由纵横能力。

——姜涛《冲击诗歌的“极限”——海子与 80 年代诗歌》，见《北大文学讲堂》，温儒敏、姜涛编，中央编译出版社 2005 年版

汉语 ①

——献给蔡，一个汉语手工艺人

蔡恒平

数目庞大的象形文字，没有尽头
天才偶得的组装和书写，最后停留在书籍之河

最简陋的图书馆中寄居的是最高的道
名词，粮食和水的象征；形容词，世上的光和酒
动词，这奔驰的鹿的形象，火，殉道的美学
而句子，句子是一匀身体的盐，一根完备的骨骼
一间汉语的书房等同于一座交叉小径的花园
不可思议，难言的美，一定是神恩浩荡的礼物
因为它就是造化本身：爱它的人
必然溺死于它，自焚于它。然而仅仅热爱
就让我别无所求。——美从来是危险的
我生为汉人，生于世纪之末，活到如今
汉语的迷宫，危险的美的恩赐
是我最后栖身之处。我自囚于其中
那里是另一种真实，更高的真实
作为对比，或者作为报应，我们寄存形骸的世界
虚伪、下流、没有意义、丧失本质
时至今日，汉人啊：这是我们硕果仅存的荣光
守着神明的钻石一贫如洗
有谁和我一样？享有王国及其荣耀

1990.3.9

① 选自《谁会感到不安》，新世界出版社2002年版。蔡恒平（1967—），福建人，当代作家，曾用笔名恒平、王怜花等，1983—1991年就读于北京大学中文系，著有诗、小说合集《谁会感到不安》，随笔集《古今兵器谱》《江湖外史》等。

导读

1990年，诗人在其诗集《手工艺人》的题记中写道：“我为自己的形象找到了一个无需更改的命名——手工艺人。做一个汉语手工艺人是我唯一的愿望——这同样是我对自己使用汉语写作所能表示的唯一严肃的理解。”十年后，诗人在《谁会感到不安》的后记中再次写道：“十年多过去了，我对汉语的热爱和敬畏之心始终如一。畏我心者，心中的大道和天上的汉语。”

母语既是诗人的祖国，也是天赐给诗人的礼物。通过它，诗人认识了美、真实和意义。

触类引申

诗中把“汉语的迷宫”看成他最后栖身之处，看成“另一种真实，更高的真实”。这种对汉语迷宫的执迷，反映了诗人在经历了丧失、弃绝与破碎之后试图在语言世界中获得拯救的心路。对于诗人而言，语言世界是比现实世界更容易把握的实体。在特定时代的特定体验中，语言世界是比现实世界更真实的世界。这与柏拉图的著名观念大相径庭。语言不再是现实的摹本，我们在语言的存在中更容易感受到生命的可靠性和具体性。这不仅意味着诗歌世界是诗人感到更切实更易把握的实体而更在于生活在语言中就是生活在更深刻的意义中，就是生活在存在所能展示的无限丰富的可能性中。

——吴晓东《〈谁会感到不安〉代序：只有一种生活的形式》，见蔡恒平《谁会感到不安》，新世界出版社2002年版

第二章

感受汉语之美

汉语是一种富于表现力而且具有强大生命力和生长力的语言。它不但为汉民族所通用，也为中华民族大家庭中的其他民族广泛使用，是中华民族共同的精神财富。汉字是汉语的书面书写符号。它具有形、音、义结合的特点，这和汉语以外的文字都只是形和音的结合有显著不同，由此带来了汉语书面语特殊的表现力和某些特殊的表现方法。鲁迅说：“诵习一字，当识形音义三：口诵耳闻其音，目察其形，心通其义，三识并用，一字之功乃全。”相应的，汉字也具有三美：“意美”、“音美”和“形美”。汉字具有独特的视觉之美，这是其他书写语言所没有的。一个汉字仿佛就是一幅生动的图画。甚至有人说，汉字本身就是艺术品。汉语因为其丰富的音乐性，因为其独特的绘画之美和建筑之美，极大地拓展了汉民族的想象空间。在这一章里，我们将从不同角度，一起探寻、领略汉语之美，品味回文诗的机巧，欣赏对联的妙趣，感受汉语的音乐节奏，领受汉语带给我们的精神奇迹。

一、文字的音乐和音乐的文字

汉语是特别富于音乐性的语言。汉语的声调变化，造就了其声音高低变化、抑扬顿挫和铿锵有力的特征。双声、叠韵和叠音词这些汉语中独特的语言现象进一步增强了汉语的音乐性。汉语的每一音节均以单个的、在书写中占据相等空间的汉字为代表，也使汉语语句的节奏倾向于匀称整齐、长于对偶，从而使汉语富于音乐性的特征更加突出。汉语的音乐性使它最适于歌唱、记忆，具有极大的感染力。也因此，与其他语言的文学相比，汉语文学中抒情文学的发生、发展和成熟都很早，也最发达，而叙事文学的成熟和发达却较晚。古典诗词中有不少以文字追摹音乐的名篇，正是充分利用了汉语音乐性的特长。它们表现音乐的效果达到了出神入化的地步，令人分不清哪是音乐，哪是文字，不知道音乐在哪里结束，也不知道文字在哪里开始。它们是文字，但也是动人心魄、感人至深的音乐。

听颖师弹琴[①]

韩愈

昵昵儿女语，恩怨相尔汝[②]。划然变轩昂，勇士赴敌场[③]。浮云柳絮无根蒂，天地阔远随飞扬[④]。喧啾百鸟群，忽见孤凤凰[⑤]。跻攀分寸不可上，失势一落千丈强[⑥]。嗟余有两耳，未省听丝篁[⑦]。自闻颖师弹，起坐在一旁[⑧]。推手遽止之，湿衣泪滂滂[⑨]。颖乎尔诚能，无以冰炭置我肠[⑩]！

① 选自沈祖棻、程千帆选注《古诗今选（征求意见稿）》，南京大学中国语言文学系，1979年印行本。韩愈（768—824），字退之，河南河阳（今孟州）人，一说怀州修武（今河南修武）人，世称“韩昌黎”，唐代古文运动倡导者，有《昌黎先生集》传世。颖师：一位和尚。“师”在这里是对佛教徒的尊称。

② 昵（nì）昵：亲密貌。儿女：这里指相爱着的少男少女。尔、汝：都表示“你”的意思。相尔汝：互相叫着对方。这是形容琴声一开始时，非常轻细温柔，正如一对青年男女在谈情说爱，一会儿互吐恩情，一会儿又互相埋怨。

③ 划（huà）然：突然。轩昂：高扬。这是形容琴声突然转入雄健高亢，使人联想到勇士上战场去打仗。

④ 浮云两句：这是形容琴声的境界非常开阔。

⑤ 喧啾：鸟叫得很热闹的声音。这是形容在许多声音中，忽然突起一个高调，好像在百鸟群中，凤凰忽然高鸣。

⑥ 跻（jī）攀两句：用脚上升为跻，用手上升为攀。这是形容琴声达到极高的时候，猛然又低了下来，好像一个人跻攀高处，再要上升一分一寸，都很困难，终于失脚失手，一落千丈有余。

⑦ 省：知。丝簧：音乐的代称。丝：指弦乐器。簧：装在乐器中用以发声的薄片。这是说自己过去不能欣赏音乐。

⑧ 起坐句：在旁边忽起忽坐，形容激动。

⑨ 遽：急促地。滂（pāng）滂：泪流貌。这是说自己深受感动，至于流泪，简直没法听下去了。

⑩ 颖乎二句：冷的冰和热的炭是两种完全不相容的东西，放在人的肠内，定然发生极大的刺激。这是诗人赞美颖师艺术的话。他说：颖师呵，你实在有本领，可我求你别再弹了吧，琴声激动着我，竟像在肠中同时放着冰和炭一般。

导读

音乐是抽象的艺术，要用语言文字把一首乐曲的节奏旋律形象生动地刻画出来，从而让读者产生如临其境之感，实为不易。然而，艺术就是对困难的克服，韩愈在《听颖师弹琴》里为或而幽细或而昂扬的音乐旋律分别找到了客观对应物。更为可贵的是，“当形容琴声幽细的时候，用的是闭口韵（语、汝），当形容琴声昂扬的时候，用的是开口韵（昂、场、扬、凰），这就非常准确地表达了音乐家的感情和欣赏者的印象”（程千帆先生语）。这正是诗人的神工：用语言捕捉并留住了音乐之美。

水调歌头[①]

苏轼

欧阳文忠公[②]尝问余：“琴诗何者最善？”答以退之听颖师琴诗。公曰：“此诗固奇丽，然非听琴，乃听琵琶诗也[③]。”余深然之。建安章质夫家善琵琶者乞为歌词[④]，余久不作，特取退之词稍加隐括，使就声律[⑤]，以遗之云。

昵昵儿女语，灯火夜微明。恩怨尔汝来去，弹指泪和声。忽变轩昂勇士，一鼓填然作气[⑥]，千里不留行[⑦]。回首暮云远，飞絮搅青冥[⑧]。

众禽里，真彩凤，独不鸣[⑨]。跻攀寸步千险，一落百寻轻[⑩]。烦子指间风雨，置我肠中冰炭，起坐不能平。推手从归去，无泪与君倾。

① 选自陈迩冬选注《苏轼词选》，人民文学出版社 1998 年版。苏轼

（1037—1101），字子瞻，号东坡居士。在诗、词、文、书画诸方面均有很高成就，对后世文学有深远影响，诗文辑为《东坡七集》，词集名《东坡乐府》。

② 欧阳文忠公：欧阳修，“文忠”是其谥号。他是苏轼的前辈，而且是苏轼的座师。有《欧阳文忠公文集》行世。

③ 作者诗话中也有同样的记载：“昵昵儿女语……此退之听颖师琴诗也。欧阳公尝问仆：琴诗何者最佳？余以此答之。公曰：此诗固奇丽，然自是听琵琶诗，非琴诗。”在宋熙宁五六年间，作者曾作《听贤师琴》一诗，想寄给欧阳修，而修已死。作者深以为憾。

④ 章质夫：名楶（jié），时为吏部郎中。

⑤ 唐、宋诗多不能入乐，“使就声律”，是把原作改写为词，使其能符合当时琵琶谱中的本调。

⑥ 填：这里是象声字——形容鼓声，有时也写作阗。《孟子·梁惠王上》：“填然鼓之。”作者《初发嘉州》：“朝发鼓阗阗。”《左传·曹刿论战》：“一鼓作气，再而衰，三而竭。”

⑦《庄子·说剑》：“臣之剑，十步一人，千里不留行。”

⑧ 青冥：青天。以上两句，写第三段弦声变化，似李颀《听董大弹胡笳》中的“万里浮云阴且晴”，亦即白居易《琵琶行》中的“此时无声胜有声”。

⑨ 韩愈原句“喧啾百鸟群，忽见孤凤凰”，李宪乔云：“写声至矣！亦可见琴德之高。”这里说独不鸣，是以无声写有声。

⑩ 寻：度量名，古以八尺为寻。百寻：形容其高。

导读

苏轼《水调歌头·昵昵儿女语》系依据韩愈的诗改写而成，但在韩诗的基础上进行了艺术的再创造，如韩诗云“划然变轩昂，勇士赴敌场”，苏词作“忽变轩昂勇士，一鼓填然作气，千里不留行”，虽用同一比喻写相同的音乐效果，但苏词与韩诗有不同的写法和调子，因而具有不同的妙趣和神韵。

触类引申

韩愈是描写能力最强的古典诗人之一。这一篇，当形容琴声幽细的时候，用的是闭口韵（语、汝），当形容琴声昂扬的时候，用的是开口韵（昂、场、扬、凰），这就非常准确地表达了音乐家的感情和欣赏者的印象。同时，诗人利用了人类五官的通感机能，以视觉所获得的形象（如勇士赴敌、萍絮飞扬等）之美来反映听觉所体会的声音之美，从而沟通了音乐和图画这两种艺术，使读者得到了一种更新鲜的美的享受。

——沈祖棻、程千帆选注《古诗今选（征求意见稿）》，南京大学中国语言文学系 1979 年印行本

“昵昵儿女语，恩怨相尔汝”，言轻柔细屑，真情出现也。“划然变轩昂，勇士赴敌场”，精神愈谨，耸观听也。“浮云柳絮无根蒂，天地阔远随飞扬”，纵横变态，浩然不失自然也。“喧啾百鸟群，忽见孤凤凰”，观颖师孤绝，不同流俗下俚声也。“跻攀分寸不可上，失势一落千丈强”，起伏抑扬，不主故常也。皆指下丝声妙处，惟琴为丝。

——钱仲联《韩昌黎诗系年集释》，上海古籍出版社 1984 年版

韩诗以男女私语、勇士猛进、晚云飞絮、众鸟齐鸣、攀岩落谷等一系列生活和自然意象，极力摹写音乐低昂、邈远、嘈杂和抑扬升沉的变化，将诉诸听觉的声情具形化，渲染出演奏家的高妙弹技。苏轼词保留原作精髓，经过巧妙增删熔裁，改成合乎律度的曲子词。这番再创造，发挥词体之长，升华原作之神，写来宛转错落，曲折尽意，浑成融贯。末以“无泪”取代“湿衣”，翻进一层，尤觉精练新警。词中隐括体，创自东坡，此篇虽系隐括，犹如自创，以名手改制名作，自是非凡。

——刘乃昌、朱德才选注《宋词选》，人民文学出版社 2003 年版

李凭箜篌引[①]

李贺

吴丝蜀桐张高秋[②]，空山凝云颓不流[③]。湘娥啼竹素女愁[④]，李凭中国弹箜篌[⑤]。昆山玉碎凤凰叫，芙蓉泣露香兰笑[⑥]。十二门前融冷光[⑦]，二十三弦动紫皇[⑧]。女娲炼石补天处，石破天惊逗秋雨[⑨]。梦入神山教神妪，老鱼跳波瘦蛟舞。吴质不眠倚桂树，露脚斜飞湿寒兔[⑩]。

① 选自《昌谷集》。李贺（790—816），字长吉，唐代诗人，善于熔铸词采，运用想象和神话材料，创造出新奇瑰丽的诗境，在诗史上独树一帜，被称为李长吉体，有《昌谷集》传世。李凭：当时一位著名宫廷乐师。箜篌（kōnghóu）：弦乐器名。箜篌有几种，其中二十三弦的叫竖箜篌，直抱怀中，两手齐奏，李凭所弹即此。

② 吴丝：吴地（今江苏一带）所产的丝。蜀桐：蜀地（今四川一带）所产的梧桐树。两者品质都很优良。吴丝宜做乐器的弦，蜀桐宜做乐器的

身，这里即用作代称，借以赞美李凭所用箜篌。张：演奏。古人称奏乐为张乐。高秋：深秋，九月。此句意谓李凭在深秋九月弹奏箜篌。点明时间，同时也是营造氛围。

③ 空山句：《列子》上说："秦青抚节悲歌，响遏（è）行云。"这句也是此意，说箜篌的声音响彻天空，云都因而被凝结在空山之中，颓然不能流动了。颓：颓然，倒塌的样子。

④ 湘娥句：《博物志》："舜之二妃曰湘夫人。舜崩，二妃啼，以涕挥竹，竹尽斑。"素女：古代传说中一位善于弹瑟的女子。这是说李凭的演奏极为精彩，致使娥皇、女英为之感动，又对着竹子哭了起来，而素女则因为自己的技巧不及他而发愁。

⑤ 中国：即国中，指京城长安。这句按照逻辑次序，应当放在篇首，诗中却先写乐技，再出乐师，便显得文势突兀可喜。

⑥ 昆山：即昆仑山，产玉。玉碎、凤凰叫：形容弦声之清脆与激越。芙蓉泣：指莲花上有露水。芙蓉，即莲花。香兰笑：指兰花盛开如带欢容。莲花有露似泣，香兰盛开如笑，而人类之泣和笑都是有声音的，所以由此引申，以之比喻弦声的悲痛和欢欣。

⑦ 十二句：长安城四方各有三座城门，共有十二门。融：消化。冷光：冷气。这是说长安城由于热烈的乐声，也就变得温暖了起来。

⑧ 紫皇：道教中天上最尊贵的神，这里用来比喻皇帝。这是说李凭弹箜篌感动了皇帝，点明他的宫廷乐师身份。

⑨ 女娲（wā）二句：据古代神话，共工和颛顼（zhuānxū）争帝，不胜，怒而触不周山，折天柱，女娲乃炼五色石补天。这里说李凭所弹箜篌，声震高空，以致女娲所补的天空又破裂了，秋雨就从裂缝中被引了出来。这也是形容其技艺的惊人。石破天惊是天惊石破的倒文。惊：震。逗：引出。

⑩ 梦入四句：意谓李凭梦入仙境，以其乐艺惊动了仙界。神妪：指

成夫人，她是一位名叫樊道基的神仙的妻，能弹箜篌。吴质：当是吴刚之误。相传月中有棵桂树，一位犯有过失的仙人吴刚被罚令砍树，随砍随合。又传月中有玉兔，这里寒兔即指秋月。露脚：不断降下的露水，如雨丝可称雨脚，日影可称日脚。这是说李凭乐艺通神，曾梦入神山，教授成夫人；吴刚听了他的弹奏，激动得倚着桂树，睡不着觉，不觉露水沾满了月宫；而老鱼听了，也从波浪中跳了出来；瘦蛟听了，又为之起舞。总之，高明如神仙，冥顽如动物，无不极为欣赏。

导读

李贺在这首诗里创造了一个美好而奇特的艺术境界，它来自音乐的触发，但诗人笔下的世界和他所听到的乐曲的境界不是重合的，这一个是这一个，那一个是那一个，然而两者又有相似相通之处。此作是诗歌和音乐的对话，阅读这首诗则首先是我们和诗歌的对话，不能只简单地认为此诗是对乐曲旋律和演奏效果的描摹。

触类引申

李贺的诗，如七宝琉璃建筑物，受到日光或星月照耀，外观已使你眼花缭乱，从各个不同的角度、时间感到不同的炽热和幽冷。进入内部，更知不是一把钥匙可以开每一扇门。其结构之奇，陈设之异，路径之险，方位之迷，光线之阴暗，上下之恍惚，皆似梦中曾到而实际上没有来过。……这是我少年时初次接触李贺诗歌的印象，这印象，到现在老了还或多或少保留着……

李贺诗不论选字、造句、沥韵、刷色、谋篇，都接近韩愈又不同于韩愈，其峭拔、新奇处或有过之。此诗与韩诗《听颖师弹琴》相较，清人方世举云："韩足以惊天，李足以泣鬼"，我以为韩诗惊天也"移人"（方还说"白足以移人"，指白居易的《琵琶行》）。李贺此诗，则泣了鬼，又惊了天。

——陈迩冬，见《历代名篇赏析集成》，袁行霈主编，中国文联出版公司 1988 年版

此诗在用韵方面也有特色。句句用韵，一也。前四句由泛说而转入实指，故用一韵；五、六句状其声与情，乃一换韵；七、八句承上启下，又属总括虚写，故又换一韵；末六句深入细致地写乐声之感天动地，故再次换韵——二也。迤逦写来，以平淡出之之处用平声韵脚；精心刻画，着意描摹处则用仄声韵脚——三也。末六句韵脚以上、去两声之字通押（唐人虽有此例，尚非普遍），四也。即就上去通押而言，作者亦匠心独运，五也。盖"雨""舞"为一韵（上声麌姥韵），"处""妪""树""兔"为一韵（去声遇暮韵），如以两句为一节，则主要韵脚都押在下句，那么末六句实更分两层，即前四句为一层，后二句为一层，以末二句乃一篇之余波故也。可见这六句虽属上去通押一韵到底，作者却仍尽量使韵脚有变化，在不规则中体现规则，从而见出层次和深度。这是读古体诗（特别是读唐人的七言歌行）所不可不注意的。

——吴小如《诗词札丛》，北京出版社 1988 年版

二、对联：汉语的奇葩

对联又叫“楹联”或者“对子”，是悬挂或粘贴在壁间柱上的联语，由两个对偶工整的语句构成。对联是汉语独有的一种文学形式。它的产生根源于汉语音节以独立的汉字为单位这一独特条件。对偶或对仗是汉语修辞固有的特征，对联作为独立的文学形式出现相传始于后蜀孟昶在寝门上的题词“新年纳余庆，嘉节号长春”，谓之“题桃符”，以后得到推广，在汉民族的日常生活中发挥着重要的功能。对联的基本特征是字数相等，平仄相协；词性相近，句法相似；语义相关，语势相当。作为一种雅俗共赏的文学体裁和文化现象，对联集中体现了汉语独具的一些重要特征。对联内容涵盖丰富，代有名作，可谓典丽琳琅、文采辉耀，是民族文化的瑰宝。

登高[①]

杜甫

风急天高猿啸哀，渚清沙白鸟飞回[②]。
无边落木萧萧下，不尽长江滚滚来[③]。
万里悲秋常作客，百年多病独登台[④]。
艰难苦恨繁霜鬓，潦倒新停浊酒杯[⑤]。

① 选自（清）仇兆鳌注《杜诗详注》，中华书局1979年版。杜甫（712—770），字子美，唐代诗人，与李白合称“李杜”。杜甫生当唐朝由开元、天宝盛世转向分裂衰微之际，他的诗深刻地反映了这一历史过程，

被称为“诗史”。杜甫的诗歌创作是我国古代诗歌艺术发展的高峰之一，宋以后被尊为“诗圣”，有《杜工部集》。

② 渚（zhǔ）：水中小洲。回：回旋。

③ 落木：落叶。萧萧：风声，此指风吹叶动之声。

④ 万里：极言故土遥远，欲归无望。百年：一生，此言自己年老力衰。

⑤ 艰难：世乱多难。苦恨：痛恨，恨极。繁霜鬓：言白发日多。潦倒：颓丧，失意。新亭：刚停，刚刚戒了。

导读

此诗为杜甫晚年（767）在长江之滨的夔州所作。通过描绘登高所见夔峡惊心动魄的暮秋景色，倾诉了诗人沧桑历尽、老病孤愁的复杂感情，风格慷慨悲凉。杨伦誉之为“杜集中七言律诗第一”（《杜诗镜铨》），胡应麟（《诗薮》）更称赞此诗“如海底珊瑚，瘦劲难名，沉深莫测，而精光万丈，力量万钧。通章章法、句法、字法，前无昔人，后无来学”。

此诗四联皆对，也是律诗中的特例，可以说将汉语长于对仗的特长发挥到了极致。胡应麟说它“一篇之中，句句皆律，一句之中，字字皆律”，用句用字“皆古今人必不敢道，决不能道”。诚为“全篇可法”的“旷代之作”。

触类引申

杜陵诗云：“万里悲秋常作客，百年多病独登台。”万里，地之远也；悲秋，时之惨凄也；作客，羁旅也；常作客，久旅也；百年，暮齿也；

多病，衰疾也；台，高迥处也；独登台，无亲朋也。十四字之间含有八意，而对偶又极精确。

——（南宋）罗大经《鹤林玉露》

陆深曰：杜格高，不尽合唐律。此篇声韵，字字可歌，与诸作又别。蒋一葵曰：虽起联而句中各自对，老杜中联亦多用此法。吴山民曰：次联势若大海奔涛，四叠字振起之。三联“常”“独”二字，何等骨力！周珽云：章法句法，直是蛇神牛鬼佐其笔战。

——（明）周珽《唐诗选脉会通评林》

远客悲秋，又以老病止酒，其无聊可知。千绪万端，无首无尾，使人无处捉摸，此等诗如何可学？“风急天高猿啸哀”，发端已藏“独”字。……“潦倒新停浊酒杯”，顶“百年多病”。结凄壮，止益登高之悲，不见九日之乐也。前半先写“登高”所见，第五插出“万里作客”，呼起“艰难”，然后点出“登台”，在第六句中，见排奡纵横。

——（清）何焯《义门读书记》

昆明大观楼长联[①]

孙髯

五百里滇池奔来眼底[②]。披襟岸帻，喜茫茫空阔无边[③]！看：东骧神骏，西翥灵仪，北走蜿蜒，南翔缟素[④]。高人韵士，何妨选胜登临[⑤]。趁蟹屿螺洲，梳裹就风鬟雾鬓；更蘋天苇地，点缀些翠羽丹霞[⑥]。莫孤负四围香稻，万顷晴沙，九夏芙蓉，三春杨柳[⑦]。

数千年往事注到心头。把酒凌虚[8]，叹滚滚英雄谁在？想：汉习楼船，唐标铁柱，宋挥玉斧，元跨革囊[9]。伟烈丰功，费尽移山心力。尽珠帘画栋，卷不及暮雨朝云；便断碣残碑，都付与苍烟落照[10]。只赢得几杵疏钟，半江渔火，两行秋雁，一枕清霜[11]。

① 选自《中国楹联鉴赏辞典》，百花洲文艺出版社 1992 年版。大观楼：在昆明西郊滇池之滨，今大观楼公园内。园林初辟于明代。大观楼初建于清康熙三十五年（1696），楼前悬挂的孙髯长联为昆明名士陆树堂用行书书写刊刻，至清咸丰七年（1857）毁于兵燹。现存三层楼宇系清同治五年（1866）所建。长联是光绪十四年（1888）由云南剑川县人赵藩重书。孙髯：字髯翁，号颐庵，自号“咒蛟老人”“万树梅花一布衣”，生于清康熙年间，卒于乾隆年间，享年 80 余岁。

② 五百里：《云南通志·地理志》云：“滇池为南中巨浸，周广五百余里。”滇池：现为我国第六大淡水湖。

③ 岸帻：“岸”在这里作动词，推高的意思。“帻”即头巾。“岸帻”意思是推高头巾。

④ 骧：指马昂首奔驰。神骏：神马。这里指昆明的金马山，该山在昆明之东面，故曰：“东骧神骏。”翥：即飞翔。灵仪：凤凰为灵禽，凤凰来仪，称为灵仪。这里以“灵仪”代指昆明西面的碧鸡山。相传曾有凤凰鸣其上，当地人不知是何鸟，称其为碧鸡。山遂由此而得名。蜿蜒：指昆明北面的蛇山，该山有如长蛇曲折前伸，山势蜿蜒。缟素：“缟”为白缯，“素”乃生帛，均白色。这里代指昆明西面的白鹤山。

⑤ 高人：“高士”，指蔑视权贵、退隐山林江海之士。韵士：诗人，文士。

⑥ 蟹屿螺洲：指散落在滇池中的小岛。它们有的形似螃蟹，有的状如海螺。风鬟：即高髻，如风吹而蓬松。雾鬓：指双鬓梳裹得似薄雾。蘋

天苇地：蘋指水草；苇指芦苇。蘋天苇地，泛指水草之多、芦苇之茂。翠羽：泛指各种翠绿色的禽鸟。丹霞：即红霞。

⑦ 孤负：孙髯原作为“辜负”。1888年赵藩重书时写作“孤负”。“孤负”与“辜负”相通。九夏：即夏季中的九十天。芙蓉：即莲花。三春：即春季的三个月。

⑧ 把酒凌虚：高举着酒杯对着天空。

⑨ 汉习楼船：据《汉书·武帝纪》及《史记·平准书》载，公元前120年，汉武帝下令“减陇西北地上郡戍卒，半发谪吏穿昆明池”，周围四十里“治楼船高十余丈”以操习水军。唐标铁柱：典出《新唐书》及《大唐新语》。707年，因“吐蕃及姚州蛮寇边”，唐中宗遣御史唐九征率兵回击，大败之，在今云南祥云县建铁柱以纪功。宋挥玉斧：玉斧为文房古玩，作写字时镇纸用。相传北宋初年在论定边界时，宋太祖赵匡胤手持玉斧沿着地图上大渡河一划，说“此外非吾有也！”元跨革囊：革囊即皮筏子。据《元史·世宗本纪》云，1252年，成吉思汗孙蒙哥命令其弟忽必烈统兵取云南，至金沙江“乘革囊及筏以渡”，收回大理，统一云南全境。

⑩ 尽珠帘画栋：珠帘画栋，形容宫室豪华，以珍珠串成帘幕，以雕梁彩画构建宫室。尽：尽管之意。卷不及暮雨朝云：“卷”即卷起。此句系化用王勃《滕王阁序》中“画栋朝飞南浦云，珠帘暮卷西山雨”诗句。断碣残碑：碣为圆形的碑。苍烟：暮色苍茫中的烟雾。落照：落日时那昏暗的光线。

⑪ 几杵疏钟：寺庙中那疏落的钟声。一枕清霜：一觉醒来，遍地寒霜。

导读

这副长联气势磅礴，被誉为海内第一长联。全联一百八十字，上下联各九十字。上联描绘滇池风物，气象万千，领之以“喜”；下联引证云南史实，感慨万端，结之以“叹”。全篇有声、有色、有情、有魂，可谓语语如珠，声声动情。

触类引申

这副长达一百八十字的对联，因景及情，借物咏怀，对仗精工，文情并茂，曾被誉为“古今第一长联”（“第一”不是指字数最多，而是指水平最高）和“海内长联第一佳者”，赢得很多文学爱好者的激赏和倾倒。

这副长联，一气贯注，浑然天成，有开有合，大起大落，写得景情交融，富有诗情画意。写景则意境壮美，场面开阔；有远景，有近景；有动态，有静态；有实写，有虚写。抒情则格调苍凉，辞深意切；有凭吊，有缅怀；有赞叹，有惋惜；有嘲讽，有不平。至于语言的锤炼，气魄的宏伟，对仗的工妥，用典的贴切，都是古今联语中所罕见的。今天，我们重温二百多年前的这副长联，除了在思想方面受到有益的启示以外，还能得到丰美的艺术享受。

——李如鸾《令人激赏的昆明大观楼长联》，见李如鸾《古代诗文名篇赏析》，北京出版社 1985 年版

名联选

日日携空布袋，少米无钱，却剩得大肚宽肠，不知众檀越，信心时用何物供养？

年年坐冷山门，接张待李，总见他欢天喜地，请问这头陀，得意处是甚么来由？

——王廷铮撰福州鼓山涌泉寺弥勒座联

理本精深，看阶前，双水合流，寻到源头方悟彻；

学无止境，想宇后，孤峰独秀，登来巅顶莫辞劳。

——佚名撰

虚其心，实其腹；

骥之子，凤之雏。

——陈方伯赠侄辈联

宠辱不惊，看庭前花开花落；

去留无意，望天上云卷云舒。

——刘海粟撰

有志者，事竟成，破釜沉舟，百二秦关终属楚；

苦心人，天不负，卧薪尝胆，三千越甲可吞吴。

——蒲松龄撰自勉联

万卷古今消永日；

一窗昏晓送流年。

——陆游撰“书巢”联

读书取正，读易取变，读骚取幽，读庄取达，读汉文取坚，最有味卷中岁月；

与菊同野，与梅同疏，与莲同洁，与兰同芳，与海棠同韵，定自称花里神仙。

——佚名撰苏州留园五峰仙馆联

高阁逼诸天，且看那洞庭月、潇湘雨、衡岳烟云，十万户棋布星罗，到此一开眼界；

江山留胜迹，最难忘屈子骚、贾生策、朱张性理，数千年声名文物，有谁再续心传？

——黄士衡撰长沙天心阁联

数千年胜迹，旷世传来，看凤凰孤岫，鹦鹉芳洲，黄鹤渔矶，晴川杰阁，好个春花秋月，只落得剩水残山，极目古今愁，是何时崔颢题诗，青莲搁笔？

一万里长江，几人淘尽，望汉口斜阳，洞庭远涨，潇湘夜雨，云梦朝霞，许多酒兴风情，仅留下苍烟晚照，放怀天地窄，都付与笛声缥缈，鹤影蹁跹。

——李联芳撰湖北黄鹤楼联

一楼何奇？杜少陵五言绝唱，范希文两字关心，滕子京百废俱兴，吕纯阳三过必醉。诗耶，儒耶，吏耶，仙耶，前不见古人，使我怆然泪下。

诸君试看：洞庭湖南极潇湘，扬子江北通巫峡，巴陵山西来爽气，岳州城东道崖疆。潴者，流者，峙者，镇者，此中有真意，问谁领会得来?

——窦垿撰湖南岳阳楼联

南华经，相如赋，班固文，马迁史，薛涛笺，右军帖，少陵诗，摩诘画，屈子离骚，古今绝艺；

沧海日，赤城霞，峨眉雾，巫山云，洞庭月，彭蠡烟，潇湘雨，广陵涛，庐山瀑布，宇宙奇观。

——佚名撰襄阳隆中诸葛亮故居联

鸟识玄机，衔得春来花上弄；

鱼穿地脉，挹将月向水边吞。

——朱熹撰漳州开元寺书舍联

汉水接苍茫，看滚滚江涛，流不尽云影天光，万里朝宗东入海；

锦城通咫尺，听纷纷丝管，送来些鸟声花气，四时引兴此登楼。

——顾复初撰成都望江楼濯锦楼联

风声水声虫声鸟声梵呗声，总合二百六十天钟鼓声，无声不寂；

月色山色草色树色云霞色，更兼四万八千丈峰峦色，有色皆空。

——佚名撰浙江天台山方广寺联

引袖拂寒星，古意苍茫，看四壁云山，青来剑外；

停琴伫凉月，余怀浩渺，送一篙春水，绿到江南。

——顾复初撰成都望江楼联

层楼高百尺，到最上头，放开眼界，直看我玉垒浮云，锦江春色；

往事越千年，是真才子，自有胸怀，那管他儒臣持笔，诗史题吟。

——佚名撰成都望江楼崇丽阁联

殉社稷，只江北孤城，剩水残山，尚留得风中劲草；
葬衣冠，有淮南抔土，冰心铁骨，好伴取岭上梅花。

——佚名撰扬州史可法祠联

登百尺楼，看大好江山，天若有情，应识四方思猛士；
留一抔土，以争光日月，人谁不死，独将千古让先生。

——黄兴挽徐锡麟联

赤手挽银河，公自大名垂宇宙；
青山埋忠骨，我来何处吊英贤。

——王守仁撰杭州于谦祠联

两卷新诗，廿年老友，相逢同是天涯，只为佳人难再得；
一声何满，九点齐烟，化鹤重归华表，应愁高处不胜寒。

——郁达夫挽徐志摩联

导读

对联是深受大众喜爱的一种文学艺术形式，千百年来名家、名作不断涌现，不仅传播众口，而且巍然屹立于文学之林，成为文学百花园中独具特色的一个珍异品种。

触类引申

作对联，要合于下列规律：

（一）上下联的字数必须相等，不能用重复的字。（二）上联的末一字必须是仄声，下联的末一字必须是平声。（三）上下联的句法必须一致（词类相当，结构相应）。（四）上下联的平仄要相对立，上联要用平声字的地方，下联就得用仄声字，反过来也一样（平：平声字；仄：仄声字，包括上、去、入三声的字）。（五）上下联意思可以相关或相反，可以只说一事，也不妨分说两事。

对联和律诗中间的对仗有继承演进的关系，律诗的平仄格律和“一、三、五不论，二、四、六分明”的原则，也适用于对联。至于每副对联的字数，并无限制，由四字、五字、六字、七字、八字、九字到几十字、几百字，只要有话可说，能成对偶就行。下面举例以见一斑：

祖国山河壮；人民岁月新。

（仄仄平平仄，平平仄仄平。）

上联的“祖国”“山河”和下联的“人民”“岁月”都是名词。上联的末字“壮”和下联的末字“新”，都是形容词。上下相对，平仄协调，内容与形式都与上述的五条规律相符合。

总之，作对联要音韵和谐，语言精练，合于规律，而又有一定的内容。文字不相对，平仄不协调或把标语口号式的句子分写两行，全不能算是对联。

——中华书局《文史知识》编辑部《怎样作对联》，载 1982 年 12 月 30 日《电视周报》

三、书法：汉字的舞蹈

书法是最能见出中国传统文化特色的一门艺术。汉字是汉语的书面书写符号，具有独特的视觉之美。书法就是弘扬汉字视觉之美的艺术。从狭义的角度理解，书法是指用毛笔书写汉字的方法和规律，包括执笔、运笔、点画、结构、布局（分布、行次、章法）等内容。从广义而言，书法是指语言符号的书写法则。换言之，书法是指按照文字特点及其含义，以其书体笔法、结构和章法书写汉字，使之成为富有美感的艺术作品。汉字的点画、结构和形体与其他语言不同，它变化微妙，形态不一，意趣迥异。通过点画线条的强弱、浓淡、粗细等丰富变化，以及书写的内容和思想感情的起伏变化，以字形、字距和行间的分布，构成优美的章法布局，有的似玉龙琢雕，有的似奇峰突起，有的俊秀俏丽，有的气势豪放，这些都使汉字的书写带上了强烈的艺术色彩。在这些有意味的笔画中，书写者寄托了自己的一切。他通过实现每个字的统一，以及字与字之间的平衡，在表达事物的同时，也实现了自身的统一性。这些或腾飞，或翱翔，或沉降，或交错的笔画，犹如汉字的舞蹈，传达了书写者深沉的韵律节奏，在书写过程中，与其生命达到了合一的状态。因此，熊秉明声称，“书法是中国文化核心的核心”。

中国书法[①]

林语堂

一切艺术的问题都是韵律问题。所以，要弄懂中国的艺术，我们必须从中国人的韵律和艺术灵感的来源谈起。我们承认韵律是普遍存在的，这并非中国人的专利，但这并不妨碍我们去探索一个不同的侧重点。在讨论理想的中国妇女时，笔者已经指出，西方艺术总是到女性人体那里寻求最理想、最完美的韵律，把女性当作灵感的来源。而中国的艺术家和艺术爱好者则通常满足于高兴地赏玩一只蜻蜓、一只青蛙、一只蚱蜢或一块嶙峋的怪石。由此看来，西方艺术的精神较为耽于声色，较为热情，较为充满艺术家的自我；而中国艺术的精神则较为高雅，较为含蓄，较为和谐于自然。我们可以借用尼采的话来说明它们的不同，中国的艺术是太阳神的艺术，而西方艺术是酒神的艺术。这一巨大差别只有具备对韵律不同的理解与欣赏才能形成。无论在哪个国度，艺术问题总是韵律问题，这一点毫无疑问。但直到晚近，韵律才在西方艺术中起到决定性的作用。而在中国，韵律一直占有举足轻重的地位——这一点也是毫无疑问的。

很奇怪，这种对韵律理想的崇拜首先是在中国书法艺术中发展起来的。一幅寥寥几笔画出的顽石图，挂在墙上，供人日夜观赏。人们面对它沉思冥想，并得到一种奇异的快感。西方人士要想懂得此种快感，就非懂得中国书法艺术的原则不可。学习书法艺术，实则学习形式与韵律的理论，由此可见书法在中国艺术中的重要地位。我们甚至可以说，书法提供给了中国人民以基本的美学，中国人民就是通过书法才学会线条和形体的基本概念的。因此，如果不懂得中国书法及其艺术灵感，就无法谈论中国的艺术。比方说，中国的建筑，不管是牌楼、亭子还是庙宇，没有任何一种建筑的和谐感与形式美，不是导源于某种中国书法的风格。

这样，中国书法在世界艺术史上的地位实在是十分独特的。毛笔使用起来比钢笔更为精妙，更为敏感。由于毛笔的使用，书法便获得了与绘画平起平坐的真正的艺术地位。中国人已经充分认识到这一点，他们把绘画和书法视为姐妹艺术，合称为“书画”，几乎构成一个单独的概念，总是被人们相提并论。假如要问两者之中哪一个得到了更多人的喜爱，回答毫无疑问是书法。于是，书法成了一门艺术。人们对之投以的满腔热忱和献身精神，以及它丰富的传统，人们对它的尊崇，这些都丝毫不亚于绘画。书法标准与绘画标准一样严格，书法家高深的艺术造诣远非凡夫俗子所能企及，如同其他领域的情形一样。中国的大画家，像董其昌、赵孟頫等人，通常也都是大书法家。赵孟頫（1254—1322）是最著名的中国画家之一。他在谈到自己的绘画时说："石如飞白木如篆，六法原与八法通，若也有人能会此，须知书画本来同。"

在我看来，书法代表了韵律和构造最为抽象的原则，它与绘画的关系，恰如纯数学与工程学或天文学的关系。欣赏中国书法，是全然不顾其字面含义的，人们仅仅欣赏它的线条和构造。于是，在研习和欣赏这种线条的魅力和构造的优美之时，中国人就获得了一种完全的自由，全神贯注于具体的形式，内容则撇开不管。绘画总有一个客体要传达，但一个写得很好的字却只传达其本身线条和结构的美。在这绝对自由的天地里，各种各样的韵律都得到了尝试，各种各样的结构都得到了探索。正是中国的毛笔使每一种韵律的表达成为可能。而中国字，尽管在理论上是方方正正的，实际上却是由最为奇特的笔画构成的，这就使得书法家不得不去设法解决那些千变万化的结构问题。于是通过书法，中国的学者训练了自己对各种美质的欣赏力，如线条上的刚劲、流畅、蕴蓄、精微、迅捷、优雅、雄壮、粗犷、谨严或洒脱，形式上的和谐、匀称、对比、平衡、长短、紧密，有时甚至是懒懒散散或参差不齐的美。这样，书法艺术给美学欣赏提供了一整套术语，我们可以把这些术语所代表的观念看作中华民族美学观念的基础。

由于这门艺术具有近两千年的历史，且每位书法家都力图用一种不同的韵律和结构来标新立异，这样，在书法上，也许只有在书法上，我们才能够看到中国人艺术心灵的极致。某些美学鉴赏范畴，如对参差不齐之美的尊崇，对那些乍看摇摇欲坠，细看则安如磐石的结构的尊崇，这些美学范畴会使西方人大为吃惊。如果他们知道这些范畴在中国艺术的其他领域中并不容易看到，他们就更会惊叹不已。

对西方来说，更有意义的事实是，书法不仅为中国艺术提供了美学鉴赏的基础，而且代表了一种万物有灵的原则。这种原则一经正确地领悟和运用，将硕果累累。如上所说，中国书法探索了每一种可能出现的韵律和形式，这是从大自然中捕捉艺术灵感的结果，尤其来自动物、植物——梅花的枝丫、摇曳着几片残叶的枯藤、斑豹的跳跃、猛虎的利爪、麋鹿的捷足、骏马的遒劲、熊罴的丛毛、白鹳的纤细，或者苍老多皱的松枝。于是，凡自然界的种种韵律，无一不被中国书法家所模仿，并直接地或间接地形成了某种灵感，以造就某些特殊的“书体”。如果一位中国学者在一棵枯藤之上看到了某种美，它那不经意的雅致，可伸可缩的韧性，枝头弯弯曲曲，几片叶儿悬挂其上，漫不经心，却又恰到好处，他就会把这种种的美融于自己的书法之中。如果另一位学者看到一棵松树树干弯曲、树枝下垂而不直立，表现出一种惊人的坚韧和力量，他也会将这种美融入自己的书法风格。于是，我们就有了“枯藤”和“劲松”的笔法。

曾经有一位名僧兼书法家先前习书多年却无长进。一天，他闲步于山径之间，偶见两条大蛇在争斗，各自伸长脖颈，颇有一股外柔内刚之势。他猛然有所感悟，顿生灵感，回去后便练就了一种极有个性的书体，称作“斗蛇”体，表现了蛇颈的伸展和弯曲。中国的“书圣”王羲之在谈书法艺术时，也使用了自然界的意象：

> 每作一横画，如列阵之排云；每作一戈，如百钧之弩发；每作一点，如高峰坠石；每作一折，如屈折钢钩；每作一牵，如万岁枯藤；每作一放纵，如足行之趋骤。

如欲通晓中国书法，必先仔细观察蕴藏在每个动物体内的形态和韵律。每种动物都有其和谐优美之处，这是一种直接出自其生理机能，尤其是运动机能的和谐。一匹腿部多毛，躯干高大的负重拉车之马，有其独特的美，正如一匹光滑灵巧的赛马有其独特的美一样。这种和谐还存在于身体细长、蹦蹦跳跳、快速灵活的灵猩犬身上，也存在于长毛的爱尔兰猥狗身上：它的头和四肢在一起几乎构成了一个方形物，极似中国书法中的“隶书”（流行于汉代，后由清代邓石如发展成为一种艺术）。

有一点很重要，需要注意。这些动植物的外形之所以美，是因为它们蕴藏着一种动势。试想一枝盛开的梅花，具有多么不经意的美丽和充满艺术感的不规则变化！彻底而艺术化地领悟这种美，就等于领会了万物有灵的内在原则，领悟了中国艺术。这枝梅花，即使花朵凋谢或被拨落，仍然美丽无比，因为它还活着，因为它表达了一种生的冲动。每一棵树的外形都显示了一种韵律，它源自某种生命的冲动，它要生长，要拥抱阳光，要保持自己生命的平衡；它也源自抵御风暴的必要。每一棵树都是美的，因为它暗示了这些冲动，尤其是因为它暗示了一种朝某个方向的运动，一种向某个地方的延伸。它并没有想美，它只是想生存，结果却是极端的和谐与令人十分满意的美。

大自然给予灵猩犬以高度弯曲的身躯和一条连接身体与后腿的曲线，以使它跑起路来迅捷无比。除此之外，大自然并没有人为地赐给它什么抽象的美，这些器官之所以美，是因为它们代表了某种速度，从这些和谐的器官中产生了一种和谐的形式。猫儿轻柔的举动，导致了其柔软的外形。即使是一只固执地蹲伏在那里的叭喇狗的线条，也能反映出它本身力大性猛的美。这样，我们就解释了自然界无穷无尽的形态，这些形态总是那么和谐、那么富有韵律，变化万端，无以穷尽。换言之，自然界的美是动态的美，而非静态的美。

这种运动的美正是理解中国书法的钥匙。中国书法的美在动在不静，由于它表达了一种动态的美，它生存了下来，并且也同样是千变万化，不可胜数的。迅捷稳重的一笔之所以是完美的，是因为它是速度和力量的象征。不能模仿，不能更改，因为任何更改都会带来不和谐。这也就是为什么书法作为一门艺术非常难学的原因。

把中国书法的美归结为万物有灵原则，并非著者的独创。汉语中的不少说法可资证明和参考，比如笔画的“肉”“骨”“筋”，等等。其哲理性内涵从未被有意识地揭示出来过。只有当我们想方设法使西方人理解中国书法时，我们才开始探索。王羲之曾从师的东晋女书法家卫夫人说道：

> 善笔力者多骨，不善笔力者多肉。多骨微肉者，谓之筋书；多肉微骨者，谓之墨猪。多力丰筋者圣；无力无筋者病。

运动的动态原理生发出一种结构原理，这是理解中国书法的要旨。单纯的平衡匀称之美，绝不是美的最高形式。中国书法的原则之一，即方块字绝不应该是真正的方块，而应是一面高一面低，两个对称部分的大小和位置也不应该绝对相同。这条原则叫作“势”，代表着一种冲力的美，结果，在这种艺术的范型中，我们有了不少看似不平衡，实际却十分平衡的结构形态。这种冲力之美与纯静态之美的区别，有如一个人站立或静坐之图景，与挥舞高尔夫球棒或把足球猛一脚踢上天时的图景的区别。又如一位女士把头往后一仰的照片，要比她正视前方的照片动态感更强。所以中国字笔画起端总是侧向一方，这比平平地划过去要艺术得多。这种结构的范例可见于《张猛龙碑》，其中字体似有倒塌之势，却又能很好地保持平衡。这种书体的现代范式可见于监察院长于右任的字，他个人有今日的高位，在很大程度上得益于自己高级书法家的名望。

现代艺术正在探索各种韵律，试验各种新的结构形式，但至今尚无所获。它唯一的成功是给予我们一种逃避现实的印象。它最为明显的特征，不是努力抚慰我们的心灵，而是竭力刺激我们的感官，由于这一原因，对中国书法及其万物有灵原则的研究，归根结底也就是在万物有灵或韵律活力的原则指导下，对自然界韵律所进行的再研究，它会为现代艺术开辟广阔的前景。直线、平面和锥体的相互交错和反复运用，可以使我们激动不已，却不具备生动活泼的美。正是这些平面、锥体、直线和曲线，看来已经使现代艺术家的才智衰竭了。何不回归自然，向自然求救呢？看来有待于一些西方艺术家不畏艰险，开始用毛笔练习写英语。练上十年之后，如果他天资聪慧，真正弄懂万物有灵原则的话，他将可以用真正称得上一门艺术的线条和形式在泰晤士广场上书写招牌和广告牌。

中国书法作为中国美学的基础，其中的全部含义将在研究中国绘画和建筑时进一步看到。在中国绘画的线条和构思上，在中国建筑的形式和结构上，我们将可以分辨出那些从中国书法中发展起来的原则。正是这些韵律、形态、范围等基本概念给予了中国艺术的各种门类，比如诗歌、绘画、建筑、瓷器和房屋修饰，以基本的精神体系。

① 选自林语堂《中国人》，赫志东等译，学林出版社 1994 年版。林语堂（1895—1976），福建龙溪（今漳州）人，中国现代作家、翻译家，主要作品有《京华烟云》《中国人》《苏东坡传》等。

导读

本文中林语堂向西方读者介绍了中国书法艺术的美学特点，强调了书法在中国艺术中的独特地位，以及书法的内在精神特征，从中凸显了中国传统艺术的基本美学倾向。为了将一门西方读者陌生的艺术介绍得清晰生动，作者运用了比较、比喻、举例、引用等多种表现手法，文字形象优美，充分发挥了随笔这一文体的特长。

触类引申

书画的密切关联，乃发生在书法自身有了美的自觉，成为美的对象的时代；这依然是开始于东汉之末，而确立于魏晋时代。其引发此一自觉的，恐怕和草书的出现有关系。因为草书虽依然是适应简便的要求，但因体势的流走变化，易于发挥书写者的个性，便于不知不觉之中，成为把文字由实用带到含有游戏性质的艺术领域的桥梁。由草书的艺术性而推及其他各体，乃至推及古代文字。所以在历史中最先在书法上受到艺术性欣赏的，当为后汉章帝时杜度的章草，由此流衍而为崔瑗的草贤、张芝的草圣。竹林名士，皆善草书或行书，因与其性情相近。而张彦远的《法书要录》，一开始便录有后汉赵一的《非草书》。非草书，是对草书加以非难。他对草书要加以非难，是因为当时人学习草书的风气，几乎代替了经学的风气。赵氏认草书为“示简易之旨，非圣人之业”。可是一般人，受了杜、崔、张的影响，引起了学习的狂潮。“钻坚仰高，忘其疲劳。夕惕不息，昃不暇食。十日一笔，月数丸墨。领袖如皂，唇齿常黑。虽处众坐，不遑谈戏。展指画地，以草刿壁。臂穿皮刮，指爪摧折。见鳃出血，犹不休辍。”而“草书之人，盖伎艺之细者耳，乡邑不以此较能，朝廷不以此科吏，博士不以此讲试，四科不以此求备”，这可以说是无用之物，所以他劝大家把这一番精力，应“用之彼七经”和“稽历协律”这一方面。由此不难窥见自杜度的草书成功后所引起的对草书的欣赏与学习的狂潮。我以为书法是在此种狂潮中才卷进了艺术的宫殿。书法从实用中转移过来而艺术化了，它的性格便和绘画相同。加以两者使用同样的笔墨纸帛工具，而到了唐中期以后，水墨画成立，书与画之间，更大大地接近了一步，于是书画的关系，便密切了起来；遂使一千多年来，大家把两者本是艺术性格上的关联，误解为历史发生上的关联。

——徐复观《中国艺术精神》，华东师范大学出版社 2001 年版

书法和中国文化①

熊秉明

一

在过去，我不曾想到要下功夫学书法，研究书法理论，但是随着时日迁流，年岁增长，书法问题渐渐成为我思考的一个主要课题和活动项目。这转变有一些外在的原因，但同时我也隐约地意识到书法是研究中国文化的一条途径，由此切入，是一捷径，并且可以接触到许多活泼有兴味的问题，有些是前人所未接触到的。

二

1984 年 9 月我到北京，在一次书法座谈会上曾经说，书法是“中国文化核心的核心”。有人听了深有同感，表示赞同，当然也有人怀疑，以为狂言。这话的措辞不免有故作夸张的嫌疑。

1992 年 6 月我在北京举办了为期一周的“书道班”。在第一日，我把书法为什么可以看作“中国文化核心的核心”的意思做了简单的说明。

1995 年 2 月台北《雄狮美术》杂志出版《书法再生专辑》，我写了一篇短文，把这个命题做了较清楚的阐述。大意是，一个文化的核心是哲学。中国传统哲学家的终极目的不在建造一个庞大精严的思想系统，而在思维的省悟贯通之后，返回到实践生活之中。我认为从抽象思维落实到具体生活的第一境乃是书法。

书法必借助于文字，文字本是符号，是观念的载体，和数学符号、逻辑符号……是同类的思维工具。但是由于有了书法艺术，工具竟然转化为审美的对象。书法呈现在具体世界中，不但“同自然之妙有”，而且“达其情性，形其哀乐”（二语皆出自孙过庭《书谱·序》），“书之为功，同流天地，翼卫教经者也”（项穆《书法雅言》）。我们玩味书法的时刻，同时欣赏造型的意味、文学的内容和哲学的境界。

哲学家一旦搦笔濡墨写几个大字，他的活动就不再是冷峻的理性分析或单纯的语言表述，而是综合了哲理与情思表现在造型空间的自由创造，从超越的观察省思回到平野人间的散步。宗白华把他的美学论文集题名为《美学散步》，是很有深意的。他说：“中国人不是像浮士德‘追求’着‘无限’，乃是在一丘一壑，一花一鸟中发现无限、表现无限，所以他的态度是悠然意远而又怡然自足的。”这是比哲学更远的一境。在这里有哲学、有生活，也有“游于艺”的俯仰徘徊。如果哲学是“高处不胜寒”的峰顶，则书法是可以游憩流连的园地，所以可以说是文化核心的核心。

举一个特殊的例子。弘一法师李叔同出家之后，放置诸艺，只作书法。在尘世的贪欲烦恼都已解脱之后，文章诗词、戏剧、音乐、绘画……也都成赘物，繁花谢尽，唯一伴随此悲智心灵的是一项书法。那是约化到最后的文化活动、精神寄托，能不说是文化核心的核心么？

三

书法是心灵的直接表现，既是个人的，又是集体的；既是意识的，又是潜意识的。通过书法研究中国文化精神是很自然的事。

一、通过书法研究个人心理，了解个人的心灵。西汉扬雄便提出：“书，心画也。”清代刘熙载在《艺概》中说：“扬子以书为心画，故书也者，心学也。”自唐之后，科举取士，书法也是评定标准之一。这标准不在考测才学，而是甄别性情和人品。今天西方企业选取工作人员也往往采用这方法，字迹学家的报告也列为参考根据。当然中国书法理论虽涉及字迹学的问题，但并未建立一门字迹学，因为谈书法究竟是谈艺术欣赏。不过话又说回来，中国的书法欣赏透过审美，还是归到欣赏人自身，欣赏人的品格性情。我们赞美书法，不说：“这幅字很美。”因为这样说是一种着眼于纯粹形式美的说法，乃含有贬义，意味着这字很漂亮，讨人喜欢，但是没有特色、没有个性；只是华丽的衣裳，不见人。傅山说：“宁拙毋巧，宁丑毋媚。”便代表激烈反对写漂亮字的意见。我们欣赏书法通常用的赞词是：遒劲、古拙、苍老、飘逸、典雅……这些词描写作品的风格，同时也便涉及书者的心灵境界。所谓“心灵境界”是书者先天气质、智慧和后天经历、教养、努力等所共同形成的心理结构、内心世界。

二、通过书法研究集体心理，了解民族性和文化精神。在世界文化中，唯独中国文化产生了书法，阿拉伯国家虽然也有书法，但是以装饰意味为主，和中国书法以表现为主有本质的不同。西方所谓“书法”（calligraphy）更局限于招牌、广告和印刷装潢。在西方，相当于中国书法的是雕塑。在西方，雕刻与绘画并称；而在中国，书画并称。书法是一项高层艺术。苏轼说：“诗至杜子美，文至韩退之，书至颜真卿，画至吴道子，而尽天下之变，天下之能事毕矣。”可见书法的精神内涵和诗、文、画是相等的。

读康有为《广艺舟双楫》可以看到书法所容纳的中国人文精神。他说:“书虽小技，其精者亦通于道焉。”他(《述学》第二十三)所提出来的学书程序和修养是非常苛求的。他先提出广临众帖的原则:“学者若能见千碑而好临之，而不能书者，未之有也。”(《购碑》第三)临写是模仿一家的用笔、结构和章法，然而不得是皮相的依样画葫芦。梁巘所谓“学古人须得其神骨，勿徒貌似”(《评书帖》)，也就是说通过运笔用墨的模仿潜入古人心态，了解一种性格、精神。用今天的话说乃是一次灵魂的探险。临千碑乃是体认多样不同的内心世界。通过这样广泛的认识扩大我们自己的胸襟，补救自己的弱点缺陷。如项穆所说:“人之资禀，有温弱者，有剽勇者，有迟重者，有疾速者。知克己之私，加日新之学，勉之不已，渐入于安。”所以临摹功夫是了解别人，也正是塑造自我。康有为虽然大肆鼓吹北碑，但是他要求学者把中国文化史温习一通，把中国文艺流派的各种风格意趣涵泳在心，陶冶为自己的血肉，酝酿为蜜，锻炼为金，落纸为云烟，而呈现出个人的神采气象。在《学叙》第二十二有一段话值得录在这里:

> 能作《龙门造像》矣，然后学《李仲璇》以活其气;旁及《始兴王碑》《温泉颂》以成其形;进而为《皇甫驎》《李超》《司马元兴》《张黑女》以博其趣;《六十人造像》《杨翚》以隽其体，书骎骎乎有所入矣。于是专学《张猛龙》《贾思伯》以致其精，得其绵密奇变之意。至是而，习之须极熟，写之须极多，然后可久而不变也。然后纵之以《猛龙碑阴》《曹子建》以肆其力;竦之《吊比干文》以肃其骨;疏之《石门铭》《郑文公》以逸其神;润之《梁石阙》《瘗鹤铭》《敬显雋》以丰其肉;沉之《朱君山》《龙藏寺》《吕望碑》以华其血;古之《嵩高》《鞠彦云》以致其

朴；杂学诸造像以尽其态，然后举之《枳阳府君》《爨龙颜》《灵庙阴》《晖福寺》以造其极。

这一大段文字是描述一种个人书风的形成，实际上也是一个平衡、健康、充实的人格的形成：有骨、有肉、有血、有力、有精、有神、有朴、有趣……最后他提出的《爨龙颜》《灵庙阴》乃是他列入神品的书法，而称前者为“雄强茂美之宗”。至此他虽然说“造其极”，然而犹有未尽，他接下去说：

虽然，犹未也，上通篆分而知其源，中用隶意以厚其气，旁涉行草以得其变，下观诸碑以备其法，流观汉瓦晋砖而得其奇，浸而淫之，酿而酝之，神而明之。

这一段话是要求学书者在书法造型方面的博览，然而真的书法家并不把眼光局限于书艺，遍临碑铭，出入名家也还不够，书法家要关心的还在书法之外：

驰思造化古今之故，寓情深郁豪放之间，象物于飞潜动植流峙之奇，以疾涩通八法之则，以阴阳备四时之气。新理异态，自然佚出。（《缀法》第二十一）

“造化”指大自然，“古今”指历史。首句指对自然、对历史作广泛的认识。“深郁”和“豪放”可说是中国诗学的两种主要倾向：杜甫是深郁的、内向的，代表儒家精神的；李白是豪放的、外向的，代表道侠精神的。“象物”一句说对万有形态的观察。“疾涩”一句说对书法造型原则的掌握。至于四时阴阳之气，乃是生命盛衰之不同状态：春季的萌发滋润，夏季的茂盛蓬勃，秋季的成熟丰满，冬季的冷峭高洁。纳摄这一切方是一个有创造力的书法家，所谓“新理异态，自然佚出”。

有如此的书法家么？我们至少可以说这是康有为所设想出来的书法家，这个书法家的背后是整个中国文化的实体。他写出来的书法是整个中国文化矿藏所提炼出来的结晶：这样的理想的书法家，也是一个理想的中国文化人。这样的书法家大概是不存在的，但从这里我们可以看出书法和中国文化的密切关系。对于一个画家，我们并不如此要求，我们没有看到有人对画家列出如此庞大又周密的学习课程。

四

大概一般的书法家并不认识到他的作品的全部内涵，无论他写的成败，作品总是要反映他的性格、学养和经历的，并间接反映时代风尚与地域影响。假定他服膺康有为的说法，按照康有为所提出的教程发奋做去，也不一定能达到康氏所要求的标准，因为创作性的书法既然是“心画”，就得率真、诚实，让内心得到放松而自然流露，勉强不得、矫情不得、欺骗不得。苏轼说：“书初无意于佳，乃佳尔。”

书法是中国文化核心的核心，它吸引我们去反思、探索它的秘密，然而既然是心灵秘密，它同时拒绝成为研究的对象。中国人活在其中，它属于我们的心灵，心灵本身要对自己动刀解剖是很困难的，也是极为痛苦的。关于这一点，鲁迅在《野草》的《墓碣文》一篇里描写得十分简要：

……抉心自食，欲知本味，创痛酷烈，本味何能知？……

……痛定之后，徐徐食之，然其心已陈旧，本味又何由知？……

中国人从哲学步入书法，乃是从理性思考回到活泼的生活，从彷徨求索而得到安顿。谁愿又游离出此“游于艺”的心情，回到观察分析的紧张和不安？

像卢梭那样的忏悔，达尔文那样把人纳入冷酷的自然律，弗洛伊德那样挖掘潜意识的情结……在传统中国眼光看来是不近人情的。这大概也是中国文化取向的一个特点。

五

今天世界各文化互相撞击、互相吸取养料、互相争取生存的权利，一百年来中国文化遭到前所未有的危机，一代一代的知识分子从各种不同的角度观点反思此文化的特征，其优越和缺陷。造型艺术是一个好的研究对象。西方近代哲学家讨论塞尚、梵高的画，精神分析家讨论达·芬奇的《蒙娜丽莎》、米开朗基罗的《摩西》……进而借之解剖西方人的灵魂。书法是我们特有的艺术，我们一代又一代摹写不止千百万次《兰亭》《祭侄文》《天发神谶》《石门颂》《金刚经》……仿佛中魔、仿佛患了神经官能症，纠缠在我们内部的是怎样一套结构？我们如何去分析、透视、阐说？如何在其中看出我们特有的敏觉、智慧、文化取向？西方人近年对中国书法也发生很大的兴趣，书法究竟有怎样的普遍性？我常听到比我年轻的朋友说：退休之后要去练书法，每天写一篇字。他们的这个设想似乎来自远古、神秘，而他们自己也说不清楚为何有这样的欲求。书法仍是我们向往的表现工具、最后的寄托，亦是认识我们自己的最好的镜子。

1995 年

① 选自《熊秉明美术随笔》，人民文学出版社 2008 年版。熊秉明（1922—2002），云南人，生于南京，1944 年毕业于西南联合大学，后旅

法，雕塑家、书法家，著有《张旭与草书》（法文）、《中国书法理论体系》、《回归的雕塑》等，有《熊秉明文集》行世。

导读

有人说如果不懂得中国书法及其艺术灵感，就无法谈论中国艺术。熊秉明更提出一个著名的观点，“书法是中国文化核心的核心”。对这一观点，有人深表赞同，有人以为是狂言。在本文中，熊秉明对他的观点进行了深入阐发，具体说明了他提出这一观点的理由。

触类引申

中国人写的字，能够成为艺术品，有两个主要因素：一是由于中国字的起始是象形的，二是中国人用的笔。许慎说文序解释文字的定义说：仓颉之初作书，盖依类象形，故谓之文，其后形声相益，即谓之字，字者，言孳乳而浸多也（此依大徐（徐铉）本，段玉裁据《左传正义》，补“文者物象之本”句），文和字是对峙的。单体的字，像水木，是“文”，复体的字，像江河杞柳，是“字”，是由“形声相益，孳乳浸多”而来的。写字在古代正确的称呼是“书”。书者如也，书的任务是如，写出来的字要“如”我们心中对于物象的把握和理解。用抽象的点画表示“物象之本”，这也就是说物象中的“文”，就是交织在一个物象里或物象和物象的相互关系里的条理：长短、大小、疏密、朝揖、应接、向背、穿插等等的规律和结构。而这个被把握到的“文”，同时又反映着人对它们的情感反应。这种“因情生文，因文见情”的字就升华到艺术境界，具有艺术价值而成为美学的对象了。

第二个主要因素是笔。书字从聿，聿就是笔，篆文𦘒（篆体），象手把笔，笔杆下扎了毛。殷朝人就有了笔，这个特殊的工具才使中国人的书法有可能成为一种世界独特的艺术，也使中国画有了独特的风格。中国人的笔是把兽毛（主要用兔毛）捆缚起做成的。它铺毫抽锋，极富弹性，所以巨细收纵，变化无穷。这是欧洲人用鹅管笔、钢笔、铅笔以及油画笔所不能比的。从殷朝发明了和运用了这支笔，创造了书法艺术，历代不断有伟大的发展，到唐代各门艺术，都发展到极盛的时候，唐太宗李世民独独宝爱晋人王羲之所写的《兰亭序》，临死时不能割舍，恳求他的儿子让他带进棺去。可以想见在中国艺术最高峰时期中国书法艺术所占的地位了。这是怎样可能的呢?

——宗白华《艺境》，北京大学出版社 1987 年版

在中国，弘扬表意文字视觉之美的书法成为一门重要的艺术，不是偶然的。通过从事这门艺术，一位中国人重新找到自己深层生存的韵律节奏，并与物质元素相交融。通过这些有意味的笔画，他寄托自己的一切。笔画的粗细，笔画之间或对比或对称的关系，使他得以表达其感性的多重方面：刚与柔、激越与宁静、紧张与和谐。书法家通过实现每个字的统一性，以及字与字之间的平衡，在表达事物的同时，达到自身的统一性。这是来自远古的、不断重操的动作；其节拍，就像剑舞，随着笔画的起落而得以在转瞬间实现；这是些腾飞、交错、翱翔或沉降的笔画，它们在逐渐获得含义，并在词语规约的含义之外增加其他含义。实际上，触及书法，便有必要谈论含义，因为它那富有动作性和节奏感的本性，并未令我们忘记它是根据符号来创作的。在书写过程中，文本的含义从未从书法家的脑际完全消失。因此对文本的选择并非毫无缘由和无足轻重。

书法家们所偏爱的，无疑是那些诗体文本（诗句、诗作、韵文）。当一位书法家书写一首诗时，他并不局限于从事一种简单的抄写行为。在进行书法时，他复苏了符号的整个形体运动和全部激发想象的力量。他以这种方式深入到每个符号的深层现实中，与诗作之浑然天成的节拍相交合，并最终再造诗作。另外一类同样具有咒语特性的文本也吸引着书法家们：经文。穿过那些经文，书法艺术恢复了符号原初的神奇和神圣的功用。道士们在自己书法的品质中观照他们所画下的符箓的灵验程度，正是书法的品质确保与超凡世界的良好沟通。佛教徒们则相信，抄写经文能够获得一些功德；而抄写时书法越好功德越大。

——程抱一《中国诗画语言研究》，涂卫群译，江苏人民出版社 2006 年版

四、回文：汉字的组合

每一个汉字都是对世界的一个独特观照，蕴含着独特的世界观和宇宙观。它如歌，如画，也如诗。

汉字是汉语书写的基本单位，每一个汉字都结合了形、音、意三者。在书写中，每个汉字占据大致相等的空间，具有很大的独立性和造型能力。正是汉字的独立性和形象性，赋予了汉语很强的弹性和灵活性，字、句之间可以有种种不同的组合方式，从而为汉语文学提供了众多独特的表现手段。回文、对联等汉语独有的文学形式就寄托在汉字这种与众不同的特点上。回文最能体现汉语在结构上的弹性。回文这一独特的语言现象赋予了汉语一种神奇的特性。

回文[1]

陈望道

回文，过去也常写作迴文，是讲究词序有回环往复之趣的一种措辞法。《诗苑·类格》载唐上官仪曾说“诗有八对”。其“七曰回文对；情新因意得，意得逐情新，是也”。这样的回文，无异于所谓“从文学革命到革命文学”，只是词序随从内容的特点略作适当的往复回环。在散文中，也常可以见到，而且出现得颇早。单单《老子》一部书里，便有不少的例子。如：

善人者不善人之师，不善人者善人之资。（二十七章）
知者不言，言者不知。（五十六章）
信言不美，美言不信。（八十一章）
善者不辩，辩者不善。（同上）
知者不博，博者不知。（同上）

后来有人好奇，定要做到词序完全可以不拘，无论顺读、倒读，都可成文，这便成了一种稀奇的文体。这种稀奇的文体，总名叫作回文体。诗、词、曲都曾经有过。诗就叫作回文诗，词就叫作回文词，曲就叫作回文曲。如《王临川集》中，便有回文诗好几首。

碧芜平野旷，黄菊晚春深。
客倦留甘饮，身闲累苦吟。
——《碧芜》

梦长随永漏，吟苦杂疏钟。
动盖荷风劲，沾裳菊露浓。
——《梦长》

迸月川鱼跃，开云岭鸟翻。
径斜荒草恶，台废冶花繁。
——《迸月》

泊雁鸣深渚，收霞落晚川。
柝随风敛阵，楼映月低弦。
漠漠汀帆转，幽幽岸火然。
壑危通细路，沟曲绕平田。
——《泊雁》

上面这些回文诗，回环往复，都能诵读。

《文心雕龙·明诗》篇说："回文所兴，则道原为始"，但道原姓什么，什么时代人，都无从查考，大概刘勰说的也不一定对（参看赵翼《陔余丛考》二十三），看来还不及清朱存孝说的确实而简括。存孝说：

诗体不一，而回文尤异。自苏伯玉妻《盘中诗》为肇端，窦滔妻作《璇玑图》而大备。（见《回文类聚序》）

原来是几个太太创造出来的文体。创造的原因，大体相同，都是因为同男人分离得太久了，思念男人，造这玩意儿寄给男人看的。苏伯玉的太太，我们不知道她姓甚名谁，也不知道她是汉代人不是。只知《盘中诗》的本事是"伯玉被使在蜀，久而不归；其妻居长安，思念之，因作此诗”。《盘中诗》云：

山树高，鸟鸣悲。
泉水深，鲤鱼肥。
空仓雀，常苦饥。
吏人妇，会夫稀。
出门望，见白衣。
谓当是，而更非。
还入门，中心悲。
北上堂，西入阶。
急机绞，杼声催。
长叹息，当语谁？
君有行，妾念之。
出有日，还无期。
结巾带，长相思。
君忘妾，未（一作天）知之。
妾忘君，罪当治。
妾有行，宜知之。
黄者金，白者玉。
高者山，下者谷。
姓者（一作为）苏，字伯玉。
（一有作字）人才多，智谋足。
家居长安身在蜀。
何惜马蹄归不数？
羊肉千斤酒百斛，
令君马肥麦与粟。

今时人，知四（一作不）足。

与其书，不能读。

当从中央周四角。

《盘中诗》“从中央周四角”的排列如上图。相传是伯玉出使在蜀，久不回家，太太把这诗写在盘中寄给他的，所以叫作“盘中诗”。诗的写法，如图，屈曲成文，从中央以周四角，含宛转回环的意思。据说伯玉看了以后，就感悟而回来了。

但《盘中诗》实际还不是正式的回文，因为它还不能回读。不过词序上的经营，也同后来的回文有些相似，故也不妨说是回文的先导，即“肇端”。回文是以窦滔太太的《璇玑图》为最著名。太太姓苏，名蕙，字若兰。所作回文诗，系以八百四十一字，排成纵横各为二十九字的方图，回环反复读起来，可得诗三千七百五十二首。它的本事，同《盘中诗》很相似。据《晋书·列女传》说是“滔被徙流沙，苏氏思之，织锦为《回文旋图诗》以赠滔，宛转循环以读之，词甚凄惋”。据唐武则天序中说，是由于家庭纠纷的关系，窦滔同苏氏断绝音信，苏氏悔恨自伤，因织锦为回文，五彩相宣，莹心耀目，纵横反复，皆成文章，名叫《璇玑图》，叫人送到襄阳。这时窦滔正留镇襄阳，看了之后，非常感动，就把苏氏接到任上去。这两说的事实不完全相同，我们也不知道到底哪一说是，不过普通大概相信后一说。现举例如下：

仁智怀德圣虞唐，贞志笃终誓穹苍，钦所感想妄淫荒，心忧增慕怀惨伤。

伤惨怀慕增忧心，荒淫妄想感所钦，苍穹誓终笃志贞，唐虞圣德怀智仁。

苏蕙的《璇玑图》在回文中可说是出奇之作，《镜花缘》四十一回曾经标题为“奇图”，但其内容被形式牵制，即所谓“窘缚刺促”的形景，也还是了然可指。出奇的造作的回文，实在是难能而并不怎么可贵的东西。不过它也是汉语文的可能性——词序方面一种有意的尝试，其成就如何，也像意大利未来派的自由语运动似的，颇可供我们借鉴。

回文除了种种词序上的经营之外，也曾发展到墨色的运用和字形的离合的运用。但大都不脱词序的运用。其脱离词序的运用的便是另外一种文体。从前有人把所谓“以意写图，使人自悟”的“神智体”也混同作为回文体（见《回文类聚》卷三）。其实神智体是字形大小、笔画多少、位置正反、排列疏密等等的利用，不是词序的利用，同回文其实不同。宋苏轼（东坡）有过神智体《晚眺》一首。诗是：

长亭短景无人画，老大横拖瘦竹筇。回首断云斜日暮，曲江倒蘸侧山峰。

却写作：

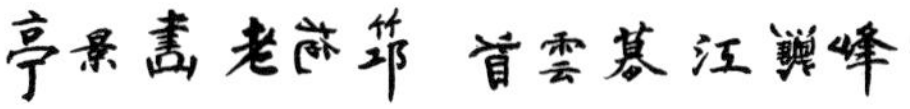①

据说是他写了去为难人的：

> 神宗熙宁间，北朝使至，每以能诗自矜，以诘翰林诸儒。上命东坡馆伴之，北使乃以诗诘东坡。东坡曰："赋诗，亦易事也；观诗稍难耳。"遂作《晚眺》诗以示之。北使惶愧莫知所云，自后不复言诗矣。（据《回文类聚》卷三）

这种神智体诗，现今民间也还有流传，而且也还带有为难人的性质。

① 选自陈望道《修辞学发凡》，上海世纪出版集团 2001 年版。陈望道（1891—1977），教育家、修辞学家，浙江义乌人，著有《文法简论》《作文法讲义》《因明学概略》《美学概论》《修辞学发凡》，译作有《共产党宣言》等。

导读

陈望道先生所著《修辞学发凡》一书，是中国第一本系统地研究汉语修辞学的专著。其中《回文》一章，从修辞角度深入浅出而又饶有趣味地讨论了回文这一特殊的文学形式，全文主要讲述回文的特征、来历和发展，兼及对汉语特征的评价，读来津津有味。回文诗《盘中诗》充

---

① 图引自黄绍筠《中华古典诗歌吟味》，西泠印社 2001 年版，第 718 页。

分展现了古人的才情智慧和汉语之美，不能不叫人赞叹汉语的美妙和神奇。

触类引申

回文联

1. 风送香花红满地，雨滋春树碧连天。
2. 雾锁山头山锁雾，天连水尾水连天。
3. 红日千载千日红，青年万代万年青。
4. 上海自来水来自海上，江西流沙河沙流西江。
5. 香山碧云寺云碧山香，黄山落叶松叶落山黄。

——周有光《语文闲谈》，生活·读书·新知三联书店 1995 年版

烦忧①

戴望舒

说是寂寞的秋的清愁，
说是辽远的海的相思。
假如有人问我的烦忧，
我不敢说出你的名字。

我不敢说出你的名字，
假如有人问我的烦忧：

说是辽远的海的相思，
说是寂寞的秋的清愁。

烦忧（初稿）

说是寂寞的秋的悒郁，
说是辽远的海的怀念。
假如有人问我烦忧的原故，
我不敢说出你的名字。

我不敢说出你的名字，
假如有人问我烦忧的原故：
说是辽远的海的怀念，
说是寂寞的秋的悒郁。

① 选自《戴望舒诗选》，人民文学出版社 1957 年版，初稿本载 1929 年 12 月《新文艺》第一卷第四号。戴望舒（1905—1950），现代诗人，著有《望舒诗稿》《灾难的岁月》等诗集，译作有《洛尔迦诗抄》等。

导读

戴望舒的《烦忧》是一首精美玲珑、寄情深远的小诗。它的两节诗呈镜像对称，每节内部又像绝句般整齐。诗意、诗情在这种有意的对称重复中得到了魔法般的增长。它的初稿本形式上不像后来的改稿那么整齐，字句也略有不同。两相比较，会让我们相信“诗是改出来的”说法。

触类引申

这两种版本的优劣应该说是一目了然的。这首诗的宗旨是以漫不经心的口吻来写深情，所谓深衷浅貌，语短情长。因此，初稿本第一句“秋的悒郁”就有点过了，抒情主人公正怕人看出他的烦忧，所以定稿改为“秋的清愁”可谓恰如其分，因为“秋的清愁”比“秋的悒郁”是一个更现成的借口，“清愁”正是人人所可有，而“悒郁”应该有更特殊的个人原因，这点正是抒情主人公怕人看破的。第二句“海的怀念”改为“海的相思”，既有协韵的考虑（由于“悒郁”改为“清愁”，与第三行“缘故”便不能协韵，需要重新调整韵脚的安排），也有感情程度上的差别。“怀念”音沉而速，与“悒郁”一样程度太深，“相思”音轻而飘，更能体现主人公的微妙心理，而且直接暗示了使主人公“烦忧”的真正原因，这正所谓欲盖弥彰，对其心理状态的揭示可谓入木三分。而初稿第三行凑韵的痕迹很招眼，“的原故”三字纯属累赘，定稿通过调整韵脚安排，将三字删去，一下枝蔓尽去，使全诗有豁然一亮之感。从声音效果看，初稿协韵方式为ABAA/AABA，韵脚过于密集，也使全诗的情绪太浓。而定稿改为ABAB/BABA，某种程度上将初稿的情绪化开了，而且使声音更富于对称之美。从形式上看，初稿因为第三行存在“的缘故”三个赘字而使诗行长短参差，而定稿每行字数完全一致，每节像一首绝句，完全符合闻一多所说“建筑美”的标准。从整体效果上看，初稿也就是一首过得去的习作，而定稿则是不可多得的好诗。

——西渡《好诗与坏诗的距离》，见《诗选刊》2001年第10期

第三章

母语是一条流淌的长河

母语从涓涓滴滴的远古的源头走来，穿越无数高山峡谷，沿途汇流大大小小数不清的支流，终于合成波澜壮阔、浩浩荡荡的大河。

在它的河畔，我们出生，我们成长，我们歌唱、哭泣、恋爱、死亡……

这一条生生不息的浩荡长河，是我们族系的血脉，也是我们精神的母乳。

它收藏着日月的光华，大地山河的精气，土地和粮食的魂魄，心灵的秘密……

它流淌在我们的血液里，回荡在我们的歌唱中，出入我们的梦境，安慰我们的忧伤，激跃我们的喜悦，博大我们的心灵。

它是最亲切、最温柔的臂膊，引领着我们走向灵魂的远方，心的天堂。

老子、孔子、孟子、庄子、屈原、曹操、陶渊明、李白、杜甫、苏轼、陆游、辛弃疾、关汉卿、曹雪芹、鲁迅……这些与日月争辉的名字，像灿烂的众星，布列在母语的天空。

在这天空，我们看见龙的升腾、凤的翔舞、天马的踢踏，精卫衔微木、刑天舞干戚、嫦娥奔月、大鹏抟扶摇而上……

一、月的中国

“月出皎兮，佼人僚兮。”这一轮明月自从在《诗经》的地平线上升起，它的清辉便永久地照亮了中国文学的天空，从此它成了中国诗人最亲切温柔的伴侣。《古诗十九首》有“明月皎夜光，促织鸣东壁”“明月何皎皎，照我罗床帏”的咏叹；一代英雄曹操，也有“月明星稀，乌鹊南飞，绕树三匝，何枝可依”的深情；曹植低吟“明月照高楼，流光正徘徊”；谢庄清唱“美人迈兮音尘绝，隔千里兮共明月”，到初唐张若虚终于发为“孤篇盖全唐”的千古绝唱。此后，李白、杜甫、李贺、李商隐、李煜、苏轼、李清照、辛弃疾、陆游、黄仲则、纳兰性德、龚自珍……几乎每一个优秀的诗人都为月亮留下了深情动人的歌唱，由此塑造了一个超越而理想的“月的中国”。这歌声也越出了国界，深深影响了日本、韩国等东亚国家文学中月亮的形象。可以说，在月亮的形象里不但寄托了中国诗人最温柔、最内在的感情，而且由于中国文学跨国界的影响，也积淀了东方民族审美和心理的众多共同特质。它也寄托了中国诗人最深沉的宇宙意识，它是无限的时间，也是无垠的空间。对于一个中国人，月亮不但是孤独的自我的象征，它也代表了爱情、亲情、友谊、故乡和祖国。如果说希腊人是光明澄澈的太阳的儿女，那么，中国人无疑是清辉一片的月亮的子民。

月出①

月出皎②兮，佼人僚兮③。舒窈纠兮④，劳心悄兮⑤。
月出皓⑥兮，佼人懰⑦兮。舒懮受⑧兮，劳心慅⑨兮。

月出照兮，佼人燎[10]兮。舒夭绍[11]兮，劳心惨[12]兮。

① 选自《诗经·陈风》。

② 皎：洁白光明。《文选》注引作“皦”，字通。

③ 佼（jiǎo）：或作“姣”。佼人：美人。僚（liǎo）：通“嫽”，美好貌。

④ 舒：徐。窈纠（yǎojiǎo）：形容女子轻盈柔美的姿态。

⑤ 劳心：忧心。悄：犹“悄悄”，忧貌。这句是诗人自道其由爱情而生的烦闷。二、三章仿此。

⑥ 皓：犹“皎”。

⑦ 懰（liú）：妖冶。

⑧ 懮受：义同“窈纠”。

⑨ 慅（cǎo）：忧愁不安的样子。

⑩ 燎（liǎo）：明貌。

⑪ 夭绍：义同“窈纠”“懮受”。

⑫ 惨：读若“懆（cǎo）”，声近义同。“懆”犹“懆懆”，不安。

导读

《月出》是现存中国文学中最早完整地描绘月亮形象的诗篇，而且开创了中国文学中将月亮和美人对举的传统。它是谢庄“美人迈兮音尘绝，隔千里兮共明月”的源头，也是苏轼“但愿人长久，千里共婵娟”的源头。月亮，自从它在中国文学中第一次出现，便和人间爱情紧紧联系在一起。

触类引申

此男女相悦而相念之辞。

——（南宋）朱嘉《诗集传》

似方言之聱牙，又似乱辞之急促；尤妙在三章一韵。此真风之变体，愈出愈奇者。每章四句，又全在第三句使前后句法不排，盖前后三句皆上二字双，下一字单；第三句上一字单，下二字双也。后世作律诗，欲求精妙，全讲此法。

——（清）姚际恒《诗经通论》

这是一首别致的双声叠韵诗。形容月色皎、皓、照，形容容貌的僚、懰、燎，形容体态的窈纠、懮受、夭绍，形容心情都是声母或韵母相同的字，读起来有一种朦朦胧胧、缠缠绵绵的特殊感觉。

——周锡䪖《诗经选》，广东人民出版社 1984 年版

春江花月夜[①]

张若虚

春江潮水连海平，海上明月共潮生。
滟滟[②]随波千万里，何处春江无月明。
江流宛转绕芳甸，月照花林皆似霰[③]。
空里流霜不觉飞，汀上白沙看不见[④]。
江天一色无纤尘，皎皎空中孤月轮。

江畔何人初见月？江月何年初照人？
人生代代无穷已，江月年年望相似。
不知江月待何人，但见长江送流水。
白云一片去悠悠，青枫浦⑤上不胜愁。
谁家今夜扁舟子，何处相思明月楼⑥？
可怜楼上月徘徊，应照离人妆镜台⑦。
玉户帘中卷不去，捣衣砧上拂还来⑧。
此时相望不相闻，愿逐月华流照君。
鸿雁长飞光不度，鱼龙潜跃水成文⑨。
昨夜闲潭梦落花，可怜春半不还家。
江水流春去欲尽，江潭落月复西斜⑩。
斜月沉沉藏海雾，碣石潇湘无限路⑪。
不知乘月几人归？落月摇情满江树⑫。

① 选自《全唐诗》。《春江花月夜》，原乐府旧题，曲调始创于陈后主，多俗艳。张若虚，生卒年、字号均不详，扬州人，曾任兖州兵曹，中宗神龙中，与贺知章、贺朝、万齐融、邢巨、包融俱以文辞俊秀驰名于京都，唐玄宗开元初年与贺知章、张旭、包融并称"吴中四士"，诗作多散佚，《全唐诗》仅存诗二首。

② 滟（yàn）滟：波光粼粼的样子。

③ 芳甸（diàn）：遍生花草的原野。郊外之地叫甸。霰（xiàn）：小冰粒，俗称雪子。这里形容洁白月光照映下的花朵。

④ 月光像空中飞霜一样流动，洒在汀洲白沙上看也看不见。

⑤ 青枫浦：在今湖南省浏阳浏水中，这里泛指遥远荒僻的水边。

⑥ 扁（piān）舟子：漂荡江湖的客子。扁舟，即小舟。明月楼：代指月夜楼中的思妇。

⑦ 徘徊：指月影移动。曹植《七哀诗》云："明月照高楼，流光正徘徊。上有愁思妇，悲叹有余哀。"

⑧ 卷不去、拂还来：都是指月色带着离愁渗进思妇的心头，无法排遣和打发。

⑨ 上句仰望长空，下句俯视江面，都是写夜景寂寞，望月怀人的心情。

⑩ 以水流春去，映潭斜月感叹时光流逝。

⑪ 碣石：在河北。潇湘：水名，在湖南。无限路：极言离人相距之远。

⑫ 缭乱不宁的别绪离情和伤感惆怅，伴随着残月余晖散落在江边的树林里。末句照应开头，以月起兴，以月结束，归于一片静谧。

导读

在中国文学的长河中，以月为题材的名篇佳作俯拾皆是，但其中的桂冠之作无疑当属张若虚的这一首《春江花月夜》，闻一多曾誉之为"诗中的诗，顶峰上的顶峰"。张若虚仅以一首诗赢得了大诗人的称号，而可与王维、孟浩然、李白、杜甫等盛唐大家并列而无愧。这首诗的杰出之处在于它在一般的抒情写景之外，写出了一种深邃明澈的宇宙意识和一种博大深沉的人间之爱。在这里，深邃的宇宙意识和短暂而美好的人间之爱被统一为一个和谐的整体：宇宙意识升华了人间的爱情，人间之爱也温润了无穷、无限、无情的宇宙。月亮在这里是双重的象征，既表示着永恒长存的宇宙，也表示着温柔而短暂的人间爱情。诗既是对永恒的期盼和展望，也是对现在和此刻的拥抱；既是对宇宙甘心情愿的低首归心，也是对人间之爱最深情的咏叹。

《春江花月夜》是陈后主所创制的宫体诗旧题，原来的题材不出宫闱艳情。张若虚对这一旧题进行了脱胎换骨的改造，为它输入了新鲜的血液，又为它重铸了全新的灵魂。

触类引申

《春江花月夜》《玉树后庭花》《堂堂》并陈后主所作。叔宝常与宫中女学士及朝臣相和为诗，太乐令何胥又善于文咏，采其尤艳丽者，以为此曲。

——《旧唐书·音乐志》

前半见人有变易，月明常在，江月不必待人，唯江流与月同无尽也。后半写思妇怅望之情，曲折三致。题中五字安放自然。

——（清）沈德潜《唐诗别裁集》卷五

张若虚《春江花月夜》用《西洲》格调，孤篇横绝，竟为大家，李贺、李商隐挹其鲜润；宋词元诗，盖其支流，宫体之巨澜也。

——（清）王闿运《湘绮楼说诗》卷一

一番神秘而亲切的，如梦境的晤谈，有的是强烈的宇宙意识，被宇宙意识升华过的纯洁爱情，又由爱情辐射出来的同情心，这是诗中的诗，顶峰上的顶峰。从这边回头一望，连刘希夷都是过程了，更不用说卢照邻和他的配角骆宾王，更是过程的过程。至于那一百年间梁陈隋唐四代宫廷所遗下了那份最黑暗的罪孽，有了《春江花月夜》这样一首宫体诗，不也就洗净了吗？向前替宫体诗赎清了百年的罪，因此，向后也就和另一个顶峰陈子昂分工合作，清除了盛唐的路——张若虚的功德是无从估计的。

——闻一多《宫体诗的自赎》，见闻一多《唐诗杂论》，生活·读书·新知三联书店1999年版

张若虚以《春江花月夜》一首，便誉满诗坛，正因为这首诗实际上乃是由九首绝句接连而成的，所以特别新鲜活泼。《春江花月夜》属于南朝“吴声歌曲”，原来正是民歌中的绝句，张若虚这首诗因此每四句便换一次韵，全诗一波未平，一波又起，仿佛旋律不断地再涌现；从月出到月落，若断若续地组成一个抒情的长篇。而四句与四句之间，由于不断地换韵，就更自然地流露出它的飞跃性。飞跃性乃是诗歌语言的基本特征，只是有时隐约有时明显而已。飞跃性的充沛自如，乃是一种诗歌语言完全成熟的表现，也是诗歌抒情性的丰富涌现。

——林庚《唐诗综论》，商务印书馆2011年版

太常引·建康中秋夜为吕叔潜赋[1]

辛弃疾

一轮秋影转金波[2]。飞镜又重磨[3]。把酒问姮娥[4]，被白发、欺人奈何[5]？

乘风好去，长空万里，直下看山河。斫去桂婆娑，人道是、清光更多[6]。

① 选自《稼轩词》。辛弃疾（1140—1207），字幼安，号稼轩，历城（今山东济南）人，南宋词人，年轻时参加抗金义军，不久归南宋，一生坚

决主张抗金，其词多抒写恢复国家统一的心情，笔力雄厚，与苏轼并称“苏辛”，有《稼轩长短句》传世。吕叔潜：名大虬，辛弃疾的朋友，生平无考。

② 金波：指月亮。

③ 飞镜：形容月亮像重新磨过的镜子般明亮。

④ 姮（héng）娥：即嫦娥，古代神话中由人间飞向月亮的仙女。

⑤“被白发”二句化用唐人薛能《春日使府寓怀诗》：“青春背我堂堂去，白发欺人故故生。”指白发似欺负老人似的，在头上生长出来。

⑥ 斫（zhuó）：砍。桂：神话传说，月中有桂树，我们从地面看到的月中阴影就是桂树的树影。婆娑（suō）：树叶舞动的样子。此三句用杜甫《一百五日夜对月》诗意：“斫却月中桂，清光应更多。”

导读

此词约作于南宋淳熙元年（1174）中秋之夜，当时辛弃疾任建康安抚司参议官。上片写年华虚度的苦闷。“把酒问姮娥”，好在把月亮和嫦娥化为一体，是问月亮，也是问嫦娥，就比李白“青天有月来几时，我今停杯一问之”和苏轼“把酒问青天”更有风致。下片想象奇特，气概非凡，既要乘万里长风，俯视大地山河，还要斫去月中桂，让月亮洒下更多清光。

触类引申

（末二句）所指甚多，不止秦桧一人而已。

——（清）周济《宋四家词选》

以劲直胜，后人自是学不到。又云：用杜诗意，亦有所刺。

——（清）陈廷焯《词则·放歌集》

二、杨柳依依

《诗经·小雅·采薇》:“昔我往矣，杨柳依依。今我来思，雨雪霏霏。”中国文学一触杨柳，便成绝唱。汉人有折柳送别的风俗，人们对柳的感情也逐渐加深。至南北朝，中国诗歌中已是绿“柳”成荫。陶渊明以“柳”自号，谢道韫因柳成名。王维《送元二使安西》为送别诗之绝唱，从此那青青柳色更进一步在中国古典诗歌的空气中弥漫开来，成了中国文学中特有的一个情思缠绵的抒情符号。

“杨柳”的意象联系着中国人心中最柔软、最动人、最深挚的情愫。在诗人和词人的笔下，乡情、亲情、爱情、友情，都借着杨柳依依的姿态得到生动、传神的表达。

需要注意的是，“杨柳”在我国古代诗文中是泛指柳树。所谓“垂杨”即是“垂柳”，而与现代所谓“杨”无关。诗词中所谓“杨花”，也是指柳絮，非今日之杨絮。

水龙吟·次韵章质夫杨花词[①]

苏轼

似花还似非花，也无人惜从教坠。[②] 抛家傍路，思量却是，无情有思。[3] 萦损柔肠，困酣娇眼，欲开还闭。[4] 梦随风万里，寻郎去处，又还被、莺呼起。[5]

不恨此花飞尽，恨西园，落红难缀[6]。晓来雨过，遗踪何在，一池萍碎[7]。春色三分，二分尘土，一分流水。[8] 细看来，不是杨花，点点是离人泪。

① 选自《东坡词》。次韵：依他人词用韵答和。章质夫：章楶（jié），字质夫，苏轼友人。杨花：指柳絮。古时杨、柳通称，杨是柳的一种，即蒲柳。

② 从教：任凭。这两句说杨花像花又不像花，也没有人爱惜，只任凭它随风飘落。

③ 有思（sì）：有意。这三句是说杨花离开枝头，飘落路边，看似无情，却有深意。

④ 萦损柔肠：指辗转思念愁坏了柔肠。柔肠：喻柳枝。困酣娇眼、欲开还闭：困倦至极，眼睛想睁开又闭上了。困酣：困倦极。娇眼：喻柳叶。

⑤ 此三句用唐金昌绪《春怨》诗意："打起黄莺儿，莫教枝上啼。啼时惊妾梦，不得到辽西。"。

⑥ 缀：连缀。因为落红难缀，所以杨花也教人珍惜。

⑦ 杨花落水，看似浮萍。苏轼旧注："杨花落水为浮萍，验之信然。"

⑧ 此三句言杨花抛家傍路入尘土者占其二，入水为浮萍者居其一。

导读

王国维说"咏物之词，自以东坡《水龙吟》为最工"。这首词的妙处全在咏物而不黏着于物，可谓遗貌而取神，写活了物，也写活了人。“梦随风万里，寻郎去处，又还被、莺呼起”句化用唐金昌绪《春怨》诗意，把杨花比作闺中之梦，遂让杨花和梦一起飞。

触类引申

一、章质夫原词和王国维步韵词

燕忙莺懒芳残，正堤上、柳花飘坠。轻花点画青林，谁道全无才思。闲趁游丝，静临深院，日长门闭。傍珠帘散漫，垂垂欲下，依前被，风扶起。

兰帐玉人睡觉，怪春衣、雪沾琼缀。绣床渐满，香毬无数，才圆却碎。时见蜂儿，仰沾轻粉，鱼吞池水。望章台路杳，金鞍游荡，有盈盈泪。

——（宋）章楶《水龙吟·杨花》

开时不与人看，如何一霎蒙蒙坠。日长无绪，回廊小立，迷离情思。细雨池塘，斜阳院落，重门深闭。正参差欲住，轻衫掠处，又特地，因风起。

花事阑珊到汝，更休寻、满枝琼缀。算来只合，人间哀乐，者般零碎。一样飘零，宁为尘土，勿随流水。怕盈盈，一片春江，都贮得、离人泪。

——（清）王国维《水龙吟·杨花用章质夫苏子瞻唱和韵》

二、苏轼《水龙吟》汇评

章楶质夫，作《水龙吟》咏杨花，其命意用事，清丽可喜。东坡和之，若豪放不入律吕，徐而视之，声韵谐婉，便觉质夫词有织绣工夫。

——（宋）朱弁《曲洧旧闻》卷五

章质夫咏杨花词，东坡和之，晁叔用以为："东坡如毛嫱、西施，净洗脚面，与天下妇人斗好，质夫岂可比。"是则然矣。余以为质夫词中，所谓"傍珠帘散漫，垂垂欲下，依前被，风扶起"，亦可谓曲尽杨花妙处。东坡所和虽高，恐未能及。诗人议论不公如此耳。

——（宋）魏庆之《诗人玉屑》卷二十一

首四句是写花形态。"萦损"以下六句，是写见杨花之人之情绪。二阕用议论，情景交融，笔墨入化，有神无迹矣。

——（清）黄苏《蓼园词选》

此首咏杨花，遗貌取神，压倒古今。起处，"似花还似非花"两句，咏杨花确切，不得移咏他花。人皆惜花，谁复惜杨花者？全篇皆从一"惜"字生发。"抛家"三句，承"坠"字，写杨花之态，惜其飘落无归也。"萦损"三句，摹写杨花神态，惜其忽飞忽坠也。"梦随风"三句，摄出杨花之魂，惜其忽往忽还也。以上写杨花飞舞之正面已毕。下片，更申言杨花之归宿，"惜"意愈深。"不恨"两句，从"飞尽"说起，惜春事已了也。"晓来"三句，惜杨花之经雨也。"春色"三句，惜杨花之沾泥落水也。"细看来"两句，更点出杨花是泪来，将全篇提醒。郑叔问所谓"画龙点睛"者是也。又自"晓来"以下，一气连贯，文笔空灵。先迁甫称为"化工神品"者，亦非虚誉。

——唐圭璋《唐宋词简释》

兰陵王·柳[1]

周邦彦

柳阴直[2]，烟里丝丝弄碧[3]。隋堤上、曾见几番，拂水飘绵送行色[4]。登临望故国，谁识京华倦客[5]？长亭路，年去岁来，应折柔条过千尺[6]。

闲寻旧踪迹，又酒趁哀弦，灯照离席[7]。梨花榆火催寒食[8]。愁一箭风快，半篙波暖，回头迢递便数驿，望人在天北[9]。

凄恻，恨堆积！渐别浦萦回，津堠岑寂，斜阳冉冉春无极[10]。念月榭携手，露桥闻笛[11]。沉思前事，似梦里，泪暗滴。

① 选自《片玉集》。周邦彦（1056—1121 或 1058—1123），字美成，自号清真居士，钱塘（今浙江杭州）人，北宋词人，工音律，有《片玉集》传世，对后世有很大影响。

② 柳阴直：长堤上整齐的柳树行列，投下如线的树阴。

③ 烟里丝丝弄碧：笼罩在轻烟里的柳条丝丝飞舞，卖弄着嫩碧的颜色。

④ 隋堤：隋开通济渠，沿岸筑堤，是谓隋堤。行色：行前的景象。这两句说，曾屡次见到隋堤上的柳树拂水飘绵，代人送别的景象。

⑤ 故国：故乡。京华倦客：作者自称。京华，京师。作者久客京师，感到厌倦，因以自称。

⑥ 长亭：古时驿路上十里一长亭，五里一短亭，都是供行人休息，也是送别的地方。这三句说，经常在长亭路上为人送别，年复一年，自己折过的柳条该已经超过千尺了吧。极言自己为离愁所苦。

⑦ 闲寻旧踪迹：思量旧事。闲寻：细细思量、品味。寻：这里是寻思、思量、追怀的意思。酒趁哀弦：在悲哀的琴声中饮酒。弦，琴的代称。灯照离席：灯火照着离别的酒席。

⑧ 旧历清明前二日为寒食节，有禁火风俗，节后另取新火。唐宋时期朝廷于清明日取榆柳的火以赐百官。这句点明送别的节令是梨花盛开的寒食时节。

⑨ 一箭风快：言顺风船行如箭。半篙：船篙半没入水中。波暖：言春水已暖。迢递：远貌。这两句是“代行者设想”，言行人只担心着船行太快，倏忽便过数驿，回望送行者已远在天北。

⑩ 别浦：送别的码头。萦回：指水波萦回。津堠（hòu）：码头上可供歇宿和瞭望的地方。这两句是行人走后情景，码头上冷清清的，只有水波回荡。

⑪ 月榭、露桥：泛指旧游之华美场所。

导读

毛开《樵隐笔录》记载：“（高宗）绍兴初，都下盛行周清真咏柳《兰陵王慢》，西楼南瓦皆歌之，谓之‘渭城三叠’。”说明这首词在当时就极为流行。此词咏柳而实写别情。首段写景，二、三段分写当时感触和别后情怀，情景交融而又韵味无穷。

触类引申

前辈云：“《离骚》寂寞千载后，《戚氏》凄凉一曲终。”《戚氏》柳（永）所作也，柳何敢知世间有《离骚》，惟贺方回、周美成时时得之。贺《六州歌头》《望湘人》《吴音子》诸曲，周《大酺》《兰陵王》诸曲，最奇崛。或谓深劲乏韵，此遭柳氏涎吐不出者也。歌曲自唐虞三代以前、秦汉以后皆有，造语险易，则无定法。今必以“斜阳芳草”“淡烟细雨”绳墨作者，愚甚矣。

——（宋）王灼《碧鸡漫志》

周清真避道君，匿李师师榻下，作《少年游》以咏其事。吾极喜其“锦幄初温，兽烟不断，相对坐调笙”，情事如见。至“低声问向谁行宿，城上已三更。马滑霜浓，不如休去”等语，几于魂摇目荡矣。乃被谪后，师师持酒饯别，复作《兰陵王》赠之，中云：“愁一箭风快，半篙波暖，回头迢递便数驿。”酷尽别离之惨，而题作咏柳，不书其事，则意趣索然，不见其妙矣。

——（清）贺裳《皱水轩词筌》

客中送客，一“愁”字代行者设想。以下不辨是情是景，但觉烟霭苍茫。“望”字、“念”字尤幻。

——（清）周济《宋四家词选》

美成词极其感慨，无处不郁，令人不能遽窥其旨。如《兰陵王·柳》云“登临望故国，谁识京华倦客”二语是一篇之主。上有“隋堤上、曾见几番，拂水飘绵送行色”之句，暗伏“倦客”之根，是其法密处。故下接云：“长亭路，年去岁来，应折柳条过千尺。”久客淹留之感，和盘托出。他手至此，以下便直书愤懑矣。美成则不然，“闲寻旧踪迹”二叠，无一语不吞吐，只就眼前景物，约略点缀，更不写淹留之故，却无处非淹留之苦。直至收笔云：“沉思前事，似梦里，泪暗滴。”遥遥挽合，妙在才欲说破，便自咽住，其味正自无穷。

——（清）陈廷焯《白雨斋词话》

梁启超："斜阳"七字，绮丽中带悲壮，全首精神提起。

——梁令娴《艺蘅馆词选》乙卷

金明池·咏寒柳[①]

柳如是

有怅寒潮，无情残照，正是萧萧南浦[②]。更吹起，霜条孤影，还记得，旧时飞絮[③]。况晚来，浪烟斜阳，见行客，特地瘦腰如舞[④]。总一种凄凉，十分憔悴，尚有燕台佳句[⑤]。

春日酿成秋日雨。念畴昔风流，暗伤如许[⑥]。纵饶有，绕堤画舸，冷落尽，水云犹故[⑦]。忆从前，一点东风[⑧]，几隔着重帘，眉儿愁苦。待约个梅魂[⑨]，黄昏月淡，与伊深怜低语。

① 选自刘燕远《柳如是诗词评注》，北京古籍出版社2000年版。柳如是（1618—1664），明末清初女诗人，原姓杨，名爱，后改姓柳，名隐，又名是，字如是，一字蘼芜，与钱谦益结缡后，以其族望称河东君。金明池：古池名，在开封。秦观游金明池，首创此牌咏池上美景。

② 怅：失意，懊恼。萧萧：风声。南浦：江淹《别赋》"送君南浦，伤如之何"，后以"南浦"指送别之地。

③ 霜条孤影：柳树经霜后的残条孤影。

④ 晚来：夜晚来临之际。行客：往来的行旅客人。

⑤ 燕台佳句：指李商隐《燕台四首》《柳枝五首》。李商隐曾恋慕某歌女，后歌女为强人夺去，李因作《燕台诗》四首以志哀思。洛中里娘柳枝，善歌乐，因咏李《燕台诗》而痴恋其人，李又因之作《柳枝五首》。

这里借指作者与几社同人相互唱和之作。

⑥ 畴昔：往昔。如许：如此。

⑦ 饶：多。画舸：画船。舸，大船。

⑧ 东风：春风。有人认为，东风系暗指作者以前的情人陈子龙，“东”乃暗示其姓。

⑨ 梅魂：苏轼《六年正月二十日复出东门仍用前韵》：“长与东风约今日，暗香先返玉梅魂。”钱谦益赠柳如是诗：“今夕梅魂共谁语？任他疏影蘸寒流。”自注云：“河东君寒柳词云，约个梅魂，与伊深怜低语。”

导读

这首词是柳如是自伤身世之作，当作于崇祯十二三年间。其时诗人已被迫离开感情甚笃的陈子龙，流落江湖。词中抒发了“美人迟暮”之感，感情沉挚。陈寅恪推作者《次韵奉答・谁家乐府唱无愁》及此词为明末最佳之诗词，给予极高评价。

触类引申

居然作者，味其词，正有无数伤心处也。

——（清）谢章铤《赌棋山庄词话》

寅恪尝论河东君之作品，应推此诗（指《次韵奉答・谁家乐府唱无愁》）及《金明池・咏寒柳》词为明末最佳之诗词，当日胜流均不敢与抗手，何物钱岱勋或钱青雨竟能为之乎？造此诬谤者，其妄谬可不必辨。

然今日尚有疑河东君之诗词非其本人所作者，浅识陋学，亦可悯矣。

——陈寅恪《柳如是别传（中）》第四章“河东君过访半野堂及其前后之关系”

三、桃源行

“桃之夭夭，灼灼其华。”如果说桃花是我们民族心目中最美的花朵之一，那么“桃源”就是我们民族千百年来最美的梦想；如果说《诗经·桃夭》是诗歌中桃花意象的源头，那么陶渊明的《桃花源诗并记》就是关于桃源这一梦想的源头。“桃源”“桃花源”“世外桃源”“桃源仙境”这些词汇成了母语长河中最美的浪花。它不仅流淌于文人墨客的笔下，而且融入了汉语的日常语言，成为滋润我们心田的滴滴甘露。

桃花源既虚幻，又真实；它是理想，又寓于现实。桃花源景美人美，桃花源人的生活如诗如歌。在我国文学史上，桃花源更成了诗人们永恒的题材、不朽的意象。

桃花源诗并记[①]

陶渊明

晋太元中[②]，武陵[③]人捕鱼为业。缘溪行，忘路之远近。忽逢桃花林，夹岸数百步，中无杂树，芳草鲜美，落英缤纷。渔人甚异之。复前行，欲穷其林。

林尽水源，便得一山。山有小口，仿佛若有光。便舍船，从口入。初极狭，才通人。复行数十步，豁然开朗。土地平旷，屋舍俨然，有良田、美池、桑竹之属。阡陌交通，鸡犬相闻④。其中往来种作，男女衣着，悉如外人。黄发垂髫，并怡然自乐。

见渔人，乃大惊，问所从来。具答之。便要还家，设酒杀鸡作食。村中闻有此人，咸来问讯。自云先世避秦时乱，率妻子邑人来此绝境，不复出焉，遂与外人间隔。问今是何世，乃不知有汉，无论魏晋。此人一一为具言所闻，皆叹惋。余人各复延至其家，皆出酒食。停数日，辞去。此中人语云："不足为外人道也。"

既出，得其船，便扶向路⑤，处处志之。及郡下，诣太守，说如此。太守即遣人随其往，寻向所志，遂迷，不复得路。

南阳刘子骥⑥，高尚士也，闻之，欣然规往⑦。未果，寻病终。后遂无问津者⑧。

嬴氏乱天纪，贤者避其世⑨。黄绮之商山，伊人亦云逝⑩。往迹寝复湮，来径遂芜废⑪。相命肆农耕，日入从所憩⑫。桑竹垂余荫，菽稷随时艺⑬。春蚕收长丝，秋熟靡王税⑭。荒路暧交通，鸡犬互鸣吠⑮。俎豆犹古法，衣裳无新制⑯。童孺纵行歌，斑白欢游诣⑰。草荣识节和，木衰知风厉⑱。虽无纪历志，四时自成岁⑲。怡然有余乐，于何劳智慧⑳！奇踪隐五百，一朝敞神界㉑。淳薄既异源，旋复还幽蔽㉒。借问游方士，焉测尘嚣外㉓？愿言蹑轻风，高举寻吾契㉔。

① 选自《陶渊明集笺注》，中华书局2003年版。陶渊明（约365—427年），东晋诗人，一名潜，字元亮，私谥靖节，浔阳柴桑（今江西九江市）人，诗多田园题材，是田园诗派的开创者，诗风平淡自然，极受后人推崇，影响深远。

② 太元：晋孝武帝年号（376—396 年）。

③ 武陵：郡名。汉高祖割黔中故治置，郡治武陵，今湖南常德一带。

④ 鸡犬相闻：《老子》八十章："邻国相望，鸡犬之声相闻，民至老死，不相往来。"

⑤ 扶：沿着。向路：旧路，指来时的路。

⑥ 南阳：今河南省南阳一带。刘子骥：名驎之，字子骥，晋代南阳人，是有名的隐士，好游山泽，曾到衡山采药，深入忘返，欲还家，又迷失道路，问伐木者，才得以回家。事迹见《晋书·隐逸传》。

⑦ 规：计划，规划。钱锺书《管锥编》第四册："'规'字六朝常用，如《魏书·孟表传》：'云是叔业姑儿，为叔业所遣，规为内应。'又《尔朱荣传》：'我本相投，规存性命。'皆谓意图也。"

⑧ 问津：访求的意思。津：原指渡口。用《论语》中孔子使子路向沮、溺问津的典故。这句谓以后就没有人去访求桃花源了。

⑨ 嬴氏：指秦始皇。秦为嬴姓。天纪：日月星辰历数，这里指正常的社会政治秩序。

⑩ 黄绮：夏黄公与绮里季。这里指商山四皓。之：到，往。伊人：他们。指最初来到桃花源的人。云：语助词，无意义。逝：去，逃隐。

⑪ 往迹：指桃花源中人最初避乱往桃花源的踪迹。寖复湮：逐渐消失埋没。来径：通往桃花源的道路。

⑫ 相命：互相招呼。肆：致力。从：相随，结伴归来的意思。憩：休息。

⑬ 余荫：浓荫。菽：豆类的总称。稷：高粱，一说谷物。随时：按照季节。艺：种植。

⑭ 靡：无。

⑮ 暧（ài）：昏暗不明。指路为荒草遮掩，若有若无。交通：指行走。鸡犬互鸣吠：即'记'中所说"鸡犬相闻"之意。

⑯ 俎（zǔ）豆：古代祭祀的礼器，这里指祭祀的仪式。俎用以载牲，豆用以盛肉。犹古法：仍旧用古代的礼法。新制：新的样式。

⑰ 童孺：儿童。纵：尽情，无拘无束。行歌：边走边唱。斑白：头发花白的老人。游诣：游玩。诣，往。

⑱ 节和：节气和暖，指春天。木衰：指草木凋零。风厉：风声凄厉，指秋天。

⑲ 纪历志：岁时的记载，即历书。四时：四季。

⑳ 余乐：不尽的欢乐。于何：在哪里。劳：动用。智慧：指心机。

㉑ 奇踪：奇异的踪迹，指桃花源。五百：自秦至晋太元不足六百年，五百是举其成数。敞：敞开。神界：神仙般的世界。

㉒ 淳：指桃花源中淳朴的风尚。薄：指世间浮薄的社会风气。源：根源。旋：很快。复：又，再。幽蔽：深深地隐蔽。

㉓ 游方士：游于方内之士，指世俗之人。方：区域，指世间。《庄子·大宗师》："孔子曰：'彼，游方之外者也；而丘，游方之内者也。'"焉：哪里，如何。尘嚣（xiāo）外：喧哗的尘世之外。

㉔ 言：语助词，无意义。蹑：踏着。高举：高飞。契：契合，投合，指志同。

导读

在陶渊明原作中，"桃花源诗"和"记"本来是一个整体。陈寅恪认为《桃花源记》"亦纪实之文也"。西晋末年社会大乱，当时中原人有一大部分远离本土迁至他乡，其不能者"则大抵纠合宗族乡党，屯聚堡坞，据险自守"。这种堡坞就是陶渊明写作《桃花源诗并记》的现实依据。但是，没有陶渊明，就没有"桃花源"。"桃花源"之所以能够成为千百年来人们共同向往的美好境界，就是因为陶渊明在《桃花源诗并记》中寄托了他的社会理想。诗中特别写到桃花源“秋熟靡王税”，这一点《桃花源记》中就未提到。据此，王安石《桃源行》中认为“桃花源”中“虽有父子而无君臣”。王维、刘禹锡等在同题诗中则又强调“桃花源”的“仙气”，其中之人已经“成仙”，成为“仙家”，所谓“桃花源”就是“仙源”。当代又有读者认为“桃花源”与世隔绝，信息封闭，其实并不理想。你可以作出自己的判断。

触类引申

世传桃源事，多过其实，考渊明所记，止言先世避秦乱来此，则渔人所见，似是其子孙，非秦人不死者也。又云杀鸡作食，岂有仙而杀者乎？旧说南阳有菊水，水甘而芳，民居三十余家，饮其水皆寿，或至百二三十岁。蜀青城山老人村，有见五世孙者，道极险远，生不识盐醯，而溪中多枸杞，根如龙蛇，饮其水，故寿。近岁道稍通，渐能致五味，而寿亦益衰。桃源盖此比也欤。使武陵太守得而至焉，则已化为争夺之场久矣。尝意天壤之间若此者甚众，不独桃源。余在颍州，梦至一官府，人物与俗间无异，而山川清远，有足乐者。顾视堂上，榜曰“仇池”。觉而念之：仇池，武都氏故地，杨难当所保，余何为居之？明日以问客，客有赵令畤德麟者，曰：“公何为问此，此乃福地，小有洞天之附庸也。杜子美盖云：‘万古仇池穴，潜通小有天。神鱼人不见，福地语真传。近接西南境，长怀十九泉。何时一茅屋，送老白云边。’”他日，工部侍郎王钦臣仲至谓余曰：“吾尝奉使过仇池，有九十九泉，万山环之，可以避世，如桃源也。”

——（宋）苏轼《苏文忠公诗集》卷四十三《和桃源诗序》

唐人有诗云:“山僧不解数甲子，一叶落知天下秋。”及观陶元亮诗云:“虽无纪历志，四时自成岁。”便觉唐人费力。如《桃花源记》言:“乃不知有汉，无论魏晋。”可见造语之简妙。盖晋人工造语，而渊明其尤也。

——(宋)唐庚《唐子西文录》

此语殊不呆滞，但本记字字可悟，更须言外遇之。如“缘溪行，忘路之远近，忽逢桃花林”此数句须看一个“忘”字，一个“忽”字，隐然说人到忘处，百虑都尽，便忽有会意处也。“屋舍俨然”以下忽缀一语云:“见渔人，乃大惊，问所从来。”此正文字绝处逢生法。惝恍变幻，另开一径，才转出“设酒作食”一段光景。末段云“太守即遣人随其往，寻向所志，遂迷，不复得路”，又寓言凡人事境阅历，以无意适遭为至，着意便迷惑矣，与庄氏“异哉象罔”乃得同旨。结句“后遂无问津者”，冷讽世人，悠然不尽。

——(明)张自烈辑《笺注陶渊明集》卷五

设想甚奇，直于污浊世界中另辟一天地，使人神游于黄、农之代。公盖厌尘网而慕淳风，故尝自命为无怀、葛天之民，而此记即其寄托之意。如必求其人与地之所在而实之，则凿矣。

——(清)邱嘉穗《东山草堂陶诗笺》卷五

桃源与沅州[①]

沈从文

全中国的读书人，大概从唐朝以来，命运中注定了应读一篇《桃花源记》，因此把桃源当成一个洞天福地。人人皆知道那地方是武陵渔人发现的，有桃花夹岸，芳草鲜美。远客来到，乡下人就杀鸡温酒，表示欢迎。乡下人都是避秦隐居的遗民，不知有汉朝，更无论魏晋了。千余年来读书人对于桃源的印象，既不怎么改变，所以每当国体衰弱发生变乱时，想做遗民的必多，这文章也就增加了许多人的幻想，增加了许多人的酒量。至于住在那儿的人呢，却无人自以为是遗民或神仙，也从不曾有人遇着遗民或神仙。

桃源洞离桃源县二十五里。从桃源县坐小船沿沅水上行，船到白马渡时，上南岸走去，忘路之远近乱走一阵，桃花源就在眼前了。那地方桃花虽不如何动人，竹林却很有意思。如椽如柱的大竹子，随处皆可发现前人用小刀刻画留下的诗歌。新派学生不甘自弃，也多刻下英文字母的题名。竹林里间或潜伏一二剪径壮士，待机会霍地从路旁跃出，仿照《水浒传》上英雄好汉行为，向游客发个利市，使人措手不及，不免吃点小惊。桃源县城则与长江中部各小县城差不多，一入城门最触目的是推行印花税与某种公债的布告。城中有棺材铺、官药铺，有茶馆酒馆，有米行脚行，有和尚道士，有经纪媒婆，庙宇祠堂多数为军队驻防，门外必有个武装同志站岗。土栈烟馆既照章纳税，就受当地军警保护。代表本地的出产，边街上有几十家玉器作，用珉石[②]染红着绿，琢成酒杯笔架等物，货物品质平平常常，价钱却不轻贱。另外还有个名为“后江”的地方，住下无数公私不分的妓女，很认真经营她们的职业。有些人家在一个菜园平房里，有些却又住在空船上，地方虽脏一点倒富有诗意。

这些妇女使用她们的下体，安慰军政各界，且征服了往还沅水流域的烟贩、木商、船主，以及种种因公出差过路人。挖空了每个顾客的钱包，维持许多人生活，促进地方的繁荣。一县之长照例是个读书人，从史籍上早知道这是人类一种最古的职业，没有郡县以前就有了它，取缔既与“风俗”不合，且影响到若干人生活，因此就很正当的定下一些规章制度，向这些人来抽收一种捐税（并采取了个美丽名词叫作“花捐”），把这笔款项用来补充地方行政、保安，或城乡教育经费。

桃源既是个有名地方，每年自然就有许多“风雅”人，心慕古桃源之名，二三月里携了《陶靖节集》与《诗韵集成》[3]等参考资料和文房四宝，来到桃源县访幽探胜。这些人往桃源洞赋诗前后，必尚有机会过后江走走，由朋友或专家引导，这家那家坐坐，烧盒烟，喝杯茶。看中意某一个女人时，问问行市，花个三元五元，便在那龌龊不堪万人用过的花板床上，压着那可怜妇人的胸膛放荡一夜。于是纪游诗上多了几首无题艳遇诗，把“巫峡神女”[4]“汉皋解佩”[5]“刘阮天台”[6]等等典故，一律引用到诗上去。看过了桃源洞，这人平常若是很谨慎的，自会觉得应当即早过医生处走走，于是匆匆的回家了。至于接待过这种外路“风雅”人的神女呢，前一夜也许陆续接待过了三个麻阳船水手，后一夜又得陪伴两个贵州省牛皮商人。这些妇人照例说不定还被一个散兵游勇、一个县公署执达吏、一个公安局书记，或一个当地小流氓长时期包定占有，客来时那人往烟馆过夜，客去后再回到妇人身边来烧烟。

妓女的数目占城中人口比例不小。因此仿佛有各种原因，她们的年龄都比其他大都市更无限制。有些人年在五十以上，还不甘自弃，同十六七岁孙女辈行来参加这种生活斗争，每日轮流接待水手同军营中火伕。也有年纪不过十四五岁，乳臭尚未脱尽，便在那儿服侍客人过夜的。

她们的技艺是烧烧鸦片烟，唱点流行小曲，若来客是粮子上跑四方人物，还得唱唱军歌党歌，和时下电影明星的新歌，应酬应酬，增加兴趣。她们的收入有些一次可得洋钱二十三十，有些一整夜又只得一块八毛。这些人有病本不算一回事。实在病重了，不能做生意挣饭吃，间或就上街走到西药房去打针，六零六、三零三扎那么几下，或请走方郎中配副药，朱砂茯苓乱吃一阵，只要支持得下去，总不会坐下来吃白饭。直到病倒了，毫无希望可言了，就叫毛伙用门板抬到那类住在空船中孤身过日子的老妇人身边去，尽她咽最后那一口气。死去时亲人呼天抢地哭一阵，罄所有请和尚安魂念经，再托人赊购副四合头棺木，或借“大加一”买副薄薄板片[⑦]，土里一埋也就完事了。

桃源地方已有公路，直达号称湘西咽喉的武陵（常德），每日都有八辆十辆新式载客汽车，按照一定时刻在公路上奔驰。距常德约九十里，车票价钱一元零。这公路从常德且直达湖南省会长沙，汽车路程约四小时，车票价约六元。公路通车时，有人说这条公路在湘省经济上具有极大意义，意思是对于黔省出口特货运输可方便不少[⑧]。这人似乎不知道特货过境每次必三百担五百担，公路上一天不过十几辆汽车来回，若非特货再加以精制，每天能运输多少？关于特货的精制，在各省严厉禁烟宣传中，平民谁还有胆量来做这种非法勾当。假若在桃源县某种铺子里，居然有人能够设法购买一点黄色粉末药物，作为谈天口气，随便问问，就会弄明白那货物的来源是有来头的。信不信由你，大股东中大头脑有什么“龄”字辈、“子”字辈，还有沿江之督办，上海之闻人。且明白出产地并不是桃源县城，沿江上行六十里，有二十部机器日夜加工，运输出口时或用轮船直往汉口，却不需借公路汽车转运长沙。

真可称为桃源名产值得引人注意的，是家鸡同鸡卵，街头巷尾无处不可以发现这种冠赤如火、庞大庄严的生物，经常有重达一二十斤的。凡过路人初见这地方鸡卵，必以为鸭卵或鹅卵。其次，桃源有一种小划子，轻捷、稳当、干净，在沅水中可称首屈一指。一个外省旅行者，若想到湘西的永绥[⑨]、乾城[⑩]、凤凰研究湘边苗族的分布状况，或想从湘西往四川的酉阳、秀山调查桐油的生产，往贵州的铜仁调查朱砂水银的生产，往玉屏调查竹料种类，注意造箫制纸的手工业生产情况，皆可在桃源县魁星阁下边，雇妥那么一只小船，沿沅水溯流而上，直达目的地，到地时取行李上岸落店，毫无何等困难。

一只桃源小划子上只能装载一二客人。照例要个舵手，管理后艄，调动船只左右。张挂风帆，松紧帆索，捕捉河面山谷中的微风。放缆拉船，量渡河面宽窄与河流水势，伸缩竹缆。另外还要拦头工人，上滩下滩时看水认容口，出事前提醒舵手躲避石头、恶浪与洑流，出事后点篙子需要准确、稳重。这种人还要有胆量，有气力，有经验。张帆落帆都得很敏捷地及时拉桅下绳索。走风船行如箭时，便蹲坐在船头上叫喝呼啸，嘲笑同行落后的船只。自己船只落后被人嘲骂时，还要回骂；人家唱歌也得用歌声作答。两船相碰说理时，不让别人占便宜。动手打架时，先把篙子抽出拿在手上。船只逼入急流乱石中，不问冬夏，都得敏捷而勇敢的脱光衣裤，向急流中跳去，在水里尽肩背之力使船只离开险境。掌舵的因事故不能尽职，就从船顶爬过船尾去，作个临时舵手。船上若有小水手，还应事事照料小水手，指点小水手。更有一份不可推却的职务，便是在一切过失上，应与掌舵的各据小船一头，相互辱宗骂祖，继续使船前进。小船除此两人以外，尚需要个小水手居于杂务地位，淘米、烧饭、切菜、洗碗，无事不作。行船时应荡桨就帮同荡桨，应点篙就帮同持篙。这种小水手大都在学习期间，应处处留心，取得经验同本领。除了学习看水，看风，记石头，使用篙桨以外，也学习挨打挨骂。尽各种古怪稀奇字眼儿成天在耳边反复响着，好好的保留在记忆里，将来长大时再用它来辱骂旁人。上行无风吹，一个人还负了纤板，曳着一段竹缆，在荒凉河岸小路上拉船前进。小船停泊码头边时，又得规规矩矩守船。关于他们的经济情势，舵手多为船家长年雇工，平均算来合八分到一角钱一天。拦头工有长年雇定的，人若年富力强多经验，待遇同掌舵的差不多。若只是短期包来回，上行平均每天可得一毛或一毛五分钱，下行则尽义务吃白饭而已。至于小水手，学习期限看年龄同本事来，有些人每天可得两分钱作零用，有些人在船上三年五载吃白饭。上滩时一个不小心，闪不及被自己手中竹篙弹入乱石激流中，泅水技术又不在行，在水中淹死了，船主方面写得有字据，生死家长不能过问。掌舵的把死者剩余的一点衣服交给亲长，说明白落水情形后，烧几百钱纸，手续便清楚了。

一只桃源划子，有了这样三个水手，再加上一个需要赶路，有耐心，不嫌孤独，能花个二十三十的乘客，这船便在一条清明透澈的沅水上下游移动起来了。在这条河里在这种小船上作乘客，最先见于记载的一人，应当是那疯疯癫癫的楚逐臣屈原。在他自己的文章里，他就说道："朝发枉渚兮，夕宿辰阳。"若果他那文章还值得称引，我们尚可以就"沅有芷兮澧有兰"与"乘舲上沅"这些话，估想他当年或许就坐了这种小船，溯流而上，到过出产香草香花的沅州。沅州上游不远有个白燕溪，小溪谷里生长芷草，到如今还随处可见。这种兰科植物生根在悬崖罅隙间，或蔓延到松树枝丫上，长叶飘拂，花朵下垂成一长串，风致楚楚。花叶形体较建兰柔和，香味较建兰淡远。游白燕溪的可坐小船去，船上人若伸手可及，多随意伸手摘花，顷刻就成一束。若崖石过高，还可以用竹篙将花打下，尽它堕入清溪洄流里，再从溪里把花捞起。除了兰芷以外，还有不少香草香花，在溪边崖下繁殖。那种黛色无际的崖石，那种一丛丛幽香眩目的奇葩，那种小小洄旋的溪流，合成一个如何不可言说，迷人心目的圣境！若没有这种地方，屈原便再疯一点，据我想来，他文章未必就能写得那么美丽。

甚么人看了我这个记载，若神往于香草香花的沅州，居然从桃源包了小船，过沅州去，希望实地研究解决《楚辞》上几个草木问题，到了沅州南门城边，也许无意中会一眼瞥见城门上有一片触目黑色，因好奇想明白它，一时可无从向谁去询问。他所见到的只是一片新的血迹，并非什么古迹。大约在“清党”[11]前后，有个晃州姓唐的青年，北京农科大学毕业生，在沅州晃州两县，用党务特派员资格，率领了两万以上四乡农民和一群青年学生，肩持各种农具，上城请愿。守城兵先已得到长官命令，不许请愿群众进城。于是双方自然而然发生了冲突。一面是旗帜、木棒，呼喊与愤怒，一面是居高临下，一尊机关枪同十支步枪。街道既那么窄，结果站在最前线上的特派员同四十多名青年学生与农民，便全在城门边牺牲了。其余农民一看情形不对，抛下农具四散跑了。那个特派员的尸体，于是被兵士用刺刀钉在城门木板上示众三天。三天过后，便连同其他牺牲者，一齐抛入屈原所称赞的清流里喂鱼吃了。几年来本地人在内战反复中被派捐拉夫，在应付差役中把日子混过去，大致把这件事也慢慢的忘掉了。

桃源小船载到沅州府，舵手把客人行李扛上岸，讨得酒钱回船时，这些水手必乘兴过南门外皮匠街走走。那地方同桃源的后江差不多，住下不少经营最古职业的人物[12]，地方既非商埠，价钱可公道一些。花五角钱关一次门，上船时还可以得一包黄油油的上净丝烟，那是十年前的规矩。照目前百物昂贵情形想来，一切当然已不同了，出钱的花费也许得多一点，收钱的待客也许早已改用“美丽牌”代替“上净丝”了。

或有人在皮匠街蓦然间遇见水手，对水手发问：“弄船的，‘肥水不落外人田’，家里有的你让别人用，用别人的你还得花钱，这上算吗？”

那水手一定会拍着腰间麂皮抱兜，笑眯眯的回答说：“大爷，‘羊毛出在羊身上’，这钱不是我桃源人的钱，上算的。”

他回答的只是后半截，前半截却不必提。本人正在沅州，离桃源远过六七百里，桃源那一个他管不着。

便因为这点哲学，水手们的生活，比起“风雅人”来似乎洒脱多了。若说话不犯忌讳，无人疑心我“袒护无产阶级”，我还想说，他们的行为，比起那些读了些“子曰”，带了《五百家香艳诗》去桃源寻幽访胜，过后江讨经验的“风雅人”来，也实在还道德得多。

一九三五年三月，北平大城中

① 选自《沈从文文集·第九卷·散文》，花城出版社 1984 年版。沈从文（1902—1988），原名沈岳焕，湖南凤凰县人，苗族，现代著名作家、文物研究家，主要作品有小说《边城》《长河》等，散文《湘行散记》《从文自传》等。

② 珉（mín）石：似玉的美石。

③ 陶靖节：即陶渊明，靖节是陶渊明的谥号。《诗韵集成》：清人余春亭所编韵书。

④ 巫峡神女：相传为炎帝女，葬巫山之阳。这里当指楚怀王游于高唐，昼寝，梦与神遇，自称巫山神女，王因幸之事。

⑤ 汉皋解佩：指《列仙传》叙郑交甫于汉皋遇二仙女，见而悦之，下请其佩，二女解佩与交甫事。

⑥ 刘阮天台：指传说中东汉人刘晨、阮肇入天台山遇二仙女事。

⑦ 大加一：一种月息为百分之十的高利贷。

⑧ 特货：指鸦片烟。

⑨ 永绥：县名，即今湖南花垣县。

⑩ 乾城：即乾州，今属湖南吉首。

⑪ 清党：指 1927 年“四一二”国民党“清党”事件。

⑫ 最古职业的人物：指妓女。

导读

“桃花源”隐现于陶渊明的诗文里，活跃于读者的想象中，美好得令人无限向往。而沈从文却从其中走了出来，来到了现实中的桃源县，并从桃源又到了沅州。我们且跟着他去走一走，看一看，并且想一想陶渊明笔下的理想和沈从文笔下的现实除了名字、地理上的联系之外，还有没有别的联系。如果这篇文章有所谓“文眼”的话，你认为它在哪里，在文章中起到了怎样的作用？

触类引申

《桃源与沅州》是一篇颇能代表作者写作特点的散文。作为叙述山水的游记，作者并不是单纯去描绘自然景物，而是着力于写出人们的生活，特别是那些船工和被侮辱被损害的妇女的悲惨生活。作者以写实的笔法揭示出在现实中的桃源，并不是陶渊明笔下所幻想的那种洞天福地。

——张晓萃，见《中国现代散文》（上册），上海文艺出版社 1980 年版

关于湘西，沈从文的艺术想象，半得自形象记忆，半得自传统文学陶染，——正如他的“哲学”半得自“自然”的启悟，半得自传统哲学那样。他把二者糅在一起，糅到极均匀时，即令人不感到“现实”与“梦”、“生活”与“哲学”的界限。

——赵园《沈从文构筑的“湘西世界”》，见《沈从文研究资料》（上册），刘洪涛、杨瑞仁主编，天津人民出版社 2006 年版

四、壶中日月

酒在中国文化和中国人的日常生活中占有一个突出的位置。酒的意象，在《诗经》里就已经反复出现:“十月获稻，为此春酒”“我有旨酒，以燕乐嘉宾之心”。不知道杜康是不是黄帝时人，但我们若信“禹恶旨酒而好善言”，则我们的祖先早在禹的时代大概就已经酒风盛行了。经过数千年的抒写，酒的意象已经渗入我们一切人生的主题。酒可以助喜，所以对良辰美景，遇佳人知友，不可无酒。酒可以解忧，所以当“忧从中来，不可断绝”，所可仰仗者，也唯此君;“艰难苦恨繁霜鬓”，终于还须“潦倒新停浊酒杯”相伴。当“尽挹西江，细斟北斗，万象为宾客”之际，“静听不闻雷霆之声，熟视不睹泰山之形，不觉寒暑之切肌，利欲之感情”，似乎真可以消尽胸中一切块垒。酒也是友谊的信使，所以诗人有“何时一樽酒，重与细论文”“晚来天欲雪，能饮一杯无”的期盼；酒也是孤独者的伴侣，所以词人有“酒入愁肠，化作相思泪”“今宵酒醒何处，杨柳岸、晓风残月”的深叹。对诗人和艺术家，酒又是灵感的泉源，所以陶渊明“偶有名酒，无夕不饮”，李白“兴酣笔落摇五岳”，张旭则于酒酣耳热之际，“兴来洒素壁，挥笔如流星”。

酒中有诗，酒中也有哲学。品酒，实际上就是品味人生。那么，谁能真正欣赏这壶中日月，陶然其中而又超然其外，得到酒中真趣呢?

鹿鸣[①]

呦呦鹿鸣，食野之苹[②]。我有嘉宾，鼓瑟吹笙。

吹笙鼓簧，承筐是将。[③] 人之好我，示我周行。[④]

呦呦鹿鸣，食野之蒿。我有嘉宾，德音孔昭。⑤
视民不恌，君子是则是效。⑥ 我有旨酒，嘉宾式燕以敖。⑦
呦呦鹿鸣，食野之芩⑧。我有嘉宾，鼓瑟鼓琴。
鼓瑟鼓琴，和乐且湛⑨，我有旨酒，以燕乐嘉宾之心。

① 选自《诗经·小雅》。

② 呦呦（yōuyōu）：鹿见食相呼声。苹：白蒿之属，始生香，可生食。

③ 簧：笙中振动发声的簧片。承筐是将：在筐里装满礼品奉送客人。承：奉，捧着。将：送，献。

④ 周行（háng）：大路。全句说，人们待我友善，指示我生活的大道。

⑤ 德音：美好的品德声誉。孔：很。昭：明亮，引申为彰明、显示。全句说，参与宴会的客人都拥有美好的声誉。

⑥ 视：示。恌（tiāo）：同“佻”。不恌：庄重，不轻浮。则：法则，楷模，此处作动词用。傚：通“效”，效仿。全句说，客人指示人们庄重不轻浮的榜样，君子都要向他们学习。

⑦ 旨酒：美酒。旨：甘美。式：语助词。燕：同“宴”。敖：同“遨”，嬉游。全句说，我用美酒招待客人，与宴的客人都很开心。

⑧ 芩（qín）：蒿类植物。

⑨ 湛（dān）：同“耽”，喜乐，乐之久。

导读

这是古代宴客时常用的歌曲。《仪礼》中就有两处“工歌《鹿鸣》”的记载。从汉代到晋代，它都是宴会中的“保留节目”，不断被演唱。唐朝宴饮州、乡贡士，更规定要“歌《鹿鸣》之诗”。清朝乡试放榜的第二天举行盛宴招待考官和新举人，这种宴会便称为“鹿鸣宴”。

全诗洋溢着一派浓烈的欢宴气氛。诗中没有对酒作突出描写，却令人感到“拂拂有酒气”。

触类引申

这首诗是朝廷与民间宴会通用的乐歌，朱熹曾猜想是由朝廷宴乐“推而用之”于民间的。这可能是弄颠倒了。因为诗中以鹿群食草起兴，本身就证明它的古老性质，所以事实上这首诗恐怕最初是民间宴会的乐歌，后来才被统治阶级采用的。当然他们有所加工修改，这恐怕是难免的。

马瑞辰说：“此诗三章，方法参差，而义实相承。”首章与末章的前六句都是写自己热情待客，所不同的是首章后两句转到写客人对我的教益，末章后两句则是写客人的欢乐，这是由于我热情所致。次章是承首章末两句而来，赞美客人德高望重。全诗情调欢乐轻快。

——蒋立甫《诗经选注》，北京出版社 1981 年版

酒德颂[①]

刘伶

有大人先生者，以天地为一朝，万期为须臾，日月为扃牖[②]，八荒为庭衢[③]。行无辙迹，居无室庐，幕天席地，纵意所如[④]。止则操卮执觚，动则挈榼提壶[⑤]。唯酒是务，焉知其余？

有贵介公子，搢（一作缙）绅处士，闻吾风声，议其所以[⑥]。乃奋袂攘襟，怒目切齿，陈说礼法，是非锋起[⑦]。先生于是方捧罂承槽，衔杯漱醪，奋髯箕踞，枕曲藉糟，无思无虑，其乐陶陶[⑧]。兀然而醉，恍尔而醒[⑨]。静听不闻雷霆之声，熟视不睹泰山之形，不觉寒暑之切肌，利欲之感情[⑩]。俯观万物扰扰，焉如江汉之（一作三）载浮萍；二豪侍侧，焉如蜾蠃之与螟蛉[⑪]。

① 选自《文选》。刘伶，字伯伦，西晋沛国（今安徽濉溪县西北）人，竹林七贤之一，纵酒放达，常乘鹿车，携酒一壶，使人荷锸相随，说："死便埋我。"

② 大人先生：均敬称，此处乃假托。万期（jī）：万年。期：周年。扃牖（jiōngyǒu）：门窗。扃：门闩。牖：窗户。

③ 八荒：八方荒远之地。庭衢（qú）：堂前的大路。衢：四通八达的道路。

④ 辙（zhé）迹：车迹。室庐：房屋居室。庐：房屋。幕天席地：以天为幕，以地为席。幕：帐幕，篷帐。纵意所如：随心所往。如：往，到。

⑤ 止：停止，停息。卮（zhī）：酒器，容四升。觚（gū）：酒器，容二升。榼（kē）：盛酒或贮水的器具。

⑥ 贵介：尊贵。介，大。搢绅：插笏于带间。搢：插。绅：大带。古时仕宦者垂绅搢笏，因称士大夫为搢绅。处士：有才德而隐居不仕的人。风声：名声。所以：所为之得失。

⑦ 奋袂（mèi）攘（rǎng）襟：挥动衣袖，捋起衣襟，形容激动的神态。奋：猛然用力。袂：衣袖。攘：揎，捋。襟：衣的交领，后指衣的前幅。锋起：齐起，谓来势凶猛。

⑧ 罂：大肚小口的陶制容器。槽：酿酒或注酒器。醪（láo）：浊酒。奋髯（rán）：撩起胡子。髯：颊毛。箕踞（jījū）：伸两足，手据膝，若

箕状。箕踞为傲慢不敬之容。枕曲藉（jiè）糟：枕着酒曲，垫着酒糟。曲：酒母。藉：草垫。陶陶：和乐貌。

⑨ 兀然：昏沉的样子。豁尔：深邃、空虚的样子。

⑩ 切肤：切身。感情：感于情，因所感而情动。

⑪ 扰扰：纷乱貌。二豪：指搢绅、处士。焉如：何如。蜾蠃（guǒluǒ）：青黑色细腰蜂。螟蛉（mínglíng）：桑虫。蜾蠃产卵于螟蛉幼虫体内，借为提供养料。蜾蠃后代即从螟蛉体内孵出，古人误以为蜾蠃养螟蛉为子。扬雄《法言》中说："螟蛉之子……蜾蠃祝之曰：类我，类我。久则肖之矣。"这句是劝搢绅、处士放弃是非之议，从己而化，就像螟蛉化而为蜾蠃一样。

导读

刘伶大概是中国历史上最著名的酒徒了。他的这篇《酒德颂》则是最著名的酒徒宣言。金圣叹却偏说"众人皆醉，伯伦独醒"。那么，谁是醉人，谁是醒客，却又颇费思量了。

触类引申

一、《世说新语》刘伶两则

刘伶病酒，渴甚，从妇求酒。妇捐酒毁器，涕泣谏曰："君饮太过，非摄生之道，必宜断之！"伶曰："甚善。我不能自禁，唯当祝鬼神，自誓断之耳。便可具酒肉。"妇曰："敬闻命。"供酒肉于神前，请伶祝誓。伶跪而祝曰："天生刘伶，以酒为名（通"命'）。一饮一斛，五斗解酲。

妇人之言，慎不可听！”便引酒进肉，隗然已醉矣。

——《刘伶病酒》

刘伶恒纵酒放达，或脱衣裸形在屋中。人见讥之，伶曰：“我以天地为栋宇，屋室为㡓衣（贴身有裆的裤子），诸君何为入我㡓中？”

——《任诞》第六则

二、《酒德颂》评论两则

从来只说伯伦沉醉，又岂知其得意乃在其醒时耶？看其“天地一朝”等，乃是未饮以前；“静听不闻”，乃是其既醒之后，则信乎众人皆醉，伯伦独醒耳！

——（明）金圣叹

是颂绝不假饰一字。

——（清）林云铭

饮中八仙歌[①]

杜甫

知章骑马似乘船，眼花落井水底眠[②]。
汝阳三斗始朝天，道逢曲车口流涎，恨不移封向酒泉[③]。
左相日兴费万钱，饮如长鲸吸百川，衔杯乐圣称避贤[④]。
宗之潇洒美少年，举觞白眼望青天，皎如玉树临风前[⑤]。
苏晋长斋绣佛前，醉中往往爱逃禅。[⑥]

李白一斗诗百篇，长安市上酒家眠。
天子呼来不上船，自称臣是酒中仙[7]。
张旭三杯草圣传，脱帽露顶王公前，挥毫落纸如云烟[8]。
焦遂五斗方卓然，高谈雄辩惊四筵。

① 选自（清）仇兆鳌《杜诗详注》。

② 知章：贺知章，诗人，为人嗜酒、狂放。

③ 汝阳：汝阳王李琎，唐玄宗侄子。杜甫在长安期间，曾做其府上宾客。朝天：臣子入朝谒见天子。曲（qū）车：酒车。移封：改换封地。酒泉：酒泉郡，传说城下有泉，其味如酒，因此得名。

④ 左相：李适之，天宝元年（742）为左丞相。为人好宾客，饮酒一斗不乱。日兴废万钱：日废万钱以尽酒兴。乐圣：谓嗜酒。古代酒徒称清酒为“圣人”，浊酒为“贤人”。李适之为李林甫排挤罢相，酒兴不减，赋诗云：“避贤初罢相，乐圣且衔杯。为问门前客，今朝几个来？”天宝五载（746）四月罢相，七月再贬宜春太守，到任后服毒死。

⑤ 宗之：崔宗之，开元初吏部尚书崔日用之子，开元末官右司郎中侍御史，与李白交情甚厚。觞（shāng）：酒杯。白眼：《晋书·阮籍传》载阮籍能作青白眼，对庸俗、拘礼法的人以白眼示轻蔑。皎：洁白。玉树临风：形容崔宗之醉中摇曳不能自持的样子。玉树：《世说新语·容止》：毛曾其貌不扬，“与夏侯玄共坐，时人谓蒹葭倚玉树”。

⑥ 苏晋：开元年间任户部、吏部侍郎，太子庶子。长斋：长期斋戒。绣佛：佛的画像。逃禅：违背佛教戒律。这两句谓苏晋信佛持斋，却又好酒贪杯。

⑦ 长安市上酒家眠：《新唐书·李白传》载李白初至长安，唐玄宗召见，“赐食，亲为调羹。有诏供奉翰林，白犹与饮徒醉于市”。天子呼来不上船：范传正《李白新墓碑》载，玄宗泛舟白莲池，召李白写序，时白已

醉，高力士乃扶着李白上船见皇帝。

⑧ 张旭：书法家，善草书，人称“草圣”。《旧唐书》说他“好酒，每醉后，号呼狂走，索笔挥洒，变化无穷”。李颀《赠张旭》：“露顶据胡床，长叫三五声。兴来洒素壁，挥笔如流星。”挥毫：挥笔。

⑨ 焦遂：事迹不详。大约没有做过官，开元年间曾与进士孟彦深、孟云卿客居于昆山陶岘家中。卓然：特出、独异的样子。惊四筵：使四座惊叹。筵：古人席地而坐，先铺的叫筵，后铺的叫席。

导读

杜甫这首诗塑造了八位饮中人物飞扬生动的形象，其中中心人物是李白，其他七位是配角。杜甫写来虽有主次，但笔力一点不弱，每个人物都是呼之欲出。《唐诗快》说：“至今读其诗，不但飘飘有仙气，亦且拂拂有酒气。”《竹庄诗话》说：“见出开元人物之盛。”

触类引申

见开元太平人物之盛。

——（宋）何汶《竹庄诗话》

……其他若崔之貌、苏之禅、李之诗、张旭之草圣、焦遂之高谈，皆任其性直，逞其才俊，托于酒以自见者。藉令八人而当圣世，未必不为元恺之论，今皆流落不偶。知章则以辅太子而见疏，适之则以忤权相而被斥，青莲则以触力士而放弃，其五人亦皆厌世之浊而托于酒，故子美咏之，亦有废中权之义云。

——（明）唐汝询《唐诗解》

蒋一梅曰：一篇凡八章，是传神写照语，得趣欲飞。陆时雍曰：创格既高，描神复妙。周珽曰：翠盘之舞，龙律之跃，鹅笼之书生，取盒之红线，合而为八仙之歌。天开落地异品。

——（明）周珽《唐诗选脉会通评林》

此创格，前无所因，后人不能学。描写八公都带仙气，而或两句、三句、四句，如云在晴空，卷舒自如，亦诗中之仙也。

——（明）王嗣奭《杜臆》

一路如连山断岭，似接不接，似闪不闪，极行文之乐事。用《史记》合传例为歌行，须有大力为根。至于错综剪裁，又乘一时笔势兴会得之，此有法而无法者也。此等诗以笔健为贵，清则劲而上腾，若加重色雕刻，便累坠不能高举矣。

——（清）张谦宜《絸斋诗谈》

五、除却巫山不是云

每一文化都有自己的爱与美的女神，在她的身上，凝聚了人们对爱与美的向往。在欧洲，她的名字叫维纳斯；在中国，她叫巫山神女。

神话中为郑交甫解珮相赠的汉水女神，诗经《蒹葭》中的伊人，庄子笔下绰约如处子的藐姑射山之神，屈原笔下的湘夫人、山鬼，都是这位女神最初的不同面目。宋玉笔下的巫山神女则展现了她最迷人的风姿。从此以后，她成为诗人、作家重要的灵感源泉，不断滋养着汉语文学。从曹植笔下的洛神女，到曹雪芹笔下的警幻仙子，都是她不同的身姿。每一时代生命的诗意，都从她不同的身影和姿态中得到了呈现。

山鬼①

屈原

若有人兮山之阿，被薜荔兮带女萝②。既含睇兮又宜笑，子慕予兮善窈窕③。乘赤豹兮从文狸，辛夷车兮结桂旗④。被石兰兮带杜衡，折芳馨兮遗所思⑤。

余处幽篁兮终不见天，路险难兮独后来⑥。表独立兮山之上，云容容兮而在下⑦。杳冥冥兮羌昼晦，东风飘兮神灵雨⑧。留灵修兮憺忘归，岁既晏兮孰华予⑨？

采三秀于山间，石磊磊兮葛蔓蔓⑩。怨公子兮怅忘归，君思我兮不得闲⑪。

山中人兮芳杜若⑫，饮石泉兮荫松柏。君思我兮然疑作⑬。

雷填填兮雨冥冥，猨啾啾兮狖夜鸣⑭。风飒飒兮木萧萧，思公子兮徒离忧⑮。

① 选自《楚辞》。屈原（约前340——约前278），我国最早的大诗人，名平，字原，战国时楚国贵族，作品有《离骚》《九歌》《九章》《天

问》等。屈原是骚体这一韵文体裁的创始者，对后世文学有重大影响。

② 山之阿：山隈。被（pī）：同“披”。薜荔（bìlì）：一种蔓生木本植物。女萝：一种蔓生植物，李时珍《本草纲目》认为即松萝。

③ 含睇（dì）：含情而视。含：有怀藏未露的意思。睇：斜视。宜笑：笑得好看的样子。慕：爱慕。予：山鬼自称。窈窕（yǎotiǎo）：美好的样子。

④ 赤豹；豹毛赤褐有黑斑点，故曰“赤豹”。从：跟从。文狸：有花纹的狸。辛夷：即木兰，也叫木笔。结桂旗：以桂枝编扎为旗。

⑤ 石兰、杜衡：香草名。“被石兰”是以石兰覆身（一说为车盖），“带杜衡”是以杜衡为系带。芳馨：芳香的花。遗（wèi）：赠与。

⑥ 幽篁：幽深的竹林。篁：竹子。

⑦ 表：独立突出之貌。容容：通“溶溶”，水或烟气流动之貌。

⑧ 杳（yǎo）冥冥：幽深昏暗的样子。杳：幽深，昏暗。羌：语助词。昼晦:(使)白天昏暗。

⑨ 灵修：神灵，山鬼所恋的对象。憺（dàn）：安乐。这句是说我愿灵修长留身边，安乐忘归。晏：迟。“岁既晏”有年岁迟暮之意。华：使动用法。孰华予：谁能使我永远美貌如花。

⑩ 三秀：芝草。芝草一年开花三次，故称“三秀”。磊：石垒积貌。蔓蔓：草纠缠貌。

⑪ 怅忘归：惆怅忘归。不得闲：不得心闲。

⑫ 杜若：香草名。

⑬ 然疑作：信疑交作。此句前疑有脱文。

⑭ 填填：雷声。猨：同“猿”。狖（yòu）：长尾猿。

⑮ 离忧：忧伤。徒离忧：空自忧伤。

导读

屈原笔下的“山鬼”，是一位美丽而又多情的山中女神，她很可能就来源于楚国民间关于巫山神女的传说。“既含睇兮又宜笑，子慕予兮善窈窕”“山中人兮芳杜若，饮石泉兮荫松柏”——她的美既是人间的，又是超越人间而入于仙界的；“折芳馨兮遗所思”“怨公子兮怅忘归”“思公子兮徒离忧”——她的多情却似乎完全是人间的。她是女神，但更是人。

触类引申

《山鬼》篇，不作人佞鬼语，奇；作鬼佞人之词，更奇。若有人兮山之阿，无端说鬼，惝恍幻妙。披薜荔兮带女萝，鬼中安得有此高士？既含睇兮又宜笑，鬼中安得有此美人？子慕予兮善窈窕，鬼趣也。折芳馨兮遗所思，鬼韵也。乘赤豹兮从文狸，鬼舆从也。凭空点缀，字字奇绝。

——（清）贺贻孙《骚筏》

《山鬼》一篇也是以神话为题材对爱情的描写。顾天成《九歌解》主张山鬼即巫山神女，其书今佚。近人孙作云有《九歌山鬼考》一文，我没有看到。不知道他们在论证过程中引用些什么资料，但这样的看法，我完全同意。

我认为现存有关巫山神女的资料，和《山鬼》篇都可以互相印证。……当然《高唐赋》和《山鬼》的主题思想不同，但就题材来源说，则出于楚国民间普遍流传的同一神话故事，应该是毫无疑义的。

不难想象，当屈原时代，楚国民间关于巫山神女的传说一定比现在我们所知道的更为丰富，更为美丽动人，这就成为他在创作本篇时所直接吸收的营养。可是和其他各篇一样，他并没有把他的描写黏滞在故事本身的某些现象上。一开始，他就用极其精练的语言正面描绘这位女神的仪态和姿容。她不但具备女性一切的美；而且是写得这样的空灵缥缈、仪态万方，使人感到是自然之美的化身；同时是山中的女神，绝不是自然界中的另一种神祇，更不同于人世间某一类型的女性。通过她的失恋，表现出一种始终不渝坚贞纯洁的情操，对心理活动的刻画是细致而深微的。“子慕予兮善窈窕”，“折芳馨兮遗所思”，闪耀着青春喜悦的光辉；“岁既晏兮孰华予”，蕴藏着“美人迟暮”的无限哀怨；而“君思我兮不得闲”，“君思我兮然疑作”，“思公子兮徒离忧”，则标志着心理变化的三个过程。尽管在神魂迷惘的绝望境地中，支配她生命的力量，仍然是爱情。千回百折，愈折愈深；凄凉与孤独，只能成为爱情对她的考验而已。因而本篇所塑造的女神的艺术形象，它不但不局限于所直接描绘的材料，集中地表现了而且提高了人民的情感；从另一角度来看，作者青年时期在政治上的活跃，中年失意的忧伤，放逐以后眷恋故国的情怀，也都很自然地渗透交融于其中；这是不难求之于精神实质相通之处，而会心于文字迹象之外的。

——马茂元《论九歌》，载《文学遗产增刊》(第五辑)，作家出版社1957年版

高唐赋序[①]

宋玉

昔者，楚襄王与宋玉游于云梦之台，望高唐之观[②]。其上独有云气，崪兮直上，忽兮改容，须臾之间，变化无穷。[③]王问玉曰：“此何气也？”

玉对曰:“所谓朝云[4]者也。”王曰:“何谓朝云?”玉曰:“昔者,先王尝游高唐,怠而昼寝[5]。梦见一妇人曰:‘妾巫山之女也,为高唐之客。闻君游高唐,愿荐枕席。’[6]王因幸之[7]。去而辞曰:‘妾在巫山之阳,高丘之阻。旦为朝云,暮为行雨。朝朝暮暮,阳台之下。’[8]旦朝视之[9],如言。故为立庙[10],号曰‘朝云’。”王曰:“朝云始出,状若何也?”[11]玉对曰:“其始出也,㬤兮若松榯[12]。其少进也,晰兮若姣姬[13]。扬袂鄣日,而望所思。[14]忽兮改容,偈兮若驾驷马,建羽旗[15]。湫兮如风,凄兮如雨。[16]风止雨霁,云无处所[17]。”王曰:“寡人方今可以游乎[18]?”玉曰:“可。”王曰:“其何如矣[19]?”玉曰:“高矣,显矣,临望远矣[20]。广矣,普矣,万物祖矣。[21]上属于天,下见于渊,珍怪奇伟,不可称论[22]。”王曰:“试为寡人赋之。”玉曰:“唯唯[23]。”

① 选自《文选》卷十九。宋玉,战国时楚国人,后于屈原的辞赋家。《汉书·艺文志》著录宋玉赋十六篇。其原集已佚,今人辑有《宋玉集》。

② 昔者:从前,往日。楚襄王:即楚顷襄王(公元前298年至公元前262年在位),楚怀王之子,名横。云梦:春秋战国时楚国的大泽薮名。《尔雅·释地》:“楚有云梦。”先秦两汉所称云梦泽,大致指今湖南益阳湘阴以北、湖北江陵安陆以南、武汉市以西地区。台:指台馆。《文选》李善注引《汉书音义》张揖曰:“云梦,楚薮也,在南郡华容县,其中有台馆。”高唐之观(guàn):即高唐观,亦作高堂观,楚台观名。《文选》五臣注吕延济曰:“高唐,观名,怀王时游云梦,见神女自称巫山神女,乃于山下置此观焉。”

③ 崪(zú):亦作“崒”。山高峻的样子。改容:变换容色。须臾(yú):瞬间,片刻。这两句说高唐观之上有云气如山,上指于天,而又倏忽变化无穷。

④ 朝云:女神名。指传说中的巫山神女。又,因巫山之女而立庙,

亦号“朝云”。

⑤ 先王：指楚怀王。李善注引《襄阳耆旧传》曰：“楚怀王游于高唐，昼寝，梦见与神遇，自称是巫山之女。”怀王为威王之子，襄王之父，名熊槐。怠而昼寝：因疲倦而白天卧息小睡。

⑥ 妾：旧时妇女自称的谦词。巫山之女：巫山神女。李善注引《襄阳耆旧传》曰：“赤帝女曰姚姬，未行而卒，葬于巫山之阳，故曰巫山之女。”为高唐之客：巫山神女自称“是高唐台馆之客”。愿荐枕席：欲亲近于枕席之上。这是巫山之女自求亲昵于楚王。荐，进。枕席，枕头和席子。泛指卧具。

⑦ 幸：旧指得帝王宠爱。此指楚王宠爱巫山神女，与其欢合。之：这里代巫山之女。

⑧ 去而辞曰：离开时告别说。巫山：即巫峡。在巫山县东，有十二峰，峰下有神庙。阳：山南称阳。高丘之阻：高山险要之处。丘：山丘。阻：险阻。“旦为朝云，暮为行雨”四句，谓清晨我是天空的云霞，暮晚又变为空中流动的雨丝。行：流动，传布。《周易大传·乾》：“云行雨施，品物流行。”阳台：传说中的台名。《文选》五臣注刘良曰：“阳台，神自言之，实无有也。”后因称男女合欢处所为“阳台”。

⑨ 旦朝视之：天明察看。

⑩ 庙：庙宇。

⑪ 王曰：楚襄王说。状若何也：（女神的形容）是什么样子呢？

⑫ 䨺（duì）兮若松榯（shí）：茂盛的样子像挺拔的松树。䨺，茂盛。榯，树木直立的样子。

⑬ 少进：略微向前。晣（zhé）：光明的样子。这里指美色、容光焕发。姣姬（jiāojī）：美女。姣：美好。姬：古时称美女为姬。

⑭ 扬袂（mèi）：举袖。袂，衣袖。鄣日：遮隔日光。鄣，通“障”。望所思：远望所思慕之人。这句形容女神举袖遮隔日光远眺的情势。

⑮ 偈（jié）：疾驰的样子。驷马：套四马之车。建：立，插。羽旗：用彩色鸟羽装饰的旌旗。以上三句的意思是：女神忽然改变了容颜姿态，有如驾驶驷马疾驱，车子上竖立着五色鸟羽装饰的旌旗。

⑯ 湫（qiū）：清凉的样子。凄（qī）：寒凉。《诗·郑风·风雨》："风雨凄凄。"以上两句说，她时而又像寒凉的风，凄凄的雨。

⑰ 霁（jì）：雨止。云无处所：不知云之所在，指神女行踪神秘，变化莫测。

⑱ 寡人：古代君主自称的谦词。方今：正今，当今。

⑲ 其何如：其，指高唐。何如，怎样。

⑳ 临望：登高远望。临，居高处朝向低处。

㉑ 普：普遍。祖：始。以上三句的意思是：神所居之高唐，高敞广远，可谓万物之祖。

㉒ 上属（zhǔ）于天，下见于渊：向上连接着天，向下俯视深渊。属：接连。见：视，俯视。称论：论说。

㉓ 唯唯（wéiwéi）：应答之词，表示恭敬、谦卑。引申为奉命唯谨。

导读

宋玉的《高唐赋》和《神女赋》是对巫山神女形象最集中的描绘，这两篇赋通过诗人的想象把楚国民间关于巫山神女的传说材料熔铸为美妙的文学。后世文学关于巫山神女的想象大都从这两篇赋中汲取素材。《高唐赋》写楚怀王梦遇高唐神女，《神女赋》则写楚襄王梦遇神女。《高唐赋》除前序部分描绘女神形象外，主要侧重描绘巫山一带的山川胜景；《神女赋》以描绘女神形象为主，以极度铺陈的笔法摹写女神的美丽和多情。这两篇赋也开创了中国文学以梦境写情爱的传统，为中国的情爱文学罩上了一层梦幻色彩。这一传统可以在《红楼梦》“贾宝玉初试云雨情”一回文字中观察到它的反响。它也在沈从文等现代作家描绘爱情的一些美丽篇章中得到延伸和发扬。

这里节选的是《高唐赋》的前引部分,《文选》把它作为《高唐赋》的序，题名也遵从了这一传统。序中对女神形象的描绘主要从“朝云”这一自然形态展开想象，据此可以推断最初的神话传说和自然现象之间有着密切的亲缘关系。“旦为朝云，暮为行雨。朝朝暮暮，阳台之下”一段描写，把女性的形象和自然的形象结合为一体，成为中国文学关于女性的最典型的想象。

触类引申

巫山十二峰，皆在碧虚中。回合云藏月，霏微雨带风。
猿声寒过水，树色暮连空。愁向高唐望，清秋见楚宫。
——（唐）李端《巫山高》

巫山十二郁苍苍，片石亭亭号女郎。
晓雾乍开疑卷幔，山花欲谢似残妆。
星河好夜闻清佩，云雨归时带异香。
何事神仙九天上，人间来就楚襄王。
——（唐）刘禹锡《巫山神女庙》

曾经沧海难为水，除却巫山不是云。
取次花丛懒回顾，半缘修道半缘君。
——（唐）元稹《离思五首（之四）》

非关宋玉有微辞，却是襄王梦觉迟。
一自高唐赋成后，楚天云雨尽堪疑。
——（唐）李商隐《有感》

洛神赋[①]

曹植

黄初三年，余朝京师，还济洛川[②]。古人有言：斯水之神，名曰宓妃。感宋玉对楚王神女之事[③]，遂作斯赋。其词曰：

余从京域，言归东藩[④]，背伊阙，越轘辕，经通谷，陵景山[⑤]。日既西倾，车殆马烦[⑥]。尔乃税驾乎蘅皋[⑦]，秣驷乎芝田[⑧]，容与乎阳林[⑨]，流眄乎洛川。于是精移神骇[⑩]，忽焉思散。俯则未察，仰以殊观[⑪]。睹一丽人，于岩之畔。乃援御者而告之曰[⑫]："尔有觌[⑬]于彼者乎？彼何人斯[⑭]，若此之艳也！"御者对曰："臣闻河洛之神，名曰宓妃。然则君王[⑮]所见，无乃是乎！其状若何？臣愿闻之。"

余告之曰："其形也，翩若惊鸿，婉若游龙[⑯]。荣曜秋菊[⑰]，华茂春松。仿佛兮若轻云之蔽月，飘摇兮若流风之回雪[⑱]。远而望之，皎[⑲]若太阳升朝霞；迫而察之，灼若芙蕖出渌波[⑳]。秾纤得衷[㉑]，修短合度[㉒]。肩若削成[㉓]，腰如约素[㉔]。延颈秀项[㉕]，皓质呈露[㉖]。芳泽无加，铅华弗御[㉗]。云髻峨峨，修眉联娟[㉘]。丹唇外朗，皓齿内鲜。明眸善睐[㉙]，靥辅承权[㉚]。瑰姿艳逸[㉛]，仪静体闲。柔情绰态[㉜]，媚于语言。奇服旷世[㉝]，骨像应图[㉞]。披罗衣之璀粲兮[㉟]，珥瑶碧之华琚[㊱]。戴金翠之首饰，缀明珠以耀躯。

践远游之文履[㊲]，曳雾绡之轻裾[㊳]。微[㊴]幽兰之芳蔼兮，步踟蹰于山隅。

“于是忽焉纵体[40]，以遨以嬉。左倚采旄[41]，右荫桂旗[42]。攘皓腕于神浒兮[43]，采湍濑之玄芝[44]。余情悦其淑美兮，心振荡而不怡。无良媒以接欢兮，托微波而通辞[45]。愿诚素之先达兮[46]，解玉佩以要之[47]。嗟佳人之信修（兮）[48]，羌习礼而明诗[49]。抗琼珶以和予兮[50]，指潜渊而为期[51]。执眷眷之款实兮[52]，惧斯灵之我欺[53]。感交甫之弃言兮[54]，怅犹豫而狐疑。收和颜而静志兮，申礼防以自持[55]。

“于是洛灵感焉，徙倚[56]彷徨。神光离合，乍阴乍阳[57]。竦轻躯以鹤立[58]，若将飞而未翔。践椒涂之郁烈[59]，步蘅薄而流芳[60]。超[61]长吟以永慕兮，声哀厉而弥长。

“尔乃众灵杂沓[62]，命俦啸侣[63]。或戏清流，或翔神渚，或采明珠，或拾翠羽。从南湘之二妃[64]，携汉滨之游女。叹匏瓜之无匹兮[65]，咏牵牛之独处。扬轻袿之猗靡兮[66]，翳修袖以延伫[67]。

“体迅飞凫[68]，飘忽若神。陵波微步[69]，罗袜生尘。动无常则，若危若安。进止难期，若往若还。转眄流精[70]，光润玉颜。含辞未吐，气若幽兰。华容婀娜[71]，令我忘飡。

“于是屏翳收风[72]，川后静波[73]。冯夷鸣鼓[74]，女娲清歌[75]。腾文鱼以警乘[76]，鸣玉鸾以偕逝[77]。六龙俨其齐首[78]，载云车之容裔[79]。鲸鲵踊而夹毂[80]，水禽翔而为卫。

“于是越北沚[81]，过南冈，纡素领[82]，回清阳。动朱唇以徐言，陈交接之大纲[83]。恨人神之道殊兮，怨盛年之莫当[84]。抗罗袂以掩涕兮[85]，泪流襟之浪浪。悼良会之永绝兮[86]，哀一逝而异乡[87]。无微情以效爱兮，献江南之明珰[88]。虽潜处于太阴[89]，长寄心于君王。忽不悟其所舍[90]，怅神宵而蔽光。

“于是背下陵高[91]，足往神留。遗情想象[92]，顾望怀愁。冀灵体之复形[93]，御轻舟而上溯[94]。浮长川而忘反[95]，思绵绵而增慕。夜耿耿而不寐[96]，沾繁霜而至曙。命仆夫而就驾，吾将归乎东路。揽骓辔以抗策[97]，怅盘桓而不能去[98]。

① 选自《文选》卷十九。洛神：传说宓羲氏的女儿溺死洛水为神，故名洛神，又名“宓（fú）妃”。曹植（192—232），字子建，三国魏诗人，曹操第三子，诗歌多为五言，善用比兴而词采华茂，有《曹子建集》传世。

② 黄初：魏文帝（曹丕）的年号。据李善考订；三年当作四年，即223年。曹植三十二岁。《三国志·魏书·陈思王传》：“（黄初）三年，立为鄄（juàn）城王，邑二千五百户。四年，徙封雍丘王。其年，朝京都。”京师：指魏都洛阳。济：渡。洛川：洛水。

③“感宋玉”句：指宋玉所作《神女赋》。

④ 言：语助词。藩：指诸侯封国，是王室的捍卫者，所以称藩。这时曹植封为鄄城王，鄄城在今山东省西南境，与河南交界处，就当时的京都说，是在东方，所以叫东藩。

⑤ 伊阙：山名，在洛阳南。轘（huán）辕：亦山名，在河南省偃师东南。通谷：谷名，在洛阳城南五十里。陵：跨越。景山：在今河南省偃师南。

⑥ 殆：同“怠”，怠惰。烦：疲。

⑦ 尔乃：于是就。税：同“脱”。税驾：即卸下驾车的马。意即休止，停宿。蘅：杜蘅，香草名。皋：水边的高地。

⑧ 秣：喂养。驷：指驾车的马。芝田：种芝草的田。

⑨ 容与：闲暇自得的样子。阳林：一作“杨林”，李善注：“地名，生多杨，因名之。”流眄：纵目观望。

⑩ 骇：散。精移神骇犹言神思恍惚。

⑪ 殊观：奇异的景象。

⑫ 援：拉住。御者：赶车的人。

⑬ 觌（dí）：看见。

⑭ 彼何人斯：用《诗经·小雅·何人斯》中成句。斯：语词。

⑮ 君王：这里指曹植。

⑯ 翩：鸟疾飞的样子。这里是飘忽的意思。婉：曲折的样子。宋玉《神女赋》："翩翩然若鸿雁之惊，婉婉然如游龙之升。"两句化用其意。

⑰ 荣：繁茂，茂盛。曜：动词，闪光。华：同"花"。张铣注："秋菊春松甚盛，而神女荣茂过之。"（见六臣注《文选》）形容洛神容光焕发。

⑱ 仿佛：看不真切的样子。回：旋转。

⑲ 皎：明亮，洁白。

⑳ 灼：鲜明的样子。芙蕖：荷花。渌：清澈。

㉑ 秾：指丰盈肥胖。纤：指瘦长。得衷：适中。

㉒ 修短：长短，高矮。

㉓ 削成：形容双肩瘦削下垂的样子。

㉔ 约素：这里形容腰肢的圆细。约：卷束。素：白绸帛。

㉕ 延：长。脖子的前部叫颈，后部叫项。

㉖ 皓：白色。质：指肌肉。呈露：显现。

㉗ 泽：润肤的油脂。铅华：白粉。无加、弗御：都是不用的意思。

㉘ 云髻：吕延济注："美发如云也。"（见六臣注《文选》）形容发髻浓密卷曲如云。峨峨：高耸的样子。修：长。联娟：亦作"连娟"，弯曲而纤细的样子。

㉙ 眸：眼珠。睐（lài）：旁视。

㉚ 靥（yè）：酒窝。辅：颊腮。靥辅：有酒窝的面颊。颧：颧骨。

㉛ 瑰：美石。瓌姿：优美的姿态。仪：举止。闲：同"娴"，文雅。

㉜ 绰：宽绰。绰态：从容舒缓的姿态。

㉝ 旷世：世所未有。旷：空、绝。

㉞ 应图：合于图像，意即好像图画上所画的一般。

㉟ 璀粲：张铣注："明净貌。"一说指衣声。（李善注）

㊱ 珥：耳朵上的装饰品。这里作动词用，佩戴。瑶、碧：玉名。琚：佩玉名。

㊲ 践：著。远游：吕向注："履名。"（六臣注《文选》）文履：有花纹的鞋。

㊳ 曳：引。雾：形容轻细如云雾。绡：生丝。裾：衣襟或衣袖。

㊴ 微：蔽。

㊵ 纵体：轻举。

㊶ 采：同"彩"。旄：本是旗竿头上用牦牛尾做的装饰物，这里代指旌旗。

㊷ 桂旗：编织桂枝为旗。《楚辞·九歌·山鬼》："辛夷车兮结桂旗。"补注："以辛夷香木为车，结桂枝以为旌旗。"

㊸ 攘（rǎng）：这里是捋袖伸臂的意思。浒：水边地方。

㊹ 湍濑（tuānlài）：水流在沙石上叫湍濑。玄芝：黑色的芝。传说中的一种神草。

㊺ 淑：善。怡：安适。李周翰注："悦其美恐不见眷，故心振动不乐，既无良媒通接欢情，故假托风波以达言辞。"（见六臣注《文选》）

㊻ 素：同"愫"，心情。达：表达。

㊼ 要：同"邀"，约会。

㊽ 信：诚然。修：美好。

㊾ 羌：发语词。李善注："习礼，谓立德；明诗，谓善言辞。"

㊿ 抗：举。琼珶（tì）：美玉名。和：应和，这里指回答。

51 潜渊：深渊。期：信。这句是说，洛神指水为证表明情意。

52 执：抱、持。眷眷：同"拳拳"，恳挚的样子。款实：诚实。

53 斯灵：这个神灵，即指洛神。

㉔“感交甫”句：李善注引《韩诗内传》说，郑交甫在汉水边，遇见两个仙女，仙女送他玉佩，他受而怀之，但是转眼玉佩已失，回望二女也不见了。弃言：失信。这句是说，有感于郑交甫故事中神女的失信。

㉕ 申：伸，展。礼防：即礼法。《礼记·经解》：“夫礼，禁乱之所由生，犹坊止水之所由来也。”坊：同“防”。意谓礼能防乱，故称“礼防”。此指礼教上规定的“男女之别”。自持：自守。

㉖ 徙倚：流连徘徊。

㉗ 乍阴乍阳：忽明忽暗。

㉘ 竦：提起。鹤立：像仙鹤一样举踵竦立的一种姿态。

㉙ 践：踏。椒涂：长着香椒的路途。又吕向注：“以椒泥饰道也。”郁烈：形容香气的浓烈。

㊱ 薄：草木丛生的地方。流芳：散播香气。

㊲ 超：怅。

㊳ 众灵：众神。杂沓（tà）：纷纭、众多的样子。

㊴ 命俦啸侣：招呼同伴。

㊵ 南湘之二妃：指娥皇、女英。古代传说，舜帝南巡而死，二妃也死于湘水间，后来成为湘水的女神。汉滨游女：《诗经·周南·汉广》：“汉有游女。”据《韩诗外传》说，这个游女即郑交甫所见的汉水女神。

㊶ 匏（páo）瓜：李善注：“星名，一名天鸡，在河鼓东……阮瑀《止欲赋》：‘伤匏瓜之无偶，悲织女之独勤。’俱有此言，然无匹之义未详其始。”张铣注：“匏瓜，星名，独在河鼓东，故云无匹。”牵牛：指牵牛星，神话传说他与织女星隔河相对。

㊷ 袿（guà）：吕向注：“妇人之上服也。”猗靡：随风飘动的样子。

㊸ 翳：掩。修袖：长袖。延伫：久立，引颈而望。

㊹ 体迅飞凫：形容动作敏捷。迅：疾。凫：水鸟，似鸭而小，能飞。

㊺“陵波”二句：吕向注：“微步，轻步也。步于水波之上如尘生也。”

⑳ 转眄流精：顾盼有神。

㉑ 华容：即花容。婀娜：娇柔的样子。

㉒ 屏翳：这里指传说中的风神。曹植《诘洛文》："河伯典泽，屏翳司风。"

㉓ 川后：传说中的河伯。

㉔ 冯夷：传说中的水神。

㉕ 女娲：这里指传说中黄帝的臣子，发明笙簧。

㉖ 腾：跳起。文鱼：神话中带翅能飞的一种鱼。警乘：警卫乘舆。

㉗ 玉鸾：以玉装饰的车铃。偕逝：一同离去。

㉘ 俨：庄严的样子。齐首：指齐头并进。

㉙ 云车：刘良注："神以云为车。"（见六臣注《文选》）容裔：即容与，迟缓不进的样子。

㉚ 鲸鲵：大鱼名，雄的叫鲸，雌的叫鲵。毂（gǔ）：车轮中心的圆木，此处指车轮。

㉛ 沚：水中小洲。

㉜ 纡：回。素领：白皙的颈项。清阳：眉清目秀的神态。这里指眼睛。

㉝ 交接：交好。大纲：大意。

㉞ 盛年：指壮年。当：指匹配。这是洛神怨恨二人在盛年时没得配合。

㉟ 抗：举。袂：衣袖。浪浪：泪流不止的样子。

㊱ 良会：指这次良好的会见。

㊲ 异乡：这里是"人各一方"的意思。

㊳ 珰：耳上的饰物。这里是洛神以饰物相赠。

㊴ 太阴：指众神所居的地方。君王：指曹植。

㊵ 悟：察觉。其：指洛神。舍：止息，停留。宵：同"消"，消逝。蔽光：光被遮蔽。这里说洛神忽然不见，神影消逝，光彩隐去，令我怅恨。

㊶ 背：离。陵：登。

⑨② 遗情：情思留恋。想象：指思念洛神的形象。

⑨③ 灵体：这里指洛神。

⑨④ 御：乘。泝：同“溯”，逆流而上。

⑨⑤ 长川：即洛水。反：同“返”。

⑨⑥ 耿耿：心不安宁的样子。

⑨⑦ 騑（fēi）：本指四马驾一车的两旁二马，这里泛指马。辔：马缰。抗策：扬起马鞭。

⑨⑧ 盘桓：徘徊不进。

导读

在《神女赋》中，宋玉试图以璀璨的词语和华美的比喻为楚王重现巫山神女难以企及的美；曹植在《洛神赋》中显示了同样的努力，这一次诗人是为了自己。以语言来保持、征服和创造美，是世世代代诗人永远的梦想。在经验的世界里，美是转瞬即逝的，就像片刻的梦、一瞬的幻觉，但语言重现了这片刻的美，让它成为永恒。

触类引申

当作者落笔描摹所见洛神的形貌时，仿佛立志要与宋玉笔下的巫山神女争辉似的：虽然也重在展示她那照人的神采和明艳的姣容，采用了“荣曜秋菊，华茂春松”，“皎若太阳升朝霞”，“灼若芙蕖出渌波”的排喻，和“云髻峨峨，修眉联娟。丹唇外朗，皓齿内鲜。明眸善睐，靥辅承权”的点染；但细心的读者一眼即可看出，宋玉的描摹一发即收，更带印象式的“梦”境特点和飘忽之感。曹植则不同，因为不是写“梦”，看得也较真切，故更重视云蒸霞蔚的彩笔雕画，使形象更觉明丽而纤毫毕现。最明显的不同在于：曹植表现洛神，不像巫山神女那样只在庭墀、宫帷间现身，而是安排在涣涣洛水和峨峨川岩之间，因此就有了更广大的活动空间，以展示洛神的动态风貌和性格特点：“其形也，翩若惊鸿，婉若游龙”；“仿佛兮若轻云之蔽月，飘摇兮若流风之回雪”；“忽焉纵体，以遨以嬉。左倚采旄，右荫桂旗。攘皓腕于神浒兮，采湍濑之玄芝”。以漂流舒卷的“轻云”、翩翩飞旋的雪花，比拟洛神衣袂飘拂、轻盈欲举的体态，有多形象！而“采旄”“桂旗”的烘托，“神浒”“湍濑”的辉映，又把她的天真妩媚之情，传写得多么动人！正是这些出色的描摹，使洛神的性格表现，带有了曹植的个性特色：与巫山神女的娴丽、雅静不同，在美丽的洛神身上，似乎透露着更多的热情、大胆和天真之性。

——潘啸龙，见《〈古文观止〉鉴赏辞典》，上海辞书出版社 2007 年版

对于女性形体美的不厌其详的描述，我们在《诗经·卫风·硕人》、宋玉《神女赋》以及古诗《陌上桑》等作品中多次见过，只是曹植将之推向极致。他调动起自己的全部才华，以丰盛的意象和词汇，由静态描写进入动态描写，倾全力堆出一个美人。可惜曹植似乎用力过猛了，致使文字中的美人稍显抽象。不过若我们记住曹植所见如幻似梦，或真为梦中所见，我们也就不会太苛求他。梦是难以描摹的，就像味觉难以回忆。任何梦用文字落在纸上，都显乏力。所以聪明的人并不真要写出梦境的真实，而要写出文字之梦。然而曹植看来真想和梦做一番较量，他因而犯下文辞太盛的毛病。

——西川《我读曹植〈洛神赋〉》，见西渡编《名家读古文》（上），中国计划出版社 2005 年版

六、风鹏正举

大鹏的雄奇形象，自从庄周《逍遥游》中出世以后，两千多年来一直深受人们的喜爱。这只“翼若垂天之云”的大鹏是中国文学史上雄踞千古、最富有生命力的形象之一。清人刘熙载云：“文之神妙，莫过于能飞。庄子言鹏曰：‘怒而飞。’今观其文，无端而来，无端而去。”这种大气磅礴、龙飞虎跃的文字正是会飞的文字。

大鹏的形象还可以追溯到庄子之前的《齐谐》《幽明录》等传说中的典籍。晋代的阮籍继承了这一借大鹏来言志寓怀的传统。到唐代，高适、杜甫、白居易等，都先后描绘过大鹏的形象。大鹏，也深受宋代苏轼、陆游、辛弃疾等诗人的喜爱。民间传说，岳飞这位“壮怀激烈”的著名将领就是大鹏转世。

大鹏的巨翅在我国文学史上激起了一层又一层的壮阔波澜。中华民族的坚韧性格不断滋养着大鹏的形象，而大鹏的形象又给了历代人民以巨大的力量，鼓舞他们去不息地追求、奋斗。

李白诗二首

大鹏一日同风起，扶摇直上九万里[②]。
假令风歇时下来，犹能簸却沧溟水[③]。
世人见我恒殊调，闻余大言皆冷笑[④]。
宣父犹能畏后生，丈夫未可轻年少[⑤]。

——《上李邕》[①]

大鹏飞兮振八裔，中天摧兮力不济[7]。
余风激兮万世，游扶桑兮挂石袂[8]。
后人得之传此，仲尼亡兮谁为出涕[9]？
——《临终歌》[6]

① 选自《李太白全集》卷九，中华书局1977年版。李白（701—762），唐代诗人，字太白，号青莲居士，与杜甫并为盛唐诗歌艺术的巅峰，世称“李杜”。李白诗风雄奇豪放，想象丰富，语言流转自然，音律和谐多变，其瑰丽绚烂的特色最能代表盛唐精神，被誉为“诗仙”。李邕：字泰和，广陵江都（今江苏江都，一说江苏扬州）人。有才华，性倜傥，唐玄宗时任北海（郡治位于今山东青州）太守，书法、文章都有名，世称李北海。后被李林甫杀害，年约七十。《旧唐书·文苑传》有传。李邕年辈早于李白，故诗题云“上”。李白《答王十二寒夜独酌有怀》诗有“君不见李北海，英风豪气今何在”句，亦见白对邕之敬赏。据今人葛景春考证：李邕于开元七、八、九年任渝州（今重庆）刺史，李白此时曾拜谒李邕并作此诗。

② 这里化用了《庄子·逍遥游》中的典故：“鹏之徙于南溟也，水击三千里，抟扶摇而上者九万里。”大鹏：传说中的大鸟。扶摇：由下而上的旋风。陆德明注：“司马云：上行风谓之扶摇。”《尔雅》云：“扶摇谓之飙。”

③ 簸却：摇荡。簸：指上下颤动。沧溟：大海。

④ 世人：指当时名门世族中当权的人物，即权贵。恒：经常。殊调：发表不同常人的论调。大言：豪言壮语。冷笑：嘲讽讥笑。

⑤ 宣父：《新唐书·礼乐志》：“贞观十一年，诏尊孔子为宣父。”用《论语·子罕》的典故：“后生可畏，焉知来者不如今也？”丈夫：对成年男子的尊称，这里是称李邕。年少：李白自称。

⑥ 选自《李太白全集》卷八，中华书局1977年版。原题“临路歌”，王琦以为“路”乃“终”字之讹。据唐李华《故翰林学士李君墓志铭序》云，李白“赋《临终歌》而卒”。可见李白终生引大鹏自喻之意。

⑦ 中天：半空。摧：折断。

⑧ 余风：遗风。扶桑：神木名。神话中说，日出于汤谷，浴乎咸池，拂于扶桑。石袂：有学者认为应作“左袂”，左袖太长，挂在扶桑树上。

⑨ 得：知大鹏夭折半空。仲尼：即孔子，根据《史记·孔子世家》：“鲁哀公十四年春，狩大野，叔孙氏车子钼商获兽，以为不祥。仲尼视之，曰：‘麟也’，取之。曰：‘河不出图，洛不出书，吾已矣夫！’”在此之前，颜渊死，孔子曰：“天丧予！”及西狩见麟，曰：“吾道穷矣！”孔子认为麒麟出非其时，世道将乱，故大哭。此处意指已无孔子那样的人，为大鹏的中天摧折哭泣。比喻知音难遇。

导读

大鹏是李白诗赋中常常借以自况的形象，它既传递了诗人对自由的向往，亦表达了其崇高的理想和志趣。开元十三年（725），青年李白第一次出蜀漫游，仗剑天涯，在江陵遇见了道教高人司马承祯，后者称李白“有仙风道骨，可与神游八极之表”。李白当即作《大鹏遇希有鸟赋并序》（后改名为《大鹏赋》），自比为庄子《逍遥游》中的大鹏鸟，而在此之前李白已经写有《上李邕》。直到晚年，李白还以大鹏自比，写了《临终歌》作为自己一生的结语。

触类引申

北冥有鱼，其名为鲲。鲲之大，不知其几千里也。化而为鸟，其名为鹏。鹏之背，不知其几千里也。怒而飞，其翼若垂天之云。是鸟也，海运则将徙于南冥。南冥者，天池也。

《齐谐》者，志怪者也。《谐》之言曰："鹏之徙于南冥也，水击三千里，抟扶摇而上者九万里，去以六月息者也。"

——《庄子·逍遥游》

第四章

词语的灵境

在人类文明进程中，世界一分为三，自然世界、人为世界和人自己。人类的语言就像一件不断变幻的衣裳，想穿到整个世界身上。语言与世界之间的不对称，促使语言不断地进行自我发明和增殖。语言对世界的每一次精彩描绘，就是对世界的照亮。人类世代积累的语言杰作，就是给世界披上的无数华装。更为本质的是，借助语言，我们将世界万物内化为自身的存在。杰出的文学作品是语言的结晶，无数优秀文学作品组成的文学世界，构成了我们精神的家园。

一、自然，我们的心愿之乡

人类本来是自然之子。歌德说：“一切人在她里面，她在一切人里面。”回归自然，既是人类心灵的呼声，也是人类理智的选择。某种程度上，认识自然，就是认识人本身。正如大诗人里尔克所说，在人对山水的发现中，“有一个辽远的人的发展”。在这一过程中，语言是最重要的媒介。人借助语言使山水人化，同时也借助语言使山水内化为自身精神的存在。倾听心灵与自然的对话，感受自然的无穷魅力，也许就是心灵所能获得的最大安慰。

从《诗经》时代开始，中国文学就对自然有着精妙的感受和领悟，众多优秀作品精确地传达了心灵与自然的相互呼唤。在这个诗意的世界里，人事的活动与自然的演化是一个和谐的统一体，人在自然中，自然也在人中。在本章里，我们将首先通过王维、孟浩然、李清照、张孝祥等的诗词领略中国诗歌中的自然，倾听自然在中国古代诗人心中留下的回声。而入选本章的现代诗人、作家的作品，则不仅展示了自然的魅力，而且更多地表达了人类丧失自然之痛。阅读叶芝、里尔克、里奥帕德、苇岸等现代诗人、作家的作品，我们将更加深信，虽然人类日渐远离自然，但自然依旧是照亮和温暖艺术的永恒火焰，是润泽和抚慰人类心灵的不朽清泉。

秋登兰山寄张五[①]

孟浩然

北山[②]白云里，隐者自怡悦。相望[③]试登高，心随雁飞灭。愁因薄暮起，兴是清秋发[④]。时见归村人，平沙渡头歇。天边树若荠，江畔洲如月[⑤]。何当载酒来，共醉重阳节[⑥]。

① 选自《孟浩然诗选》，陈贻焮选注，人民文学出版社1983年版。兰山:《孟襄阳集》作“万山”。万山在今湖北襄阳西北。《名山记》中说，山中多兰，故又名兰山。张五，在砚山的另一位隐居者，是孟浩然的好友。砚山：离兰山不远的一座山。孟浩然（689—740），襄阳（今湖北襄阳）人，唐代诗人，早年漫游，科场失意，一生没做过官，后半生在家乡过着隐居生活，其诗清淡幽远，长于写景，多写隐逸生活，与王维齐名，并称“王孟”。

② 北山：即兰山，孟浩然曾在此隐居。陶弘景答诏诗:“山中何所有，岭上多白云。只可自怡悦，不堪持赠君。”

③ 相望：想念友人张五，重阳节未到，就登山与朋友相望。

④ 一天之中，傍晚在中国古诗中有特殊的美学含义；一年之中，秋天又是古人抒发悲情的季节。傍晚与秋天对中国古人有特殊的生命触动。

⑤ 荠：荠菜。此句写暮秋山中远望所见，暗示对友人的怀念和内心的孤寂。

⑥ 古人重阳节有把酒登高的习俗。

导读

诗人林庚说:“唐诗之可贵，正以其是如此一个新鲜的生命的大海。”一千多年来，王维和孟浩然杰出的诗歌创造，曾经唤起无数读者对山水田园之美的热爱和想象。今天，这些杰作依旧呼唤着我们向山水田园皈依。

清秋的傍晚，诗人在隐居怡乐之时，看到了或毋宁说在心灵中体验到了人间的日常生活。幽寂中的他，目送归雁，开始思念在另一座山中隐居的友人，期待着与他共醉重阳节。闻一多说："真正的孟浩然不是将诗紧紧筑在一联或一句里，而是将它冲淡了，平均的分散在全篇中。"我们可以沿着这个评价，体会这首诗丰富的言外之意。

触类引申

颜之推《家训》云"《罗浮山记》：'望平地树如荠'。故戴暠诗'长安树如荠'。有人《咏树》诗：'遥望长安荠'，此耳学之过也。"余因读浩然《秋登万（兰）山》诗："天边树若荠，江畔洲如月。"乃知孟真得暠意。

——（宋）胡仔《苕溪渔隐丛话》引《复斋漫录》

《罗浮山记》云："望平地树如荠。"自是俊语。梁戴暠诗"长安树如荠"，用其语也。后人翻之益工，薛道衡诗："遥原树若荠，远水舟如叶。"孟浩然诗："天边树若荠，江畔洲如月。"

——（明）杨慎《升庵诗话》

超旷中独饶劲健，神味与右丞稍异，高妙则一也。结出主意，通首方着实。

——（清）张文荪《唐贤清雅集》

淡到看不见诗了，才是真正孟浩然的诗，不，说是孟浩然的诗，倒不如说是诗的孟浩然，更为准确。在许多旁人，诗是人的精华，在孟浩然，诗纵非人的糟粕，也是人的剩余。

——闻一多《唐诗杂论》，中华书局 2003 年版这首诗中，诗人是孤独的。他虽然“时见归村人”，却只能“隐者自怡悦”。他在山顶上望见了那么美丽的人间，而自己却只能在白云之中。正像《招隐士》中所说的：

桂树丛生兮山之幽……王孙兮归来，山中兮不可以久留。

山中尽管高洁，诗人却不能不感到一些清冷。所以这首诗与《过故人庄》虽然最后都归结于希望在重阳节的时候与友人共饮，可是一个是在寂寞的山中，一个是在人间的农庄；一个是以清峭的心情在期待着温暖，一个却忘怀于友情与大自然之中。

——林庚《谈孟浩然〈过故人庄〉》，见《唐诗综论》，清华大学出版社 2006 年版

渭川田家[①]

王维

斜光照墟落[②]，穷巷牛羊归。野老念牧童，倚杖候荆扉[③]。雉雊麦苗秀[④]，蚕眠桑叶稀[⑤]。田夫荷锄立[⑥]，相见语依依。即此羡闲逸，怅然吟《式微》[⑦]。

① 选自《王维集校注》，陈铁民校注，中华书局 2005 年版。渭川：即渭水，源出甘肃省渭源县鸟鼠山，流经陕西省与泾河、北洛河汇合，至潼关县入黄河。流域为关中平原。田家：农家。王维（约 701—761），唐代诗人、画家，字摩诘，曾任尚书右丞，世称王右丞，山西太原祁（今祁县）人，以山水诗为后人所称，体物精细，状写传神，具有独特成就，其画作善写泼墨山水及松石，苏轼称其“诗中有画，画中有诗”，有《王右

丞集》行世。

② 墟落：村墟篱落。

③ 荆扉：篱笆荆棘做成的柴门。

④ 雉雊（gòu）：野鸡叫。“麦苗秀”与下句“桑叶稀”，指的是农历二三月份。

⑤ 庾信《燕歌行》：“春风燕来能几日，二月蚕眠不复久。”

⑥ 荷锄：肩膀上扛着锄头。这两句意为傍晚归家的农夫在田头相见，来不及放下锄头，就停下来亲热地聊天。

⑦《诗经·式微》：“式微，式微，胡不归。”此处写出了诗人对归耕田园的向往。

导读

《渭川田家》写于开元二十五年（737）王维的好友张九龄罢相之后，因此很多前人都强调王维这一幅田园暮归图的政治背景。今日读此诗，我们不必因诗人写作时的政治境遇，就简化该诗的美学意蕴。得失无常，乃是人生常态，但王维却把这种境遇升华为杰出的诗。斜阳下悠然归家的人、动物和安详的植物，使诗人怅然吟起了《诗经·式微》这首回家之歌，也让我们油然而起归家之思。而一首优美的诗，不正是我们的另一个家园吗？

触类引申

王世贞曰：田家本色，无一字淆杂，陶诗后少见。

——（明）周珽《唐诗选脉会通评林》

通篇用“即此”二字括收。前八句皆情语，非景语，属词命篇，总与建安以上合辙。

——（清）王夫之《唐诗评选》

田家情事如绘（“野老”句下）。

——（清）宋宗元《网师园唐诗笺》

真实似靖节，风骨各别，以终带文士气。

——（清）张文荪《唐贤清雅集》

这首田园诗的典型意义不仅在于集中了雉鸣、麦秀、蚕眠等乡村暮春时节的特有时景，而且暗中化入了从《诗经·君子于役》到陶渊明乃至齐梁诗人江淹《陶征君潜田居》中表现村墟晚归情景的典故，赞美了田家生活的朴素和安闲，富于牧歌情调。《春中田园作》通过田家在一年农事开始时所做的准备工作，表现出春日田园的欣欣向荣的景象，充满生活气息。

——葛晓音《唐诗宋词十五讲》，北京大学出版社 2004 年版

渔家傲①

李清照

天接云涛连晓雾，星河欲转千帆舞②。仿佛梦魂归帝所③，闻天语，殷勤问我归何处？我报路长嗟日暮④，学诗谩有惊人句⑤。九万里风鹏正举⑥。风休住，蓬舟吹取三山去⑦。

① 选自《李清照集笺注》，徐培均笺注，中华书局2002年版。李清照（1084——约1155），两宋之际词人，号易安居士，齐州章丘（今属山东）人，前期作品多写其悠闲生活，后期多感慨身世，善用白描手法，语言清丽，有《漱玉集》传世。

② 星河：即银河。银河在古典诗词中一般都与男女爱情有关，李清照此词别开生面。千帆舞：凌晨时分，云涛、晓雾、流星看起来就像无数船只在银河里争渡一样。“千帆舞”可以理解为词人心境的形象化。

③ 帝所：传说中天帝居住的地方。《史记·赵世家》：“简子寤，语大夫曰：我之帝所甚乐，与百神游于钧天，广乐九奏万舞，不类三代之乐，其声动人心。”

④ 报：回答。嗟：叹息。

⑤ 谩：徒然，一作“复”。

⑥《庄子·逍遥游》：“鹏之徙于南冥也，水击三千里，抟扶摇而上者九万里。”举：飞翔。

⑦ 三山：传说中东海里有三座神仙居住的大山。《史记·秦始皇本纪》：“齐人徐市等上书，言海中有三神山，名曰蓬莱、方丈、瀛洲，仙人居之。”吹取：吹向。取，语助词。苏轼《雨中花·夜行船》词：“不如留取，十分春态，付与明年。”

导读

当华丽的唐朝诗坛的天空逐渐暗淡后，如皎月般清朗的宋词映入眼帘。风雅婉约是宋词的主要特色，但宋词中也不尽是婉媚之作。

在一般的文学史描述中，李清照是婉约词的代表作家。把知识女性日常情态诉诸笔端，是李清照所长，历来备受称道。但也有例外，李清照晚年所作的这首《渔家傲》，就显示了词人的另一种美学风貌。这首词发扬了汉代以来的游仙文学传统，并将其转化为一种个体抒情方式，堪称杰作。在这首词中，李清照成功展现了一个超越性别的主体形象。

触类引申

此似不甚经意之作，却浑成大雅。无一毫钗粉气，自是北宋风格。

——（清）黄苏《蓼园词选》

梁启超云：此绝似苏辛派，不类《漱玉词》中语。

——梁令娴《艺蘅馆词选·引》

她在这里不是个人的哀怨或悼亡之类了，也不是悲秋病酒之类了，却是有博大的悲悯，超旷的飘举。假若说李清照可以不朽，是不朽在这种地方。

——李长之《李清照词论》，《词学研究论集》，上海古籍出版社 1988 年版

读惯了李清照其他词作的人，一接触到这首词，立刻会有耳目一新之感。“天接云涛”两句简直使人感到好比海顿《创世纪》里面唱到“上帝说：‘要有光’，就有了光”这一段的时候，铜管转入大调，轰然一声，光芒四射一样。作者驰骋她丰富的想象，拟出一段自己和天帝的对话，表明虽有诗句惊人，却并不以此为满足，希望冲破现实的束缚，遨游到

广阔的宇宙。

——廖辅叔《谈词随录》，广东人民出版社 1986 年版

念奴娇·过洞庭[①]

张孝祥

洞庭青草[②]，近中秋、更无一点风色。玉鉴琼田三万顷[③]，著我扁舟一叶[④]。素月分辉，明河共影，表里俱澄澈[⑤]。悠然心会，妙处难与君说[⑥]。

应念岭海经年[⑦]，孤光自照，肝胆皆冰雪[⑧]。短发萧骚襟袖冷[⑨]，稳泛沧溟空阔[⑩]。尽挹西江，细斟北斗，万象为宾客。[⑪]扣舷独啸，不知今夕何夕[⑫]！

① 选自《于湖词》。张孝祥（1132—1170），南宋词人，字安国，先世移居历阳乌江（今安徽和县乌江镇），其词风格豪迈，多为感慨时事之作，有《于湖词》传世。

② 洞庭：即洞庭湖。青草也是湖名，在岳阳西南，与洞庭湖相通。

③ 玉鉴琼田：言月下洞庭如玉镜琼田。三万顷："三"是虚指，此处指湖面之辽阔，"三"字表意之大，与后半句"著我扁舟一叶"之"一"表意之小相对，音义俱佳。

④ 大中见小，使人顿觉境界阔大，一个"著"字，风韵十足，值得仔细体会。

⑤ 天上素月、天河，人间洞庭、诗人，四者心影交错，兼融于此等澄澈境界。

⑥ 人间美景易说，心中美意难言，故以美景著美意。

⑦ 一作“岭表”，指中国五岭（大庾、始安、临贺、桂阳、揭阳合称五岭）以南的地区，在今广东、广西一带。

⑧“孤光”“冰雪”，兼是作者处世人格的写照。

⑨ 萧骚：即萧疏，指因劳累忧愁过度而掉发。此处写头发稀疏，亦突出秋夜湖上之凉意。“襟袖冷”直写秋凉，而头发萧疏则是曲写。

⑩ 沧溟空阔：本指大海，这里代指广阔的洞庭湖。

⑪ 尽挹西江三句：汲尽西江水以当酒，以北斗星当舀酒的勺，邀请星辰万象为宾客。挹，又作“吸”。“西江之水”：语出《庄子·外物篇》。《楚辞·东君》：“援北斗兮酌桂浆。”此处袭用其意。北斗星由七颗星组成，形状像勺。挹：一作“吸”。

⑫“不知今夕何夕”：语出《诗经·唐风·绸缪》：“今夕何夕，见此良人。”《越人歌》亦有“今夕何夕兮，搴舟中流？今日何日兮，得与王子同舟？”之句。

导读

张孝祥这首《念奴娇·过洞庭》，写于南宋孝宗乾道二年（1166），词人因谗言落职，从桂林北归洞庭时。洞庭秋色是中国文学中一个悠久的母题，屈原有“袅袅兮秋风，洞庭波兮木叶下”，李白有“南湖秋水夜无烟，耐可乘流直上天”。在这里，词人再次以自己在乾坤之间的主体形象作为诗化的核心，但又不失具体的历史情景依据，两者融合，正是该词的迷人之处。

触类引申

张于湖尝舟过洞庭，月照龙堆，金沙荡射，公得意命酒，唱歌所作词，呼群吏而酌之，曰：“亦人子也。”其坦率皆类此。

——（宋）叶绍翁《四朝闻见录》

张于湖有英姿奇气，著之湖湘间，未为不遇。“洞庭”所赋在集中最为杰特。方其吸江酌斗，宾客万象时，讵知世间有紫微青琐哉！

——（宋）魏了翁《鹤山大全集》

飘飘有凌云之气，觉东坡《水调》犹有尘心。

——（清）王闿运《湘绮楼词选》

此首月夜泛洞庭作。写水光月光，上下澄澈，境极空阔。而胸襟之洒落，气概之轩昂，亦可于境中见之。“洞庭”两句，言湖中无风。“玉鉴”两句，言湖面之广。“素月”三句，言月光映水之美。“悠然”两句，收束上片，言泛舟之适。下片，写月下之感。“应念”三句，言中心之纯洁。“短发”两句，言夜深湖冷。“尽吸”三句，言湖上豪饮。末句，言湖上独笑。通篇景中见情，笔势雄奇。

——唐圭璋《唐宋词简释》

我每次读到“表里俱澄澈”一句，觉得它也可用来形容诗人的内心世界与湖光月色的和谐。中秋之夜，月光如水一样的明净，水一样的清冽。这万千斛的清水洒向我们，浸透我们的衣衫，沁入我们的肌肤，洗净我们的五脏六腑，难道还有什么尘虑俗念不能涤除干净？

——莫砺锋《莫砺锋诗话》，北京大学出版社 2006 年版

一九九八：二十四节气[①]

苇岸

立春

【日期：农历正月初八；公历2月4日。时辰：辰时8时53分。天况：晴。气温：5℃～－5℃。风力：四五级。】

对于北半球的农业与农民来说，新的一年是从今天开始的。

古罗马作家瓦罗在他的著作《论农业》中写道："春季从 2 月 7 日开始。"瓦罗所依据的日历，是当时的古罗马尤利乌斯历（尤利乌斯历即后来的公历前身）。在公历中，立春则固定地出现在 2 月 4 日或 5 日。这种情况，至少在本世纪的 100 年如此。一个应该说明的现象是，本世纪上半叶立春多在 2 月 5 日，下半叶立春多在 2 月 4 日。

能够展开旗帜的风，从早晨就刮起来了。在此之前，天气一直呈现着衰歇冬季特有的凝滞、沉郁、死寂氛围。这是一种象征：一个变动的、新生的、富于可能的季节降临了。外面很亮，甚至有些晃眼。阳光是银色的，但我能够察觉得出，光线正在隐隐向带有温度的谷色过渡。物体的影子清晰起来（它们开始渐渐收拢了），它们投在空阔的地面上，让我一时想到附庸者或追随者并未完全泯灭的意欲独立心理。天空已经微微泛蓝，它为将要到来的积云准备好了圆形舞台。但旷野的色调依旧是单一的，在这里显然你可以认定，那过早的蕴含着美好诺言的召唤，此时并未得到像回声一样信任的响应。

立春是四季的起点，春天的开端（在季节的圆周上，开端与终结也是重合的）。这个起点和开端并不像一个朝代的建立，或一个婴儿的诞生那样截然、显明。立春还不是春天本身，而仅仅是《春天》这部辉煌歌剧的前奏或序曲。它的意义更多地在于转折和奠基，在于它是一个新陈更番的标帜。它还带着冬天的色泽与外观（仿佛冬季仍在延伸），就像一个刚刚投诚的士兵仍穿着旧部褪色的军装。我想古希腊诗人赫西俄德《工作与时日》里的那句“灰色的春季”，正是从这个角度讲的。

雨水

【日期：农历正月廿三；公历2月19日。时辰：寅时4时43分。天况：阴，雨雪。气温：3℃～－2℃。风力：一二级。】

在二十四节气的漫漫古道上，雨水只是一个相对并不显眼的普通驿站。在我过去的印象里，立春是必定会刮风的（它是北京多风的春天一个小小的缩影），但雨水并不意味着必定降雨。就像森林外缘竖立的一块警示标牌，雨水的作用和意义主要在于提醒旅人：从今天起，你已进入了雨水出没的区域。

今年的雨水近乎一个奇迹，这种情形大体是我从未经历过的（它使“雨水”这一节气在语义上得到了完满的体现）。像童年时代冬天常有的那样，早晨醒来我惊喜地看到了窗外的雪。雪是夜里下起来的，天亮后已化作了雨（如古语讲的“橘逾淮为枳”），但饱含雨水的雪依然覆盖着屋顶和地面。雨落在雪上像掉进井里，没有任何声响。令人感到惊奇和神秘的是：一，雨水这天准确地降了水；二，立春以后下了这么大的雪；三，作为两个对立季节象征的雨和雪罕见地会聚在了一起。

在传统中，雪是伴随着寂静的。此时的田野也是空无一人，雪尚未被人践踏过（“立春阳气转，雨水送肥忙。”以化肥和农药维持运转的现代农业，已使往昔的一些农谚失去了意义）。土地隐没了，雪使正奔向春天和光明的事物，在回归的路上犹疑地停下了脚步。由于吸收了雨，雪有些塌缩、黯淡，减弱了其固有的耀眼光泽。这个现象很像刀用钝了，丧失了锋芒。几只淋湿了羽毛的喜鹊起落着，它们已到了在零落乔木或高压线铁架上物色筑巢位置的时候了。面对这场不合时令的雪，人们自然会想到刚刚逝去不久的冬天；但在一个历史学家眼里，他也许会联想到诸如中国近代的袁世凯昙花一现的称帝时期。

惊蛰

【日期：农历二月初八；公历3月6日。时辰：寅时3时3分。天况：晴。气温：14℃～2℃。风力：二三级。】

二十四节气令我们惊叹和叫绝的，除了它的与物候、时令的奇异吻合与准确对应，还有一点，即它的一个个东方田园风景与中国古典诗歌般的名称。这是语言瑰丽的精华，它们所体现的汉语的简约性与表意美，使我们这些后世的汉语运用者不仅感到骄傲，也感到惭愧。

"惊蛰"，两个汉字并列一起，即神奇地构成了生动的画面和无穷的故事。你可以遐想：在远方一声初始的雷鸣中，万千沉睡的幽暗生灵被唤醒了，它们睁开惺忪的双眼，不约而同，向圣贤一样的太阳敞开了各自的门户。这是一个带有"推进"和"改革"色彩的节气，它反映了对象的被动、消极、依赖和等待状态，显现出一丝善意的冒犯和介入，就像一个乡村客店老板凌晨轻摇他的诸事在身的客人："客官，醒醒，天亮了，该上路了。"

仿佛为了响应这一富于"革命"意味的节气，连阴数日的天况，今天豁然晴朗了（不是由于雨霁或风后）。整面天空像一个深隐林中的蓝色湖泊或池塘，从中央到岸边，依其深浅，水体色彩逐渐减淡。小麦已经返青，在朝阳的映照下，望着满眼清晰伸展的绒绒新绿，你会感到，不光婴儿般的麦苗，绿色自身也有生命。而在沟堑和道路两旁，青草破土而出，连片的草色已似报纸头条一样醒目。柳树伸出了鸟舌状的叶芽，杨树拱出的花蕾则让你想到幼鹿初萌的角。在田里，我注意到有十数只集群无规则地疾飞鸣叫的小鸟（疑为百灵）；它们如精灵，敏感、多动，忽上忽下；它们的羽色近似泥土，落下来便会无影无踪；我曾试图用望远镜搜寻过几次，但始终未能看清它们（另一吸引我注意的，在远处高新技术产业开发区外缘公路边的人行道上，一个穿红色上衣的少女手捧一本书，由北至南不停地走过来走过去）。可爱的稚态、新生的活力、知前的欢乐、上升的气息以及地平线的栅栏，此时整个田野很像一座太阳照看下的幼儿园。

“惊蛰过，暖和和。”到了惊蛰，春天总算坐稳了它的江山。

春分

【日期：农历二月廿三；公历 3 月 21 日。时辰：寅时 3 时 57 分。天况：晴。气温：8℃～ –2℃。风力：二三级。】

“四时八节”，在二十四节气里，春分是八个基本节气之一。西方古代为了便于农事，曾将一年划分成八个分季，第二分季即“从春分到维尔吉里埃座七星升起”。春分是春季的中分点，同时就一年来说，“春分者，阴阳相半也，故昼夜均而寒暑平”。春分这天太阳正当赤道上方，它将自己的光一丝不苟地均分给了地球南北，如人们平日常说的：像法律一样公正。实际就此与春分或秋分相比，这是个并不十分恰当的比喻（因为法律最终都要通过法官体现）。在春分前后，如果你早晨散步稍加留意，会发觉太阳是从正东升起的。过了春分，“幽晦不明，天之所闭”的北方人民便明显感到，太阳一天天近了。

在春天的宫廷里，还是发生了一次短暂的政变。3 月 18 日深夜，大风骤起，连续两天风力五六级，白天的最高气温降至 3℃。关于世间类似这种突发的、一时的、个别的、偶然的“倒行逆施”，它的最大消极作用，主要还不在其使率真勇为的先行者遭受了挫折和打击，而在其由此将使世间普遍衍生以成熟和大家风度自诩的怀疑、城府、狡黠、冷漠等有碍人类愉快与坦诚相处的因素。

仿佛依然弥漫着政变刚刚被粉碎的硝烟，今天尽管大风已息，气温回升，但仍有料峭的寒意。与惊蛰对照，春分最大的物候变化是：柳叶完全舒展开了，它们使令人欣悦的新绿由地面蔓延上了空间；而杨树现在则像一个赶着田野这架满载绿色马车的、鞭子上的红缨已褪色的老车夫。另外一个鲜明变化，即如果到山前去，你可以看到盛开的总与女人或女人容貌关联的桃花。

“九尽杨花开，农活一起来。”每年到了3月中旬，一般便出九了。但眼下农田除了零星为小麦浇返青水的农民外，依然显得空旷、冷清。现代农业作物种植的单一和现代农业机械器具的运用，不仅使农业生产趋于简便，也使农民数量日渐减少。随着工业文明的推进，人口学家预测，2010年世界人口达到70亿，其中城市居民将逾35亿，有史以来首次超过农村人口。在人类的昨天，无论东方还是西方，农业和农民都曾备受尊崇。古希腊罗马时期，人们曾用“好农民”或“好庄稼人”来称赞一个好人（“受到这样称赞的，就被认为受到了最大的称赞”）。古罗马作家加图在他的《农业志》中这样赞美农民：“利益来得最清廉、最稳妥、最不为人所疾视，从事这种职业的人，绝不心怀恶念。”如果加图的说法成立或得到我们认同，那么看来人类社会由农业文明向工业文明的转化，不光污毁了自然，显然也无益于人性。

清明

【日期：农历三月初九；公历4月5日。时辰：辰时8时6分。天况：晦。气温；17℃～8℃。风力：零或一级。】

作为节气，清明非常普通，它的本义为，“万物生长此时，皆清洁而明净，故谓之清明”。但在二十四节气中清明后来例外地拥有了双重身份，即它已越过农事与农业，而演变成了一个与华夏人人相关的民间传统节日。就我来说，清明是与童年跟随祖母上坟的经历和杜牧那首凄美的诗连在一起的，它们奠定了我对清明初始的与基本的感知、印象和认识。我想未来也许只有清明还能使已完全弃绝于自然而进入“数字化生存”的人们，想起古老（永恒）的二十四节气。

二十四节气的神奇、信誉与不朽的经典性质，在于它的准确甚至导致了人们这样的认识：天况、气象、物候在随着一个个节气的更番而准时改变。与立春和立秋类同，清明也是一个敏感的、凸显的显性节气，且富于神秘、诡异气氛。也许因其已经演变为节日，故清明的天况往往出人意想地与它的词义相反（这在二十四节气里是个特例），而同这一节日的特定人文蕴涵紧密关联。在我的经验里，清明多冽风、冥晦或阴雨；仿佛清明天然就是“鬼节”，天然就是阳间与阴界衔接、生者与亡灵呼应的日子。

今年的清明，又是一个典型例证。延续了数日的阴天，今天忽然发生了变化：天空出现了太阳。这是可以抬头直观的太阳，地面不显任何影子（与往日光芒万丈的着装不同，太阳今天好像是微服出访）。整个田野幽晦、氤氲、迷蒙，千米以外即不见景物，呈现出一种比夜更令人可怖的阴森气氛。麦田除了三两个俯身寻觅野菜的镇里居民外，没有劳作的农民。渲染着这种气氛的，是隐在远处的一只鸟不时发出的“噢、噢、噢”单调鸣叫。它的每声鸣叫都拉得很长，似乎真是从冥界传来的。这是一种我不知其名，也未见过其形的夜鸟，通常影视作品欲为某一月黑之夜杀机四伏的情节进行铺垫时，利用的就是这种鸟的叫声。

从田野返回的路上，我在那片高新技术产业开发区一家药业公司圈起待建的荒地内，看到一群毛驴，大小约 20 头，近旁有一位中年农民。

我走了进去，和中年农民攀谈起来。他是河北张北人，驴即来自那一带。这是购集来供应镇里餐馆的。我问：驴总给人一种苦相感，农民是不是不太喜欢它们？中年农民答：不，农民对驴还是很有感情的，甚至比对马还有感情；驴比马皮实、耐劳、不挑食、好喂养，比马的寿命也长。

谷雨

【日期：农历三月十四；公历 4 月 20 日。时辰：申时 15 时 16 分。天况：晦。气温：26℃～14℃。风力：零或一级。】

从词义及其象形看，“谷”首先指山谷。瑞典汉学家林西莉在她的著作《汉字王国》中即讲：“我只要看到这个字，马上就会想起一个人走进黄土高原沟壑里的滋味。”当谷与雨并联以后，它的另一重要含义“庄稼、作物”无疑便显现了。

像“家庭”一词的组构向人们示意着只有屋舍与院子的合一，才真正构成一个本原的、未完全脱离土地的、适于安居的“家”；“谷雨”也是一个包含有对自然秩序敬畏、尊重、顺应的富于寓意的词汇，从中人们可以看出一种神示或伟大象征：庄稼天然依赖雨水，庄稼与雨水密不可分。（僭越的迫于市场机制、人口压力及自身贪欲而无限追求最大产值的现代农业对地下水的过度采掘，现在终于导致了全球淡水资源的危机）

谷雨是春季的最后一个季节，也是一年中最为宜人的几个节气之一。这个时候，打点行装即将北上的春天已远远看到它的继任者——携着热烈与雷电的夏天走来的身影了。为了夏天的到来，另外一个重要变化也在寂静、悄然进行，即绿色正从新浅向深郁过渡。的确，绿色自身是有生命的。这一点也让我想到太阳的光芒，阳光在早晨从橙红到金黄、银白的次第变化，实际即体现了其从童年、少年到成年的自然生命履历。

麦子拔节了，此时它们的高度大约为其整体的三分之一，在土地上呈现出了立体感，就像一个十二三岁的男孩开始显露出了男子天赋的挺拔体态。野兔能够隐身了，土地也像骄傲的父亲一样通过麦子感到了自己在向上延续。作为北方冬天旷野的一道醒目景观的褐色鹊巢，已被树木像档案馆对待自己的秘密一样用叶子悉心掩蔽起来。一只雀鹰正在天空盘旋，几个农民在为小麦浇水、施撒化肥。远处树丛中响起啄木鸟的只可欣赏而无法模仿的疾速叩击枯木的声音，相对啄木鸟的鸣叫，我一直觉得它的劳动创造的这节音量由强而弱、频率由快而慢的乐曲更为美妙迷人。

① 选自苇岸著、袁毅编《上帝之子》，湖北美术出版社2001年版。苇岸（1960—1999），北京人，当代散文家，著有散文集《大地上的事情》等。

导读

节气的划分，在我国起源甚早，到秦汉间，二十四节气已完全确立。它曾经是我国农民从事农事活动的重要依据，也在生活的其他方面留下了相当多的痕迹。城市化和西历的采用，使很多人淡忘了二十四节气。热衷于“大地上的事情”的诗人苇岸，发愿以此文重现二十四节气蕴含的时间感和生命感。可惜，他生前未及完成这抵抗遗忘的美学劳作，只描绘了春天的六个节气，留下了杰出的残篇。但这是美妙的开始！在苇岸笔下，我们悠然听到春回大地的声音，感到休眠已久的生命热情的萌动。

触类引申

苇岸自称“观察者”。他仔细耐心地观察大自然中季节的转换，对古老的时间有一种敏感。而他所掌握的时间，总是同播种、劳动、繁殖联系在一起的，直到生命终结，他仍然系念着与农事有关的二十四节气，没有形而上学的时间。他观察和赞美太阳、月亮、大地和小麦，自然中最可爱的生灵。

——林贤治《未曾消失的苇岸》，见苇岸著、袁毅编《上帝之子》，湖北美术出版社 2001 年版

他不属生命力蓬勃文思泉涌、下笔千言的那种人，他写下的每句话都像从身体里慢慢抽出的丝。到他过世之前，所有文字加起来，不过一本薄册。但是，它们浑然天成，诗意深厚，我设想不出能有更美的方式。读一读苇岸宅心仁厚的散文，会让我焦躁的情绪迷途知返，重怀感恩。

——周晓枫《落日故人情》，见《上帝之子》

柯尔庄园的野天鹅[①]

叶芝 著　袁可嘉 译

树林里一片秋天的美景，
林中的小径很干燥，
十月的黄昏笼罩的流水
把寂静的天空映照；
盈盈的流水间隔着石头，

五十九只天鹅浮游。

自从我最初为它们计数，
这是第十九个秋天，
我发现，计数还不曾结束，
猛一下飞上了天边，
大声地拍打着翅膀盘旋，
勾画出大而碎的圆圈。

我见过这群光辉的天鹅，
如今却叫我真疼心，
全变了，自从第一次在池边，
也是个黄昏的时分，
我听见头上翅膀拍打声，
我那时脚步还轻盈。

还没有厌倦，一对对情侣，
友好的冷水中行进，
或者向天空奋力地飞升，
它们的心灵还年轻，
也不管它们上哪儿浮行，
总有着激情和雄心。

它们在静寂的水上浮游，
何等的神秘和美丽！
有一天醒来，它们已飞去，

在哪个芦苇丛筑居?
哪一个池边，哪一个湖滨，
取悦于人们的眼睛?

① 选自《叶芝抒情诗精选》，袁可嘉译，太白文艺出版社 1997 年版。叶芝（William Butler Yeats，1865—1939），爱尔兰诗人、戏剧家，剧作有《伯爵夫人凯塞琳》《心愿之乡》等，重要诗集有《莪辛漫游记》《最后的诗》等，获 1923 年诺贝尔文学奖，对西方现代诗歌有重大影响。袁可嘉（1921—2008），现代诗人、批评家、翻译家，九叶诗人之一，著有《论新诗现代化》《半个世纪的脚印：袁可嘉诗选》等。柯尔庄园位于爱尔兰西部，是叶芝的好友、剧作家奥古斯塔·格雷戈里夫人的产业，叶芝于 1897 年初访该地，距写作本诗的 1916 年恰好十九年。在此期间，爱尔兰自治运动高涨，柯尔庄园即将收归国有。

导读

天鹅是诗中的神秘常客。1897 年，叶芝初访柯尔庄园，此后 19 年中，叶芝参与了爱尔兰政治运动，历尽坎坷。1916 年，诗人重访故园，已物是人非。在此时的叶芝眼里，这群光辉的野天鹅代表了不为时间所撼动的永恒的美，令诗人顿生时间和生命之思。如今诗人已逝，而诗歌依旧，美丽的野天鹅以诗歌之名，继续在我们眼前盘旋、飞翔。我们也会像叶芝一样感慨：有一天醒来，它们将飞向何方?

这首诗意境清澈，语言优美，是西方现代诗歌所创造的最美的“灵境”之一。它是自然的精气在语言之树上结出的甜美果实。

触类引申

“五十九只”是一个实数，不同于泛泛之谈。这个实数表明诗人的内心与这片景色紧贴在一起，有此时此地之感。诗人笔下的景色越美丽，就越衬托出诗人心境的晦暗。这首诗写于 1916 年，距他初访其好友、剧作家奥古斯塔·格雷戈里夫人位于爱尔兰西部的柯尔庄园恰好 19 年。在这 19 年间，爱尔兰自治运动高涨，叶芝与这一运动始终保持着私人联系。到 1916 年，历史风云犹在，而柯尔庄园即将收归国有，叶芝感慨万千，汇成这首不朽诗作。叶芝引人注目地将个人投入历史之中，又将历史个人化。他成功地找到了诗歌面对历史的方式。

——西川《外国文学名作导读本·诗歌卷》，广西教育出版社 2001 年版

至于叶芝的《柯尔庄园的野天鹅》，我首先惊异于其语言的清澈，后来我意识到这种语言的清澈其实来自心灵的清澈，来自一种人生之秋的清澈；五十九只光辉的野天鹅从此呈现在我心灵的视野中，成为诗的高贵、神秘和美丽的象征。

——王家新《取道斯德哥尔摩》，山东文艺出版社 2007 年版

论“山水”[1]

里尔克 著　冯至 译

关于古希腊的绘画，我们知道得很少；但这并不会是过于大胆的揣度，它看人正如后来的画家所看的山水一样。在一种伟大的绘画艺术不

朽的纪念品陶器画上，周围的景物只不过注出名称（房屋或街道），几乎是缩写，只用字头表明；但裸体的人却是一切，他们像是担有满枝果实的树木，像是盛开的花丛，像是群鸟鸣啭的春天。那时人对待身体，像是耕种一块田地，为它劳作像是为了收获，有它正如据有一片良好的地基，它是直观的、美的，是一幅画图，其中一切的意义，神与兽、生命的感官都按着韵律的顺序运行着。那时，人虽已赓续了千万年，但自己还觉得太新鲜，过于自美，不能超越自身而置自身于不顾。山水不过是：他们走过的那条路，他们跑过的那条道，希腊人的岁月曾在那里消磨过的所有的剧场和舞场；军旅聚集的山谷，冒险离去、年老充满惊奇的回忆而归来的海港；佳节继之以灯烛辉煌、管弦齐奏的良宵，朝神的队伍和神坛畔的游行——这都是“山水”，人在里边生活。但是，那座山若没有人体形的群神居住，那座山岬，若没有矗立起远远入望的石像，以及那山坡牧童从来没有到过。这都是生疏的，——它们不值得一谈。一切都是舞台，在人没有登台用他身体上快乐或悲哀的动作充实这场面的时候，它是空虚的。一切在等待人，人来到什么地方，一切就都退后，把空地让给他。

基督教的艺术失去了这种同身体的关系，并没有因而真实地接近山水；人和物在基督教的艺术中像是字母一般，它们组成有一个句首花体字母的漫长而描绘工妍的文句。人是衣裳，只在地狱里有身体；“山水”也不应该属于尘世。几乎总是这样，它在什么地方可爱，就必须意味着天堂；它在什么地方使人恐怖，荒凉冷酷，就算作永远被遗弃的人们放逐的地方。人已经看见它；因为人变得狭窄而透明了，但是以他们的方式仍然这样感受“山水”，把它当作一段短短的暂驻，当作一带蒙着绿草的坟墓，下边连系着地狱，上边展开宏伟的天堂作为万物所愿望的、深邃的、本来的真实。现在因为忽然有了三个地方、三个住所要经常谈到：天堂、尘世、地狱，——于是地域的判定就成为迫切必要的了，并且人们必须观看它们，描绘它们：在意大利的早期的画师中间产生了这种描画，超越他们本来的目的，达到完美的境界；我们只想一想皮萨城圣陵[②]中的壁画，就会感觉到那时对于“山水”的理解，已经含有一些独立性了。诚然，人还是想指明一个地方，没有更多的用意，但他用这样的诚意与忠心去做，用这样引人入胜的谈锋，甚至像爱者似地叙说那些与尘世、与这本来被人所怀疑而拒绝的尘世相关连的万物——我们现在看来，那种绘画宛如一首对于万物的赞美诗，圣者们也都齐和唱。并且人所看的万物都很新鲜，甚至在观看之际，就联系着一种不断的惊奇和收获丰富的欢悦。那是自然而然的，人用地赞美天，当他全心渴望要认识天的时候，他就熟识了地。因为最深的虔心像是一种雨：它从地上升发，又总是落在地上，而是田地的福祉。

人这样无意地感到了温暖、幸福和那从牧野、溪涧、花坡、以及从果实满枝、并排着的树木中放射出来的光彩，他如果画那些圣母像，他就用这些宝物像是给她们披上一件氅衣，像是给她们戴上一项冠冕，把“山水”像旗帜似地展开来赞美她们；因为他对于她们还不会备办更为陶醉的庆祝，还不认识能与此相比的忠心：把一切刚刚得到的美都贡献给她们，并且使之与她们溶化。这时再也不想是什么地方，也不想天堂，起始歌咏山水有如圣母的赞诗，它在明亮而清晰的色彩里鸣响。

但同时有一个大的发展：人画山水时，并不意味着是“山水”，却是他自己；山水成为人的情感的寄托、人的欢悦、素朴与虔诚的比喻。它成为艺术了。雷渥那德[③]就这样接受它。他画中的山水都是他最深的体验和智慧的表现，是神秘的自然律含思自鉴的蓝色的明镜，是有如“未来”那样伟大而不可思议的远方。雷渥那德最初画人物就像是画他的体验、画他寂寞地参透了的运命，所以这并非偶然，他觉得山水对于那几乎不能言传的经验、深幽与悲哀，也是一种表现方法。无限广泛地去运用一切艺术，这种特权就付与这位许多后来者的先驱了；像是用多种的语言，他在各样的艺术中述说他的生命和他生命的进步与辽远。

还没有人画过一幅“山水”像是《蒙娜丽莎》深远的背景那样完全是山水，而又如此是个人的声音与自白。仿佛一切的人性都蕴蓄在她永远宁静的像中，可是其他一切呈现在人的面前或是超越人的范围以外的事物，都融合在山、树、桥、天、水的神秘的联系里。这样的“山水”不是一种印象的画，不是一个人对于那些静物的看法；它是完成中的自然，变化中的世界，对于人是这样生疏，有如没有足迹的树林在一座未发现的岛上。并且把山水看作是一种远方的和生疏的，一种隔离的和无情的，看它完全在自身内演化，这是必要的，如果它应该是任何一种独立艺术的材料与动因；因为若要使它对于我们的命运能成为一种迎刃而解的比喻，它必须是疏远的，跟我们完全是另一回事。在它崇高的漠然中它必须几乎有敌对的意味，才能用山水中的事物给我们的生存以一种新的解释。

雷渥那德·达·芬奇早已预感着从事山水艺术的制作，就在这种意义里进行着。它慢慢地从寂寞者的手中制作出来，经过几个世纪。那不得不走的路很长远，因为这并不容易，远远地疏离这个世界，以便不再用本地人偏执的眼光去看它，本地人总爱把他所看到的一切运用在他自己或是他的需要上边。我们知道，人对于周围的事物看得是多么不清楚，常常必得从远方来一个人告诉我们周围的真面目。所以人也必须把万物从自己的身边推开，以便后来善于取用较为正确而平静的方式，以稀少的亲切和敬畏的隔离来同它们接近。因为人对于自然，在不理解的时候，才开始理解它；当人觉得，它是另外的、漠不相关的、也无意容纳我们的时候，人才从自然中走出，寂寞地，从一个寂寞的世界。

若要成为山水艺术家，就必须这样；人不应再物质地去感觉它为我们而含有的意义，却是要对象地看它是一个伟大的现存的真实。

在那我们把人画得伟大的时代，我们曾经这样感受他；但是人却变得飘摇不定，他的像也在变化中不可捉摸了。自然是较为恒久而伟大，其中的一切运动更为宽广，一切静息也更为单纯而寂寞。那是人心中的一个渴望，用它崇高的材料来说自己，像是说一些同样的实体，于是毫无事迹发生的山水画就成立了。人们画出空旷的海、雨日的白屋、无人行走的道路、非常寂寞的流水。激情越来越消失；人们越懂得这种语言，就以更简洁的方法来运用它。人沉潜在万物的伟大的静息中，他感到，它们的存在是怎样在规律中消隐，没有期待，没有急躁。并且在它们中间有动物静默地行走，同它们一样担负着日夜的轮替，都合乎规律。后来有人走入这个环境，作为牧童、作为农夫，或单纯作为一个形体从画的深处显现：那时一切矜夸都离开了他，而我们观看他，他要成为“物”。

在这“山水艺术”生长为一种缓慢的“世界的山水化”的过程中，有一个辽远的人的发展。这不知不觉从观看与工作中发生的绘画内容告诉我们，在我们时代的中间一个“未来”已经开始了：人不再是在他的同类中保持平衡的伙伴，也不再是那样的人，为了他而有晨昏和远近。他有如一个物置身于万物之中，无限地单独，一切物与人的结合都退至共同的深处，那里浸润着一切生长者的根。

① 选自里尔克《给一个青年诗人的十封信》，冯至译，天津人民出版社 2022 年版。里尔克（Rainer Maria Rilke，1875—1926），奥地利诗人，著有《杜伊诺哀歌》《献给奥尔甫斯的十四行诗》等，其创作对西方 20 世纪诗歌有深远影响。冯至（1905—1993），现代诗人、学者、翻译家，著有诗集《昨日之歌》《十四行集》，小说《伍子胥》，译有《海涅诗选》等。

② 皮萨（Pisa）：意大利城市。圣陵（Campo Santo）：建于 1278 年至 1283 年。

③ 雷渥那德·达·芬奇（Leonardo da Vinci，1452—1519）：意大利文艺复兴时期的画家、雕刻家兼建筑家，《蒙娜丽莎》（*Mona Lisa*）是他的名作。

导读

只有在艺术作品中，人与自然的亲密关系才能完整而生动地保存下来。接受和描绘“山水”的方式，体现了人与自然之间关系的具体形态。此文中，奥地利大诗人里尔克以细腻灵动的笔触，梳理了西方历史上看“山水”的方式的变化。诗人以其近乎完美的抒情才能，揭示了常见细节中隐秘的音乐，读来沁人心脾。

触类引申

这篇短文内容的丰富，在我看来，是抵得住一部艺术学者的专著的。

——冯至《给一个青年诗人的十封信·序》，见［奥］里尔克《给一个青年诗人的十封信》，冯至译，生活·读书·新知三联书店 1994 年版

只有在他的嘴唇上，话语才摆脱了那种习惯的烟雾——比喻在那里像长翅膀似的把话语的僵躯轻巧地抬到那个更高的现象世界，其中每件秘密都变得可以感觉，我们的日常谈话变成一种简直不可思议的魔术。他的别出心裁的话语，善于丰富多彩地造型，各种形式的生活在他的诗行叮当作响的反映中寻找它们的雕像，即使死亡——即使它也能作为最纯洁、最必然的现实从他的诗中宏伟而具体地走出来。

——［奥］茨威格《告别里尔克》，见《里尔克散文选·序言》，百花文艺出版社 2002 年版

像山一样思考①

里奥帕德 著 吴美真 译

一个深沉、来自肺腑的号叫在各个悬崖之间回响，然后滚落山下，隐入夜晚遥远的黑暗之中。那叫喊爆发出一种狂野、反抗性的悲愁，爆发出对于世上一切逆境的蔑视。

一切活着的生物（也许包括许多死者）都留心倾听那声音。对鹿而言，它提醒它们死亡近在咫尺；对松树而言，它预测了午夜的格斗和雪上的血迹；对郊狼而言，那是一种有残肉可食的应许；对牧牛者而言，那是银行账户透支的威胁；对猎人而言，那是獠牙对于子弹的挑战。然而在这些明显而迫近的希望和恐惧之后，藏着一个更深奥的意义：只有山知道这个意义，只有山活得够久，可以客观地聆听狼的嗥叫。

无法理解那声音中所隐藏的意义者，仍知道它就在那儿，因为在整个狼群出没的地区都可以感觉到它，而且它使得这儿有别于其他地区。所有在夜晚听见狼嚎者，或者所有在白天查看狼之足迹者，都可以感到隐约有股寒意袭上背脊。即使没有看见或听见狼，许多小事件也暗示着它们的存在：一只驮货之马半夜的嘶叫、石头刺耳的滚动声、一只逃命之鹿的跳跃，以及云杉之下阴影的情况。只有不堪造就的新手才察觉不出是否有狼，或无法察觉山对狼怀有秘密的看法。

我自己对这一点的坚信不疑，要追溯到我看见一只狼死去的那一天。那时，我们正在一个高耸的悬崖上吃午餐，一条汹涌澎湃的河流在悬崖下推进着。我们原以为看见了一只胸部浸在白色水花之中，正涉水渡过急流的鹿，当它爬上岸，朝我们走来，并且甩动着尾巴时，我们才明白我们错了：那是一只狼。其他六只显然已长大的小狼从柳树丛跳出来，一起摇摆尾巴，同时嬉戏着相互殴打，以示欢迎。所以我们的确看到一群狼，在悬崖下一个空旷的平地中央打滚。

在那些日子里，没有人会放弃一个杀狼的机会。瞬间，子弹已经射入狼群里，但是我们太兴奋了，无法瞄准：我们总是搞不清楚如何以这么陡的角度往下射击。当我们用完了来复枪的子弹时，老狼倒下来了，另外有一只狼拖着一条腿，进入山崩造成的一堆人类无法通行的岩石堆里。

我们来到老狼那儿时，还可以看见它眼睛里凶狠的绿火渐渐熄灭。自那时起，我明白了，那双眼睛里有某种我前所未见的东西——某种只有狼和山知道的东西。我当时年轻气盛，动不动就手痒，想扣扳机；我以为狼的减少意味着鹿会增多，因此狼的消失便意味着猎人的天堂，但是，在看了那绿色的火焰熄灭后，我明白狼和山都不会同意这个想法。

自此之后，我看到各州不断地扑灭狼；看到许多刚刚才失去狼的山的面貌，看到向南的斜坡出现许多鹿刚踩出来的纷乱小径。我看到每一株可食的灌木和幼木都被鹿吃去细枝和嫩叶，然后衰弱不振，不久便告死亡。我也看到每一棵可食的树，在马鞍头高度以下的叶子都被鹿吃得精光。看到这样的一座山，你会以为有人送给上帝一把新的大剪刀，令他成天只修剪树木，不做其他事情。到了最后，人们期望的鹿群因为数量过于庞大而饿死了，它们的骨头和死去的鼠尾草一起变白，或者在成排只有高处长有叶子的刺柏下腐朽。

现在我猜想：就像鹿群活在对狼的极度恐惧之中，山也活在对鹿只的极度恐惧之中；而或许山的惧怕有更充分的理由，因为一只公鹿被狼杀死了，两三年后便会有另一只公鹿取而代之；然而，一座被过多的鹿摧毁的山脉，可能几十年也无法恢复原貌。

牛的情况也是如此。牧牛人除去了牧场的狼，却不明白自己正在接收了狼的一项工作：削减牛群的只数，以适合牧场的大小。他没有学会像山那样地思考，因此，干旱尘暴区便出现了，而河流将我们的未来冲入大海里。

我们都在努力追求安全、繁荣、舒适、长寿，以及单调的生活。鹿用它柔软的腿追求，牧牛人用陷阱和毒药，政治家用笔，而大多数人则用机器、选票和钱。但是，这一切都只为了一件事：这个时代的和平。在这方面获得某种程度的成功是很好的，而且或许是客观思考的必要条件。然而，就长远来看，太多的安全似乎只会带来危险。当梭罗说“野地里蕴含着这个世界的救赎”时，或许他正暗示着这一点。或许这就是狼的嗥叫所隐藏的意义；山早就明白了这个意义，只是大多数人仍然不明白。

① 节选自《沙郡年记》，吴美真译，生活·读书·新知三联书店1999年版。里奥帕德（Aldo Leopold，1887—1948），美国作家，生态学家和环境保护主义的先驱。《沙郡年记》被纽约公共图书馆评为“本世纪自然写作领域十大好书”之一。

导读

山代表了大地的高度，它俯视着大地上发生的一切事情，以自己的方式见证了世界的秘密部分。它以沉默的姿势，守护着不为常人理解的真理，其中包括对这个世界的救赎。与山相比，我们对自然的认识永远是有限的，而按照这些有限的认识，盲目地替自然作出选择也是危险的。这是山对我们的告诫。像山一样思考，我们也许就能明白更多隐藏于世界中的意义。

触类引申

人法地，地法天，天法道，道法自然。

——《老子》，中华书局 2006 年版

有地上之山水，有画上之山水；有梦中之山水，有胸中之山水。地上者，妙在丘壑深邃；画上者，妙在笔墨淋漓；梦中者，妙在景象变幻；胸中者，妙在位置自如。

——（清）张潮《幽梦影》，中央编译出版社 2001 年版

一线阳光，一片飞花，空气底最轻微的动荡，和我们眼前无量数的重大或幽微的事物与现象，无不时时刻刻在影响我们底精神生活，及提醒我们和宇宙底关系，使我们确认我们只是大自然底交响乐里的一个音波：离，它要完全失掉它存在的理由；合，它将不独恢复一已底意义，并且兼有那磅礴星辰的妙乐的。

——梁宗岱《象征主义》，见《梁宗岱批评文集》，珠海出版社 1998 年版

艺术，就是所谓静观、默察；是深入自然，渗透自然，与之同化的心灵的愉快；是智慧的喜悦，在良知照耀下看清世界，而又重现这个世界的智慧的喜悦。

——［法］罗丹《罗丹艺术论》，沈琪译，吴作人校，人民美术出版社 1978 年版

文明是一种关于自然的教育。人造品提供了人们接近自然之道。然而，我们万万不可做的，是不要错把人造品当作自然。人类最高灵魂的

本质，就存在于自然与人造品之间的和谐之中。

——［葡］费尔南多·佩索阿《惶然录》，韩少功译，上海文艺出版社 2004 年版

二、凝动的韵律

人类在认识和改造自然的过程中，也在不断创造、丰富和美化着自己的人文环境。这个世界既是为了满足人们实际的需要，同时也是对自身审美诉求的回应。伟大的城市，杰出的建筑、园林，精美的雕塑、绘画、音乐和各色工艺，都是人类的艺术创造，也是人类追求永恒的纪念物。艺术家的意志把物从笼罩在它们身上的永恒沉默中解放出来，让它们成为观看和倾听的对象。这个世界既是我们的托身之所，也是我们心灵栖息的家园。语言对这个人为世界的描摹，向我们展示了另一个美的世界，显示了词语的另一重灵境。

黄州新建小竹楼记[①]

王禹偁

黄冈之地多竹，大者如椽，竹工破之，刳去其节[②]，用代陶瓦。比屋皆然，以其价廉而工省也[③]。

子城西北隅，雉堞圮毁，榛莽荒秽，因作小楼二间，与月波楼通[④]。远吞山光，平挹江濑，幽阒辽夐，不可具状[⑤]。夏宜急雨，有瀑布声；

冬宜密雪，有碎玉声；宜鼓琴，琴调虚畅；宜咏诗，诗韵清绝；宜围棋，子声丁丁然⑥；宜投壶，矢声铮铮然；皆竹楼之所助也。

公退之暇，被鹤氅衣，戴华阳巾⑦，手执《周易》一卷，焚香默坐，消遣世虑。江山之外，第⑧见风帆沙鸟、烟云竹树而已。待其酒力醒，茶烟歇，送夕阳，迎素月，亦谪居之胜概也⑨。

彼齐云、落星，高则高矣；井干、丽谯，华则华矣；止于贮妓女，藏歌舞，非骚人之事，吾所不取⑩。

吾闻竹工云，竹之为瓦，仅十稔⑪。若重覆之，得二十稔。噫，吾以至道乙未岁，自翰林出滁上，丙申，移广陵；丁酉，又入西掖，戊戌岁除日，有齐安之命，己亥闰三月到郡⑫。四年之间，奔走不暇，未知明年又在何处，岂惧竹楼之易朽乎？幸后之人与我同志，嗣而葺之，庶斯楼之不朽也⑬！

咸平二年八月十五日记。

① 选自《王禹偁集》。王禹偁（954—1001），北宋初文学家，字元之，有《小畜集》传世。本文写于作者被贬为黄州（今湖北黄冈）知州期间。

② 刳（kū）：挖掉，挖空。

③ 比屋：挨家挨户。比，并。以：因为。

④ 子城：大城所附属的小城。雉堞（zhìdié）：古代城墙上掩护守城人用的矮墙，也泛指城墙。圮（pǐ）：塌坏。榛莽（zhēnmǎng）：丛杂的草木。月波楼：在黄冈城上，也是王禹偁修建的。

⑤ 挹（yì）：舀，酌。把液体盛出来。阒（qù）：寂静。敻（xiòng）：远。

⑥ 丁丁（zhēngzhēng）：形容伐木、下棋、弹琴等声音。《诗·小雅·伐木》："伐木丁丁。"

⑦ 鹤氅：鸟羽缝制成的外衣。华阳巾：一种道士戴的帽子。

⑧ 第：但，只。

⑨ 胜概：盛事、美景。

⑩ 齐云、落星、井干、丽谯都是古代有名的楼名。《南史·陈后主纪》下：陈后主起齐云观。《文选·吴都赋》："飨戎旅乎落星之楼。"落星楼为三国孙权建造，在建业（今南京）东南。《史记·封禅书》："井干高楼五十丈。"汉武帝时造。《庄子·徐无鬼》郭象注："丽谯，高楼也。"《白氏六帖事类》卷三：魏武（曹操）有丽谯楼。骚人：文人。

⑪ 稔：原意为庄稼成熟，古代谷一熟为年，稔又引申为"年"。《广雅·释诂》：稔，年也。

⑫ 至道乙未：宋太宗至道元年（995）。丙申：至道二年（996）。移广陵：调到扬州做官。丁酉：至道三年（997）。又入西掖：指回京复任刑部郎中知制诰。西掖：谓中书省，朝廷最高行政机关。戊戌岁除日：咸平元年（998）大年夜。齐安：即黄州。己亥：咸平二年（999）。

⑬ 幸：希望。嗣：继续。葺：修整翻新。

导读

诗穷而后工。仕途失意，往往成为中国古代士大夫诗性迸发的契机。当作者在外在世界中遇到难以逾越的障碍，他的目光便倾向于向自己的内心收拢。谪居荒远之地的士人于是有了新的倾听和观看，并由此开始新的言说。

新建的小竹楼，是作者为自己的观、听所构筑的新起点。作者在这里看到的风景、听到的地籁与天籁，便成为心灵的一种诗性的慰藉并转化成了动人的歌唱。

触类引申

冷淡萧疏，无意于安排措置，而自得之于景象之外，可上追柳州得意诸记。起结摇曳生情，更觉蕴藉。

——（清）吴楚材等《古文观止》卷九

“吾以至道”数语，分明有由乐转入悲意，却妙在笔下能含蓄不露。

——（清）余诚《重订古文释义新编》卷八

王禹偁之有《竹楼记》，亦如柳宗元之有永州诸记，欧阳修之有《醉翁亭记》，都是谪居之时，无所聊赖，用以排遣的文章，不过柳文近乎楚骚，欧文比较旷放，此文则介乎其间。“焚香默坐，消遣世虑”，对于世态人生，似有所悟者。但又自居骚人，惧奔走之不暇，冀“斯楼之不朽”，又似未达者。

——郭预衡《中国散文史》中卷，上海古籍出版社 1993 年版

通篇写黄州之竹楼，但无处不在泻自我之心潮，似断若续，似有若无，感情的一个个奇峰都湮没在平淡的语言外表之中。

六个“宜”字一气排出，构成了文章的内在气势。归结于“皆竹楼之所助也”，总束一句，便觉得竹楼无一处不可爱，确是妙笔。

——朱良志文，见《〈古文观止〉鉴赏辞典》，上海辞书出版社 2007 年版

说园[①]

陈从周

我国造园具有悠久的历史，在世界园林中树立着独特风格，自来学者从各方面进行分析研究，各抒高见，如今就我在接触园林中所见闻掇拾到的，提出来谈谈，姑名《说园》。

园有静观、动观之分，这一点我们在造园之先，首要考虑。何谓静观，就是园中予游者多驻足的观赏点；动观就是要有较长的游览线。二者说来，小园应以静观为主，动观为辅，庭院专主静观。大园则以动观为主，静观为辅。前者如苏州网师园，后者则苏州拙政园差可似之。人们进入网师园宜坐宜留之建筑多，绕池一周，有槛前细数游鱼，有亭中待月迎风，而轩外花影移墙，峰峦当窗，宛然如画，静中生趣。至于拙政园径缘池转，廊引人随，与“日午画船桥下过，衣香人影太匆匆”的瘦西湖相仿佛，妙在移步换影，这是动观。立意在先，文循意出。动静之分，有关园林性质与园林面积大小。像上海正在建造的盆景园，则宜以静观为主，即为一例。

中国园林是由建筑、山水、花木等组合而成的一个综合艺术品，富有诗情画意。叠山理水要造成“虽由人作，宛自天开”的境界。山与水的关系究竟如何呢？简言之，模山范水，用局部之景而非缩小（网师园水池仿虎丘白莲池，极妙），处理原则悉符画本。山贵有脉，水贵有源，脉源贯通，全园生动。我曾经用“水随山转，山因水活”与“溪水因山成曲折，山蹊随地作低平”来说明山水之间的关系，也就是从真山真水中所得到的启示。明末清初叠山家张南垣主张用平冈小陂、陵阜陂坂，也就是要使园林山水接近自然。如果我们能初步理解这个道理，就不至于离自然太远，多少能呈现水石交融的美妙境界。

中国园林的树木栽植，不仅为了绿化，且具有画意。窗外花树一角，即折枝尺幅；山间古树三五，幽篁一丛，乃模拟枯木竹石图。重姿态，不讲品种，和盆栽一样，能“入画”。拙政园的枫杨、网师园的古柏，都是一园之胜，左右大局，如果这些饶有画意的古木去了，一园景色顿减。树木品种又多有特色，如苏州留园原多白皮松，怡园多松、梅，沧浪亭满种箬竹，各具风貌。可是，近年来没有注意这个问题，品种搞乱了，各园个性渐少，似要引以为戒。宋人郭熙说得好：“山水以山为血脉，以草为毛发，以烟云为神采。”草尚如此，何况树木呢？我总觉得一地方的园林应该有那个地方的植物特色，并且土生土长的树木存活率大，成长得快，几年可茂然成林。它与植物园有别，是以观赏为主，而非以种多斗奇。要能做到“园以景胜，景因园异”，那真是不容易。这当然也包括花卉在内。同中求不同，不同中求同，我国园林是各具风格的。古代园林在这方面下过功夫，虽亭台楼阁，山石水池，而能做到风花雪月，光景常新。我们民族在欣赏艺术上存乎一种特性，花木重姿态，音乐重旋律。书画重笔意等，都表现了要用水磨功夫，才能达到耐看耐听，经得起细细的推敲，蕴藉有余味。在民族形式的探讨上，这些似乎对我们有所启发。

园林景物有仰观、俯观之别，在处理上亦应区别对待。楼阁掩映，山石森严，曲水湾环，都存乎此理。“小红桥外小红亭，小红亭畔高柳万蝉声。”“绿杨影里，海棠亭畔，红杏梢头。”这些词句不但写出园景层次，有空间感和声感，同时高柳、杏梢，又都把人们视线引向仰观。文学家最敏感，我们造园者应向他们学习。至于“一丘藏曲折，缓步百跻攀”，则又皆留心俯视所致。因此园林建筑物的顶，假山的脚、水口、树梢，都不能草率从事，要着意安排。山际安亭，水边留矶，是能引人仰观、俯观的方法。

我国名胜也好，园林也好，为什么能这样勾引无数中外游人，百看不厌呢？风景洵美，固然是重要原因，但还有个重要因素，即其中有文化、有历史。我曾提过风景区或园林有文物古迹，可丰富其文化内容，使游人产生更多的兴会、联想，不仅仅是到此一游，吃饭喝水而已。文物与风景区园林相结合，文物赖以保存，园林借以丰富多采、两者相辅相成，不矛盾而统一。这样才能体现出一个有古今文化的社会主义中国园林。

中国园林妙在含蓄，一山一石，耐人寻味。立峰是一种抽象雕刻品，美人峰细看才像，九狮山亦然。鸳鸯厅的前后梁架，形式不同，不说不明白，一说才恍然大悟，竟寓鸳鸯之意。奈何今天有许多好心肠的人，唯恐游者不了解，水池中装了人工大鱼，熊猫馆前站着泥塑熊猫，如做着大广告，与含蓄两字背道而驰，失去了中国园林的精神所在，真太煞风景。鱼要隐现方妙，熊猫馆以竹林引胜，渐入佳境，游者反多增趣味。过去有些园名，如寒碧山庄[②]、梅园、网师园，都可顾名思义，园内的特色是白皮松、梅、水。尽人皆知的西湖十景，更是佳例。亭榭之额真是赏景的说明书。拙政园的荷风四面亭，人临其境，即无荷风，亦觉风在其中，发人遐思。而对联文字之隽永，书法之美妙。更令人一唱三叹，徘徊不已。镇江焦山顶的别峰庵，为郑板桥读书处，小斋三间，一庭花树，门联写着“室雅无须大，花香不在多”。游者见到，顿觉心怀舒畅，亲切地感到景物宜人，博得人人称好，游罢个个传诵。至于匾额，有砖刻、石刻，联屏有板对、竹对、板屏、大理石屏，外加石刻书条石，皆少用画面，比具体的形象来得曲折耐味。其所以不用装裱的屏联，因园林建筑多敞口，有损纸质，额对露天者用砖石，室内者用竹木，皆因地制宜而安排。住宅之厅堂斋室，悬挂装裱字画，可增加内部光线及音响效果，使居者有明朗清静之感，有与无，情况大不相同。当时宣纸规格、装裱大小皆有一定，乃根据建筑尺度而定。

园林中曲与直是相对的，要曲中寓直，灵活应用。曲直自如。画家讲画树，要无一笔不曲，斯理至当。曲桥、曲径、曲廊，本来在交通意义上，是由一点到另一点而设置的。园林中两侧都有风景，随直曲折一下，使行者左右顾盼有景，信步其间使距程延长，趣味加深。由此可见，曲本直生，重在曲折有度。有些曲桥，定要九曲，既不临水面（园林桥一般要低于两岸，有凌波之意），生硬屈曲。行桥宛若受刑，其因在于不明此理（上海豫园前九曲桥即坏例）。

造园在选地后，就要因地制宜，突出重点，作为此园之特征，表达出预想的境界。北京圆明园，我说它是“因水成景，借景西山”，园内景物皆因水而筑，招西山入园，终成“万园之园”。无锡寄畅园为山麓园，景物皆面山而构，纳园外山景于园内。网师园以水为中心。殿春簃一院虽无水，西南角凿冷泉，贯通全园水脉，有此一眼，绝处逢生，终不脱题。新建东部，设计上既背固有设计原则，且复无水，遂成僵局，是事先对全园未作周密的分析，不加思索而造成的。

园之佳者如诗之绝句，词之小令，皆以少胜多，有不尽之意，寥寥几句，弦外之音犹绕梁间（大园总有不周之处，正如长歌慢调，难以一气呵成）。我说园外有园，景外有景，即包括在此意之内。园外有景妙在“借”，景外有景在于“时”，花影、树影、云影、水影、风声、水声、鸟语、花香，无形之景，有形之景，交响成曲。所谓诗情画意盎然而生，与此有密切关系（参见拙作《建筑中的借景问题》）。

万顷之园难以紧凑，数亩之园难以宽绰。紧凑不觉其大，游无倦意，宽绰不觉局促，览之有物，故以静、动观园，有缩地扩基之妙。而大胆落墨，小心收拾（画家语），更为要谛，使宽处可容走马，密处难以藏针（书家语）。故颐和园有烟波浩渺之昆明湖，复有深居山间的谐趣园，于此可悟消息。造园有法而无式，在于人们的巧妙运用其规律。计成所说的“因借（因地制宜，借景）”，就是法。《园冶》一书终未列式。能做到园有大小之分，有静观动观之别，有郊园市园之异，等等，各臻其妙，方称“得体”（体宜）。中国画的兰竹看来极简单，画家能各具一格；古典折子戏，亦复喜看，每个演员演来不同，就是各有独到之处。造园之理与此理相通。如果定一式使学者死守之，奉为经典，则如画谱之有“芥子园”。文章之有八股一样。苏州网师园是公认为小园极则，所谓“小而精，以少胜多”。其设计原则很简单，运用了假山与建筑相对而互相更换的一个原则（苏州园林基本上用此法。网师园东部新建反其道，终于未能成功），无旱船、大桥、大山、建筑物尺度略小，数量适可而止，亭亭当当，象一个小园格局。反之，狮子林增添了大船，与水面不称，不伦不类，就是不“得体”。清代汪春田重葺文园有诗：“换却花篱补石阑，改园更比改诗难；果能字字吟来稳，小有亭台亦耐看。”说得透彻极了，到今天读起此诗，对造园工作者来说，还是十分亲切的。

园林中的大小是相对的，不是绝对的，无大便无小，无小也无大。园林空间越分隔，感到越大，越有变化，以有限面积，造无限空间，因此大园包小园，即基此理（大湖包小湖，如西湖三潭印月）。是例极多，几成为造园的重要处理方法。佳者如拙政园之枇杷园、海棠坞、颐和园之谐趣园等，都能达到很高的艺术效果。如果入门便觉是个大园，内部空旷平淡，令人望而生畏，即入园亦未能游遍全园，故园林不起游兴是失败的。如果景物有特点，委婉多姿，游之不足，下次再来。风景区也好，园林也好，不要使人一次游尽，留待多次，有何不好呢？我很惋惜很多名胜地点，为了扩大空间，更希望一览无余，甚至于希望能一日游或半日游，一次观完，下次莫来，将许多古名胜园林的围墙拆去，大是大了，得到的是空，西湖平湖秋月、西泠印社都有这样的后果。西泠饭店造了高层，葛岭矮小了一半。扬州瘦西湖妙在“瘦”字，今后不准备在其旁建造高层建筑，是有远见的。本来瘦西湖风景区是一个私家园林群（扬州城内的花园巷，同为私家园林群，一用水路交通，一用陆上交通），其妙在各园依水而筑，独立成园，既分又合，隔院楼台，红杏出墙，历历倒影，宛若图画。虽瘦而不觉寒酸，反窈窕多姿。今天感到美中不足的，似觉不够紧凑，主要建筑物少一些，分隔不够。在以后的修建中，这个原来瘦西湖的特征，还应该保留下来。拙政园将东园与之合并，大则大矣，原来部分益现局促，而东园辽阔，游人无兴，几成为过道。分之两利，合之两伤。

本来中国木构建筑，在体形上有其个性与局限性，殿是殿，厅是厅，亭是亭，各具体例，皆有一定的尺度，不能超越，画虎不成反类犬，放大缩小各有范畴。平面使用不够，可几个建筑相连，如清真寺礼拜殿用勾连搭的方法相连，或几座建筑缀以廊庑，成为一组。拙政园东部将亭子放大了，既非阁，又不像亭，人们看不惯，有很多意见。相反，瘦西湖五亭桥与白塔是模仿北京北海大桥、五龙亭及白塔，因为地位不够大，将桥与亭合为一体，形成五亭桥，白塔体形亦相应缩小，这样与湖面相称了，形成了瘦西湖的特征，不能不称佳构，如果不加分析，难以辨出它是一个北海景物的缩影，做得十分“得体”。

远山无脚，远树无根，远舟无身（只见帆），这是画理，亦造园之理。园林的每个观赏点，看来皆一幅幅不同的画，要深远而有层次。“常倚曲阑贪看水，不安四壁怕遮山。”如能懂得这些道理，宜掩者掩之，宜屏者屏之，宜敞者敞之，宜隔者隔之，宜分者分之，等等。见其片断，不逞全形，图外有画，咫尺千里，余味无穷。再具体点说：建亭须略低山巅，植树不宜峰尖，山露脚而不露顶，露顶而不露脚，大树见梢不见根，见根不见梢之类。但是运用上却细致而费推敲，小至一树的修剪，片石的移动，都要影响风景的构图。真是一枝之差，全园败景。拙政园玉兰堂后的古树枯死，今虽补植，终失旧貌。留园曲溪楼前有同样的遭遇。至此深深体会到，造园困难，管园亦不易，一个好的园林管理者，他不但要考查园的历史，更应知道园的艺术特征，等于一个优秀的护士对病人作周密细致的了解。尤其重点文物保护单位，更不能鲁莽从事，非经文物主管单位同意，须照原样修复，不得擅自更改，否则不但破坏园林风格，且有损文物，关系到党的文物政策问题。

郊园多野趣，宅园贵清新。野趣接近自然，清新不落常套。无锡蠡园为庸俗无野趣之例，网师园属清新典范。前者虽大，好评无多；后者虽小，赞辞不已。至此可证园不在大而在精，方称艺术上品。此点不仅在风格上有轩轾，就是细至装修、陈设皆有异同。园林装修同样强调因地制宜，敞口建筑重线条轮廓，玲珑出之，不用精细的挂落装修，因易损伤：家具以石凳、石桌、砖面桌之类，以古朴为主。厅堂轩斋有门窗者，则配精细的装修。其家具亦为红木、紫檀、楠木、花梨所制，配套陈设，夏用藤棚椅面，冬加椅披椅垫，以应不同季节的需要。但亦须根据建筑物的华丽与雅素，分别作不同的处理。华丽者用红木、紫檀，雅素者用楠木、花梨，其雕刻之繁简亦同样对待。家具俗称“屋肚肠”，其重要可知，园缺家具，即胸无点墨。水平高下自在其中。过去网师园的家具陈设下过大功夫，确实做到相当高的水平，使游者更全面地领会我国园林艺术。

古代园林张灯夜游是一件大事，屡见诗文，但张灯是盛会，许多名贵之灯是临时悬挂的，张后即移藏，非永久固定于一地。灯也是园林一部分，其品类与悬挂亦如屏联一样，皆有定格，大小形式各具特征。现在有些园林为了适应夜游，都装上电灯，往往破坏园林风格，正如宜兴善卷洞一样，五色缤纷，宛或餐厅，几不知其为洞穴，要还我自然。苏州狮子林在亭的戗角头装灯，甚是触目。对古代建筑也好，园林也好，名胜也好，应该审慎一些，不协调的东西少强加于它。我以为照明灯应隐，装饰灯宜显，形式要与建筑协调。至于装挂地位，敞口建筑与封闭建筑有别。有些灯玲珑精巧不适用于空廊者，挂上去随风摇曳，有如塔铃，灯且易损，不可妄挂，而电线电杆更应注意，既有害园景，且阻视线，对拍照人来说，真是有苦说不出。凡兹琐琐，虽多陈音俗套，难免絮聒之讥，似无关大局，然精益求精，繁荣文化，愚者之得，聊资参考！

① 选自《说园》，同济大学出版社 2007 年版。陈从周（1918—2000），浙江上虞人，古建筑和园林艺术专家、散文家，能诗词，工书画，有《说园》《苏州园林》《中国民居》等著作行世。

② 见刘蓉峰（恕）《寒碧山庄记》。“予因而葺之。拮据五年，粗有就绪。以其中多植白皮松，故名寒碧庄。罗致太湖石颇多，皆无甚奇，乃于虎阜之阴砂碛中获见一石笋，广不满二尺，长几二丈。询之土人，俗呼为斧擘石，盖川产也。不知何人辇至卧于此间，亦不知历几何年。予以百斛艎载归，峙于寒碧庄听雨楼之西。自下而窥，有干霄之势。因以名焉。”此隶书石刻残碑，我于 1975 年 12 月发现，今存留园。

导读

中国的园林艺术是由建筑、山水、花木等组合而成的一个综合的艺术品，它是造园艺术家对自然进行浓缩和提炼后的结晶，体现了中国人对“宜居”的理想。

这篇《说园》是陈从周先生评述中国园林艺术系列文章中的一篇，自发表以来一直备受称道。它揭示了中国园林艺术之美的奥妙所在，同时也为保存和发扬园林艺术提出了许多高见。作者独特的美感和不凡的见识时时见诸字里行间，文章本身就是作者用语言为我们构筑的一座精美园林。

触类引申

君建筑名家也。请即以之为喻。建章宫千门万户，目眩神迷，而其中必虚明洞达，始见匠心。文艺之各别相通，无乃类是。君题所居曰“梓室”，于焉撰述诗文，挥洒兰竹，得手应心，无往而非适矣。及其出行也，访奇考古，有济胜具，足迹几遍天下；其治事也，勤恳孜矻，不避艰阻。凡云窗雾阁，断井颓垣，皆立体之图绘也；朝晖暮霭，秋月春花，皆大块之文章也。

——俞平伯《书带集·序》，见《陈从周纪念文集》，上海科学技术出版社 2002 年版

《说园》是从周对造园艺术的全部思想的表述，他的哲学、美学、建筑学的观点全都包容在里面。

——《叶圣陶散文》，人民文学出版社 2018 年版

他的名著《说园》，表现了他如同乐队指挥家一般，掌握了驾驭全局、统筹全局的能力，即使是“火烧眉毛”“狂风骤雨”也不为之所动。他所谓的“无用之用”“动和静”“直与曲”“疏和密”，都是园林构成的诸种因素，他不仅“作为客观的物”来看，还演奏出园林交响曲的乐章，他是这样来看待和认识的。从中我受到了教育，自己丰富的赏美之心是需要建立在自身哲学思想认识的基础上的。将一个一个乐符连贯起来演奏成曲，将一章一章的乐章连贯起来形成交响乐，形成音乐艺术作品，这就是作为艺术家的乐队指挥家的指挥作用，这就是“以心释谱”的意思，恰与佛家的“禅悟”相似。

——［日］村上泰昭《回忆陈从周先生》，路秉杰译，见《陈从周纪念文集》，上海科学技术出版社 2002 年版

中国建筑的文法[①]

梁思成

一个民族或文化体系的建筑，如同语言一样，是有它自己的特殊的“文法”与“语汇”的。它们一旦形成，则成为被大家所接受遵守的方法的纲领。在语言中如此，在建筑中也如此。中国建筑的“文法”和“语汇”据不成熟的研究，是经由这样酝酿发展而形成的。

我们的祖先在选择了木料之后逐渐了解木料的特长，创始了骨架结构初步方法——中国系统的“梁架”。在这以后，经验使他们也发现了木料性能上的弱点。那就是当水平的梁枋将重量转移到垂直的立柱时，在交接的地方会发生极强的剪力，那里梁就容易折断。于是他们就使用一种缓冲的结构来纠正这种可以避免的危险。他们用许多斗形木块的“斗”和臂形的短木“拱”，在柱头上重[②]而上，愈上一层的拱就愈长，将上面梁枋托住，把它们重量一层层递减地集中到柱头上来。这个梁柱间过渡部分的结构减少了剪力，消除了梁折断的危机。这种斗和拱组合而成的组合物，近代叫作“斗拱”。见于古文字中的，如栌，如栾，等等，我们虽不能完全指出它们是斗拱初期的哪一型类，但由描写的专词与句子和古铜器上图画看来，这种结构组合的方法早就大体成立。所以说是一种“文法”。而斗、拱、梁、枋、椽、檩、楹柱、棂窗等，也就是我们主要的“语汇”了。

至迟在春秋时代，斗拱已很普遍地应用，它不唯可以承托梁枋，而且可以承托出檐，可以增加檐向外挑出的宽度。《孟子》里就有“榱题数尺”之句，意思说檐头出去之远。这种结构同时也成为梁间檐下极美的装饰，由于古文不断地将它描写看来，也是没有问题的。唐以前实物，以汉代石阙，与崖墓上石刻的木构部分为最可靠的研究资料。唐时木建还有保存到今天的，但主要的还要借图画上的形象。可能在唐以前，斗拱本身各部已有标准化的比例尺度，但要到宋代，我们才确实知道斗拱结构各种标准的规定。全座建筑物中无数构成材料的比例尺度就都以一个拱的宽度作度量单位，以它的倍数或分数来计算的。宋时且把每一构材的做法，把天然材料修整加工到什么程度的曲线，榫卯如何衔接等都规格化了，形成类似文法的规矩。至于在实物上运用起来，却是千变万化，少见有两个相同的结构。惊心动魄的例子，如蓟县独乐寺观音阁三层大阁和高 20 丈的应州木塔的结构，都是近于 1000 年的木构，当在下文建筑遗物中叙述。

在这“文法”中各种“语汇”因时代而改变，“文法”亦略更动了，因而决定了各时代的特征。但在基本上，中国建筑同中国语言文字一样，是血脉相承，赓续演变，反映各种影响及所吸取养料，从没有中断过的。

内部斗拱梁架和檐柱上部斗拱组织是中国建筑工程的精华。由观察分析它们的作用和变化，才真真认识我们祖先在掌握材料的性能，结构的功能上有多么伟大的成绩。至于建造简单的民居，劳动人民多会立柱上梁；技术由于规格化的简便更为普遍。梁架和斗拱都是中国建筑所独具的特征，在工匠的术书中将这部分称它作“大木作做法”。

中国建筑的“文法”中还包括关于砖石、墙壁、门窗、油饰、屋瓦等方面。称作“石作做法”“小木作做法”“彩画作做法”和“瓦作做法”等。屋顶属于“瓦作做法”，它是中国建筑中最显著、最重要，庄严无比、美丽无比的一部分。但瓦坡的曲面，翼状翘起的檐角，檐前部的“飞椽”和承托出檐的斗拱，给予中国建筑以特殊风格，和无可比拟的杰出姿态的，都是内中木构所使然，是我们木工的绝大功绩。因为坡的曲面和檐的曲线，都是由于结构中的“举架法”的逐渐垒进升高而成，不是由于矫揉造作或歪曲木料而来。盖顶的瓦，每一种都有它的任务，有一些是结构上必需部分而略加处理，便同时成为优美的瓦饰。如瓦脊、脊吻、垂脊、脊兽等。

油饰本是为保护木材而用的。在这方面中国工匠充分地表现出创造性。他们敢于使用各种颜色在梁枋上作妍丽繁复的彩绘，但主要的却用属于青绿系统的“冷色”而以金为点缀，所谓“青绿点金”，各种格式。柱和门窗则限制到只用纯色的朱红或黑色的漆料，这样建筑物直接受光面同檐下阴影中彩绘斑斓的梁枋斗拱更多了反衬的作用，加强了檐下的艺术效果。彩画制度充分地表现了我们匠师使用颜色的聪明。

其他门窗即“小木作”部分，墙壁台基“石作”部分的做法也一样由于积累的经验有了谨严的规制，也有无穷的变化。如门窗的刻镂、石座的雕饰，各个方面都有特殊的成就。工程上虽也有不可免的缺点，但中国一座建筑物的整体组合，绝无问题的，是高度成功的艺术。

至于建筑物同建筑物间的组合，即对于空间的处理，我们的祖先更是表现了无比的智慧。我们的平面部署是任何其他建筑所不可及的。院落组织是我们在平面上的特征。无论是住宅、宫署、寺院、宫廷、商店、作坊，都是由若干主要建筑物，如殿堂、厅舍，加以附属建筑物，如厢耳、廊庑、院门、围墙等周绕联络而成一院，或若干相连的院落。这种庭院，事实上，是将一部分户外空间组织到建筑范围以内。这样便适应了居住者对于阳光、空气、花木的自然要求，供给生活上更多方面的使用，增加了建筑的活泼和功能。一座单座庞大的建筑物将它内中的空间分划使用，无论是如何的周廊复室，建筑物以内同建筑物以外是隔绝的，断然划分的。在外的觉得同内中隔绝，可望而不可即。在内的觉得像被囚禁，欲出而不得出，使生活有某种程度的不自然。直到最近欧美建筑师才注意这个缺点，才强调内外联系打成一片的新观点。我们数千年来则无论贫富，在村镇或城市的房屋没有不是组成院落的。它们很自然地给了我们生活许多的愉快，而我们在习惯中，有时反不会觉察到。一样在一个城市部署方面，我们祖国的空间处理同欧洲系统的不同，主要也是在这种庭院的应用上。今天我们把许多市镇中衙署或寺观前的庭院改成广场是很自然的。公共建筑物前面的院子，就可以成护卫的草地区，也很合乎近代需要。

我们的建筑有着种种优良的传统，我们对于这些要深深理解，向过去虚心学习。我们要巩固我们传统的优点，加以发扬光大，在将来创造中灵活运用，基本保存我们的特征。尤其是在被帝国主义文化侵略数十年之后，我们对文化传统或有些隔膜。今天必须多观摩认识，才会更丰富地体验到，享受到我们祖国文化的特殊的光荣的果实。

① 作者原题为《中国建筑制定了自己特有的“文法”》，此题目为编者所加，选自梁思成《建筑文萃》，生活·读书·新知三联书店2006年版。梁思成（1901—1972），建筑学家，广东新会人，著有《清式营造则例》《中国建筑史》等。

② 梁思成原文此处缺一个字。

导读

建筑是对于家园的营造。它不仅是一个舒适的起居空间，也是我们寄托心灵的场所。中国建筑的构造体现了先人对于生命和生活的理想，也是人和自然和谐统一（“天人合一”）的哲学在建筑空间上的实现。

1949 年以前，著名建筑学家梁思成遍访中国各处建筑古迹，在艰难的条件下进行了卓绝的研究，为保存和改善我们的家园留下了不朽的业绩。在这篇文章中，作者以广博的视野和卓越的见识，简练而灵动地描绘了中国建筑的根本原理及其构成元素的传承嬗变，揭示了中国建筑特有的“文法”。

触类引申

建筑艺术是个在极酷刻的物理限制之下，老实的创作。人类由使两根直柱架一根横楣，而能稳立在地平上起，至建成重楼层塔一类作品，其间辛苦艰难的展进，一部分是工程科学的进境，一部分是美术思想的活动和增富。这两方面是在建筑进步的一个总题之下，同行并进的。虽然美术思想这边，常常背叛他们共同的目标——创造好建筑——脱逾常轨，尽它弄巧的能事，引诱工程方面牺牲结构上诚实原则，来将就外表取巧的地方。在这种情形之下，建筑本身常被连累，损伤了真的价值。在中国各代建筑之中，也有许多这样证例，所以在中国一系列建筑之中的精品，也是极罕有难得的。

——《林徽因讲建筑》，九州出版社 2005 年版

希腊古瓮颂[①]

济慈 著　屠岸 译

你——“宁静”的保持着童贞的新娘，
“沉默”和漫长的“时间”领养的少女，
山林的历史家，你如此美妙地叙讲
如花的故事，胜过我们的诗句：
绿叶镶边的传说在你的身上缠，
讲的可是神，或人，或神人在一道，
活跃在滕陂，或者阿卡狄谷地[②]？
什么人，什么神？什么样姑娘不情愿？

怎样疯狂的追求？竭力的脱逃？
什么笛，铃鼓？怎样忘情的狂喜？

听见的乐曲是悦耳，听不见的旋律
更甜美；风笛呵，你该继续吹奏；
不是对耳朵，而是对心灵奏出
无声的乐曲，送上更多的温柔：
树下的美少年，你永远不停止歌唱，
那些树木也永远不可能凋枯；
大胆的情郎，你永远得不到一吻，
虽然接近了目标——你可别悲伤，
她永远不衰老，尽管你摘不到幸福，
你永远在爱着，她永远美丽动人！

啊，幸运的树枝！你永远不掉下
你的绿叶，永不向春光告别；
幸福的乐手，你永远不知道疲乏，
永远奏出永远新鲜的音乐；
幸福的爱情！更加幸福的爱情！
永远热烈，永远等待着享受，
永远悸动着，永远是青春年少，
这一切情态，都这样超凡入圣，
永远不会让心灵餍足，发愁，
不会让额头发烧，舌敝唇焦。

这些前来祭祀的都是什么人？

神秘的祭司，你的牛向上天哀唤，
让花环挂满在她那光柔的腰身，
你要牵她去哪一座青葱的祭坛？
这是哪一座小城，河边的，海边的，
还是靠山的，筑一座护卫的城寨——
居尼们倾城而出，赶清早去敬神？
小城呵，你的大街小巷将永远地
寂静无声，没有一个灵魂会回来
说明你何以从此变成了芜城。

啊，雅典的形状！美的仪态！
身上雕满大理石少女和男人，
树林伸枝柯，脚下倒伏着草莱：
你呵，缄口的形体！你冷嘲如“永恒”
教我们超脱思虑。冷色的牧歌！
等老年摧毁了我们这一代，那时，
你将仍然是人类的朋友，并且
会遇到另一些哀愁，你会对人说：
“美即是真，真即是美”——这就是
你们在世上所知道、该知道的一切。

（1819 年 5 月）

① 选自《济慈诗选》，屠岸译，人民文学出版社 1997 年版。约翰，济慈（John Keats，1795—1821），英国诗人，《夜莺颂》《秋颂》《希腊古瓮颂》是其最有名的抒情诗。屠岸（1923—2017），当代诗人、翻译家，著有《屠岸十四行诗》《哑歌人的自白》，译有《莎士比亚十四行诗集》《济慈诗

选》等。

② 滕陂（Tempe）：希腊塞撒利地方一个美丽的河谷。阿卡狄（Arcady）：古代希腊的一部分，常在牧歌中作为理想牧人的家乡而出现。

导读

这是一曲美和艺术的颂歌。济慈以生动和充满激情的笔触复活了一只希腊古瓮身上描绘的丰富场景，把视觉的艺术转化为动人的诗的音乐，完成了艺术的二次创造。

现实中的美是转瞬即逝的，只有艺术能够保存和守护脆弱的美，在刹那间收藏永恒。在济慈看来，美只有经由想象力转化为艺术品，才能获得“真”的身份，成为“美”和“真”的统一体。

触类引申

一只古代希腊的石瓮，浑圆，光泽，上面刻着生动的浮雕，转动起来，眼前就呈现出一幅幅连续的画面：一群神或人，或神和人在一道，庆祝什么节日；几个牧童在疯狂地追逐牧女，少女们羞涩，不愿意落入男孩的怀抱；牧人们在吹笛，或者在打铃鼓，神和人在欢歌曼舞，沉入忘情的狂喜中……转一转，另一个画面出现：几个牧童在吹笛子，几支笛子在鸣响；树下有一个美少年，正在引吭高歌；另一个少年，一个钟情的男孩，正在拥吻一个美丽的少女，虽然接近了目标，但还没有吻到……转一转，又一个画面出现：一丛丛树枝，青葱茂密，生意盎然，一个乐手正在吹奏美妙的乐曲；一对对爱侣正陶醉在幸福的爱情中……

转一转，再一个画面出现：男男女女一大群人，从小城中走出来，走向神庙，前去祭祀；一位神秘的祭司，牵着一头牛，牛光柔的腰上挂满了花环，作为牺牲，走向敬神的祭坛，牛向上天发出一声声哀唤……就是这样一只“身上雕满了大理石少女和男人”的希腊古瓮，激发了英国 19 世纪初叶浪漫主义天才诗人济慈（1795—1821）的灵感，使他写出《希腊古瓮颂》——咏物诗中千古不朽的绝唱。

——屠岸《古瓮的启示》，见《名家读外国诗》，西渡编，中国计划出版社 2005 年版

我只确信内心感情的神圣性和想象力的真实性——想象力把它作为美来捕捉到的一定是真——不管它以前是否存在——我对我们的全部激情和爱情也作如是观，它们在达到崇高的境界时都能创造出本质的美。简言之，你可以通过我的第一卷书和我上次寄上的小诗（指《忧郁颂》——编者）了解我最喜爱的判断——它们可以代表我的审美观点，表明我是如何处理这些问题的。想象力可以比作亚当的梦（见《失乐园》第八卷——编者）——他醒来发现梦境成了现实。我对这点比较关切，因为我始终不能领悟事物是怎样通过逻辑推理而被人们理解为真的——而这又是必然的。难道最伟大的哲学家可以不置各种异议于不顾而达到他们的目的吗？不管怎样，但愿人们能够靠感觉而不是理智来生活！它是“以青春形式出现的一个幻象”，是即将到来的现实的一个影子。

——［英］济慈《济慈书信选》，王昕若译，百花文艺出版社 2003 年版

三、人生是一首飞扬的诗

生命是宇宙的奇迹，人的存在是奇迹中的奇迹。对生命和自己的存在，我们应常怀敬畏之心。不断扩大、丰富、充实我们的生命，增长我们的智慧，开拓生命的疆域，谱写飞扬的人生诗篇，是对生命的赞美，也是我们生存的责任。

人类历史上有无数杰出的仁人志士，他们以大无畏的勇气、高尚的人格和无比的智慧实现了庄严的生命承诺。他们高贵的灵魂照亮了人间的苍白，提升了人类存在的状态。庄子、荆轲、李白、苏格拉底……这些伟大的灵魂各以自己飞扬的人生姿态，维护了人类的尊严，树立了人类心灵自由、特立独行的典范。

他们的勇气、智慧和飞扬生动的姿态因为语言的保存而不朽，并成为后世永远的楷模。语言守护着他们的事业、人格、精神，他们的英名将垂万世而不灭。

语言的光辉也为我们的人生铺出了一条向着光明不断前进和上升的道路。

《庄子》寓言五则①

濠梁之辩②

庄子与惠子游于濠梁之上③。庄子曰：“鲦④鱼出游从容，是鱼之乐也。”

惠子曰：“子非鱼，安知鱼之乐？”

庄子曰："子非我，安知我不知鱼之乐？"

惠子曰："我非子，固[5]不知子矣；子固非鱼也，子之不知鱼之乐，全矣。[6]"

庄子曰："请循其本[7]。子曰'汝安知鱼乐'云者，既已知吾知之而问我，我知之濠上也。"

① 庄子（约前369—前286），名周，宋国蒙（今河南商丘东北，一说山东菏泽东明，一说安徽亳州）人，战国时哲学家。庄子继承和发扬了老子的道家学说，是老子之后道家代表人物，对后世影响很大。庄子为文汪洋恣肆，想象丰富，《庄子》一书在文学和哲学上都有极高的研究价值。

② 选自《庄子·秋水》。

③ 惠子：名施，庄子的朋友，曾任魏相。濠梁：濠水上的桥。濠水在今安徽凤阳境内。梁：大桥。

④ 鲦（tiáo）：鱼名，又称白鲦。

⑤ 固：本来，诚然。

⑥ 全：完全，意谓是完全可以肯定的。

⑦ 循其本：从根说起，即循着惠子的话进行探讨。这句中庄子把惠子的问话解释成"从哪里知道鱼之乐"，所以紧接着说"我知之濠上也"。

庄子钓于濮水[1]

庄子钓于濮水，楚王使大夫二人往先焉[2]，曰："愿以境内累[3]矣！"

庄子持竿不顾[4]，曰："吾闻楚有神龟，死已三千岁矣，王以巾笥而藏之庙堂之上[5]。此龟者，宁其死为留骨而贵乎？宁其生而曳尾于涂中乎[6]？"

二大夫曰："宁生而曳尾涂中。"

庄子曰："往矣！吾将曳尾于涂中。"

① 选自《庄子·秋水》。濮水：据唐代成玄英说，在濮州濮阳县。

② 楚王：即楚威王，名熊商，怀王之父。往先：先（楚王）往。

③ 累：委托，连累。

④ 顾：正眼相看。

⑤ 笥：竹制的匣子。藏之以笥，覆之以巾。本句意指盛藏乌龟壳。乌龟壳可以作占卜工具。

⑥ 曳尾：拖着尾巴。涂：污泥。

鹓鸰与鸱[①]

惠子相梁，庄子往见之，或谓惠子曰："庄子来，欲代子相。"于是惠子恐，搜于国中三日三夜。

庄子往见之，曰："南方有鸟，其名为鹓鸰，子知之乎？夫鹓鸰发于南海而飞于北海，非梧桐不止，非练实[②]不食，非醴泉[③]不饮。于是鸱[④]得腐鼠，鹓鸰过之，仰而视之曰：'吓！'今子欲以梁国而吓我邪？"

① 选自《庄子·秋水》。鹓鸰（yuānchú）：鸾凤一类的鸟。

② 练实：竹子的果实。

③ 醴（lǐ）泉：甘泉。

④ 鸱（chī）：猫头鹰。

庄周梦蝶[①]

昔者庄周梦为胡蝶，栩栩然胡蝶也[②]。自喻适志与[③]，不知周也[④]。俄然觉[⑤]，则蘧蘧然周也[⑥]。不知周之梦为胡蝶与，胡蝶之梦为周与[⑦]？周与胡蝶，则必有分[⑧]矣。此之谓物化[⑨]。

① 选自《庄子·齐物论》。

② 栩栩然：欣悦貌。

③ 自喻：愉快自得。喻，通“愉”。适志：快意，自得。

④ 不知周：不知自己原是庄周。

⑤ 俄然：不久。觉：醒。

⑥ 蘧蘧：惊动貌。此句谓，不久后醒来，惊觉自己是庄周。

⑦ 此两句谓，不知道是庄周梦见自己变成了蝴蝶，还是蝴蝶梦见自己变成了庄周。

⑧ 分：区分，区别。

⑨ 物化：与物同化，消弭彼此界限。

鼓盆而歌[①]

庄子妻死，惠子吊[②]之，庄子则方箕踞鼓盆而歌[③]。

惠子曰：“与人居[④]，长子、老、身死[⑤]，不哭亦足矣，又鼓盆而歌，不亦甚乎！”

庄子曰：“不然。是其始死也，我独何能无概然[⑥]！察其始而本无生，非徒无生也而本无形，非徒无形也而本无气。杂乎芒芴[⑦]之间，变而有气，气变而有形，形变而有生，今又变而之死，是相与为春秋冬夏四时行也。人且偃然寝于巨室[⑧]，而我嗷嗷然随而哭之[⑨]，自以为不通乎命[⑩]，故止也。”

① 选自《庄子·至乐》。

② 吊：慰问死者家属。

③ 箕（jī）踞：坐时两脚伸开，形似箕，是一种倨傲的态度。鼓：敲，击。盆：瓦盆。

④ 与人居：与人同居而为夫妇。

⑤ 身死：谓老婆一旦身死。

⑥ 概然：感慨。概，通“慨”。

⑦ 芒芴：通“恍惚”，不可辨认或不可捉摸。

⑧ 偃然：安息貌。巨室：谓天地之间。

⑨ 噭噭（jiào）：悲哭声。之：指庄子妻。

⑩ 不通乎命：不懂得死生是天命。

导读

《庄子》是战国时期庄子及其门人的作品集。《庄子》是一部读不完的书，其中包含的诸多思想原型，至今仍是很多人思考和行为的出发点。自《庄子》一书问世以来，它就一直源源不断地给世世代代的读者以心智的启发。每个时代都有自己的《庄子》，每个读者也有自己的《庄子》，神秘的、智慧的、逍遥的、空灵的、自由磅礴的……

《庄子》中最丰富迷人的内容是寓言，司马迁在《史记·老庄申韩列传》中说：“其著书十余万言，大抵率寓言也。”在各则著名寓言中，庄子以自己独特的生命体验和无与伦比的智慧对人生的重要命题进行了精辟的阐释，读来令人身心澄澈。

触类引申

一、关于“濠梁之辩”

我们通常都有“以己度人”的脾气，因为有这个脾气，对于自己以外的人和物才能了解。严格地说，各个人都只能直接了解他自己，都只能知道自己处某种境地，有某种知觉，生某种情感。至于知道旁人旁物处某种境地，有某种知觉，生某种情感，则是凭自己的经验推测出来的。比如我知道自己在笑时心里欢喜，在哭时心里悲痛，看到旁人笑也就以为他心里欢喜，看见旁人哭也以为他心里悲痛。我知道旁人旁物的知觉和情感如何，都是拿自己的知觉和情感来比拟。我只知道自己，我知道旁人旁物时是把旁人旁物看成自己，或是把自己推到旁人旁物的地位。庄子看到鲦鱼“出游从容”便觉得它乐，因为他自己对于“出游从容”的滋味是有经验的。人与人，人与物，都有共同之点，所以他们都有互相感通之点。假如庄子不是鱼就无从知鱼之乐，每个人就要各成孤立世界，和其他人物都隔着一层密不通风的墙壁，人与人以及人与物之中便无心灵交通的可能了。

——朱光潜《“子非鱼，安知鱼之乐？”——宇宙的人情化》，见龙协涛编《鉴赏文存》，人民文学出版社1984年版

二、关于“庄子钓于濮水”

为什么人在社会中的思想行为拥有不证自明的意义？为什么个人的价值必须在社会中才能实现？为什么个人生命的意义一定要依据社会的参照系才能凸显？个人是否有独自存在的意义？这一切在当时可能都是问题，因为在那个时代，道德理性与社会价值还没有笼罩一切，思想的空间还很宽阔，动荡不定的时代使思想也动荡不定，动荡不定的思想世

界中一切都在重估中。于是，更注重“天道”、在无言的宇宙中体会到更多的自然与自由的人就在对现世的愤懑和烦忧中提出了另一种关于“人”的思路，其中最深刻的就是庄子。

——葛兆光《中国思想史》第一卷，复旦大学出版社 2004 年版

三、关于“庄周梦蝶”

这是一个强有力的形象化比喻，因为它预示着《庄子》的中心思想。你必须脱去陈旧的自我的观念，然后你才能获得一个新的自我。事实上，脱去旧的自我的过程，也正是取得新的自我的过程。

——[美]爱莲心《向往心灵转化的庄子——内篇分析》，周炽成译，江苏人民出版社 2004 年版

人有形躯之障执，遂以形躯为“我”，由此又以形躯以外之外界为“非我”——包括“他人”。然究竟“形躯”何能与“外界”绝对分立，则是枢纽问题。每一形躯为一经验之存在，此经验性之存在所含之一切经验内容，皆在严格意义上与自我无关。反之，形躯本身作为一经验存在，实与整个经验领域不可分。故形躯本属于“外界”，而与“自我”非一事。庄子为说明此义，乃借梦蝶之喻显出“我”与“蝴蝶”及“庄周”皆无一定关系；自以为“蝶”之“我”，即自以为“周”之“我”；为蝶为周，乃形躯之异，“我”固仍是“我”也。而“蝶”与“周”固非“我”与“非我”之对立，由此推之，一切经验意义之“我”亦不能与外界中之“他人”对立。此即“通人我”之义。

——劳思光《新编中国哲学史》(一卷)，广西师范大学出版社 2005 年版

四、关于“鼓盆而歌”

未明而概，已达而止，斯所以诲有情者，将令推至理以遣累也。

——（清）郭庆藩《庄子集释》，中华书局 1961 年版

道家认为，圣人洞察事物本性，因此没有感情的冲动，这并不是说圣人便没有对事物的感觉。毋宁说，他不为感情所扰，以致失去“心灵的宁静”。斯宾诺莎曾说：“懵懂无知的人不仅由于外界的各种因素而焦躁不安，以致永不得享受心灵的宁静；他还对神和万事都懵懂无知，若不痛苦，便无法生活，真正不痛苦时，也就不存在了。有智慧的人，在他被认为有智慧的范围内，心神泰然，还由于意识到神、万物和自我，因具有某种永远的必然性而时刻存在，由此得以安享心灵的宁静。”

——冯友兰《中国哲学简史》，赵复三译，新世界出版社 2004 年版

对庄子来说，要获得真正的灵智，只需要捣毁我们对周围世界的常识性理解即可。只有从根本上动摇我们的经验主义的常识观点，真正的灵智才有可能诞生。

——［美］本杰明·史华兹《中国古代的思想世界》，程钢译，江苏人民出版社 2004 年版

《世说新语》七则[①]

刘义庆

桓公北征[②]，经金城[③]，见前为琅玡时[④]种柳，皆已十围[⑤]，慨然曰：“木犹如此，人何以堪[⑥]！”攀枝执条，泫然流泪[⑦]。

司马太傅斋中夜坐[8]，于时天月明净，都无纤翳[9]，太傅叹以为佳。谢景重[10]在坐，答曰："意谓乃不如微云点缀。"太傅因戏[11]谢曰："卿居心不净，乃复强欲滓秽太清邪[12]？"

阮公邻家妇[13]，有美色，当垆酤酒[14]。阮与王安丰[15]常从妇饮酒，阮醉，便眠其妇侧。夫始殊疑之，伺察，终无他意。

王子猷[16]居山阴，夜大雪，眠觉，开室，命酌酒，四望皎然。因起彷徨，咏左思《招隐诗》[17]，忽忆戴安道[18]。时戴在剡[19]，即便夜乘小船就[20]之。经宿方至，造门不前而返[21]。人问其故，王曰："吾本乘兴而行，兴尽而返，何必见戴？"

谢太傅盘桓东山时[22]，与孙兴公诸人泛海戏[23]。风起浪涌，孙、王诸人色并遽[24]。便唱使还[25]。太傅神情方王[26]，吟啸不言。舟人以公貌闲意说，犹去不止[27]。既风转急，浪猛，诸人皆喧动不坐。公徐云："将无归？[28]"众人即承响[29]而回。于是审[30]其量，足以镇安朝野。

谢公[31]与人围棋。俄而淮上信至[32]。看书竟，默然无言，徐向局[33]。客问淮上利害[34]，答曰："小儿辈大破贼。"意色举止，不异于常。

嵇中散临刑东市[35]，神色不变，索琴弹之，奏《广陵散》[36]。曲终，曰："袁孝尼[37]尝请学此散，吾靳固[38]不与。《广陵散》于今绝[39]矣。"太学生三千人上书，请以为师，不许。文王[40]寻亦悔焉。

① 选自《世说新语》。刘义庆（403—444），彭城人，南朝刘宋王朝宗室，袭封临川王，擅长文学，门下招纳聚集了众多文士，以《世说新

语》见重于后世，此书对后世笔记一体影响至巨。

② 桓公：桓温（312—373），字元子，东晋谯国龙亢（今安徽怀远）人。曾几次北伐前秦、前燕等，一度收复洛阳。官至侍中、大司马、都督中外诸军事、录尚书事，威权极盛。北征：指太和四年（369），桓温北攻前燕。

③ 金城：即金陵，东晋时侨置琅玡郡郡治所在。

④ 前为琅玡时：以前做琅玡内史的时候。桓温于咸康七年（341）任东晋侨置琅玡郡内史，镇金城。

⑤ 围：两手拇指与食指所围的长度。

⑥ 木犹如此，人何以堪：这两句后常用为感慨时光流逝而功业未成的典故。桓温此次北伐前燕，距离他任琅玡内史时，已将近三十年了。

⑦ 泫（xuàn）然：流泪的样子。

⑧ 司马太傅：司马道子（364—403），东晋简文帝第五子，初封琅玡王，后改会稽王。安帝立，以太傅摄政。

⑨ 都无纤翳：都，完全。纤，细微。翳，遮蔽。

⑩ 谢景重：东晋陈郡阳夏人。有才名，善应对，为司马太傅长史。

⑪ 戏：调侃，戏谑。

⑫ 乃复强欲滓秽太清邪：竟然硬要玷污清朗的天空吗？乃复：竟然。滓秽：玷污，污染。太清：天空，太空。

⑬ 阮公：阮籍（210—263），字嗣宗。三国魏诗人。陈留尉氏（今属河南）人。是建安七子之一阮瑀的儿子。曾任步兵校尉，世称阮步兵。与嵇康、刘伶等七人为友，常宴集于竹林之下，世称竹林七贤。

⑭ 当垆酤酒：在酒店里卖酒。垆：放置酒瓮的土台，借指酒店。酤：卖酒。

⑮ 王安丰：王戎封安丰侯，故称。

⑯ 王子猷：王徽之，王羲之之子。山阴：今浙江绍兴。

⑰ 左思：字太冲，西晋临淄（今山东淄博）人。貌丑口讷而博学能文，以十年作《三都赋》成，时人竞相传写，一时洛阳纸贵。《招隐诗》：左思歌咏隐居乐趣的诗，有二首。

⑱ 戴安道：戴逵，字安道。谯郡（今安徽亳州）人。博学多才，善鼓琴。

⑲ 剡（shàn）：今浙江嵊县。

⑳ 就：趋向，接近。

㉑ 经宿：经过一夜。造门：到门前。造：到、抵。

㉒ 谢太傅：即谢安（320—385），字安石。曾隐居会稽东山，后出仕，官至宰相。淝水之战中任东晋方面征讨大都督。卒赠太傅。

㉓ 孙兴公：即孙绰，字兴公。博学善文，为当时文人之冠，玄言诗代表作家。

㉔ 王：指王羲之，字逸少，中国历史上最有名的书法家。遽：惊慌。

㉕ 唱：同“倡”，建议。使还：“使之还”的略语，回船。

㉖ 神情方王：兴致正高。王，通“旺”。

㉗ 貌闲意说：神情从容愉悦。说，同“悦”。犹去不止：行船不止。

㉘ 将无归：想回去了吗？将无，表测度语气。

㉙ 承响：应声。

㉚ 审：确定、知悉。

㉛ 谢公：即谢安。

㉜ 淮上信至：淮上前线的信使到了。淮上，淝水之战的战场所在。信，信使。

㉝ 局：棋局、棋盘。

㉞ 利害：胜败。

㉟ 嵇中散：即嵇康（223—262），字叔夜，曾为魏中散大夫。工诗文，善鼓琴，精乐理。所著久散佚，鲁迅所辑《嵇康集》为最详备。东市：

汉于长安东市设刑场，后世因以东市指刑场。

㊱ 广陵散：琴曲，又名“广陵止息”，嵇康以善弹此曲著称。

㊲ 袁孝尼：即袁准，字孝尼，晋初曾任给事中，为人谦让，不耻下问。

㊳ 靳（jìn）固：吝惜而固守。

㊴ 绝：失传。

㊵ 文王：晋文王司马昭。

导读

汉末魏晋六朝是中国政治上最混乱、民众生活最苦痛的时代，却是士人精神上极自由、极解放的时代，也是中国历史上最富于智慧和热情、最具艺术精神的时代，文学、音乐、书法、绘画、雕塑在这个时代都有极其伟大的创造。这种创造的活力充溢于整个时代，也流溢于士人的言谈举止和生活风习中。《世说新语》一书以精妙的语言成功地将那个时代空前绝后的生命状态和人物风神记录下来。人物内在的精神品格赋予他们的语言以异彩，而人物的形象、风神又借语言得以赋形和塑造。

本文所选的七则故事，语言清新浅显，明白如话，却都寓意深远。无论是桓温攀枝流泪、司马太傅斋中夜坐，还是王子猷雪夜访戴、谢太傅泛海、嵇康临刑索琴，每一则故事都是具体历史处境中的心灵写照，更是关于生命困境与自由的寓言。

触类引申

（汉末魏晋六朝）以前——汉代——在艺术上过于质朴，在思想上定于一尊，统治于儒教；这时代以后——唐代——在艺术上过于成熟，在思想上又入于儒、佛、道三教的支配。只有这几百年间是精神上的大解放，人格上、思想上的大自由。人心里面的美与丑、高贵与残忍、圣洁与恶魔，同样发挥到了极致。这也是中国周秦诸子以后第二度的哲学时代，一些卓超的哲学天才——佛教的大师，也是生在这个时代。

这是中国人生活史里点缀着最多的悲剧，富于命运的罗曼史的一个时期，八王之乱、五胡乱华、南北朝分裂，酿成社会秩序的大解体，旧礼教的总崩溃、思想和信仰的自由、艺术创造精神的勃发，使我们联想到西欧 16 世纪的“文艺复兴”。这是强烈、矛盾、热情、浓于生命彩色的一个时代。

——宗白华《论〈世说新语〉和晋人的美》，见宗白华《美学散步》，上海人民出版社 1981 年版

中国文章，以六朝人文章最不可及。我尝同朋友们戏言，如果要我打赌的话，乃所愿学则学六朝文。我知道这种文章是学不了的，只是表示我爱好六朝文，我确信不疑六朝文的好处。六朝文不可学，六朝文的生命还是不断生长着，诗有晚唐，词至南宋，俱系六朝文的命脉也。在我们现代的新散文里，还有“六朝文”。

——《三竿两竿》，见止庵编《废名文集》，东方出版社 2000 年版

咏荆轲[1]

陶渊明

燕丹善养士，志在报强嬴[2]。招集百夫良，岁暮得荆卿。[3] 君子死知

己，提剑出燕京。素骥鸣广陌[④]，慷慨送我行。雄发指危冠，猛气冲长缨。饮饯易水上，四座列群英。渐离击悲筑，宋意唱高声。[⑤]萧萧哀风逝，淡淡寒波生。商音更流涕，羽奏壮士惊。[⑥]公（一作心）知去不归，且有后世名。登车何时顾，飞盖入秦庭。[⑦]凌厉越万里，逶迤过千城。图穷事自至，豪主正怔营。[⑧]惜哉剑术疏，奇功遂不成。其人虽已没，千载有余情。

① 选自《陶渊明诗》，袁行霈评注，中华书局2014年版。《史记·刺客列传》："荆轲者，卫人也。……而之燕，燕人谓之荆卿。……荆轲既至燕，爱燕之狗屠及善击筑者高渐离。荆轲嗜酒，日与狗屠及高渐离饮于燕市，酒酣以往，高渐离击筑，荆轲和而歌于市中，相乐也，已而相泣，旁若无人者。……居顷之，会燕太子丹质秦亡归燕。……归而求为报秦王者，国小，力不能。……于是尊荆卿为上卿，舍上舍。太子日造门下，供太牢具，异物间进，车骑美女恣荆轲所欲，以顺适其意。……燕国有勇士秦舞阳，年十三，杀人，人不敢忤视。乃令秦舞阳为副。荆轲有所待，欲与俱；其人居远未来，而为治行。顷之，未发，太子迟之，疑其改悔，乃复请曰："日已尽矣，荆卿岂有意哉？丹请得先遣秦舞阳。"荆轲怒，叱太子曰："何太子之遣？往而不返者，竖子也！且提一匕首入不测之强秦，仆所以留者，待吾客与俱。今太子迟之，请辞决矣！"遂发。太子及宾客知其事者，皆白衣冠以送之。至易水之上，既祖，取道，高渐离击筑，荆轲和而歌，为变徵之声，士皆垂泪涕泣。又前而为歌曰："风萧萧兮易水寒，壮士一去兮不复还！"复为羽声慷慨，士皆瞋目，发尽上指冠。于是荆轲就车而去. 终已不顾。……荆轲奉樊於期头函，而秦舞阳奉地图柙，以次进。至陛，秦舞阳色变振恐，群臣怪之。荆轲顾笑舞阳，前谢曰："北蕃蛮夷之鄙人，未尝见天子，故振慑。愿大王少假借之，使得毕使于前。"秦王谓轲曰："取舞阳所持地图。"轲既取图奏之，秦王发图，图穷而匕首见。因左

手把秦王之袖，而右手持匕首揕之。未至身，秦王惊，自引而起，袖绝。拔剑，剑长，操其室。时惶急，剑坚，故不可立拔。荆轲逐秦王，秦王环柱而走。群臣皆愕，卒起不意，尽失其度。而秦法，群臣侍殿上者不得持尺寸之兵；诸郎中执兵皆陈殿下，非有诏召不得上。方急时，不及召下兵，以故荆轲乃逐秦王。而卒惶急，无以击轲，而以手共搏之。是时侍医夏无且以其所奉药囊提荆轲也。秦王方环柱走，卒惶急，不知所为，左右乃曰："王负剑！"负剑，遂拔以击荆轲，断其左股。荆轲废，乃引其首以擿秦王，不中，中桐柱。秦王复击轲，轲被八创。轲自知事不就，倚柱而笑，箕踞以骂曰："事所以不成者，以欲生劫之，必得约契以报太子也。"于是左右既前杀轲，秦王不怡者良久。……其明年，秦并天下，立号为皇帝。于是秦逐太子丹、荆轲之客，皆亡。高渐离变名姓为人庸保，匿作于宋子。……秦始皇召见，人有识者，乃曰："高渐离也。"秦皇帝惜其善击筑，重赦之，乃矐其目。使击筑，未尝不称善。稍益近之，高渐离乃以铅置筑中。复进得近，举筑朴秦皇帝，不中。于是遂诛高渐离，终身不复近诸侯之人。

② 嬴：指秦王嬴政，代指秦国。

③ 百夫良：指勇士。

④ 素骥：白马。

⑤ 渐离、宋意：为荆轲的好友。

⑥ 商、羽：分别是古代五声音阶之第二和第五音。

⑦ 飞盖：指荆轲所乘的马车。

⑧ 豪主：指秦王。怔（zhēng）营：惶恐不安。

导读

生命诚然可贵，但人类也有这样一种精神倾向：为了尊严、荣誉、信念、信仰或真理，在必要的时候可以舍弃生命。支撑每一高尚的死亡行动的，是某种被主体认定为超越肉体生命的价值或精神。所以，这类赴死的行为就成为灵魂高贵的象征。苏格拉底之死，被称为“西方世界最伟大的死”，而雅典民主法庭则因“错判哲人而蒙受了数千年的诅咒”；在中国历史上，荆轲的死代表了一种中国式的高贵的死。荆轲们舍弃生命的具体原因千差万别，却都是出于维护内心的高贵与自由。

触类引申

刺客非圣贤之道，然以“立意较然，不欺其志”八字评之，亦无溢美。

——（清）高嵣《史记钞》卷三《刺客列传赞》，转引自《历代名家评史记》，陈可青、赖长扬等编，北京师范大学出版社 1986 年版

“风萧萧兮易水寒，壮士一去兮不复还。”

荆轲以此得名，而短短的两句诗乃永垂于千古。在诗里表现雄壮的情绪之难，在于令人心悦诚服，而不在嚣张夸大；在能表现出那暂时感情的后面蕴藏着的更永久普遍的情操，而不在那一时的冲动。大约悲壮之辞往往易于感情用事，而人在感情之下便难于辨别真伪，于是字里行间不但欺骗了别人，而且也欺骗了自己。许多一时兴高采烈的作品，事后自己读起来也觉得索然无味，正是那表现欺骗了自己的缘故。《易水歌》以轻轻二句遂为千古绝唱，我们读到它时，何尝一定要有荆轲的身世。这正是艺术的普遍性，它超越了时间与空间而诉之于那永久的情操。

——林庚《唐诗综论》，清华大学出版社 2006 年版

《刺客列传》中不唯在荆轲死后又叙到那和荆轲一起饮酒慨歌的高渐

离瞎眼后击秦王的事，却又叙到从前那怒叱荆轲的鲁勾践，鲁勾践曾这样讲：“嗟乎！惜哉其不讲于刺剑之术也。甚矣吾不知人也。曩者吾叱之，彼乃以我为非人也！”这结得太好了，话既由从前轻视荆轲的人道出，便表明鲁勾践也是和荆轲一流的豪杰，而那惋惜、赞叹却也就更令人咀嚼无尽了。

——李长之《司马迁之人格与风格》，见《李长之文集》第六卷，河北教育出版社 2006 年版

荆轲刺秦王在中国历史上无疑是一件十分重大的事件，如果行刺成功，秦国所建空前的大一统帝国即不可能实现，中国历史也就必须重写。面对历史上此一关键时刻，司马迁可说全神贯注，把他的历史学家和文学家的双重个性与才华发挥得淋漓尽致：故事情节发展循序渐进，但却疑团连连，引人入胜，一直到秦廷惊心动魄的生死相搏达到最高点，而此时的文字叙述更是紧张刺激，出神入化，把历史叙述提升到文学的最高境界。

——［美］王靖宇《中国早期叙事文研究》，上海古籍出版社 2003 年版

苏格拉底的申辩[①]（节选）

柏拉图 著　王太庆 译

雅典公民们，只费了那么一点时间，你们就赢得了千古骂名，那些意图诽谤我们城邦的人得以谴责你们杀害苏格拉底这个智慧的人，因为你们知道，那些意图诽谤你们的人要说我智慧，虽然我并不智慧。其实只要稍稍等待，你们的愿望就会自然达到，因为你们看得出，我已经很

老，在人生的道路上走了很久，离死期很近了。我这话并不是对你们全体说的，而是对那些投票赞成处我死刑的人说的。对他们我还有几句话要说。公民们，也许你们以为我之所以定罪，是由于言辞短缺，未能说服你们把我释放，如果想到为了获释可以什么话都说，什么事都干，就不一样了。远非如此。我之所以定罪，是由于缺少一样东西，但是缺少的不是言辞，而是厚颜无耻，甘愿向你们说那些你们最爱听的话。你们喜欢听我哭哭啼啼，说和做一些我认为不配我去干的事情，而这些事情却是你们惯常从别人那里听到的。我并不认为我在危险之中应当去做那不配自由人做的事，现在也不懊悔自己作了那样一个申辩，倒是宁愿作了那种申辩而死，不愿作出另一种申辩而生。因为不管在法庭上还是在战场上，我或者任何一个人都不应该不择手段地谋求免死。在战场上一个人常常可以放下武器，向追兵摇尾乞怜，从而避免战死；如果愿意不加选择地任意言行，逃避死亡的办法还是很多的。可是公民们，逃避死亡并不很难，逃避邪恶却难得多，因为邪恶跑得比死亡快。我现在由于又老又慢，被那跑得慢的追上了；我的原告们又灵又快，被那跑得更快的邪恶追上了。现在我要走了，因为被你们宣告有罪而判处死刑；他们也要走了，因为被真理宣告为卑鄙龌龊、颠倒黑白。我安于我的遭遇，他们安于他们的遭遇。也许两方面就该这样，我认为都很好。

给我判刑的各位啊，现在我要向你们发出预言，因为我正当多数人发预言的时刻，正在临死之前。杀害我的各位啊，我跟你们说，我死以后，惩罚立刻就来到你们身上，其酷烈的程度，皇天在上，要远远超过你们加在我身上的死刑。你们现在对我做下这件事，是希望免得交代自己的生平所为，可是我说你们会发现结果适得其反。将来逼你们交代的人比以往多得多，这些人我一直阻拦着，你们还不知道。他们会比较严厉，因为他们年纪比较轻，你们会比较难堪。如果你们以为用处死的办法可以阻止人们指摘自己多行不义，那就错了。用这种办法逃避指摘，是根本办不到的，也是很不光彩的；最容易、最光彩的办法并不是压制别人，而是自己尽可能做好事。这就是我临行前对你们这些给我判刑的人的预言。

你们各位投票主张释放我的公民，我很愿意跟你们谈谈我所遇到的一件事，趁着官员们还忙、我还没有走上刑场的时候。请多等我一会儿，公民们，因为现在还有一点时间，我们不妨敞开来扯一扯。你们是我的朋友，我很想跟你们说说我遇到的那件事，说说它的意义。因为，法官们哪，我称呼你们法官是很对的，我遇到了一件奇事。以往，那灵机总是频繁地向我发出预告，甚至在一些细小的事情上，都常常制止我以不妥的方式去做。可是现在这件事，你们可以认为，人们一般也认为，是我身上发生的最不祥的事，然而神的朕兆在我早晨离家的时候，在我到这里走上法庭的时候，在我的发言说到任何一点的时候，都没有阻拦我。可是过去在别的场合，它在我说到很多点时打断我的话，而在当前这件事情上，它并没有反对我做任何事或者说任何话。我想这是什么缘故呢？我要告诉你们。我所遇到的这件事毫无疑问是件好事，我们中间认为死是坏事的人肯定弄错了。我已经得到一个有力的证据足以证明这一点，这就是：如果我做的不是一件好事，那惯常出现的朕兆一定阻止我。

如果我们用另一种方式考察，那就会看到很有理由希望死是一件好事。因为死的状态有两种可能：死可能是绝对虚无，死者全无知觉；死也可能像人们说的那样，是灵魂从这个地方迁移到另一个地方。如果死是毫无知觉，像一场没有梦的熟睡，那就是进于绝妙的境界了。我想，如果要人挑出他酣睡无梦的那一夜，跟他一生中的日日夜夜比一比，要他认真考虑之后说有多少个日日夜夜过得比那一夜舒服，我相信不止一般普通人，就是波斯国的大王也会发现，跟其他的日日夜夜相比，过得舒服的时节实在不多。如果死的本性就是这样，我就认为得益匪浅，因为在那种情况下全部时间如同长夜。另一方面，如果死就是从这里移居别处，如果传说无误，所有的死者都在那里，那还有什么比这更好的呢，法官们？一个人到了那个世界，摆脱了这一班所谓法官，遇上了那一批据说在那里秉公审案的真正法官，像弥诺和拉达满多，艾亚哥和德黎布多雷谟[②]以及其他生时为人正直的神人们，这一移居岂不是非同小可吗？你们能跟俄尔部、穆赛欧、赫西俄陀、荷马相见[③]，是不是幸福？如果这些事情是真的，我情愿死好多次，因为我会亲身发现那里的生活非常美妙，能遇到巴拉美德，或者德拉孟的儿子阿雅[④]，或者古时的某些由于司法审判不公而丧命的人，拿我的经历同他们比较一番，我想不会没有趣味。最大的乐趣将是把时间花在考查观察那里的人上，如同我在这里所做的那样，找出他们当中谁真的智慧，谁自称智慧其实不智慧。列位法官们，你们当中任便哪一位法官，为了考查那位率领大军征讨德若亚的将领[⑤]，或者考查俄狄叟[⑥]，或者考查锡须颇[⑦]，或者考查那些我们可举出姓名的无数男男女女，你们愿意付出什么代价呢？同这些古人交谈和往来，对他们进行考查，将是无法估量的幸福。总而言之，那里的人并不为了这种事杀人，因为如果传闻属实，他们是永远不死的，而且在其他方面比我们幸福。

可是法官们，你们也一定要抱着希望以乐观的态度来看待死，一定要记住这一条真理：一个好人无论在生时或死后都不会遇到不祥，神灵并不忽视他的幸福。因此，我身上发生的这件事并非出于偶然，我清清楚楚地看到，我现在死掉，摆脱烦恼，是比较好的。就是因为这个缘故，所以神的朕兆并不阻拦我，我也并不埋怨控告我的人和判我有罪的人。然而他们毕竟该受谴责，这并不是着眼于他们控告我、判我有罪，而是因为他们存心害我。不过尽管如此，我还是要向他们提一个请求：等我的两个儿子长大时，公民们，你们如果看出他们重视钱财之类身外之物而轻视德行，就责备他们，像我折磨你们那样给他们折磨；如果他们自以为了不起其实一文不值，就像我斥责你们那样斥责他们，因为他们不关心自己应当做的事，自以为成器其实不成器。如果你们那样做的话，我和我的儿子们就从你们那里得到公正的待遇了。现在我们各走各路的时候到了：我去死，你们去活。这两条路哪一条比较好，谁也不清楚，只有神灵知道。

① 节选自《柏拉图对话集》，王太庆译，商务印书馆2019年版。苏格拉底（Socrates，约前469—前399），古希腊哲学家，本人无著作传世，其言行学说见于柏拉图、色诺芬的著述中，对西方哲学影响深远。柏拉图（Platon，约前427—前347），古希腊哲学家，苏格拉底的弟子，有《柏拉图全集》传世。

② 弥诺：聪明正直的克里特国王，死后被封为冥府判官。拉达满多：公正的法官，后来成为冥府判官。艾亚哥：由于公正无私，死后成为冥府判官。德黎布多雷谟：革娄国王，死后成为冥府判官。

③ 俄尔部：荷马以前最著名的诗人。现通译为“俄耳甫斯”。穆赛欧：文艺之神。赫西俄陀：《神谱》作者。现通译为“赫西俄德”。荷马：相传为《伊利亚特》和《奥德赛》的作者。

④ 阿雅：希腊英雄，以仗义为人所害，被用石头砸死。

⑤ 德若亚：现通译为“特洛亚”。将领：指阿伽门农。

⑥ 俄狄叟：现通译为“奥德修斯”，希腊联军将领。

⑦ 锡须颇：现通译为“西绪福斯”。

触类引申

我十分心仪苏格拉底，他的言行甚至他的沉默所表现出来的勇气和智慧使我倾慕不已。雅典城里这位语含讥讽的“歹徒”“蛊惑民心者”能把恃才傲物的青年感动得浑身颤抖、啜泣，诚为有史以来谈锋最健的绝顶智者，他即使沉默也表现出他的伟大。我真希望他在生命的最后一刻也是保持沉默的，果真如此，他在天才人物队伍里的身价会更高。

然而，不知是死神、毒药，还是好心或恶意，总之有某个东西使他临死时终于开口说话了："噢，克利顿，我还欠阿斯克雷庇奥一只公鸡呢。"听见这句既可笑又可怕的"遗言"，有人明白了它的含义："噢，克利顿，生活是一种疾病啊！"可谓一语中的！

——［德］尼采《快乐的科学》，黄明嘉译，漓江出版社 2000 年版

雅典公民处死的不是一个完全的异己的力量，而是一个公民，一个比自己加在一起都更高明的公民，因此惩办这个公民就是惩办自己、处死这个公民也就是处死自己；苏格拉底的悲剧，也就是雅典公民自身的悲剧。

——叶秀山《苏格拉底及其哲学思想》，人民出版社 2007 年版

第五章

语言：思想的猎鹰

笛卡尔说，我思故我在。思想是人类存在的本质，也是人生幸福的源泉。在古希腊的哲人看来，思想跟饮酒、宴会一样，是人生不可或缺的乐趣。帕斯卡尔说，思想由于它的本性，就是一种可惊叹的、无与伦比的东西。正是思想把单调、机械的生存转化为丰富、新鲜、有趣的生活。一个不会思考、不善于思考的人，他的生活一定是无趣的和乏味的。所以，提高智力、增广知识乃是增进人生幸福的前提。

人的思维活动是在语言中进行的，思想活动和语言活动实际上是统一的，没有脱离语言的思想，也没有脱离语言活动的思维。增进、改善我们的思维，实际上就是要提高我们运用语言的能力。语言既是思想的猎鹰，也是它所追逐的猎物。在兔起鹘落的刹那，猎手和猎物奇妙地结合成了一体。

一、道可道，非常道

对于那些已经形诸表达的思想，语言和思想是同一的。但当思想还在酝酿之中，还没有和适当的语言形式结合的时候，为思想找到恰当的语言则是一个艰苦运思的过程。老子说，“道可道，非常道”，认为能够用语言表达的思想都不是永恒的，而永恒的大道则是不可言说的。而维特根斯坦认为，“我的语言的界限就是我的世界的界限”。实际上，思想的成果无一不是语言的大树上结出的美妙果实。“道可道，非常道”不是说至高的大道根本无法言说，那样的话，它就在人类世界和经验之外，与我们不发生关系了，而是在强调表达思想的时候思维和表达的双重艰难——哲学家和诗人一样，不得不卷入和语言的搏斗之中。

先哲的思想异彩纷呈，展现了人类智慧的极致，同时它们又无一不是语言表达的胜利。当我们在领悟先哲的大道和智慧的时候，我们实际上就是在品尝语言的果实。

《道德经》选

老子①

道可道②，非常道③；名可名④，非常名。无名，天地之始⑤；有名⑥，万物之母。故常无欲⑦，以观其妙⑧；常有欲，以观其徼⑨。此两者同出而异名，同谓之玄⑩。玄之又玄⑪，众妙之门。

道生一⑫，一生二⑬，二生三⑭，三生万物。万物负⑮阴而抱阳，冲⑯气以为和。人之所恶，唯孤、寡、不谷，而王公以为称⑰。故物或损之而益[18]，或益之而损。人之所教，我亦教之[19]。强梁[20]者不得其死。吾将以为教父[21]。

大成[22]若缺，其用不弊[23]。大盈若冲[24]，其用不穷。大直若屈[25]，大巧若拙[26]，大辩若讷[27]，躁胜寒，静胜热。清静为天下正[28]。

① 老子，一说即老聃，姓李，名耳，字伯阳，春秋时楚苦县人，曾为周藏书室史官，后退隐，著《老子》，一说即太史儋或老莱子。《老子》一书是道家的主要经典，也是中国哲学源头性的重要著作。

② 前一个“道”指宇宙的本原和实质，后一个“道”指对前一个“道”的言说。

③ 常：亦作“恒”，长久的，永恒的。也有人认为这个“常”应理解为普通的、平常的。

④ 前一个“名”是形名之名，即形式、形态，这里指“道”的形态。后一个“名”指说明。

⑤ 无名：指无形，难以感知、指称和描述。

⑥ 有名：有形。以往有在“有”字后断句的。按第二十一章所说，“道”“其名不去”，第三十二章说“道常无名……始制有名”。可见“有名”是“道”的另一种形态，不应将其从中断开。

⑦ 常：经常。

⑧ 此句以往多作：“故常无，欲以观其妙。”

⑨ 徼（jiào）：边际。

⑩ 谓：指称，意指。玄：指道，底本作“元”，因避清康熙讳而改“玄”为“元”。

⑪ 玄：高深、奥妙。

⑫ 道：指宇宙的本原。一：指原始的统一体，即混沌的元气。

⑬ 二：指天、地。

⑭ 三：指阴气、阳气与阴阳混合所成之气。

⑮ 负：这里指背负。

⑯ 冲（chōng）：涌摇，激荡，交冲。

⑰ 为称：作为自己的称呼。

⑱ 损：减损。益：加增。

⑲ 此句意谓：别人用来教导人的，我也来教导他们。

⑳ 强梁：强横，凶狠。

㉑ 教：教育，训诲。父：开始。我要把这一点作为教育的根本和开始。

㉒ 成：完全，具备。

㉓ 弊：坏，败。

㉔ 盈：满。冲：空虚。

㉕ 屈：屈曲。

㉖ 拙（zhuō）：笨拙。

㉗ 辩：有辩才，巧言。讷（nè）：出言迟钝。

㉘ 清静：清虚恬静。正：长，君长。

导读

《老子》是一部奇书。它以精妙的韵文，“雕绘”出各种思想的“形态”。这些奇妙深邃的“形态”，是语言猎获思想的典范。中国人此后的无数玄想和思辨，拨开修辞的繁华，都可以在这里找到最初的起点。

触类引申

这一章（道可道，非常道）本是全书的总纲，把体、相、用三件都提挈起来。头四句是讲的本体，他说："道本来是不可说的，说出来的道，已经不是本来常住之道了；名本来不应该立的，立一个名，也不是真常的名了。"但是既已不得已而立些"名"，那"名"应该怎样分析呢？他第五、第六两句说道："姑且拿个'无'字来名那天地之始，拿个'有'字来名那万物之母罢！"上句说的就是起信论的"心真如门"，下句说的就是那"心生灭门"。然则研究这些名相有什么用处呢？他第七、第八两句说："我们常要做'无'的功夫，用来观察本来的妙处；又常要做'有'的功夫，用来观察事物的边际。"他讲了这三段话，又怕人将有、无分为两事，便错了，所以声明几句，说："这两件本来是同的，不过表现出来名相不同，不同的名叫作有无，同的名叫作什么呢？可以叫作'玄'。"这几句又归结到本体了。

——梁启超，见《十家论老》，上海人民出版社 2007 年版

对于《老子》的这几句话，可以作宇宙形成论的解释，也可以作本体论的解释。如果，作宇宙形成论的解释，一、二、三都是确有所指的。道先生出来一个什么东西，这是一，这个一又生出来些什么东西，就是二或三。二、三都是确有所指的具体的东西，如天地万物之类。如果作本体论的解释，一、二、三都不是确有所指，不是什么具体的东西。只是说，无论道生多少东西，总有一个是先生出来的，那就叫一。有一个东西，同时就有它的对立面，那就是二。二与道加起来就是三。从三以后，那就是天地万物了。就《老子》四十二章说，它大概是一种宇宙形成论的说法，因为它在下文说："万物负阴而抱阳，冲气以为和。"照下文所说的，一就是气，二就是阴阳二气，三就是阴阳二气之和气，这都是

确有所指的，具体的东西。

——冯友兰，见《十家论老》，上海人民出版社 2007 年版

老子开宗明义，指出我要讲的“道”是以前人没有讲过的，但它是可以言说的。这句话的意思就是说，“道”是可以言说的，但是我要讲的这个“道”，不是“恒道”，它不是一般人所讲的“道”。

——裘锡圭《老子今研》，中华书局 2021 年版

《论语》选[1]

子曰：“不患人之不己知[②]，患不知人也。”

子曰：“朝闻道，夕死可矣。”

子曰：“仁远乎哉？我欲仁，斯仁至矣。”

子曰：“已矣乎！吾未见好德如好色[③]者也。”

子曰：“知[④]者不惑，仁者不忧，勇者不惧。”

子曰：“回也非助我者也，于吾言无所不说[⑤]。”

（季路）曰：“敢问死。”（子）曰：“未知生，焉知死？”

司马牛问君子。子曰：“君子不忧不惧。”

曰：“不忧不惧，斯谓之君子已乎？”子曰：“内省不疚，夫何忧何惧？”

子贡问政。子曰：“足食，足兵，民信之矣。”

子贡曰：“必不得已而去，于斯三者何先？”曰：“去兵。”

子贡曰：“必不得已而去，于斯二者何先？”曰：“去食。自古皆有死，民无信不立。”

季康子问政于孔子。孔子对曰："政者，正也。子帅以正[⑥]，孰敢不正？"

季康子患盗，问于孔子。孔子对曰："苟子之不欲，虽赏之不窃。"

季康子问政于孔子曰："如杀无道，以就有道，何如？"孔子对曰："子为政，焉用杀？子欲善而民善矣。君子之德风，小人之德草。草上之风，必偃[⑦]。"

子夏为莒父[⑧]宰，问政。子曰："无欲速，无见小利。欲速，则不达；见小利，则大事不成。"

樊迟问仁。子曰："爱人。"问知[⑨]。子曰："知人。"

子贡问曰："乡人皆好之，何如？"子曰："未可也。"

"乡人皆恶之，何如？"子曰："未可也；不如乡人之善者好之，其不善者恶之。"

子曰："古之学者为己，今之学者为人。"

子曰："骥[⑩]不称其力，称其德也。"

或曰："以德报怨，何如？"子曰："何以报德？以直报怨[⑪]，以德报德。"

子曰："可与言而不与之言，失人；不可与言而与之言，失言。知[⑫]者不失人，亦不失言。"。

子贡问曰："有一言而可以终身行之者乎？"子曰："其恕乎？己所不欲，勿施于人。"

子曰："过而不改，是谓过矣。"

子曰："吾尝终日不食，终夜不寝，以思，无益，不如学也。"

孔子曰："君子有三戒：少之时，血气未定，戒之在色；及其壮也，血气方刚，戒之在斗；及其老也，血气既衰，戒之在得。"

① 孔子（前551—前479），名丘，字仲尼，春秋末期思想家、教育

家，儒家创始者，鲁国陬邑（今山东曲阜东南）人，晚年致力于教育，整理《诗》《书》等古代文献，删订《春秋》。《论语》记录了孔子的谈话及与门人的问答。

② 不己知：即“不知己”，不知道自己的意思

③ 色：女色。也可理解得宽泛一点，包括一切过度之华美文饰。

④ 知：同“智”。

⑤ 说：同“悦”

⑥ 帅以正：率先端正自己的意思。

⑦ 草上之风，必偃：意思是风吹草上，草必随风而倒。

⑧ 莒（jǔ）父：地名。

⑨ 知：同“智”。

⑩ 骥：良马。

⑪ 以直报怨：用公正来回报怨恨的意思。

⑫ 知：同“智”。

导读

我们读《论语》，对于其中孔子的言论，往往会有判断多、论证少的感觉；但尽管有时缺乏论证，还是让人折服，甚至感到震撼，因为它们是孔子理性思索的结晶。孔子语言的简洁有力实源于孔子思想的深刻精到。学习时应努力做到学与思的统一，言与理的统一。

触类引申

孔子的“发愤忘食，乐以忘忧”的功夫，实在是知命和努力的一个大榜样。……凡人能具此二者，则做事时较有把握，较能持久。其知命也，非为懒惰而知命，实因镇定而知命；其努力也，非为侥幸而努力，实为牺牲而努力。既为牺牲而努力，做事自然勇气百倍，既无厌倦，又有快乐了。所以我们要学孔子发愤忘食，便是学他努力；要学孔子乐以忘忧，便是学他知命。知命和努力，原来是不可分离，互相为用的，再没有不相容的疑惑了。

——梁启超《知命与努力》，见《清华大师文选》（第一辑），张月媛选编，新世界出版社 2002 年版

中国之民族特性，即为无宗教思想。此可于中国远古之《诗经》而征之。《诗经》以“二南”冠首，首篇曰《周南》，次篇曰《召南》，名为“二南”。其所咏歌，皆人生日用之常与男女室家农桑劳作之事。处处表现其高尚、和乐、恬淡、闲适、肃穆、勤勉、宽大、坦荡之情怀……孔子之哲学思想，实本于《诗》。故儒家学说，在中国常为中心思想而莫有能摇夺者，以其根据于中华民族性，有至大至深至远之基础。而于吾人真理之要求，确能使自得之而无所诳妄。此孔子所以为大也。

——熊十力《答马格里尼》，见《二十世纪巨人随笔：生命之舞》，贺学君、汤学智编选，光明日报出版社 1995 年版

儒家思想所持的是人道主义者的态度，对全无实用虚无缥缈的玄学与神秘主义完全弃置不顾，而是只注重基本的人际关系，灵异世界神仙不朽又有何用？这种独具特色的人道主义中最有力的教义是“人的标准就是人”。就凭这条教义，一个常人只要顺着人性中的“善”去行，就算

初步奉行儒家之道了。

——林语堂《孔子的智慧·导言》，见《林语堂经典文存》，上海大学出版社 2004 年版

西方对于孔子的了解，可能超过对于其他任何中国人的了解。可是在中国内部，孔子虽然一直出名，他的历史地位在各个时代却有很不相同的评价。按历史顺序说，他本来是普通教师，不过是许多教师中的一个教师。但是他死后，逐渐被认为是至圣先师，高于其他一切教师。到公元前 2 世纪，他的地位更加提高。当时许多儒家的人认为，孔子曾经真的接受天命，继周而王。他虽然没有真正登基，但是就理想上说，他是君临全国的王。

——冯友兰《中国哲学简史》，北京大学出版社 1985 年版

孔子之全部政治哲学，细心玩之，实在以教化为政治之基，以圣哲为国家之元首。“学而优则士”，“达则兼济天下”，修身之最后鹄的为治平。孔子毕生所栖栖遑遑者亦唯在施其所学于实际政治。“行在《孝经》，志在《春秋》”，“如有用我者吾其为东周乎”，其所以自许者固至明确。经学家称孔子为“素王”，意谓孔子不在王者之位而有王者之德与王者之志，实不为无见。希腊大哲人柏拉图在《理想国》中论政治要义，谓治国之道在得其平，欲得其平，必以哲人为君主，犹如个人修身之道欲得其平，必以理智控制情感与欲望。哲人在君主之位，则庶政皆有当于理，不徒为情欲之私所左右。柏拉图晚年曾一度应时君之召，图实现其理想，遇非其人，遂赍志以终。其所抱负盖与孔子不谋而合也。

——朱光潜《政与教》，见《朱光潜全集》，安徽教育出版社 1993 年版

孔子以“仁”释“礼”，将社会外在规范化为个体的内在自觉，是中国哲学史上的创举，为汉民族的文化——心理结构奠下了始基。孔子成为中国文化的象征和代表。

——李泽厚《孔子再评价》，见李泽厚《中国古代思想史论》，人民出版社 1986 年版

《孟子》选[1]

孟子谓齐宣王曰：“王之臣有托其妻子于其友而之楚游者，比其反也[②]，则冻馁[③]其妻子。则如之何？”王曰：“弃之。”曰：“士师[④]不能治士，则如之何？”王曰：“已之。”曰：“四境之内不治，则如之何？”王顾左右而言他。

齐宣王问曰：“汤放桀[⑤]，武王伐纣[⑥]，有诸？”孟子对曰：“于传[⑦]有之。”曰：“臣弑[⑧]其君，可乎？”曰：“贼仁者谓之贼，贼义者谓之残；残贼之人谓之一夫[⑨]。闻诛[⑩]一夫纣矣，未闻弑君也。”

孟子曰：“存[⑪]乎人者，莫良于眸子[⑫]。眸子不能掩其恶。胸中正，则眸子瞭[⑬]焉；胸中不正，则眸子眊焉[⑭]。听其言也，观其眸子，人焉廋[⑮]哉！”

淳于髡[⑯]曰：“男女授受不亲，礼与？”孟子曰：“礼也。”曰：“嫂溺，则援之以手乎？”曰；“嫂溺不援，是豺狼也。男女授受不亲，礼也。嫂溺，援之以手者，权[⑰]也。”曰：“今天下溺矣，夫子之不援，何也？”曰：

“天下溺，援之以道；嫂溺，援之以手。子欲手援天下乎？”

孟子曰：“有不虞[18]之誉，有求全之毁。”

孟子曰：“人之患，在好为人师。”

孟子曰：“君子之泽[19]，五世而斩[20]；小人之泽，五世而斩。予未得为孔子徒也，予私淑[21]诸人也。”

孟子曰：“仁，人心也；义，人路也。舍其路而弗由，放其心而不知求[22]，哀哉！人有鸡犬放，则知求之；有放心，而不知求。学问之道无他，求其放心[23]而已矣。”

孟子曰：“仁之胜不仁也，犹水胜火。今之为仁者，犹以一杯水救一车薪之火也；不熄，则谓之水不胜火，此又与于不仁之甚者也[24]，亦终必亡[25]而已矣。”

孟子曰：“万物皆备于我矣。反身而诚[26]，乐莫大焉。强恕[27]而行，求仁莫近[28]焉。”

桃应[29]问曰：“舜为天子，皋陶[30]为士，瞽瞍[31]杀人，则如之何？”孟子曰：“执之而已矣[32]。”“然则舜不禁[33]与？”曰：“夫舜恶得而禁之？夫有所受之[34]也。”“然则舜如之何？”曰：“舜视弃天下犹弃敝屣[35]也。窃负而逃，遵海滨而处，终身䜣[36]然，乐而忘天下。”

孟子曰：“尽信《书》[37]，则不如无《书》。吾于《武成》[38]，取二三策[39]而已矣。仁人无敌于天下，以至仁伐至不仁，而何其血之流杵也[40]？”

孟子曰：“说[41]大人，则藐之，勿视其巍巍然。堂高数仞，榱题[42]数尺，我得志，弗为也。食前方丈[43]，侍妾数百人，我得志，弗为也。般乐[44]饮酒，驱骋田猎，后车千乘，我得志，弗为也。在彼者，皆我所不为也；在我者，皆古之制也[45]。吾何畏彼哉？”

① 孟子（约前372—前289），名轲，一说字子舆，战国时思想家、教育家，邹（今山东邹城东南）人。孟子继承发展了孔子的仁学思想，主张仁政，与弟子万章等所著《孟子》一书，是儒家重要经典之一。

② 比（bì）其反也：等到他回来。比，及也，至也。反，同“返”。

③ 馁（něi）：饥饿。

④ 士师：古代的司法官。

⑤ 汤放桀：汤：商代开国之君。夏桀暴虐，汤兴兵讨伐他，把夏桀流放到南巢（今安徽巢湖）。

⑥ 武王伐纣：商纣王无道，周武王伐之，纣王兵败，自焚而死。

⑦ 传：记载，书传。

⑧ 弑：臣下杀死君主或儿女杀死父母。

⑨ 一夫：独夫。

⑩ 诛：杀戮、剪除。

⑪ 存：察，观察。

⑫ 眸子：本指瞳仁，泛指眼睛。

⑬ 瞭（liǎo）：明亮。

⑭ 眊（mào）：不明貌。

⑮ 廋（sōu）：隐匿，躲藏。

⑯ 淳于髡（kūn）：姓淳于，名髡。齐国人，曾仕于齐威王、宣王和梁惠王之朝。

⑰ 权：变通。

⑱ 虞：料想。

⑲ 泽：泽惠。

⑳ 斩：断绝。

㉑ 私淑：未能亲自受业但敬仰其学术并尊之为师。

㉒ 放其心：丢失了那善良的心。求：找回。

㉓ 求其放心：（把）那丢失了的良心（找回来）。

㉔ 与：相同。这句说，这又和最不仁的人没有区别了。

㉕ 终必亡：（所有的那点仁）终必要消失。

㉖ 反身：反躬自问。诚：忠诚踏实。

㉗ 强（qiǎng）恕：努力实行恕道。强：勉强，努力。恕：推己及人。

㉘ 莫近：没有什么（比这）更直接的了。

㉙ 桃应：孟子弟子。

㉚ 皋陶（gāoyáo）：传说中的东夷族首领，相传曾被舜任命为掌管刑法的官。士：法官。

㉛ 瞽瞍：舜父之别名。

㉜ 执：逮捕。

㉝ 禁：阻止。

㉞ 有所受之：（执行）受之于（舜的职责）。

㉟ 屣（xǐ）：草鞋。

㊱ 䜣：同“欣”。

㊲《书》：《尚书》。

㊳《武成》：《尚书》篇名，武王伐纣，归而记事之书。

㊴ 策：竹简。

㊵ 而何其血之流杵也：怎么会血流得那么多，甚至使捣米用的木槌都漂起来了呢？《武成》上记载武王伐纣，纣之“前徒倒戈，攻于后以北，血流漂杵”，孟子认为不可信。

㊶ 说（shuì）：游说。

㊷ 榱（cuī）题：屋椽的前端，俗称“出檐”。

㊸ 食前方丈：馔食列于前者，方一丈也。

㊹ 般乐：作乐，玩乐。

㊺ 在我者，皆古之制也：我所干的，都符合古代圣贤之法。

导读

孟子的思想和语言在《论语》的基础上又有所发展。就语言而论，它具有更多的论辩色彩，有的比喻也非常生动，这样就使得所说之理有了更强的说服力。其文气势充沛，感情奔放，富于鼓动性，明显受了战国纵横家飞辩骋辞的影响。本文选录的几则中，有一则是通过“弑”和“诛”两个概念的辨析来说明自己的观点的，从中我们可以直接感受到语言和思想的关系。

触类引申

（韩子）又曰：“孔子之道大而能博，门弟子不能遍观而尽识也，故学焉而皆得其性之所近。其后离散，分处诸侯之国，又各以其所能授弟子，源远而末益分。唯孟轲师子思，而子思之学出于曾子。自孔子没，独孟轲氏之传得其宗。故求观圣人之道者，必自孟子始。”

——朱熹《孟子叙说》引

孟子是儒家中的理想主义者，文字中有一种蓬勃郁葱之气，令人喜欢，令人感动。在儒家中，我就是推崇孟子。其气派得力于子思。孔门中颜回乐道安贫，善体会、善思考，退而自省其私，亦足以发，但是他不大说话。话是没有什么可说的了。曾子在孔门弟子中年最幼，又最聪慧，大概好学而近思，但是仍突不出孔子范围。孟子之时，天下之言不归杨则归墨；须知杨、墨皆有精深系统，倘使曾颜尚在，必定抵挡不住。只有孟子雄辩之才，足以出来招架……

现代青年人，应该多读《孟子》，常读《孟子》；年年再读《孟子》一遍。（“万章”“告子”“尽心”诸篇最好。）孟子一身都是英俊之气，于青年人之立志淬励功夫，是一种补剂。

——林语堂《孟子说才志气欲》，见《林语堂散文选集》，百花文艺出版社 1987 年版

《孟子》中论“浩然之气”章是孟轲言论中的重要部分。它不是讲道德教条，而是概括地讲一种精神境界。它不仅概括地描述了这种精神境界，而且比较详细地阐述了达到这种境界的方法……无论如何“浩然正气”这四个字到现在还是一个常用的词汇，这是中国文化中的一个词汇。懂得了这个词汇，才可以懂得中国文化和中华民族的精神。

——冯友兰《中国哲学史新编》第二册，人民出版社 1984 年版

清华大学王观堂先生纪念碑铭[1]

陈寅恪

海宁王先生自沈后二年，清华研究院同人咸怀思不能自已。其弟子受先生之陶冶煦育者有年，尤思有以永其念。佥[2]曰，宜铭之贞珉[3]，以昭示于无竟[4]。因以刻石之词命寅恪，数辞不获已，谨举先生之志事，以普告天下后世。其词曰：士之读书治学，盖将以脱心志于俗谛[5]之桎梏，真理因得以发扬。思想而不自由，毋宁死耳。斯古今仁圣所同殉之精义，夫岂庸鄙之敢望。先生以一死见其独立自由之意志，非所论于一人之恩怨，一姓之兴亡[6]。呜呼！树兹石于讲舍，系哀思而不忘。表哲人之奇节，诉真宰[7]之茫茫。来世不可知者也，先生之著述，或有时而不章。先生之学说，或有时而可商。惟此独立之精神，自由之思想，历千万祀[8]，与天壤而同久，共三光[9]而永光。

（原载清华大学《消夏周刊》一九二九年第一期）

① 选自《陈寅恪文集之三·金明馆丛稿二编》，上海古籍出版社1980年版。王观堂（1877—1927），名国维，字静安（庵），号观堂，浙江海宁人，在文学、古文字学、古音韵学、古文献学、历史学等领域均有开拓性贡献，1927年在北京颐和园昆明湖自沉。陈寅恪（1890—1969），历史学家，江西修水人，主要著作有《隋唐制度渊源略论稿》《唐代政治史述论稿》《元白诗笺证稿》《柳如是别传》等。

② 佥：全，都。

③ 贞珉：原为石刻碑铭的美称，此指坚美的碑石。

④ 无竟：永恒。竟：穷尽。

⑤ 俗谛：佛教名词，指世俗的道理，为追逐名利、计较功利等，在

本文中此指三民主义（详见所附《对科学院的答复》一文）。

⑥“非所论”句：意思是（其死因）并非如有的人所说的缘于他与罗振玉的矛盾，或为殉情。

⑦ 真宰：天地万物的主宰。

⑧ 祀：年。

⑨ 三光：指日、月、星。

导读

本文是我国思想史、学术史、教育史上的经典文献，其意义已经远远超出了对王国维一人之纪念，它所概括、赞颂的“独立之精神，自由之思想”已成为20世纪以来中国知识分子的精神宣言。

王国维的一生，尤其是他的学术贡献，可纪念者可谓多矣，本文仅枚举其“奇节”；而其“奇节”又莫过于其“自沈”；而其“自沈”之因却又众说纷纭。作者以为“先生以一死见其独立自由之意志，非所论于一人之思想，一姓之兴亡”，以独到之见解力排众议。可谓“立片言以居要，乃一篇之警策”（陆机《文赋》），既表彰了王国维的“奇节”，更见出作者思想之高度，与其把它看作对王国维一生心路历程的提炼，毋宁说是作者自身精神追求之写照。

本文骈散结合，遣词造句，庄重典雅。它不但是精神的丰碑，也是文章的典范，“与天壤而同久，共三光而永光”。

触类引申

古今之成大事业大学问者，不可不历三种之阶级："昨夜西风凋碧树，独上高楼，望尽天涯路。"（晏同叔《蝶恋花》）此第一阶级也。"衣带渐宽终不悔，为伊消得人憔悴。"（欧阳永叔《蝶恋花》）此第二阶级也。"众里寻他千百度，回头蓦见，那人正在灯火阑珊处。"（辛幼安《青玉案》）此第三阶级也。未有不阅第一、第二阶级，而能遽跻第三阶级者。

——王国维《文学小言·五》

什么是启蒙运动[1]

康德 著　何兆武 译

启蒙运动就是人类脱离自己所加之于自己的不成熟状态。不成熟状态就是不经别人的引导，就对运用自己的理智无能为力。当其原因不在于缺乏理智，而在于不经别人的引导就缺乏勇气与决心去加以运用时，那么这种不成熟状态就是自己所加之于自己的了。Sapere aude！要有勇气运用你自己的理智！这就是启蒙运动的口号。

懒惰和怯懦乃是何以有如此大量的人，当大自然早已把他们从外界的引导之下释放出来以后，却仍然愿意终生处于不成熟状态之中，以及别人何以那么轻而易举地就俨然以他们的保护人自居的原因所在。处于不成熟状态是那么安逸。如果我有一部书能替我有理解，有一位牧师能替我有良心，有一位医生能替我规定食谱，等等；那么我自己就用不着操心了。只要能对我合算，我就无需去思想：自有别人会替我去做这类伤脑筋的事。

绝大部分的人（其中包括全部的女性）都把步入成熟状态认为除了是非常之艰辛而外并且还是非常之危险的；这一点老早就被每一个一片好心在从事监护他们的保护人关注到了。保护人首先是使他们的牲口愚蠢，并且小心提防着这些温驯的畜生不要竟敢冒险从锁着他们的摇车里面迈出一步；然后就向他们指出他们企图单独行走时会威胁他们的那种危险。可是这种危险实际上并不那么大，因为他们跌过几跤之后就终于能学会走路的；然而只要有过一次这类事例，就会使人心惊胆战并且往往吓得完全不敢再去尝试了。

任何一个个人要从几乎已经成为自己天性的那种不成熟状态之中奋斗出来，都是很艰难的。他甚至于已经爱好它了，并且确实暂时还不能运用他自己的理智，因为人们从来都不允许他去做这种尝试。条例和公式这类他那天分的合理运用、或者不如说误用的机械产物，就是对终古长存的不成熟状态的一副脚梏。谁要是抛开它，也就不过是在极狭窄的沟渠上做了一次不可靠的跳跃而已，因为他并不习惯于这类自由的运动。因此，就只有很少数的人才能通过自己精神的奋斗而摆脱不成熟的状态，并且从而迈出切实的步伐来。

然而公众要启蒙自己，却是很可能的；只要允许他们自由，这还确实几乎是无可避免的。因为哪怕是在为广大人群所设立的保护者们中间，也总会发现一些有独立思想的人；他们自己在抛却了不成熟状态的羁绊之后，就会传播合理地估计自己的价值以及每个人的本分就在于思想其自身的那种精神。这里面特别值得注意的是：公众本来是被他们套上了这种羁绊的，但当他们的保护者（其本身是不可能有任何启蒙的）中竟有一些人鼓动他们的时候，此后却强迫保护者们自身也处于其中了；种下偏见是那么有害，因为他们终于报复了本来是他们的教唆者或者是他们教唆者的先行者的那些人。因而公众只能是很缓慢地获得启蒙。通过一场革命或许可以实现推翻个人专制以及贪婪心和权势欲的压迫，但却绝不能实现思想方式的真正改革；而新的偏见也正如旧的一样，将会成为驾驭缺少思想的广大人群的圈套。

然而，这一启蒙运动除了自由而外并不需要任何别的东西，而且还确乎是一切可以称之为自由的东西之中最无害的东西，那就是在一切事情上都有公开运用自己理性的自由。可是我却听到从四面八方都发出这样的叫喊：不许争辩！军官说：不许争辩，只许操练！税吏说：不许争辩，只许纳税。神甫说：不许争辩，只许信仰。（举世只有一位君主说：可以争辩，随便争多少，随便争什么，但是要听话！[②]）到处都有对自由的限制。

然则，哪些限制是有碍启蒙的，哪些不是，反而是足以促进它的呢？——我回答说：必须永远有公开运用自己理性的自由，并且唯有它才能带来人类的启蒙。私下运用自己的理性往往会被限制得很狭隘，虽则不致因此而特别妨碍启蒙运动的进步。而我所理解的对自己理性的公开运用，则是指任何人作为学者在全部听众面前所能做的那种运用。一个人在其所受任的一定公职岗位或者职务上所能运用的自己的理性，我就称之为私下的运用。

就涉及共同体利益的许多事物而言，则我们必须有一定的机器，共同体的一些成员必须靠它来保持纯粹的消极态度，以便他们由于一种人为的一致性而由政府引向公共的目的，或者至少也是防止破坏这一目的。在这上面确实是不容许有争辩的；而是人们必须服从。但是就该机器的这一部分同时也作为整个共同体的，乃至于作为世界公民社会的成员而论，从而也就是以一个学者的资格通过写作面向严格意义上的公众时，则他是绝对可以争辩的，而不致因此就有损于他作为一个消极的成员所从事的那种事业。因此，一个服役的军官在接受他的上级交下某项命令时，竟抗声争辩这项命令的合目的性或者有用性，那就会非常坏事；他必须服从。但是他作为学者而对军事业务上的错误进行评论并把它提交给公众来作判断时，就不能公开地加以禁止了。公民不能拒绝缴纳规定于他的税额；对所加给他的这类赋税惹是生非地擅行责难，甚至可以当作诽谤（这可能引起普遍的反抗）而加以惩处。然而这同一个人作为一个学者公开发表自己的见解，抗议这种课税的不适宜与不正当不一样，他的行动并没有违背公民的义务。同样地，一个牧师也有义务按照他所服务的那个教会的教义向他的教义问答班上的学生们和他的会众们作报告，因为他是根据这一条件才被批准的。但是作为一个学者，他却有充分自由甚至于有责任，把他经过深思熟虑有关那种教义的缺点的全部善意的意见以及关于更好地组织宗教团体和教会团体的建议传达给公众。这里面并没有任何可以给他的良心增添负担的东西。因为他把作为一个教会工作者由于自己职务的关系而讲授的东西，当作是某种他自己并没有自由的权利可以按照自己的心意进行讲授的东西；他是受命根据别人的指示并以别人的名义进行讲述的。他将要说：我们的教会教导这些或那些；这里就是他们所引用的论据。于是，他就从他自己不会以完全的信服而赞同、虽则他很可以使自己负责进行宣讲的那些条文中——因为并非完全不可能其中也隐藏着真理，而且无论如何至少其中不会发现有任何与内心宗教相违背的东西，——为他的听众引绎出全部的实用价值来。因为如果他相信其中可以发现任何与内心宗教相违背的东西，那么他就不能根据良心而尽自己的职务了，他就必须辞职。一个就任的宣教师之向他的会众运用自己的理性，纯粹是一种私下的运用；因为那往往只是一种家庭式的聚会，不管是多大的聚会；而在这方面他作为一个牧师是并不自由的，而且也不能是自由的，因为他是在传达别人的委托。反之，作为一个学者通过自己的著作而向真正的公众亦即向全世界讲话时，则牧师在公开运用他的理性上便享有无限的自由可以使用他自己的理性，并以他自己本人的名义发言。因为人民（在精神事务上）的保护者而其本身居然也不成熟，那便可以归结为一种荒谬性，一种永世长存的荒谬性了。

然则一种牧师团体、一种教会会议或者一种可敬的教门法院（就像他们在荷兰人中间所自称的那样），是不是有权宣誓他们自己之间对某种不变的教义负有义务，以便对其每一个成员并且由此也就是对全体人民进行永不中辍的监护，甚至于使之永恒化呢？我要说：这是完全不可能的。这样一项向人类永远封锁住了任何进一步启蒙的契约乃是绝对无效的，哪怕它被最高权力、被国会和最庄严的和平条约所确认。一个时代决不能使自己负有义务并从而发誓，要把后来的时代置于一种决没有可能扩大自己的（尤其是十分迫切的）认识、清除错误以及一般地在启蒙中继续进步的状态之中。这会是一种违反人性的犯罪行为，人性本来的天职恰好就在于这种进步；因此后世就完全有权拒绝这种以毫无根据而且是犯罪的方式所采取的规定。

凡是一个民族可以总结为法律的任何东西，其试金石都在于这样一个问题：一个民族是不是可以把这样一种法律加之于其自身？它可能在一个有限的短时期之内就好像是在期待着另一种更好的似的，为的是好实行一种制度，使得每一个公民而尤其是牧师都能有自由以学者的身份公开地，也就是通过著作，对现行组织的缺点发表自己的言论。这种新实行的制度将要一直延续下去，直到对这类事情性质的洞见已经是那么公开地到来并且得到了证实，以至于通过他们联合（即使是并不一致）的呼声而可以向王位提出建议，以便对这一依据他们更好的洞见的概念而结合成另一种已经改变了的宗教组织加以保护，而又不至于妨碍那些仍愿保留在旧组织之中的人们。但是统一成一个固定不变的、没有人能够（哪怕在一个人的整个一生中）公开加以怀疑的宗教体制，从而也就犹如消灭了人类朝着改善前进的整整一个时代那样，并由此给后代造成损害，使得他们毫无收获，——这却是绝对不能容许的。一个人确实可以为了他本人并且也只是在一段时间之内，推迟对自己有义务加以认识的事物的启蒙；然而迳行放弃它，那就无论是对他本人，而尤其是对于后代，都可以说是违反而且践踏人类的神圣权利了。

而人民对于他们本身都不能规定的事，一个君主就更加不可以对他的人民规定了；因为他的立法威望全靠他把全体人民的意志结合为他自己的意志。只要他注意使一切真正的或号称的改善都与公民秩序结合在一起，那么此外他就可以把他的臣民发觉对自己灵魂得救所必须做的事情留给他们自己去做；这与他无关，虽则他必须防范任何人以强力妨碍别人根据自己的全部才能去做出这种决定并促进这种得救。如果他干预这种事，要以政府的监督来评判他的臣民借以亮明他们自己的见识的那些作品；以及如果他凭自己的最高观点来这样做，而使自己受到"Caesarn on est supragra mmaticos"（凯撒并不高于文法学家）的这种责难；那就会有损于他的威严。如果他把自己的最高权力降低到竟至去支持自己国内的一些暴君对他其余的臣民实行精神专制主义的时候，那就更加每况愈下了。

如果现在有人问："我们目前是不是生活在一个启蒙了的时代？"那么回答就是："并不是，但确实是在一个启蒙运动的时代。"目前的情形是，要说人类总的说来已经处于，或者是仅仅说已经被置于一种不需别人引导就能够在宗教的事情上确切地而又很好地使用自己的理智的状态了，则那里面还缺乏许多东西。可是现在领域已经对他们开放了，他们可以自由地在这上面工作了，而且对普遍启蒙的或者说对摆脱自己所加给自己的不成熟状态的障碍也逐渐地减少了；关于这些我们都有着明确的信号。就这方面考虑，这个时代乃是启蒙的时代，或者说乃是腓德烈的世纪。

一个不以如下说法为与自己不相称的国君：他认为自己的义务就是要在宗教事务方面决不对人们加以任何规定，而是让他们有充分的自由，但他又甚至谢绝宽容这个高傲的名称；这位国君本人就是启蒙了的，并且配得上被天下后世满怀感激之忱尊之为率先使得人类，至少从政权方面而言，脱离了不成熟状态，并使每个人在任何有关良心的事务上都能自由地运用自身所固有的理性。在他的治下，可敬的牧师们可以以学者的身份自由地并且公开地把自己在这里或那里偏离了既定教义的各种判断和见解都提供给全世界来检验，而又无损于自己的职责：至于另外那些不受任何职责约束的人，那就更加是如此了。这种自由精神也要向外扩展，甚至于扩展到必然会和误解了其自身的那种政权这一外部阻碍发生冲突的地步。因为它对这种政权树立了一个范例，即自由并不是一点也不关怀公共的安宁和共同体的团结一致的。只有当人们不再有意地想方设法要把人类保持在野蛮状态的时候，人类才会由于自己的努力而使自己从其中慢慢地走出来。

我把启蒙运动的重点，亦即人类摆脱他们所加之于其自身的不成熟状态，主要是放在宗教事务方面，因为我们的统治者在艺术和科学方面并没有向他们的臣民尽监护之责的兴趣；何况这一不成熟状态既是一切之中最有害的而又是最可耻的一种。但是，一个庇护艺术与科学的国家首领，他的思想方式就要更进一步了，他洞察到：即使是在他的立法方面，容许他的臣民公开运用他们自身的理性，公开向世上提出他们对于更好地编纂法律甚至于是直言无讳地批评现行法律的各种见解，那也不会有危险的。在这方面，我们有着一个光辉的典范，我们所尊敬的这位君主（指普鲁士腓德烈大王）就是没有别的君主能够超越的。

但是只有那位其本身是启蒙了的、不怕幽灵的而同时手中又掌握着训练精良的大量军队可以保障公共安宁的君主，才能够说出一个自由国家所不敢说的这种话：可以争辩，随便争多少，随便争什么；但是必须听话。这就标志着人间事务的一种可惊异的、不能意料的进程；正犹如当我们对它从整体上加以观察时，其中就几乎一切都是悖论那样。程度更大的公民自由仿佛是有利于人民精神的自由似的，然而它却设下了不可逾越的限度；反之，程度较小的公民自由却为每个人发挥自己的才能开辟了余地。因为当大自然在这种坚硬的外壳之下打开了为她所极为精心照料着的幼芽时，也就是要求思想自由的倾向与任务时，它也就要逐步地反作用于人民的心灵面貌（从而他们慢慢地就能掌握自由）；并且终于还会反作用于政权原则，使之发现按照人的尊严——人并不仅仅是机器而已——去看待人，也是有利于政权本身的。

1784 年 9 月 30 日，于普鲁士哥尼斯堡

① 选自康德《历史理性批判文集》，何兆武译，商务印书馆 1990 年版。康德（1724–1804），德国哲学家，著有《纯粹理性批判》《实践理性批判》《判断力批判》等，对近现代西方哲学产生巨大影响。何兆武（1921—2021），翻译家，译作有卢梭《社会契约论》、帕斯卡尔《思想录》、康德《历史理性批判文集》、罗素《西方哲学史》等。

② 君主指普鲁士腓德烈大王。

导读

理性是人类神圣的天赋。自由地运用自己的理性是人的尊严所在，也是人生幸福的前提。获得智慧就意味着有勇气运用自己的理性，它也意味着人的心智进入一种成熟的、对自己人生负责任的状态。康德认为，所谓启蒙运动就是要使人进入这样一种状态，其前提则是公开运用理性的自由。启蒙是无止境的，人性的天职就在于不断获得这种进步。人类的理性将不断进步，认识将不断拓展，启蒙也将无限地进行下去。限制人类获得进一步启蒙的企图，以启蒙之名行奴役和残暴之实，则是违反人性的罪行。

触类引申

启蒙运动

（1）指18世纪法国资产阶级革命以前，法国资产阶级进步思想家如伏尔泰、卢梭、狄德罗等人所进行的文化教育运动。其特点是对当时的教会权威和封建制度采取怀疑或反对的态度，把理性推崇为思想和行动的基础、准则。在哲学上，大致同意弗兰西斯·培根和洛克的经验论学说，倾向于自然神论或无神论。在政治上，主张开明专制制度或民主政体。

（2）指18世纪德国资产阶级思想家如莱辛、赫尔德等人的思想在当时所造成的社会影响和社会变动。他们都主张人道主义、宗教容忍、政治自由。

（3）泛指任何通过宣传教育，使社会接受新事物而得到进步的运动。如19世纪俄国的别林斯基、赫尔岑、车尔尼雪夫斯基等人，亦被称作俄国的启蒙运动者。

——摘自《辞海》，上海辞书出版社2000年版

二、思维的乐趣

爱智被古希腊人视为公民最重要的美德，思维的乐趣则是人类所能获得的最纯粹的快乐。思维的乐趣首先来源于它对人性和世界的丰富性的尊重。独立的思想是人类自由的保障，也是自由的成果。虽然历史上一直有人试图禁锢思想的自由，但一旦自由思想成为人们的自觉意识，它就成为永远不能被剥夺的财富。思想的自由始终是人类反抗专制、摆脱愚昧最强大的力量。思维的乐趣之所以重要还在于它是探索、发现和命名最根本

的动力。人类对客观世界和主观世界的重大发现，无不有思维的乐趣在背后为其提供动力。思维的乐趣是人类理解、沟通和交流的基础，也是人类超越自身的局限，从有限世界进入无限世界的唯一途径。

语言则是人类思维的鲲鹏得以翱翔的天空，也是推动它腾空而起的扶摇大风，同时还是鲲鹏那垂天之翼本身。品尝思维的乐趣，需从语言出发，并最终在语言中完成。

爱智[1]

张岱年

爱智，是古希腊文中哲学的本义，然实亦是一切哲学之根本性质。

我们想知道哲学的含义，实莫若吟味“爱智”二字。爱智即对智慧发生爱慕之情，追求不已，以之为生命，即为之牺牲，亦在所不惜。

孔子言“朝闻道，夕死可矣”；苏格拉底自称无知，而不惜为真知而死。这都是爱智之典型。荀子之言“解蔽”，亚里士多德之所谓“吾爱吾师，吾尤爱真理”，也都是爱智之表现。

真正的哲学家，莫不真切地爱智。哲学派别极多，各家面目迥异，然均不违乎爱智。即如庄子，虽尝以知为凶器，但亦极力求真知。

哲学家因爱智，故决不以有知自炫，而常以无知自警。哲学家不必是世界上知识最丰富之人，而是深切地追求真知之人。哲学家常自疑其知，虚怀而不自满，总不以所得为必是。凡自命为智者，多为诡辩师。

爱智，换言之，即对事物“深察不已”察而又察，不以已察者为满足，而更审察之。唯其为深察不已，故或欲深入实际，不以表面的知识自满；或欲审勘、衡量一切科学之根本假设，厘清一切科学之根本概念与命题。

深察不已，即察而复察其察，这就产生了知识论，古代哲人对此作了长期探索。

博若德（C. D. Broad）分哲学为二种：玄想哲学与批评哲学。此二种哲学的性质虽不相同，但亦有共同之点，即均有深察不已的表现。玄想哲学欲深入客观实在，其目的在于“究其极以通万殊”，不以表面的部分的知识为满足，而欲考察客观实在于其全体。批评哲学则以为只凭思辨不足以深勘实相，故以深勘实相之事让于实验科学，而自以衡核科学之根本概念为任务。二者固同出爱智一念，而衡核一切科学之根本概念，更表现了深察不已之精神。

哲学是爱智，故只要人类爱智之心不亡，则哲学必然不亡。世界之事物，繁赜至极，总常有具体科学所未及探索的问题，此种问题亦即哲学所取而讨论的。此种问题常有，故哲学常有。

常人如发生真切爱智之心，便会对哲学问题发生兴味。科学家如作进一步的深察而注意根本究竟的问题，便会成为哲学家。

爱智固是一切哲学之根本性质，但哲学家亦常有部分地违此性质者，常变爱智为炫智。在爱情上，常由爱而转为占有；哲学家之爱智亦然，常由爱智转而为占有智，自谓唯彼研究所得为真知，其他一切俱非真知，唯他一人是真知之占有者。更有偏好立异者，以建立独特系统为能事，殚精竭思，唯求自异于众，而不肯承受他人已经发现之真理。实则诚如庄子所说：“以出乎众为心者，岂出乎众哉？”

我国两千年来哲学进步之迟缓，由于各哲学家不能纯以爱智为心者不少。此实今后治哲学者之所当戒。

哲学之进步，系于哲学家爱智之程度。

哲学家们能纯乎爱智，则哲学进；哲学家们不能纯乎爱智，则所言常只是戏论。

① 选自《清华大师文选》(第一辑),张月媛选编,新世界出版社2002年版。张岱年(1909—2004),哲学史家,别名季同,用名宇同,河北献县人,著有《中国哲学大纲》《中国哲学方法论发凡》等。

导读

爱智是一切哲学的根本性质,古今中外真正的哲学家都是最真切的爱智者。爱智从根本上表现为一种对事物“深察不已”“察而又察”的精神。这种精神是哲学的生命力所在,也是哲学进步的根本动力。

触类引申

……在美德的行为里面,政治的和军事的行为的特色是在于其高贵和伟大,而这些行为乃是不悠闲自在的,并且是向着一个目标,而不是因其本身而可取的,反之,理性的沉思的活动则好像既有较高的严肃的价值,又不以本身之外的任何目的为目标,并且具有它自己本身所特有的愉快(这种愉快增强了活动),而且自足性、悠闲自适、持久不倦(在对于人是可能的限度内)和其他被赋予最幸福的人的一切属性,都显然是与这种活动相联系着的——如果是这样,这就是人的最完满的幸福,假若它被准许和人的寿命一样长久的话(因为幸福的属性中没有一种是不完全的)。

——[古希腊]亚里士多德《尼可马可伦理学》,见《西方古典哲学原著选辑:古希腊罗马哲学》,北京大学哲学系外国哲学史教研室编译,

商务印书馆 1961 年版

每时每刻都要坚定地思考，就像一个罗马人，像一个赋有完整而朴实的尊严，怀着友爱、自由和正义之情感去做手头要做的事情的人那样。你要摆脱所有别的思想。如果你做生活中的每一个行为都仿佛它是最后的行为，排除对理性命令的各种冷漠态度和强烈厌恶，排除所有虚伪、自爱和对给你的那一份的不满之情，你就将使自己得到解脱。你看到一个人只要把握多么少的东西就能过一种宁静的生活，就会像神的存在一样；因为就神灵来说，他们不会向注意这些事情的人要求更多的东西。

——［古罗马］马可·奥勒留《沉思录》，何怀宏译，中国社会科学出版社 1989 年版

人显然是为了思考而被创造的。这是人全部的尊严。是人全部的价值。人的义务，最终是用准确无误的方法思考。而思考的顺序，首先从自身开始，其次则是自己的创造者、自己的目标。

——［法］帕斯卡《能够思想的苇草》，王子今译，上海三联书店 1997 年版

思维的乐趣[1]

王小波

一

二十五年前，我到农村去插队时，带了几本书，其中一本是奥维德

的《变形记》，我们队里的人把它翻了又翻，看了又看，以致它像一卷海带的样子。后来别队的人把它借走了，以后我又在几个不同的地方见到了它，它的样子越来越糟。我相信这本书最后是被人看没了的。现在我还忘不了那本书的惨状。插队的生活是艰苦的，吃不饱，水土不服，很多人得了病，但是最大的痛苦是没有书看，倘若可看的书很多的话，《变形记》也不会这样悲惨地消失了。除此之外，还得不到思想的乐趣。我相信这不是我一个人的经历：傍晚时分，你坐在屋檐下，看着天慢慢地黑下去，心里寂寞而凄凉，感到自己的生命被剥夺了。当时我是个年轻人，但我害怕这样生活下去，衰老下去。在我看来，这是比死亡更可怕的事。

我插队的地方有军代表管着我们，现在我认为，他们是一批单纯的好人，但我还认为，在我这一生里，再没有谁比他们使我更加痛苦过了。他们认为，所谓思想的乐趣，就是一天二十四小时都用毛泽东思想来占领，早上早请示，晚上晚汇报，假如有闲暇，就去看看说他们自己"亚古都"的歌舞。我对那些歌舞本身并无意见，但是看过二十遍以后就厌倦了。假如我们看书被他们看到了，就是一场灾难，甚至"著迅鲁"的书也不成——小红书当然例外。顺便说一句，还真有人因为带了旧版的鲁迅著作给自己带来了麻烦。有一个知识可能将来还有用处，就是把有趣的书换上无趣的皮。我不认为自己能够在一些宗教仪式中得到思想的乐趣，所以一直郁郁寡欢。像这样的故事有些作者也写到过，比方说，茨威格写过一部以此为题材的小说《象棋》，可称是现代经典，但我不认为他把这种痛苦描写得十全十美了。这种痛苦的顶点不是被拘押在旅馆里没有书看、没有合格的谈话伙伴，而是被放在外面，感到天地之间同样寂寞，面对和你一样痛苦的同伴。在我们之前，生活过无数的大智者，比方说，罗素、牛顿、莎士比亚，他们的思想和著述可以使我们免于这种痛苦，但我们和他们的思想、著述，已经被隔绝了。一个人倘若需要从思想中得到快乐，那么他的第一个欲望就是学习。我承认，我在抵御这种痛苦方面的确是不够坚强，但我绝不是最差的一个。举例言之，罗素先生在五岁时，感到寂寞而凄凉，就想道：假如我能活到七十岁，那么我这不幸的一生才度过了十四分之一！但是等他稍大一点，接触到智者的思想的火花，就改变了想法。假设他被派去插队，很可能就要自杀了。

谈到思想的乐趣，我就想到了我父亲的遭遇。我父亲是一位哲学教授，在五六十年代从事思维史的研究。在老年时，他告诉我自己一生的学术经历，就如一部恐怖电影。每当他企图立论时，总要在大一统的官方思想体系里找自己的位置，就如一只老母鸡要在一个大搬家的宅院里找地方孵蛋一样。结果他虽然热爱科学而且很努力，在一生中却没有得到思维的乐趣，只收获了无数的恐慌。他一生的探索，只剩下了一些断壁残垣，收在一本名为《逻辑探索》的书里，在他身后出版。众所周知，他那一辈的学人，一辈子能留下一本书就不错了。这正是因为在那些年代，有人想把中国人的思想搞得彻底无味。我们这个国家里，只有很少的人觉得思想会有乐趣，却有很多的人感受过思想带来的恐慌，所以现在还有很多人以为，思想的味道就该是这样的。

二

七十年代末，我读到了徐迟先生写哥德巴赫猜想的报告文学，那篇文章写得很浪漫。一个人写自己不懂得的事就容易这样浪漫。我个人认为，对于一个学者来说，能够和同行交流，是一种起码的乐趣。陈景润先生一个人在小房子里证数学题时，很需要有些国外的数学期刊可看，还需要有机会和数学界的同仁谈谈。但他没有，所以他未必是幸福的，当然他比没定理可证的人要快活。把一个定理证了十几年，就算证出时有绝大的乐趣，也不能平衡。但是在寂寞里枯坐就更加难熬。假如插队时，我懂得数论，必然会有陈先生的举动，而且就是最后什么都证不出也不后悔；但那个故事肯定比徐先生作品里描写的更悲惨。然而，某个人被剥夺了学习、交流、建树这三种快乐，仍然不能得到我最大的同情。这种同情我为那些被剥夺了“有趣”的人保留着。

我还读到了阿城先生写知青下棋的小说，这篇小说写得也很浪漫。我这辈子下过的棋有五分之四是在插队时下的，同时我也从一个相当不错的棋手变成了一个无可救药的庸手。现在把下棋和插队两个词拉到一起，就能引起我生理上的反感。因为没事干而下棋，性质和手淫差不太多。我决不肯把这样无聊的事写进小说里。

假如一个人每天吃一样的饭，干一样的活，再加上把八个样板戏翻过来倒过去地看，看到听了上句知道下句的程度，就值得我最大的同情。我最赞成罗素先生的一句话：“须知参差多态，乃是幸福的本源。”大多数的参差多态都是敏于思索的人创造出来的。当然，我知道有些人不赞成我们的意见。他们必然认为，单一机械，乃是幸福的本源。老子说，要让大家“虚其心而实其腹”，我听了就不是很喜欢；汉儒废黜百家，独尊儒术，在我看来是个很卑鄙的行为。摩尔爵士设想了一个细节完备的乌托邦，但我像罗素先生一样，决不肯到其中去生活。在这个名单的末尾是一些善良的军代表，他们想把一切从我头脑中驱除出去，只剩一本270页的小红书。在生活的其他方面，某种程度的单调、机械是必须忍受的，但是思想决不能包括在内。胡思乱想并不有趣，有趣是有道理而且新奇。在我们生活的这个世界上，最大的不幸就是有些人完全拒绝新奇。

我认为自己体验到最大快乐的时期是初进大学时，因为科学对我来说是新奇的，而且它总是逻辑完备，无懈可击，这是这个平凡的尘世上罕见的东西。与此同时，也得以了解先辈科学家的杰出智力。这就如和一位高明的棋手下棋，虽然自己总被击败，但也有机会领略妙招。在我的同学里，凡和我同等年龄、有同等经历的人，也和我有同样的体验。某些单调机械的行为，比如吃、排泄、性交，也能带来快感，但因为过于简单，不能和这样的快乐相比。艺术也能带来这样的快乐，但是必须产生于真正的大师，像牛顿、莱布尼兹、爱因斯坦那样级别的人物，时下中国的艺术家，尚没有一位达到这样的级别。恕我直言，能够带来思想快乐的东西，只能是人类智慧至高的产物。比这再低一档的东西，只会给人带来痛苦；而这种低档货，就是出于功利的种种想法。

三

有必要对人类思维的器官（头脑）进行“灌输”的想法，时下正方兴未艾。我认为脑子是感知至高幸福的器官，把功利的想法施加在它上面，是可疑之举。有一些人说它是进行竞争的工具，所以人就该在出世之前学会说话，在三岁之前背诵唐诗。假如这样来使用它，那么它还能获得什么幸福，实在堪虞。知识虽然可以带来幸福，但假如把它压缩成药丸子灌下去，就丧失了乐趣。当然，如果有人乐意这样来对待自己的孩子，那不是我能管的事，我只是对孩子表示同情而已。还有人认为，头脑是表示自己是个好人的工具，为此必须学会背诵一批格言、教条——事实上，这是希望使自己看上去比实际上要好，十足虚伪。这使我感到了某种程度的痛苦，但还不是不能忍受的。最大的痛苦莫过于总有人想要用种种理由消灭幸福所需要的参差多态。这些人想要这样做，最重要的理由是道德；说得更确切些，是出于功利方面的考虑。因此他们就把思想分门别类，分出好的和坏的，但所用的标准很是可疑。他们认为，假如人们脑子里灌满了好的东西，天下就会太平。因此他们准备用当年军代表对待我们的态度，来对待年轻人。假如说，思想是人类生活的主要方面，那么，出于功利的动机去改变人的思想，正如为了某个人的幸福把他杀掉一样，言之不能成理。

有些人认为，人应该充满境界高尚的思想，去掉格调低下的思想。这种说法听上去美妙，却使我感到莫大的恐慌。因为高尚的思想和低下的思想的总和就是我自己；倘若去掉一部分，我是谁就成了问题。假设有某君思想高尚，我是十分敬佩的；可是如果你因此想把我的脑子挖出来扔掉，换上他的，我绝不肯，除非你能够证明我罪大恶极，死有余辜。人既然活着，就有权保证他思想的连续性，到死方休。更何况那些高尚和低下完全是以他们自己的立场来度量的，假如我全盘接受，无异于请那些善良的思想母鸡到我脑子里下蛋，而我总不肯相信，自己的脖子上方，原来是长了一座鸡窝。想当年，我在军代表眼里，也是很低下的人，他们要把自己的思想方法、生活方式强加给我，也是一种脑移植。菲尔丁曾说，既善良又伟大的人很少，甚至是绝无仅有的，所以这种脑移植带给我的不光是善良，还有愚蠢。在此我要很不情愿地用一句功利的说法：在现实世界上，蠢人办不成什么事情。我自己当然希望变得更善良，但这种善良应该是我变得更聪明造成的，而不是相反。更何况赫拉克利特早就说过，善与恶为一，正如上坡和下坡是同一条路。不知道何为恶，焉知何为善？所以他们要求的，不过是人云亦云罢了。

假设我相信上帝（其实我是不信的），并且正在为善恶不分而苦恼，我就会请求上帝让我聪明到足以明辨是非的程度，而绝不会请他让我愚蠢到让人家给我灌输善恶标准的程度。假若上帝要我负起灌输的任务，我就要请求他让我在此项任务和下地狱中做一选择，并且我坚定不移的决心是：选择后者。

四

假如要我举出一生最善良的时刻，那我就要举出刚当知青时，当时我一心想要解放全人类，丝毫也没有想到自己。同时我也要承认，当时我愚蠢得很，所以不仅没干成什么事情，反而染上了一身病，丢盔卸甲地逃回城里。现在我认为，愚蠢是一种极大的痛苦；降低人类的智能，乃是一种最大的罪孽。所以，以愚蠢教人，那是善良的人所能犯下的最严重的罪孽。从这个意义上说，我们决不可对善人放松警惕。假设我被大奸大恶之徒所骗，心理还能平衡；而被善良的低智人所骗，我就不能原谅自己。

假如让我举出自己最不善良的时刻，那就是现在了。可能是因为受了一些教育，也可能是因为已经成年，反正你要让我去解放什么人的话，我肯定要先问问，这些人是谁，为什么需要帮助；其次要问问，帮助他们是不是我能力所及；最后我还要想想，自己直奔云南去挖坑，是否于事有补。这样想来想去，我肯定不愿去插队。领导上硬要我去，我还得去，但是这以后挖坏了青山、造成了水土流失，等等，就罪不在我。一般人认为，善良而低智的人是无辜的。假如这种低智是先天造成的，我同意。但是人可以发展自己的智力，所以后天的低智算不了无辜——再说，没有比装傻更便当的了。当然，这结论绝不是说当年那些军代表是些装傻的奸邪之辈——我至今相信他们是好人。我的结论是：假设善恶是可以判断的，那么明辨是非的前提就是发展智力、增广知识。然而，你劝一位自以为已经明辨是非的人发展智力、增广见识，他总会觉得你让他舍近求远，不仅不肯，还会心生怨恨。我不愿为这样的小事去得罪人。

我现在当然有自己的善恶标准，而且我现在并不比别人表现得坏。我认为低智、偏执、思想贫乏是最大的邪恶。按这个标准，别人说我最善良，就是我最邪恶时；别人说我最邪恶，就是我最善良时。当然我不想把这个标准推荐给别人，但我认为，聪明、达观、多知的人，比之别样的人更堪信任。基于这种信念，我认为我们国家在“废黜百家，独尊儒术”之后，就丧失了很多机会。

我们这个民族总是有很多的理由封锁知识、钳制思想、灌输善良，因此有很多才智之士在其一生中丧失了学习、交流、建树的机会，没有得到思想的乐趣就死掉了。想到我父亲就是其中的一个，我就心中黯然；想到此类人士的总和有恒河沙数之多，我就趋向于悲观。此种悲剧的起因，当然是现实世界里存在的种种问题。伟大的人物总认为，假设这世界上所有的人都像他期望的那样善良——更确切地说，都像他期望的那样思想，“思无邪”，或者“狠斗私字一闪念”，世界就可以得救。提出这些说法的人本身就是无邪或者无私的，他们当然不知邪和私是什么，故此这些要求就是：我没有的东西，你也不要有。无数人的才智就此被扼杀了。考虑到那恒河沙数才智之士的总和是一种难以想象的庞大资源，这种想法就是打算把整个大海装入一个瓶子之中。我所看到的事实是，这种想法一直在实行中，也就是说，对于现实世界的问题，从愚蠢的方面找办法。据此我认为，我们国家自汉代以后，一直在进行思想上的大屠杀；而我能够这样想，只说明我是幸存者之一。除了对此表示悲伤之外，我想不到别的了。

五

我虽然已活到了不惑之年，但还常常为一件事感到疑惑：为什么有很多人总是这样地仇恨新奇，仇恨有趣。古人曾说：天不生仲尼，万古长如夜。但我有相反的想法。假设历史上曾有一位大智者，一下发现了一切新奇、一切有趣，发现了终极真理，根绝了一切发现的可能性，我就情愿到该智者以前的年代去生活。这是因为，假如这种终极真理已经被发现，人类所能做的事就只剩下了依据这种真理来做价值判断。从汉代以后到近代，中国人就是这么生活的。我对这样的生活一点都不喜欢。

我认为，在人类的一切智能活动里，没有比作价值判断更简单的事了。假如你是只公兔子，就有做出价值判断的能力——大灰狼坏，母兔子好；然而兔子就不知道九九表。此种事实说明，一些缺乏其他能力的人，为什么特别热爱价值的领域。倘若对自己做价值判断，还要付出一些代价；对别人做价值判断，那就太简单、太舒服了。讲出这样粗暴的话来，我的确感到羞愧，但我并不感到抱歉。因为这种人士带给我们的痛苦实在太多了。

在一切价值判断之中，最坏的一种是：想得太多、太深奥、超过了某些人的理解程度是一种罪恶。我们在体验思想的快乐时，并没有伤害到任何人；不幸的是，总有人觉得自己受了伤害。诚然，这种快乐不是每一个人都能体验到的，但我们不该对此负责任。我看不出有什么理由要取消这种快乐，除非把卑鄙的嫉妒计算在内——这世界上有人喜欢丰富，有人喜欢单纯；我未见过喜欢丰富的人妒恨、伤害喜欢单纯的人，我见到的情形总是相反。假如我对科学和艺术稍有所知的话，它们是源于思想乐趣的浩浩江河，虽然惠及一切人，但这江河绝不是如某些人所想象的那样，为他们而流，正如以思想为乐趣的人不是为他们而生一样。

对于一位知识分子来说，成为思维的精英，比成为道德精英更为重要。人当然有不思索、把自己变得愚笨的自由；对于这一点，我是一点意见都没有的。问题在于思索和把自己变聪明的自由到底该不该有。喜欢前一种自由的人认为，过于复杂的思想会使人头脑昏乱，这听上去似乎有些道理。假如你把深山里一位质朴的农民请到城市的化工厂里，他也会因复杂的管道感到头晕，然而这不能成为取消化学工业的理由。所以，质朴的人们假如能把自己理解不了的事情看作是与己无关的事，那就好了。

假如现在我周围的世界又充满了“文革”时的军代表和道德教师，只能使我惊，不能使我惧。因为我已经活到了四十二岁。我在大学里遇到了把知识当作幸福来传播的数学教师，他使学习数学变成了一种乐趣。我遇到了启迪我智慧的人。我有幸读到了我想看的书——这个书单很是庞杂，从罗素的《西方哲学史》，一直到英国维多利亚时期的地下小说。这最后一批书实在是很不堪的，但我总算是把不堪的东西也看完了。当然，我最感谢的是那些写了好书的人，比方说，萧伯纳、马克·吐温、卡尔维诺、杜拉斯，等等，但对那些写了坏书的人也不怨恨。我自己也写了几本书，虽然还没来得及与大陆读者见面，但总算获得了一点创作的快乐。这些微不足道的幸福就能使我感到在一生中稍有所得，比我父亲幸福，比那些将在思想真空里煎熬一世的年轻人幸福。作为一个有过幸福和痛苦两种经历的人，我期望下一代人能在思想方面有些空间来感受幸福，而且这种空间比给我的大得多。而这些呼吁当然是对那些立志要当军代表和道德教师的人而发的。

① 选自《沉默的大多数》，中国青年出版社1997年版。王小波（1952—1997），当代作家，主要作品有长篇小说《黄金时代》《白银时代》《青铜时代》，随笔杂文集《思维的乐趣》《我的精神家园》等。

导读

我们经常成为庸见和偏见的囚徒。思考，可以将我们从庸见和偏见的牢笼中解放出来，重新发现自己，重新发现世界。思考要以语言来澄明，语言的界限，某种意义上也规定了思维的界限。王小波《思维的乐趣》一文，从自己的生活阅历和生命体验出发，以清晰灵动的语言，论证了思维给我们带来的巨大乐趣。文章处处闪烁着思想和智慧的光芒。

触类引申

王小波的杂文随笔有两个明显的特征，一是它独特的思路，一是它独特的语言风格。他的思路属于自由人文主义，是自由和独立思考精神的结晶；他的语言犀利幽默，妙趣横生，是一种极具个人特色的文字。正如一些专家和一般读者所说，读他的文字是一种享受，可以获得阅读的快感。他的文章既让人捧腹，又令人掩卷沉思，把杂文随笔提高到了艺术品的境界。

——李银河《沉默的大多数·前言》，见王小波《沉默的大多数》，中国青年出版社 1997 年版

第六章

万紫千红各占春

风格是作家独特面貌的反映，作家借风格感染和征服读者，读者则通过风格辨识作家的个性。歌德说，风格“是艺术所能企及的最高境界，艺术可以向人类最崇高的努力相抗衡的境界”。古今中外的作家和诗人无不追求自己独特的风格。

风格是作家个性的表现，因此有些批评家认为，“风格是不可学而能的”，尤其不能通过模仿而获得，这类话似是而非。其实个性也并非全由天生，它也是磨砺的结果。风格实际上是长期研习和艰苦工作的报偿。模仿也是学习的一条重要途径，但其目的是为了从模仿中蜕化而获得新生。

风格也是区别文学和非文学的标志。老舍说：“文章有风格，或没有风格，这是绝对的，不是相对的。有风格的是文学，没有风格的不成文学。”所谓有风格，就是因为它表现着作家的灵魂和个性。

风格也与文体相关。不同的文体要求用不同的风格表现，文学与非文学对文字表现的要求不同，文学内部，诗与散文不同，戏剧与小说各异。作者必须因体裁而文，方能各臻其妙。

一、人与风格

风格是人格的表现。刘勰说，“各师其心，其异如面”；布封说，“风格即人”；歌德说，“一个作家的风格是他的内心生活的准确标志”；法郎士说，“每一个小说都是作家的自传”。作家写出来的是文字，表现的是他的灵魂。

风格的区别不在表现的题材，而在作家表现这题材的方法。怎样写是首要的事，是风格的由来。钱锺书说，“所言之物，可以饰伪：巨奸为忧国语，热中人作冰雪文”，而“其言之格调，则往往流露本性”。也就是说，说什么可以是假的，但说的方式总是暴露着说者内心的实情。因此，读者借以辨识作家个性的不是他说了什么，而是他怎样说。

作家特殊的风格个性是其作品魅力的来源。文学鉴赏，其实就是体验、甄别作家和作品风格的个性，并进一步与作者产生心灵的共鸣。一个内行的读者从文学作品中收获的不是抽象的、概念性的知识，而是关于其形式和风格的生动的体验。

鲁迅自传[①]

鲁迅

我于一八八一年生于浙江省绍兴府城里的一家姓周的家里。父亲是读书的；母亲姓鲁，乡下人，她以自修得到能够看书的学力。听人说，在我幼小时，家里还有四五十亩水田，并不很愁生计。但到我十三岁时，我家忽而遭了一场很大的变故，几乎什么也没有了；我寄住在一个亲戚家里，有时还被称为乞食者。我于是决心回家，而我底父亲又生了重病，约有三年多，死去了。我渐至于连极少的学费也无法可想；我底母亲便给我筹办了一点旅费，教我去寻无需学费的学校去，因为我总不肯学做幕友或商人，——这是我乡衰落了的读书人家子弟所常走的两条路。

其时我是十八岁，便旅行到南京，考入水师学堂了，分在机关科。大约过了半年，我又走出，改进矿路学堂去学开矿，毕业之后，即被派往日本去留学。但待到在东京的预备学校毕业，我已经决意要学医了。原因之一是因为我确知道了新的医学对于日本维新有很大的助力。我于是进了仙台（Sendai）医学专门学校，学了两年。这时正值俄日战争，我偶然在电影上看见一个中国人因做侦探而将被斩，因此又觉得在中国医好几个人也无用，还应该有较为广大的运动……先提倡新文艺。我便弃了学籍，再到东京，和几个朋友立了些小计划，但都陆续失败了。我又想往德国去，也失败了。终于，因为我底母亲和几个别的人很希望我有经济上的帮助，我便回到中国来；这时我是二十九岁。

我一回国，就在浙江杭州的两级师范学堂做化学和生理学教员，第二年就走出，到绍兴中学堂去做教务长，第三年又走出，没有地方可去，想在一个书店去做编译员，到底被拒绝了。但革命也就发生，绍兴光复后，我做了师范学校的校长。革命政府在南京成立，教育部长招我去做部员，移入北京；后来又兼做北京大学、师范大学、女子师范大学的国文系讲师。到一九二六年，有几个学者到段祺瑞政府去告密，说我不好，要捕拿我，我便因了朋友林语堂的帮助逃到厦门，去做厦门大学教授，十二月走出，到广东，做了中山大学教授，四月辞职，九月出广东，一直住在上海。

我在留学时候，只在杂志上登过几篇不好的文章。初作小说是一九一八年，因为一个朋友钱玄同的劝告，做来登在《新青年》上的。这时才用“鲁迅”的笔名（Pen-name）；也常用别的名字作一点短论。现在汇印成书的有两本短篇小说集：《呐喊》《彷徨》。一本论文，一本回忆记，一本散文诗，四本短评。别的，除翻译不计外，印成的又有一本《中国小说史略》和一本编订的《唐宋传奇集》。

一九三〇年五月十六日

① 选自鲁迅《朝花夕拾》，万卷出版公司 2020 年版。

著者略历[①]

老舍

舒舍予，字老舍，现年四十岁，面黄无须。生于北平，三岁失怙，可谓无父。志学之年，帝王不存，可谓无君。无父无君，特别孝爱老母，布尔乔亚之仁未能一扫空也。幼读三百千，不求甚解。继学师范，遂奠教书匠之墓。及壮，糊口四方，教书为业，甚难发财；每购奖券，以得末彩为荣，示甘于寒贱也。二十七岁，发愤著书，科学哲学无所懂，故写小说，博大家一笑，没什么了不得。三十四岁结婚，今已有一女一男，均狡猾可喜。闲时喜养花，不得其法，每每有叶无花，亦不忍弃。书无所不读，全无所获，并不着急。教书做事，均甚认真，往往吃亏，亦不后悔。如是而已，再活四十年也许能有点出息！

著有:《老张的哲学》,《赵子曰》,《二马》,《小坡的生日》,《猫城记》,《离婚》,《赶集》,《牛天赐传》,《樱海集》,《蛤藻集》,《骆驼祥子》,《火车集》，皆小说也。当继续再写八本，凑成二十本，可以搁笔矣。散碎文字，随写随扔；偶搜汇成集，如《老舍幽默诗文集》及《老牛破车》，亦不重视之。

① 选自《老舍散文：插图珍藏版》，人民文学出版社2008年版，发表时附于《小型的复活（自传之一章）》之后。老舍（1899—1966），原名舒庆春，字舍予，北京人，满族，著有长篇小说《骆驼祥子》《四世同堂》，戏剧《茶馆》等。老舍善于刻画市民阶层的生活和心理，文笔生动幽默，地方色彩浓郁。

戈麦自述[①]

戈麦

和戈麦初次相识的人皆猜不出他的年龄与他的出生地，戈麦身高中上，瘦骨嶙峋。时而服饰考究，时而衣着破烂。面如峭石，时而乱须满腮，时而一览无余。目光锐利，石头一样的光芒被一副黑色眼镜遮住。言语宽容，又不乏雄辩。不愿好为人首，不愿寄人篱下。不愿做当代隐士，不愿随波逐流。

其实戈麦出生于三江平原广漠的旷野上，喜欢水，喜欢漫游；厌弃山，但不厌攀登。在戈麦身上看不到东北人的粗粝与世故，看不到乡野人的质朴，看不到都市人的浮滑。在戈麦二十四年的人生经历中，只用六个字就可以概括：成长、求学、工作。戈麦是个文化人，又是一把刺伤文化的匕首。

戈麦性格刚毅，但时而软弱，经不起很大的折腾。他说："人的一生只可能被砍倒三次，第四次被砍倒，就全完了。"戈麦是个乐观的悲观主义者，看到过人生最为惨痛的一面，摸到过酷似他自己的尸体；但他毕竟熬过来了，他说："遇到过不下去、忍不下去的时候，闭一下眼，就等于又活了过来。"

戈麦寓于北京，但喜欢南方的都市生活，他觉得在那些曲折回旋的小巷深处，在那些雨水从街面上流到室内、从屋顶上漏至铺上的诡秘的生活中，一定发生了许多绝而又绝的故事。

戈麦选择写作，有很早的愿望，但开始稍晚，这其中有过极其矛盾的选择。戈麦时间充裕，但善于浪费，许多光阴在饮酒和打牌中流过。戈麦主张艺术家理应树立修远的信念，不必急躁，不必唐突，不求享誉于世，但求有补于文。他说写东西占用不了太多时间，但读书却需要很多精力。他认为一个诗人在写下每一首诗的时候，理应看到自己诗歌的未来。这种说法固然有其夸张的成分，但足以看出他修远的勇气。戈麦觉得诗与小说有其极为不同的思维方式，尤其是现代诗与现代小说更是这样，因而他反对双向修远；但他自己一直考虑一种双向修远的道路，也许有一天张力过大，一根弦就要绷断。

戈麦喜欢一切不可能的事，他相信一位年岁稍长于他的诗人的一句话："让不可能的成为可能。"他喜欢神秘的事物，如贝壳上的图案、彗星、植物的繁衍以及怀疑论的哲学。如果说到他的作品，他总是说：一切刚刚开始。戈麦的诗歌有其深厚的文化功底和语言素养，涉猎的文风并不单一，有抒情诗和非抒情诗，他反对抒情诗歌的创作，他认为那东西可以用歌曲和日记代替。戈麦的小说趋向于现代小说风范，但不乏传统小说所带来的灵感和技巧。他讨厌我来写他，说："这是几十年以后的事。"

戈麦尊敬历史上许多位文学大师，如诗人雨果、庞德，更早的有荷马和英国玄学派诗人，在当代诗人中，他愿读曼杰施塔姆和埃利蒂斯。戈麦有时沉溺在传统小说那种漫长的阅读过程中，尤为愿读福楼拜和麦尔维尔。在当代小说家中，他对克劳德·西蒙和米兰·昆德拉经常反复阅读。这种嗜好的广泛性令人瞠目，其中诸位大师的思想、文风迥异，而竟为一个年轻人排列到一种共同的趣味之中，令人困惑。这种宽宏的口味简直与戈麦的饮食口味大体接近。

戈麦欣赏叔本华的哲学，我怀疑若能从头再来的话，他很可能放弃文学生涯，因为他对哲学和思想史的东西有更大的兴趣。

戈麦写起散文信手而来，他觉得至少在写散文的时候可以让人感受到写作并不是一件苦差。他的散文一般是一遍写成，不打草稿，甚至写之前没怎么盘算。但他写的散文数量少得惊人，他为什么不干些省力省心的事情？

每次我走进戈麦的书房，书房内总是烟雾缭绕，戈麦嗜烟如命，总想戒，总戒不了。他说抽烟是一件可耻的事情。同样，戈麦厌弃喝酒，他说酒会使一个人丧尽了自尊。戈麦说他只大醉过一次，这已经足够让他讨厌的了。

戈麦珍视友谊，但对人世的无常和背弃看得很透。在戈麦短暂的二十几年中，一定经历过许多次灾难，但戈麦对此一向缄口不言。

戈麦经常面露倦容，有时甚至不愿想 25 岁之后的光景。

在戈麦的方方面面，充满了难以述描的矛盾。我只能说，他是一个谦逊的暴君。

① 选自《戈麦诗全编》，上海三联书店 1999 年版。戈麦（1967—1991），黑龙江萝北县人，当代诗人，1985—1989 年就读于北京大学中文系，毕业后供职于中国文学出版社，其作品已出版和发表的有《彗星：戈麦诗集》《戈麦诗全编》，小说《猛犸》《地铁车站》《游戏》等。

导读

作家的自传最能显出作者的内心和人格。虽然有“自传就是别传”

的讥称，但事实可以造假，文章的语气格调却总是表现着作者的心性。读这一组自传文章，三位作家的不同性格跃然纸上。鲁迅的性格结合了深于情与激于义两方面，其文风深沉犀利。这篇自传写得不像他的杂文那样尖刻，但在平静的叙述下仍然暗藏机锋，篇幅虽短，容量却很大。而老舍的自传写得轻松幽默，浅近的文言中夹以地道口语，似游戏笔墨，个性却表露无遗。戈麦采用第三人称写法，偏重于自我分析，既向读者坦陈自己复杂的内心，同时又给人距离感。

触类引申

文以气为主，气之清浊有体，不可力强而至。譬诸音乐，曲度虽均，节奏同检，至于引气不齐，巧拙有素，虽在父兄，不能以移子弟。

——（三国·魏）曹丕《典论·论文》

风格不是由字句的堆砌而来的，它是心灵的音乐。叔本华说："形容词是名词的仇敌。"是的，好的文字是由心中炼制出来的；多用些泛泛的形容字或生僻字去敷衍，不会有美好的风格。

——老舍《语言与风格》，见《老舍文集》第十五卷，人民文学出版社 1990 年版

知识、事实与发现都很容易脱离作品而转入别人手里，它们经更巧妙的手笔一写，甚至于会比原作更出色些哩。这些东西都是身外之物，风格却就是本人。因此，风格既不能脱离作品，又不能转借，也不能变换；如果它是高超的，典雅的，壮丽的，则作者在任何时代都将被赞美；

因为只有真理是持久的，甚至是永恒的。

——［法］布封《论风格》，见《西方文艺理论名著选编》，伍蠡甫、胡经之主编，北京大学出版社 1985 年版

一个作家的风格是他的内心生活的准确标志。所以一个人如果想写出明白的风格，他首先就要心里明白；如果想写出雄伟的风格，他也首先就要有雄伟的人格。

——［德］歌德《歌德谈话录》，朱光潜译，人民文学出版社 1978 年版

阿基勒斯的盾牌①

荷马 著　徐迟 译

一

她呼唤著名的铁匠海发斯陀斯：
“来，海发斯陀斯，黛蒂丝要用你。”
著名的跛了一条腿的神仙回答：
“原来是我尊敬、崇拜的一位女神
来我家。当初是你救我的性命，
谢谢我那位不害臊的姆妈，从高空
摔下我，痛得我要死。亏得你愿意
把我这跷脚窝藏了起来。那时候，
我简直糟糕，要不是海洋中诞生的

两位，倒流的浪涛中的海洋的子女，
攸丽诺曼和黛蒂丝，她们的乳房
喂养了我啊。我跟了她们有九年，
制造了许多铜器的珍奇的物件，
胸扣针，螺旋的手镯，蔷薇徽章
和项圈，就在她们的空虚的窑洞里，
那里海洋的潮流不断地喷射出
嘈嘈的泡沫。却没有一个人知道，
神仙和人间的人类都不，只有
你救命恩人黛蒂丝和攸丽诺曼：
现在，黛蒂丝亲自到我的家里来！
我得报答你这位秀美头发的
黛蒂丝，我的好恩人，尽量的报答，
等我把风箱，家伙和一切放开了，
把高贵的娱乐放在你的面前。”
他说了，从铁砧那里跛着走过来，
大身体，可是瘦小的胫骨多灵活。
他把风箱从炉子上搬开又把
整套的用来做工的工具整理进
一只银匣子；用一块海绵，他擦
他的脸，双手和肌肉结实的脖子
和多毛的胸膛：穿上束腰的外衣，
就拿起一根粗手杖，一跷跷走过
一重重的门户；金子雕成的女工们
像凡间的女人来去帮主人的忙。
她们有灵活的头脑，辞令和膂力，

从这位不朽的神仙那儿都学会了
她们的职司。

（以上第十八个歌第三九一至四二〇行）

二

于是他先造庞大的硬邦的盾牌，
许许多多富丽花样在上面辉煌；
三层的圈圈儿绕住她的边缘；
一条银链裹住厚厚的圆饼，
这阔大的盾牌用五块钢板合成，
神仙的劳动的结晶在平面上升降。
一位艺术大师头脑里的意象
在那儿照耀。他设计天地和海洋；
当新的太阳和一轮明月，天空的
冠冕，苍穹里面的星星儿的光；
毕星团，昴星团还有那北天的队伍；
宏大的猎户星座更烁亮的豪光；
天狼星，绕住了那个天空的轴心，
转去转来，黄金的眼睛看准了
那猎户，在天空的中原上光耀四射，
没有把它的额角海洋里洗拭。
盾牌上出现了两个耀炫的城市，
一个代表了和平，另一个，战争。
这里面，圣洁的荣华，快乐的婚宴，
有端庄的跳舞还有着结婚的仪式；

沿街，迎来了一对新婚的男女，
火炬高举，送他们到新婚的床上；
年轻的舞蹈者随着柔和的笛子，
琴弦的银色的音调，舞成了圆形：
美妙的街路上，已婚的女人们排了队
各自在墙门堂欣赏这一派美景。

（以上第十八个歌第四八七至四九六行）

三

其次的一座地（景象就差得太远了）
闪耀的武器照亮凶恶的战争。
两支雄厚的军队拥包一个城，
这个要抢劫，那个要烧毁这地方。
同时市民们，肃静谨慎地准备，
武装好，暗中埋伏要对付敌人；
他们的妻子，孩子，和一群瞭望着
战争，发抖的父老，站在楼窗上。
军队行进，派拉斯神和战争神守护
他们，金镶的神，金装的袍子，
金碧的武器，浩浩荡荡的队伍，
带队的领头，庄严地，神圣地，超人地。

（以上第十八个歌第五〇九至六一九行）

四

然后，成熟得金黄的葡萄园多光亮，
沉甸甸葡萄的收成桠枝上挂来，
玎珰的累累的一球球，颜色深厚些，
攀绕了银的棚棚，整齐地辉映；
一种黑黝黝的金属夹进了树叶里
做底子，淡淡的锡是院子的光彩。
通院子的一条路柔软地弯来弯去，
上面走着一队人，头顶着篮子，
（美丽的少女，青春的男子）微笑
说明了这年秋天的紫色丰收。
一少年朝他们拨动了觉醒的琴弦，
柔和的歌声唱了林诺斯的命运；
他后面一队人用舞蹈的步子走来，
抑柔了歌喉来答复这一个曲调儿。
这里一队牛在走，雄壮地翘起
它们的角，它们的呜呜叫带着
金色，走向一片草地那里有
一道急流在咆哮，两岸是水声；
四个金子做的牧牛郎，它们的看守，
再加上九条酸溜溜的狗这田园的
一群就全了。森林里两头雄狮
跳出来，抓住领头的那一头头牛；
牛嘶叫；狗和人虽然抵抗了没有效；
它们撕裂了它又喝下了热血。

群狗（吠叫没有用）束手无策，
给这幅景象吓怕了，还躲开。
然后呢，火神的艺术带领了眼睛
穿过美丽的森林深处，大草原，
家畜的棚棚，羊栏，散开的村屋，
绵羊的毛发使全部风景洁白。
跟着一群人在跳舞；仿佛那一次，
在格诺索斯，台达利安的艺术
为克里底的皇后木刻的一种舞；
手牵手，一群喜剧式的少男少女
跳跃着，少女穿了宽弛的麻纱衣，
男人穿外表漂亮的坎肩更英俊
这几个头发上装饰一圈圈花环；
那几个腰肢上装饰金色的宝剑，
宝剑在银色的腰带上快乐地闪耀。
一忽儿他们升高了，一忽儿低下来，
有训练的舞步，现在，倾斜了阵形，
乱七八糟的图案，移动的迷宫，
现在，一下子快得看都来不及，
他们跳起来成了飞行的圆环，
这样旋转的轮子，眼睛都看花，
滚得快，轮子里的杠杆都看不见，
一大堆看客四周喝彩鼓掌；
圈子里两个翻觔斗的活泼地跳；
忽高忽低，柔软地，穿梭来去：
全体大合唱结束了这快乐的舞会。

便这样，艺术家用他最后的手法
将盾牌完成，浇下海洋在四周：
鲜龙活跳的银波雪浪打滚，
撞击盾牌的边缘，又包罗了万象。

（以上第十八个歌第五六一至六〇八行）

① 选自《月照波心一颗珠：诗人译诗选集》，邹荻帆选编，花城出版社1985年版。荷马（Homeros，约前9世纪—前8世纪），相传为古希腊两大史诗《伊利亚特》和《奥德赛》的作者，被誉为诗歌之父。徐迟（1914—1996），当代诗人、散文家，著有诗集《二十岁人》，报告文学《地质之光》《歌德巴赫猜想》等。

阿喀琉斯之盾[①]

奥登 著　吴笛 译

她从他肩上看过去
寻找葡萄和橄榄、
大理石、秩序井然的城市、
深红色大海上的船帆；
但是，在闪闪发光的金属上，
他的双手放下的却是
像铅块一样的天空
和人造的荒凉的空地。

毫无特色的平原，发黑、光秃，
没一片草叶，没有邻居的足迹，
没东西进餐，没地方就座；
然而在那空寂的荒地
难以理解的众人却在聚集，
百万只眼睛，百万双靴子，
没有表情，列队等待着一个标记。

没人露面的声音从空中飘出，
统计资料表明，有些原因
说出来像这块地方一样干燥、平板；
不愉悦任何人物，不讨论任何事情，
一队接着一队，迎着云雾般的灰尘，
他们齐步走开，忍受着一个信仰：
他们结果必然会在某处遭难。

她从他肩上看过去
寻找宗教仪式上的虔诚、
戴上了花环的白衣姑娘、
奠酒以及别的祭品；
但是，在闪闪发光的金属上，
本来应该是祭坛，
可是在他那摇曳的炉火下，
她看到的却是另一番景象。

带刺的铁丝围住了专横的地方，

烦躁的官员们躺在那儿（说着趣闻），
天气炎热，哨兵们汗流浃背；
一群正派的普通百姓
从外面观看，既不移步也不出声，
就像三个暗淡的图像，
笔直地绑在钉于地上的木桩。
这个世上的群众和帝王，
都有着分量，而且分量始终一样，
但都躺在别人的手上；他们渺小，
不能期待帮助，也没有人肯来帮忙；
他们敌人想做的一切已经做完；
他们的羞耻无与伦比；失去自尊，
在肉体死亡之前，灵魂就不再生存。

她从他肩上看过去
寻找比赛中的运动队员，
寻找扭动腰肢的男男女女
甜甜蜜蜜地起舞翩翩，
快速、快速地合着音乐的节奏；
但是，在闪闪发光的盾牌上，
他的双手布置的不是舞厅，
而是布满枯草的田地的荒凉。

一个衣着褴褛的顽童，
在那空地漫无目的地独自闲逛；
一只鸟儿从真实的石头上溜之大吉；

两个姑娘遭到强奸，两个少年残杀第三个，
这就是他看到的公理，他从未听见
任何世界会信守诺言，
或任何人因别人痛哭而呜咽。

锻造武器的赫斐斯托斯，
长着薄嘴唇，离去时蹒蹒跚跚；
胸膛闪闪发光的忒提斯
灰心丧气地大声哭喊，
责怪上帝迁就她的儿子——
力大无比的阿喀琉斯，
他铁石心肠，残忍地杀人，
但他已经无法永生。

① 选自《世界诗库》第 2 卷，花城出版社 1994 年版。奥登（Wystan Hugh Auden，1907—1973），英国现代诗人，二战前夕移居美国并加入美国籍。吴笛（1954—），当代翻译家、学者，译有《含泪的圆舞曲：帕斯捷尔纳克诗选》（与力冈合译）等多种。

导读

荷马描写阿基勒斯之盾的一百八十行诗是西方文学中最精彩的篇章之一，历来为人所称颂。荷马的描写显示了高超的诗歌艺术，他用光辉的诗歌语言把视觉的、绘画的景象转化为在时间中展开的生动的、连续的动作。因为这幅著名的图画，自古以来就有人把荷马尊为画家的典范。

他用优美的语言描画和平景象，又用庄严的语言描绘战争场面，显示了古典的崇高而庄严的风格。奥登的诗是对荷马的戏拟，故意用平庸、琐碎、隐晦的现代图景取代了荷马原作中优美、庄严的古典场景，把古典的崇高、优美、庄严、单纯一变而为现代的平凡、粗俗、诙谐、复杂，通过这一风格的策略性改变，这一题材获得了新的现代意义。

触类引申

一、关于《阿基勒斯的盾牌》

即使是多智的奥德修斯请求阿基勒斯息怒，连到阿格门农统帅，最后也愿意赔偿阿基勒斯，可是他始终不肯出战，但帕脱洛克罗斯战死之后，他看到爱友躺在担架上，就流下了热泪来。于是黛蒂丝，阿基勒斯的母亲从海上出现，安慰他，同时，为他去求火神，著名的铁匠海发斯陀斯那里求一套甲胄和一面盾牌。

阿基勒斯只等着武器了。

海发斯陀斯，这一位希腊神话中代表手工艺匠人的火神，为天后希啦之子，生而跛一足，天后不悦，将他从灵山上空摔下。黛蒂丝是他的救命恩人，此番就借机报恩，制出了一面天下无双的盾牌来。

这一面盾牌荷马写了一百八十行诗，为世界文学中最精彩的名篇。这里所译之（四），其中关于舞蹈的部分从蒲伯的英译。因系诗人手笔，与希腊原文大有出入，今依照蒲伯而译。

各家对于这一段盾牌的注释，集注起来，为数甚多，这里随手头所有的书，摘录一二。

有的荷马学家如斯喀利该尔，又如贝罗尔脱与台尔拉松认为这样的盾牌，根本不可能，而另一些学者如达锡尔波文与蒲伯则力辩其可能，称颂荷马为诗人之父不够，还尊他为绘画之父。

主要的反对派的原因——荷马在盾牌上安下了太多的人物，容纳不下——这使波文画出了这面盾牌来，将山水人物，一一的按诗分配，并将大小尺寸，一一注明。但波文的分配法违反了古代盾牌的许多成规。其原因是他把盾牌上的一连串的动人的人物，画了连环画出来。如战争之城市，他画了三张，可是若按照荷马的描写，至少画一打才得完全。所以虽然画成功了，也还是不成功。

波文的画，使蒲伯大为高兴了，他加添了许多说明，赞美荷马懂得绘画之阴阳对比，透视及绘画的三条均一律。他说，“当荷马说，山谷中有点点羊群，村屋，家畜的棚屋，这显然是一幅透视图”等。

莱辛这一位卓越的美术理论家，又是诗人又是戏剧家，且是希腊学者，对于这个问题有极精粹的发明。他推翻了蒲伯的透视等等的说法，从透视本身的学理，证其说法不能成立，更证明了荷马当时的绘画尚无透视之可言，渊博的莱辛对于考订古代文献有一种天赋的才能与明敏。他对于这盾牌的看法，译者认为这是诸家学说中最精确的一种说法了。在详细地说明荷马用的文字后，他说：“所以，荷马并不是把这面盾牌当作一个已经完成了的整个东西来描写的，而是把它当作一个正在进行中的工作来描写。这又证明了荷马懂得，用诗来描写这著名的盾牌，决做不到使那些图样同时地全面存在；他只能使它们陆续出现。这一个认识就使他把平板的，冗长的一个个物体的描写，一变而为一幅幅动的图画了。我们所见的并非盾牌，而是这盾牌的创造者的工作情况。他拿起了锤子、钳子到铁砧上，从生铜里锻出了这个圆饼之后，他用以装饰盾牌的花样就一样一样地在他的雕塑的手腕之上依次制就，出现了。这工作完成之后，我们还是没有忘记这位火神在旁边。我们当然是瞠目结舌对这个制造品呆住了，然而我们却是以一个目击者的姿态来呆顿顿地出神的。”

接下他说明罗马诗人魏吉尔的史诗中，所写的英雄爱依尼斯之盾，全非这回事。他写道："爱神来到爱依尼斯身旁，盾牌已经完成了，她把盾牌斜依在橡树上，英雄将其饱看一番，赞叹之后，摸了一摸它，试用一下之后，盾牌的描写就开始了，说来说去是，'这里是'，'那里是'，'它边上'及'不远处'，这样的冗闷，冷冰冰，只怕我们疲倦，魏吉尔就用了许多诗的装饰……"此外的一个缺陷是英雄和爱神对于这盾牌上各花样的意义都不明了，一切描写都从诗人的口吻说出，而人物并不参与在这面盾牌的工作进行之中，"爱依尼斯之盾只为了赞扬骄横的罗马民族的东西"。关于这一点，他更写道"荷马使火神装饰这面盾，为了使盾牌自身必须值得给一个大英雄所占有。魏吉尔不过要装饰一面盾牌而已。"

可是还有一个问题。莱辛研究诗歌与美术两者底极限性所得最重要的发现就是绘画所表现的，必须是"动"。但绘画又有其本身的限制。除非画连环画，但连环画简直是取消了绘画本身的集中。譬如荷马的盾牌上，所绘画的动作有头有尾，但假如放在实际的盾上，就只须一幅画，挑那含蓄的最多的动作的刹那，画了出来，即便足够，而这一刹那之前的动作，这一刹那之后的动作，"画家只需能唤起我们想象就是"。所以阿基勒斯盾牌上这许多人物行动，若制及与绘画特具之美德（刹那间包含整个运动）的，迂腐之见。波文单画战争的城市，已用了三张画面，莱辛说："我的意思，荷马的盾牌上不会超过十张画面的，每一张画面，开始于诗人说，'其次的一部'，'然后'，'跟着'等等字眼。没有这等字眼的地方，我们不能将诗句划分为连环画，相反的，诗句中许多的动作我们必须得看作一个混成一物的画面，这一个画面把来龙去脉凝聚于一个瞬间"，这样才能欣赏荷马的诗歌所表现的盾牌的精神。因为诗歌没有绘画的限制，可以描写一连串的动作，绘画有此限制，故盾牌上这一连串动作必然凝聚画于一个刹那，若是今之所谓连环画，把动的每一部分静了起来，则画面还有什么意思?

关于上述所引莱辛文，均见其所著之《拉奥孔》。

——徐迟《“阿基勒斯的盾牌”释》[①]

① 选自《月照波心一颗珠：诗人译诗选集》，邹荻帆编，花城出版社1985年版。

二、关于奥登和《阿喀琉斯之盾》

（奥登）刚到美国的时候，他仍写出了一些好作品，如《新年书信》。以后他逐渐转向宗教题材，在诗艺上仍试验不断，间有佳作，如《石灰石赞》（1948），写出了他对历史和人在自然中地位的透视，深刻隽永；特别是《阿基利斯的盾牌》（1955）一诗仍然用了他的戏剧性对照法，但是调子却要沉郁得多，去写神话世界与现代生活之间的巨大差别。阿基利斯的母亲以为盾牌上会刻出敬神的仪式场面，实际上却只见这样的景象：

铁丝网圈起一块指定的地，
等着的官员感到闷，有人开了个玩笑，
卫兵们流着汗，因为天很热，
一群普通的老实百姓
在外面瞧着，不动也不说话，
三个苍白的人被带过来，绑在
三根竖立在地上的柱子上。

这就又回到了20世纪这个残忍好杀的时代，也回到了早先奥登的诗艺。

——王佐良《英国诗史》，译林出版社1997年版

二、语体与风格

我国古代文论很早就注意到语体与风格的关系。三国曹丕《典论·论文》将语体分为奏议、书论、铭诔、诗赋四科，并提出“奏议宜雅，书论宜理，铭诔尚实，诗赋欲丽”的不同风格要求。其后陆机在《文赋》中提出诗、赋、碑、诔、铭、箴、颂、论、奏、说十体。挚虞《文章流别论》开文章学专门研究之先河。刘勰《文心雕龙》对语体作了更精细的区分。他先将语体分为文、笔两大类（“今之常言，有文有笔，以为无韵者笔也，有韵者文也”），两类中又各分出十体，并对各体的风格特征进行了细致的辨析。后代随着各种新语体的产生，语体的分类愈繁。就诗而言，既有诗、词、曲的区分，诗中又有四言、五言、七言、杂言的分别，这些分别也都有风格上的特征和依据。

语体的分别首在文学与非文学的差异。文学的本质在于虚构，它没有实用目的，重在表现；其他语体则各有其实用目的，而各以其实用目的为旨归，产生种种风格和体式的差别。记事、论理、说明、文告、条令等，对象不同，目的不同，风格也各异。文学内部，诗与散文的分别在中外都是文艺理论探讨的一个大题目。曹丕说“诗赋欲丽”，陆机说“诗缘情而绮靡”，宋严羽提出“诗有别才”，明胡应麟认为“诗主风神，文先理道”，都强调诗歌在语体风格上的特殊性。法国16、17世纪之际的诗人马莱伯将散文比作散步，诗歌比作舞蹈。20世纪大诗人瓦莱里进一步发挥其说，形成了对世界诗歌发展影响深远的“纯诗说”。

微神 ①

老舍

清明已过了，大概是；海棠花不是都快开齐了吗？今年的节气自然是晚了一些，蝴蝶们还很弱；蜂儿可是一出世就那么挺拔，好像世界确是甜蜜可喜的。天上只有三四块不大也不笨重的白云，燕儿们给白云上钉小黑丁字玩呢。没有什么风，可是柳枝似乎故意地轻摆，像逗弄着四外的绿意。田中的青绿轻轻地上了小山，因为娇弱怕累得慌，似乎是，越高绿色越浅了些；山顶上还是些黄多于绿的纹缕呢。山腰中的树，就是不绿的也显出柔嫩来，山后的蓝天也是暖和的，不然，大雁们为何唱着向那边排着队去呢？石凹藏着些怪害羞的三月兰，叶儿还赶不上花朵大。

小山的香味只能闭着眼吸取，省得劳神去找香气的来源，你看，连去年的落叶都怪好闻的。那边有几只小白山羊，叫的声儿恰巧使欣喜不至过度，因为有些悲意。偶尔走过一只来，没长犄角就留下须的小动物，向一块大石发了会儿楞，又颠着俏式的小尾巴跑了。

我在山坡上晒太阳，一点思念也没有，可是自然而然地从心中滴下些诗的珠子，滴在胸中的绿海上，没有声响，只有些波纹走不到腮上便散了的微笑；可是始终也没成功一整句。一个诗的宇宙里，连我自己好似只是诗的什么地方的一个小符号。

越晒越轻松，我体会出蝶翅是怎样的欢欣。我搂着膝，和柳枝同一律动前后左右的微动，柳枝上每一黄绿的小叶都是听着春声的小耳勺儿。有时看看天空，啊，谢谢那块白云，它的边上还有个小燕呢，小得已经快和蓝天化在一处了，像万顷蓝光中的一粒黑痣，我的心灵像要往那儿飞似的。

远处山坡的小道，像地图上绿的省份里一条黄线。往下看，一大片麦田，地势越来越低，似乎是由山坡上往那边流动呢，直到一片暗绿的松树把它截住，很希望松林那边是个海湾。及至我立起来，往更高处走了几步，看看，不是；那边是些看不甚清的树，树中有些低矮的村舍；一阵小风吹来极细的一声鸡叫。

春晴的远处鸡声有些悲惨，使我不晓得眼前一切是真还是虚，它是梦与真实中间的一道用声音做的金线；我顿时似乎看见了个血红的鸡冠：在心中，村舍中，或是哪儿，有只——希望是雪白的——公鸡。

我又坐下了；不，随便的躺下了。眼留着个小缝收取天上的蓝光，越看越深，越高；同时也往下落着光暖的蓝点，落在我那离心不远的眼睛上。不大一会儿，我便闭上了眼，看着心内的晴空与笑意。

我没睡去，我知道已离梦境不远，但是还听得清清楚楚小鸟的相唤与轻歌。说也奇怪，每逢到似睡非睡的时候，我才看见那块地方——不晓得一定是哪里，可是在入梦以前它老是那个样儿浮在眼前。就管它叫作梦的前方吧。

这块地方并没有多大，没有山，没有海。像一个花园，可又没有清楚的界限。差不多是个不甚规则的三角，三个尖端浸在流动的黑暗里。一角上——我永远先看见它——是一片金黄与大红的花，密密层层！没有阳光，一片红黄的后面便全是黑暗，可是黑的背景使红黄更加深厚，就好像大黑瓶上画着红牡丹，深厚得至于使美中有一点点恐怖。黑暗的背景，我明白了，使红黄的一片抱住了自己的彩色，不向四外走射一点；况且没有阳光，彩色不飞入空中，而完全贴染在地上。我老先看见这块，一看见它，其余的便不看也会知道的，正好像一看见香山，准知道碧云寺在哪儿藏着呢。

其余的两角，左边是一个斜长的土坡，满盖着灰紫的野花，在不漂亮中有些深厚的力量，或者月光能使那灰的部分多一些银色，显出点诗的灵空；但是我不记得在哪儿有个小月亮。无论怎样，我也不厌恶它。不，我爱这个似乎被霜弄暗了的紫色，像年轻的母亲穿着暗紫长袍。右边的一角是最漂亮的，一处小草房，门前有一架细蔓的月季，满开着单纯的花，全是浅粉的。

设若我的眼由左向右转，灰紫、红黄、浅粉，像是由秋看到初春，时候倒流；生命不但不是由盛而衰，反倒是以玫瑰作香色双艳的结束。

三角的中间是一片绿草，深绿、软厚、微湿；每一短叶都向上挺着，似乎是听着远处的雨声。没有一点风，没有一个飞动的小虫；一个鬼艳的小世界，活着的只有颜色。

在真实的经验中，我没见过这么个境界。可是它永远存在，在我的梦前。英格兰的深绿，苏格兰的紫草小山，德国黑林的幽晦，或者是它的祖先们，但是谁准知道呢。从赤道附近的浓艳中减去阳光，也有点像它，但是它又没有虹样的蛇与五彩的禽，算了吧，反正我认识它。

我看见它多少多少次了。它和"山高月小，水落石出"，是我心中的一对画屏。可是我没到那个小房里去过。我不是被那些颜色吸引得不动一动，便是由它的草地上恍惚地走入另种色彩的梦境。它是我常遇到的朋友，彼此连姓名都晓得，只是没细细谈过心。我不晓得它的中心是什么颜色的，是含着一点什么神秘的音乐——真希望有点响动！

这次我决定去探险。

一想就到了月季花下，或许因为怕听我自己的足音？月季花对于我是有些端阳前后的暗示，我希望在哪儿贴着张深黄纸，印着个朱红的判官，在两束香艾的中间。没有。只在我心中听见了声"樱桃"的吆喝。这个地方是太静了。

小房子的门闭着，窗上门上都挡着牙白的帘儿，并没有花影，因为阳光不足。里边什么动静也没有，好像它是寂寞的发源地。轻轻地推开门，静寂与整洁双双地欢迎我进去，是欢迎我；室中的一切是"人"的，假如外面景物是“鬼”的——希望我没用上过于强烈的字。

一大间，用幔帐截成一大一小的两间。幔帐也是牙白的，上面绣着些小蝴蝶。外间只有一条长案，一个小椭圆桌儿，一把椅子，全是暗草色的，没有油饰过。椅上的小垫是浅绿的，桌上有几本书。案上有一盆小松，两方古铜镜，锈色比小松浅些。内间有一个小床，罩着一块快垂到地上的绿毯。床首悬着一个小篮，有些快干的茉莉花。地上铺着一块长方的蒲垫，垫的旁边放着一双绣白花的小绿拖鞋。

我的心跳起来了！我决不是入了复杂而光灿的诗境；平淡朴美是此处的音调，也不是幻景，因为我认识那只绣着白花的小绿拖鞋。

爱情的故事往往是平凡的，正如春雨秋霜那样平凡。可是平凡的人们偏爱在这些平凡的事中找些诗意；那么，想必是世界上多数的事物是更缺乏色彩的；可怜的人们！希望我的故事也有些应有的趣味吧。

没有像那一回那么美的了。我说“那一回”，因为在那一天那一会儿的一切都是美的。她家中的那株海棠花正开成一个大粉白的雪球；沿墙的细竹刚拔出新笋；天上一片娇晴；她的父母都没在家；大白猫在花下酣睡。听见我来了，她像燕儿似的从帘下飞出来；没顾得换鞋，脚下一双小绿拖鞋像两片嫩绿的叶儿。她喜欢得像清早的阳光，腮上的两片苹果比往常红着许多倍，似乎有两颗香红的心在脸上开了两个小井，溢着红润的胭脂泉。那时她还梳着长黑辫。

她父母在家的时候，她只能隔着窗儿望我一望，或是设法在我走去的时节，和我笑一笑。这一次，她就像一只小猫遇上了个好玩的伴儿；我一向不晓得她“能”这样的活泼。在一同往屋中走的工夫，她的肩挨上了我的。我们都才十七岁。我们都没说什么，可是四只眼彼此告诉我们是欣喜到万分。我最爱看她家壁上那张工笔百鸟朝凤；这次，我的眼匀不出工夫来。我看着那双小绿拖鞋；她往后收了收脚，连耳根儿都有点红了；可是仍然笑着。我想问她的功课，没问；想问新生的小猫有全白的没有，没问；心中的问题多了，只是口被一种什么力量给封起来，我知道她也是如此，因为看见她的白润的脖儿直微微地动，似乎要将些不相干的言语咽下去，而真值得一说的又不好意思说。

她在临窗的一个小红木凳上坐着，海棠花影在她半个脸上微动。有时候她微向窗外看看，大概是怕有人进来。及至看清了没人，她脸上的花影都被欢悦给浸渍得红艳了。她的两手交换着轻轻地摸小凳的沿，显着不耐烦，可是欢喜的不耐烦。最后，她深深地看了我一眼，极不愿意而又不得不说地说："走吧！"我自己已忘了自己，只看见，不是听见，两个什么字由她的口中出来？可是在心的深处猜对那两个字的意思，因为我也有点那样的关切。我的心不愿动，我的脑知道非走不可。我的眼盯住了她的。她要低头，还没低下去，便又勇敢地抬起来，故意地，不怕地，羞而不肯羞地，迎着我的眼。直到不约而同地垂下头去，又不约而同地抬起来，又那么看。心似乎已碰着心。

我走，极慢的，她送我到帘外，眼上蒙了一层露水。我走到二门，回了回头，她已赶到海棠花下。我像一片羽毛似的飘荡出去。

以后，再没有这种机会。

有一次，她家中落了，并不使人十分悲伤的丧事。在灯光下我和她说了两句话。她穿着一身孝衣。手放在胸前，摆弄着孝衣的扣带。站得离我很近，几乎能彼此听得见脸上热力的激射，像雨后的禾谷那样带着声儿生长。可是，只说了两句极没有意思的话——口与舌的一些动作：我们的心并没管它们。

我们都二十二岁了，可是五四运动还没降生呢。男女的交际还不是普通的事。我毕业后便做了小学的校长，平生最大的光荣，因为她给了我一封贺信。信笺的末尾——印着一枝梅花——她注了一行：不要回信。我也就没敢写回信。可是我好像心中燃着一束火把，无所不尽其极地整顿学校。我拿办好了学校作为给她的回信；她也在我的梦中给我鼓着得胜的掌——那一对连腕也是玉的手!

提婚是不能想的事。许多许多无意识而有力量的阻碍，像个专以力气自雄的恶虎，站在我们中间。

有一件足以自慰的，我那系在心上的耳朵始终没听到她的订婚消息。还有件比这更好的事，我兼任了一个平民学校的校长，她担任着一点功课。我只希望能时时见到她，不求别的。她呢，她知道怎么躲避我——已经是个二十多岁的大姑娘。她失去了十七八岁时的天真与活泼，可是增加了女子的尊严与神秘。

又过了二年，我上了南洋。到她家辞行的那天，她恰巧没在家。

在外国的几年中，我无从打听她的消息。直接通信是不可能的。间接探问，又不好意思。只好在梦里相会了。说也奇怪，我在梦中的女性永远是“她”。梦境的不同使我有时悲泣，有时狂喜；恋的幻境里也自有一种味道。她，在我的心中，还是十七岁时的样子：小圆脸，眉眼清秀中带着一点媚意。身量不高，处处都那么柔软，走路非常的轻巧。那一条长黑的发辫，造成最动心的一个背影。我也记得她梳起头来的样儿，但是我总梦见那带辫的背影。

回国后，自然先探听她的一切。一切消息都像谣言，她已做了暗娼!

就是这种刺心的消息，也没减少我的热情；不，我反倒更想见她，更想帮助她。我到她家去。已不在那里住，我只由墙外看见那株海棠树的一部分。房子早已卖掉了。

到底我找到她了。她已剪了发，向后梳拢着，在项部有个大绿梳子。穿着一件粉红长袍，袖子仅到肘部，那双臂，已不是那么活软的了。脸上的粉很厚，脑门和眼角都有些褶子。可是她还笑得很好看，虽然一点活泼的气象也没有了。设若把粉和油都去掉，她大概最好也只像个产后的病妇。她始终没正眼看我一次，虽然脸上并没有羞愧的样子，她也说也笑，只是心没在话与笑中，好像完全应酬我。我试着探问她些问题与经济状况，她不大愿意回答。她点着一支香烟，烟很灵通地从鼻孔出来，她把左膝放在右膝上，仰着头看烟的升降变化，极无聊而又显着刚强。我的眼湿了，她不会看不见我的泪，可是她没有任何表示。她不住地看自己的手指甲，又轻轻地向后按头发，似乎她只是为它们活着呢。提到家中的人，她什么也没告诉我。我只好走吧。临出来的时候，我把住址告诉给她——深愿她求我，或是命令我，做点事。她似乎根本没往心里听，一笑，眼看看别处，没有往外送我的意思。她以为我是出去了，其实我是立在门口没动，这么着，她一回头，我们对了眼光。只是那么一擦似的她转过头去。

初恋是青春的第一朵花，不能随便掷弃。我托人给她送了点钱去。留下了，并没有回话。

朋友们看出我的悲苦来，眉头是最会出卖人的。她们善意的给我介绍女友，惨笑地摇首是我的回答。我得等着她。初恋像幼年的宝贝永远是最甜蜜的，不管那个宝贝是一个小布人，还是几块小石子。慢慢的，我开始和几个最知己的朋友谈论她，他们看在我的面上没说她什么，可是假装闹着玩似的暗刺我，他们看我太愚，也就是说她不配一恋。他们越这样，我越顽固。是她打开了我的爱的园门，我得和她走到山穷水尽。怜比爱少着些味道，可是更多着些人情。不久，我托友人向她说明，我愿意娶她。我自己没胆量去。友人回来，带回来她的几声狂笑。她没说别的，只狂笑了一阵。她是笑谁？笑我的愚，很好，多情的人不是每每有些傻气吗？这足以使人得意。笑她自己，那只是因为不好意思哭，过度的悲郁使人狂笑。

愚痴给我些力量，我决定自己去见她。要说的话都详细的编制好，演习了许多次，我告诉自己——只许胜，不许败。她没在家。又去了两次，都没见着。第四次去，屋门里停着小小的一口薄棺材，装着她。她是因打胎而死。

一篮最鲜的玫瑰，瓣上带着我心上的泪，放在她的灵前，结束了我的初恋，开始终生的虚空。为什么她落到这般光景？我不愿再打听。反正她在我心中永远不死。

我正呆看着那小绿拖鞋，我觉得背后的幔帐动了一动。一回头，帐子上绣的小蝴蝶在她的头上飞动呢。她还是十七八岁时的模样，还是那么轻巧，像仙女飞降下来还没十分立稳那样立着。我往后退了一步，似乎是怕一往前凑就能把她吓跑。这一退的工夫，她变了，变成二十多岁的样子。她也往后退了，随退随着脸上加着皱纹。她狂笑起来。我坐在那个小床上。刚坐下，我又起来了，扑过她去，极快；她在这极短的时间内，又变回十七岁时的样子。在一秒钟里我看见她半生的变化，她像是不受时间的拘束。我坐在椅子上，她坐在我的怀中。我自己也恢复了十五六年前脸上的红色，我觉得出。我们就这样坐着，听着彼此心血的潮荡。不知有多么久。最后，我找到声音，唇贴着她的耳边，问："你独自住在这里？"

"我不住在这里；我住在这儿。"她指着我的心说。

"始终你没忘了我，那么？"我握紧了她的手。

"被别人吻的时候，我心中看着你！"

"可是你许别人吻你？"我并没有一点妒意。

"爱在心里，唇不会闲着；谁教你不来吻我呢？"

"我不是怕得罪你的父母吗？不是我上了南洋吗？"

她点了点头，"惧怕使你失去一切，隔离使爱的心慌了。"

她告诉了我，她死前的光景。在我出国的那一年，她的母亲死去。她比较得自由了一些。出墙的花枝自会招来蜂蝶，有人便追求她。她还想念着我，可是肉体往往比爱少些忍耐力，爱的花不都是梅花。她接受了一个青年的爱，因为他长得像我。他非常地爱她，可是她还忘不了我，肉体的获得不就是爱的满足，相似的容貌不能代替爱的真形。他疑心了，她承认了她的心是在南洋。他们俩断绝了关系。这时候，她父亲的财产全丢了。她非嫁人不可。她把自己卖给一个阔家公子，为是供给她的父亲。

“你不会去教学挣钱？”我问。

“我只能教小学，那点薪水还不够父亲买烟吃的！”

我们俩都愣起来。我是想：假使我那时候回来，以我的经济能力说，能供给得起她的父亲吗？我还不是大睁白眼地看着她卖身？

“我把爱藏在心中，”她说，“拿肉体挣来的茶饭营养着它。我深恐肉体死了，爱便不存在，其实我是错了；先不用说这个吧。他非常的妒忌，永远跟着我，无论我是干什么。上哪儿去，他老随着我。他找不出我的破绽来，可是觉得出我是不爱他。慢慢的，他由讨厌变为公开地辱骂我，甚至于打我，他逼得我没法不承认我的心是另有所寄。忍无可忍也就顾不及饭碗问题了。他把我赶出来，连一件长衫也没给我留。我呢，父亲照样和我要钱，我自己得吃得穿，而且我一向吃好的穿好的惯了。为满足肉体，还得利用肉体，身体是现成的本钱。凡给我钱的便买去我点筋肉的笑。我很会笑：我照着镜子练习那迷人的笑。环境的不同使人做退一步想，这样零卖，倒是比终日叫那一个阔公子管着强一些。在街上，有多少人指着我的后影叹气，可是我到底是自由的，有时候我与些打扮得不漂亮的女子遇上，我也有些得意。我一共打过四次胎，但是创痛过去便又笑了。

“最初，我颇有一些名气，因为我既是做过富宅的玩物，又能识几个字，新派旧派的人都愿来照顾我。我没工夫去思想，甚至于不想积蓄一点钱，我完全为我的服装香粉活着。今天的漂亮是今天的生活，明天自有明天管照着自己，身体的疲倦，只管眼前的刺激，不顾将来。不久，这种生活也不能维持了。父亲的烟是无底的深坑。打胎需要花许多费用。

以前不想剩钱；钱自然不会自己剩下。我连一点无聊的傲气也不敢存了。我得极下贱地去找钱了，有时是明抢。有人指着我的后影叹气，我也回头向他笑一笑了。打一次胎增加两三岁。镜子是不欺人的，我已老丑了。疯狂足以补足衰老。我尽着肉体的所能伺候人们，不然，我没有生意。我敞着门睡着，我是大家的，不是我自己的。一天二十四小时，什么时间也可以买我的身体。我消失在欲海里。在清醒的世界中我并不存在。我的手指算计着钱数。我不思想，只是盘算——怎能多进五毛钱。我不哭，哭不好看。只为钱着急，不管我自己。”

她休息了一会儿，我的泪已滴湿她的衣襟。

“你回来了！”她继续着说：“你也三十多了；我记得你是十七岁的小学生。你的眼已不是那年——多少年了？——看我那双绿拖鞋的眼。可是，你，多少还是你自己，我，早已死了。你可以继续做那初恋的梦，我已无梦可做。我始终一点也不怀疑，我知道你要是回来，必定要我。及至见着你，我自己已找不到我自己，拿什么给你呢？你没回来的时候，我永远不拒绝，不论是对谁说，我是爱你；你回来了，我只好狂笑。单等我落到这样，你才回来，这不是有意戏弄人？假如你永远不回来，我老有个南洋做我的梦景，你老有个我在你的心中，岂不很美？你偏偏回来了，而且回来这样迟——”

“可是来迟了并不就是来不及了。”我插了一句。

“晚了就是来不及了。我杀了自己。”

“什么？”

“我杀了我自己。我命定的只能住在你心中，生存在一首诗里，生死有什么区别？在打胎的时候我自己下了手。有你在我左右，我没法子再笑。不笑，我怎么挣钱？只有一条路，名字叫死。你回来迟了，我别再死迟了：我再晚死一会儿，我便连住在你心中的希望也没有了。我住在这里，这里便是你的心。这里没有阳光，没有声响，只有一些颜色。颜色是更持久的，颜色画成咱们的记忆。看那双小鞋，绿的，是点颜色，你我永远认识它们。”

“但是我也记得那双脚。许我看看吗？”

她笑了，摇摇头。

我很坚决，我握住她的脚，扯下她的袜，露出没有肉的一只白脚骨。

“去吧！”她推了我一把。“从此你我无缘再见了！我愿住在你的心中，现在不行了；我愿在你心中永远是青春。”

太阳已往西斜去；风大了些，也凉了些，东方有些黑云。春光在一个梦中惨淡了许多。我立起来，又看见那片暗绿的松树。立了不知有多久。远处来了些蠕动的小人，随着一些听不甚真的音乐。越来越近了，田中惊起许多白翅的鸟，哀鸣着向山这边飞。我看清了，一群人们匆匆地走，带起一些灰土。三五鼓手在前，几个白衣人在后，最后是一口棺材。春天也要埋人的。撒起一把纸钱，蝴蝶似的落在麦田上。东方的黑云更厚了，柳条的绿色加深了许多，绿得有些凄惨。心中茫然，只想起那双小绿拖鞋，像两片树叶在永生的树上做着春梦。

① 选自《老舍文集》第八卷，人民文学出版社 1985 年版。

无题（因为没有故事）[①]

老舍

人是为明天活着的，因为记忆中有朝阳晓露；假若过去的早晨都似地狱那么黑暗丑恶，盼明天干吗呢？是的，记忆中也有痛苦危险，可是希望会把过去的恐怖裹上一层糖衣，像看着一出悲剧似的，苦中有些甜美。无论怎么说吧，过去的一切都不可移动；实在，所以可靠；明天的渺茫全仗昨天的实在撑持着，新梦是旧事的拆洗缝补。

对了，我记得她的眼。她死了许多年了，她的眼还活着，在我的心里。这对眼睛替我看守着爱情。当我忙得忘了许多事，甚至于忘了她，这两只眼会忽然在一朵云中，或一汪水里，或一瓣花上，或一线光中，轻轻的一闪，像归燕的翅儿，只须一闪，我便感到无限的春光。我立刻就回到那梦境中，哪一件小事都凄凉，甜美，如同独自在春月下踏着落花。

这双眼所引起的一点爱火，只是极纯的一个小火苗，像心中的一点晚霞；晚霞的结晶。它可以烧明了流水远山，照明了春花秋叶，给海浪一些金光，可是它恰好的也能在我心中，照明了我的泪珠。

它们只有两个神情：一个是凝视，极短极快，可是千真万确的是凝视。只微微的一看，就看到我的灵魂，把一切都无声地告诉了我。凝视，一点也不错，我知道她只须极短极快地一看，看的动作过去了，极快地过去了，可是，她心里看着我呢，不定看多么久呢；我到底得管这叫作凝视，不论它是多么快，多么短。一切的诗文都用不着，这一眼道尽了“爱”所会说的与所会作的。另一个是眼珠横着一移动，由微笑移动到微笑里去，在处女的尊严中笑出一点点被爱逗出的轻佻，由热情中笑出一点点无法抑止的高兴。

我没和她说过一句话，没握过一次手，见面连点头都不点。可是我的一切，她知道；她的一切，我知道。我们用不着看彼此的服装，用不着打听彼此的身世，我们一眼看到一粒珍珠，藏在彼此的心里；这一点便是我们的一切，那些七零八碎的东西都是配搭，都无须注意。看我一眼，她低着头轻快地走过去，把一点微笑留在她身后的空气中，像太阳落后还留下一些明霞。

我们彼此躲避着，同时彼此愿马上搂抱在一处。我们轻轻地哀叹；

忽然遇见了，那么凝视一下，登时欢喜起来，身上像减了分量，每一步都走得轻快有力，像要跳起来的样子。

我们极愿意说一句话，可是我们很怕交谈，说什么呢？哪一个日常的俗字能道出我们的心事呢？让我们不开口，永不开口吧！我们的对视与微笑是永生的，是完全的，其余的一切都是破碎微弱，不值得一作的。

我们分离有许多年了，她还是那么秀美，那么多情，在我的心里。她将永远不老，永远只向我一个人微笑。在我的梦中，我常常看见她，一个甜美的梦是最真实，是纯洁，最完美的。多少多少人生中的小困苦小折磨使我丧气，使我轻看生命。可是，那个微笑与眼神忽然的从哪儿飞来，我想起唯有"人面桃花相映红"差可比拟的一点心情与境界，我忘了困苦，我不再丧气，我恢复了青春；无疑的，我在她的洁白的梦中，必定还是个美少年呀。

春在燕的翅上，把春光颤得更明了一些，同样，我的青春在她的眼里，永远使我的血温暖，像土中的一颗籽粒，永远想发出一个小小的绿芽。一粒小豆那么小的一点爱情，眼珠一移，嘴唇一动，日月都没有了作用，到无论什么时候，我们总是一对刚开的春花。

不要再说什么，不要再说什么！我的烦恼也是香甜的呀，因为她那么看过我！

① 选自《老舍文集》第十四卷，人民文学出版社 1989 年版。

导读

《微神》和《无题》的题材极为相似，两篇作品都是写初恋，而且都是以女主人公的不幸夭亡为结局的凄恻悲凉的初恋，但因为体裁不同，手法相异，风格也大不相同。《微神》写得迷离恍惚，含蓄蕴藉;《无题》则写得简练明晰，亲切感人。《微神》是浓墨重彩的工笔,《无题》则是简笔勾描的速写。小说的特长在虚构，所以它可以应用一切手段，如情节、故事、梦境、幻想的场景、想象的风景、虚构的细节、捏造的对话、人物心理活动，来达到希望的效果，从而创造出一种比现实更逼真、更具体可感的“艺术的真”。散文因为有忠于事实的“真实性”的要求，就没有这许多的方便，它只能依靠事实和记忆，以“达意”为目标，因而也限制了其风格的可能性。所以，比起散文，小说是一种更完全的艺术品，它是小说家心灵的表现，是小说家的创造物；散文的文学性质是含混的，因为它还没有完全摆脱“实用”的限制。

触类引申

《微神》是一个梦，由一个失去了爱情的人，躺在晴暖的山坡上，神思迷离中所做的一个长长的凄哀的梦。

……

写爱情，固然可能进向“伟大之路”，但也因为有那样多高大的前人，也更容易流于平庸。《微神》的题材，本身就包含着这一种危险，因为它太平凡。你读过吴组缃的《金小姐与雪姑娘》吗？那里也记录着类似的人生悲剧。使平凡的故事脱出平庸的，固然是小说的现实内容，但在这里，也依赖于手法、技巧的新异。《金小姐与雪姑娘》的力量，在于精确的写实；而《微神》的魅力，则来自它的诗的抒情风格，来自“梦”与“真”的交迭与统一。

中国现代作家中，你也许会以为老舍最与幻想和诗无缘，因为你所接触过的他的作品，充满其中的，是最世俗的、离“诗”最远的平凡市民的平凡生活。然而也许正因此，老舍更应当被看作诗人，因为他有着别林斯基所说的那种从“生活的散文”中发现诗的诗人本能。老舍是中国现代文学史上最重要的市民诗人，他是从市民生活的凡庸琐屑处汲取诗情的。正是这位以其现实主义倾向为世人所知的小说家，说过如下的话：“小说，我们要记住了，是感情的记录，不是事实的重述。”

——赵园《老舍〈微神〉的梦与真》，见《中华文学评论百年精华》，人民文学出版社 2002 年版

尺八[1]

卞之琳

像候鸟衔来了异方的种子，
三桅船载来了一枝尺八，
从夕阳里，从海西头。
长安丸载来的海西客
夜半听楼下醉汉的尺八，
想一个孤馆寄居的番客
听了雁声，动了乡愁，
得了慰藉于邻家的尺八，
次朝在长安市的繁华里
独访取一枝凄凉的竹管……
（为什么霓虹灯的万花间，
还飘着一缕凄凉的古香？）
归去也，归去也，归去也——

像候鸟衔来了异方的种子，
三桅船载来了一枝尺八，
尺八乃成了三岛的花草。
（为什么霓虹灯的万花间，
还飘着一缕凄凉的古香？）
归去也，归去也，归去也——
海西人想带回失去的悲哀吗？

6 月 19 日（1935 年）

① 选自《卞之琳文集》上卷，安徽教育出版社 2002 年版。卞之琳（1910—2000），现代诗人，翻译家，著有诗集《雕虫纪历》等，译作有《莎士比亚四大悲剧》等多种。有《卞之琳文集》《卞之琳译文集》行世。

尺八夜[1]

卞之琳

我第一次听到尺八是在去春三月底一个晚上，在东京。

那时候我正在早稻田附近一条街上，在若有若无的细雨中，正在和朋友 C 以及另一位朋友一块儿走路。我到日本小住，原是出于一时的兴致，由于偶然的机会，事先没有学过一点日文日语，等轮船“长安丸”一进神户，一靠码头，就把自己完全交给了为我做向导的 C，紧接着发现，也就交给了经常监视他的一个便衣警察。他们现在正要带我老远地去一家吃茶店。我却不感觉兴趣，故意（小半也因为累了）落在他们后面，走得很慢，心中怏怏的时候，忽听得远远的，也许从对街一所神社吧，送来一种管乐声，如此陌生，又如此亲切，无限凄凉，而仿佛又不能形容为“如怨如慕如泣如诉”。我不问（因为有点像箫）就料定是所谓尺八了，一问他们，果然不错。在茫然不辨东西中，我油然想起了苏曼殊的绝句：

春雨楼头尺八箫，
何时归看浙江潮?
芒鞋破钵无人识，
踏过樱花第几桥。

这首诗虽然没有什么了不得，记得自己在初级中学的时候却读过了不知多少遍，不知道小小年纪，有什么不得了的哀愁，想起来心里真是“软和得很”。我就在无言中跟了他们转入了灯光疏一点的一条僻街。

回到京都，我们仍然住在东北郊那个日本人家的两开间小楼上，三面见山，环境不坏。这一家小孩多，家具也多，地方虽比普通日本人家算脏一点，气派却大一点。房东是帝国大学的一位物理系助手，一个近五十岁的老好人，平时偶尔弹弹钢琴，听说吹得一口好尺八，在外边有许多年轻人跟他学，虽然他在家里总不大吹。

是在五月间的一个夜里吧，我听见尺八就在我们的楼下吹起来了。

约莫两点钟光景，我猛然间被什么惊醒了，听见楼下前门口有人叫嚷。因为我一到日本就无端招致了警察的猜疑，现在有点惴惴然，轻轻地敲敲薄薄的一层隔板，唤醒了 C。我心里却立刻兜上了我们在西山古刹，夜半雨中同闻二犬狂号，令人毛发悚然的一幕，回想起来是那么可笑的，而仍不失为可喜的，盖人有时候也会爱一点惊险。这差不多是四年前了，与现在的情景如此相似，又如此相异。接着我听出了楼下闹的只有两人，其中之一是我们的房东。可是他们闹些什么呢？讲些什么话？

想起话来，我就悲哀，我学话的本领实在太差了，算起来我在北平已经住了五六年，有如此好机缘，竟没有学会几句京话，直到现在仍然是一口南腔北调，在北方，人家当然认为我是说的南方话，回到南方，乡下人又以为我说的是北方话，简直叫我不知道自己是什么地方人了。记得 在什么地方听说过，朱舜水在日本常操和语，到病榻弥留的时候，讲的话友人不懂，几句土话。而在我连土话也容易忘掉呢。我到日本已有两月，勉强说得来的还只是“谢谢”，“对不住”等（后来动身回国的时候，竟还不好意思对房东们高声地说一句“沙扬娜拉”，至今犹有遗憾），听得来的也只此数语而已。于是我问C，他回答说“还不是喝醉了胡闹吗！”这时候，他们已不再叫嚷，像已进了屋，笑了一阵，那个陌生人哼起了我听不懂的歌调，接着尺八也在这夜深人静里应声而起了。啊，如此陌生，又如此亲切！说来也怪，我初到日本，常常感觉到像回到了故乡，我所不知道的故乡。其实也没有什么，在北地的风沙中打发了五六个春天，一旦又看见修竹幽篁、板桥流水、杨梅枇杷、朝山敬香、迎神赛会、插秧采茶，能不觉得新鲜而又熟稔！我仿佛回到了童时的境地，或者童时以前的祖籍“金陵”石臼湖以东这一带，虽然我生长的地方是江海间一块新沙地，清朝乾隆年间才出水，说不上罗曼蒂克。固然关西这地方颇似江南，可是江南的河山或仍依旧，人事的空气当迥非昔比，甚至于不能与二十年前相比吧。那么这大概是我们梦里的风物，线装书里的风物，古昔的风物了。尺八仿佛可以充这种风物的代表。的确，我们现在还有相仿的乐器，箫。然而现在还流行的箫，常令我生“形存实亡”的怀疑，和则和矣，没有力量，不能比“二十四桥明月夜，玉人何处教吹”的箫，不能比从秦楼把秦娥骗走的箫，更不能与“吹散八千军”的张良箫同日而语了。自然，从前所谓箫也许就是现在所谓笛，而笛呢，深厚似不如。果然，现在偶尔听听笛，听听昆曲，也未尝不令我兴怀古之情，不过令我想起的时代者，所谓文酒风流的时代也，高墙内，华厅上，盛筵前，一方红氍[②]当舞台的时代也，楚楚可怜的梨园子弟，唱到伤心处，是戏是真都不自知的时代也，金陵四公子的时代也，盘马弯弓，来自北漠，来自白山黑水的“蛮”族席卷中州的时代也，总之是山河残破、民生凋敝的又一番衰败的、颓废的乱世和末世。而尺八的卷子上，如叫我学老学究下一个批语，当为写一句：犹有唐音。自然，我完全不懂音乐，完全出于一时的、主观的、直觉的判断。我也并不在乐器中如今特别爱好尺八，更不致如此狂妄，以为天下乐器，以斯为极。我只是觉得单纯的尺八像一条钥匙，能为我，自然是无疑的，开启一个忘却的故乡，悠长的声音像在旧小说书里画梦者曲曲从窗外插到床上人头边的梦之根——谁把它像无线电耳机似的引到了我的枕上了？这条根就是所谓象征吧？

现在，你听，不知道从什么时候起，歌声早已停止，也许因为唱得不好，那个人罢手了，现在只剩了尺八的声音。我如何形容它，描摹它呢？乃想起了国内寄来的报上有周作人先生译永井荷风的一段话，这段文字我读了好几遍，记得简直字字清楚：

> 呜呼，我爱浮世绘。苦海十年为亲卖身的游女的绘姿使我泣。凭倚竹窗茫然看着流水的艺妓的姿态使我喜。卖宵夜面的纸灯寂寞地停留在河边的夜景使我醉。雨夜啼月的杜鹃，阵雨中散落的秋天木叶，落花飘风的钟声，途中日暮的山路的雪，凡是无常无告无望的，使人无端嗟叹此世只是一梦的，这样的一切东西，于我都是可亲，于我都是可怀。

不管原文如何，这段虽然讲画，而在情调上、节奏上简直是代我在那里描摹我此刻所听的尺八。可是何其哀也！呜呼，“我知之矣”（我想起了“欧阳子方夜读书”），唯其能哀，所以能乐，斯乃活人。悲哀这东西自从跟了人类第一次呱呱坠地而同来以后，就永远与正常的人类同在了。现在他们的世界，不管中如何干，外总是强，虽然还没有完全达到夜不闭户、路不拾遗的一步，比较上总算是一个升平的世界，至少是一个有精神的世界。而此刻无端来了这个哀音，说是盛世的哀音，可以，说是预兆未来的乱世吧，也未尝不可。要知道“合久必分，分久必合”，哀乐是交替的，或者是同在的，如一物的两面，有哀乐即有生命力。回望故土，仿佛一般人都没有乐了，而也没有哀了，是哭笑不得，也是日渐麻木。想到这里，虽然明知道自己正和朋友在一起，我感到“大我”的寂寞，乃说 了一句极简单的话：“C，我悲哀。”

第二天我告诉C说我要写一篇散文，记昨夜。我说尺八这种乐器想来是中国传来的吧。C是学历史的，也注意东西交通史的，他答应替我查一查，可是手头没有什么可参考的书。结果我们还是止步于《辞源》上的这一条：

> 吕才制尺八，凡十二枚，长短不同，与律谐契。见《唐书》。

这自然不能使我满足，写文章的兴致也淡下去了。

过了一个月光景，不知道怎么一回事，竟写了一首短诗，设想一个中土人在三岛夜听尺八，而想象多少年前一个三岛客在长安市夜闻尺八而动乡思，像自鉴于历史的风尘满面的镜子。写成后自己觉得很好玩，于可解不可解之间，加上了一个题词。

> 正是江南好风景
> 落花时节又逢君

写诗的日期，现在看稿后注的是6月19日夜。记得第二天我很高兴地告诉了 C。 可是，一盆冷水——他笑我这首诗正好配我那张花八十钱买来的廉价品乐片《荒城之月》，名为“尺八独奏”，其实是尺八与曼陀玲、吉达等的海派杂凑。这张乐片曾拿到楼下房东处请教过，结果被笑为尺八不像尺八,《荒城之月》不像《荒城之月》。我这首诗里忽而“长安丸”，忽而“孤馆”，忽而“三岛”，忽而“霓虹灯”，也是瞎凑。给 C 一说，仿佛真有点如此，大为扫兴。过了一些日子，我又释然了，一想这首诗不是音乐，虽然名为《尺八》，而意不在咏物，而且一缕“古香”飘在“霓虹灯的万花间”也不见得不自然。周作人先生说得好，“我们在日本的感觉，一半是异域，一半却是古昔，而这古昔乃是健全地活在异域的，所以不是梦幻似的虚假，而亦与高丽、安南的优孟衣冠不相同也”。“健全地活在异域”，不错，也可说活在现代世界。恰好北平朋友来信催稿，我虽然已不大喜欢这首诗了，终于把它打发了回去。

再过一个月，我因事也动身回国了。C 把我送到了船上。我回到北平不久，接到他的信，说是他那天下午独自回到住地，凄凉满目，情状就像当年在家里送了丧。在朋友们眼中看来比出国前反而消瘦了许多，也苍老了许多，我回到故国，觉得心里十分空虚，读信又非常怀念那边，想仍然回到那边去，仿佛那边又是我的归宿了。自然，以后又一切都淡了下去。

《尺八》这首诗呢，已经在印刷所排好，尚未印出，我越看越不喜欢，结果用另一首诗换了出来，然而后来因为《大公报》诗特刊需稿，没有法子又寄了去。登出后有些师友说好，我自己则不觉得如何高兴，而且以未证明从中国传去这个假设为憾。虽然早想问周作人先生，自己不大放在心上，懒懒地一直捱延到今春才写信去问，然后得到了一个使我相当高兴的答复：

尺八，据田边尚雄云起于印度，后传入中国，唐时有吕才定为一尺八寸（唐尺），故有是名。唯日本所用者尺寸较长，在宋理宗时（西历 1285）有法灯和尚由宋传去云。

虽然传往日本是在宋而不在唐，虽然法灯和尚或者不是日本人，已没有多大关系了。

本来只打算给诗作一条小注，后来又打算写一篇千把字的附记，而现在写成了这样一篇似可独立的散文了，离初意越远，但反而实践了听尺八夜次朝的心愿，虽然写得如此芜杂，不免也有点暂时的高兴，我要欣然告诉 C 了，如果他在这里。本来他说要来此地看我的，可是现在早该是他回国的时候了，竟一春无消息，以致我此刻不知道他已到了哪里。啊，我将向何方寄我的系念，风中的一缕游丝？时候不早了。呜呼，历史的意识虽然不必是死骨的迷恋，不过能只看前方的人是有福了。时候不早了，愿大家今夜好睡，为的明朝有好精神。夜安！

5 月 8 日（1936 年）

① 选自《卞之琳文集》中卷，安徽教育出版社 2002 年版。

② 氍（qú）：毛织的地毯，演戏时多用来铺在地上。

导读

诗歌风格最显著的特征是集中、强烈。诗思或起于现实的一点感兴，但经过诗人想象的酵母的酝酿，这一点感兴终酿成了或浓烈或醇厚的酒。我们品着甘醇的酒，舌尖上还有那作为材料的粮食的原味吗？散文的风格特征却在散，虽说是“形散而神不散”，但给人的感觉总是散漫、随兴，却也因此保留了材料的原味，别有一番亲切的滋味令我们欢喜。这里的一诗一文起于现实中的同一点感兴，表现的方法可谓大异，但情调是否也如表现的方法一样相去遥远呢?

触类引申

《尺八》给我的印象更深，对我个人的诗作也有过如何其芳那样的影响。……这 20 行诗里显然有着我国古典词的色调与重叠反复的节奏，而诗人的诗思忽古忽今，忽幻想，忽现实，在不停地迂回，上下；忽徘徊，忽飘飞，沉静而又多变幻，意识流在迅速飘行，忽飘忽，忽又凝定；而情调则一贯是东方式的哀愁，据诗人自己的注，这是对我们这古国“式微的哀愁”，是一片东方意识流交织成的喟叹之网!

——唐湜《六十载遨游在诗的王国》，见《卞之琳与诗艺术》，袁可嘉、杜运燮、巫宁坤主编，河北教育出版社 1990 年版

《隋书·倭国传》载大业三年日本国遣使朝贡，使者称隋炀帝为“海西菩萨天子”，国书则曰“日出处天子致日没处天子”。诗中“从夕阳里，从海西头”二语，乃兼写实与用典。但如今中国确实日薄西山了，往昔有“长安市的繁华”，今日是异域“霓虹灯的万花”，情景已对调，而往昔“番客”的凄凉，也移作今日“海西客”的悲哀。诗中间隔的两句“归去也，归去也，归去也”的呼唤，前句出自番客，后句则为海西客所发。诗人说这一切“自鉴于历史的风尘满面的镜子”，意思一直可以推至几层。从诗的内层看，往昔番客的乡愁，是今日海西客的镜中映像，海西客从体验番客这个“他者”而深化了自身的乡愁体验。从诗的外层看，诗人化“我”为“他”，从海西客这个镜中映像上投射了自我。诗中最后一句突然有诗人主观的直接介入：“海西人想带回失去的悲哀吗？”这其

实是反躬自问，问“他”，即问“我”自己。

——江弱水《卞之琳诗艺研究》，安徽教育出版社 2000 年版

另一个我[1]

博尔赫斯 著　王央乐 译

这件事情发生在 1969 年 2 月的剑桥[2]。我当时没有尝试把这件事记载下来，因为我起初的目的是要把它忘掉，怕影响我的头脑。现在，几年过去了，我觉得如果我把这件事在纸上写下来，别的人就可以拿来当作小说看，而且，我希望，有一天，这事对我也会变成一篇小说。我知道，这事发生的时候是很可怕的——接下去的不眠的夜晚甚至更加可怕——可是这并不等于我讲出来就一定会激起别人的共鸣。

那是上午十时，我坐在面对查尔斯河的一条长凳上。我右边大约五百码远的地方，耸立着一座高楼；我从来不知道那楼叫什么名字。灰色的河水里漂流着浮冰。这道河流无可避免地使我思考起时间来——赫拉克利特[3]的千年形象。我晚上睡得很好；我认为自己昨天下午讲的课总算引起了学生们的兴趣。眼前一个人影也没有。

忽然间，我有了个印象（按照心理学家的说法，这跟疲劳有关系），觉得我从前也曾有过这个时刻。有个人在长凳的另一头坐了下来。我是宁愿独自一人的，但是为了不想显得自己性情孤僻，就没有骤然站起身来走开。那个人开始吹口哨。就在这个时候，那天上午许多令人不安的事情中的一件发生了。他吹的口哨，或者说他想吹的口哨（我听不懂音乐），是埃利亚斯·雷古莱斯一支古老的米隆加《废墟》的曲子。它的旋律把我带回到布宜诺斯艾利斯的某个院落，那个院落早就消失不见了，

还使我想起我的表兄阿尔瓦罗·梅利昂·拉菲努尔，他已经死了好几年了。然后，他唱起歌词来，那是开头的几行。这不是阿尔瓦罗的声音，而是在模仿他的声音。我认出了这个人，不免吃一惊。

“先生，”我说，转身对着那个人，“您是乌拉圭人还是阿根廷人？”

“阿根廷人，不过从1914年起就住在日内瓦。”他回答说。

我们沉默了很长时间。“是住在马拉努路17号——东正教堂的对面？”我问。

他回答说，正是。

“如果这样，”我直截了当地说了出来，“您的名字就是豪尔赫·路易斯·博尔赫斯了，我也叫豪尔赫·路易斯·博尔赫斯。今年是1969年，我们是在剑桥城里。”

“不对，”他说，声音是我的，不过有点儿变样。他顿了一会儿，然后变得固执起来，“我是在这里，在日内瓦，坐在一条长凳上，离罗纳河[④]只有几步。奇怪的事是，我们两个很相像，不过您老得多，头发都灰白了。”

“我可以证明我不是撒谎，”我说，“我要对您讲一讲外人不可能知道的事情。您家里有一只银制的马黛茶壶，底部刻着许多盘绕在一起的蛇，是我们的曾祖父从秘鲁带来的。还有一只银制的脸盆，挂在他的马鞍上。您房间的衣橱里有两排书：莱恩[⑤]译的三卷本《一千零一夜》，钢刻插图，每一章末尾有小字注解；基什拉[⑥]编的拉丁文字典；塔西忒斯[⑦]的《日耳曼》拉丁文本，以及戈登的英文译本；加尼埃出版的一部《堂吉诃德》；里维拉·因达尔特的《血的表格》，有作者的亲笔题赠；卡莱尔[⑧]的《旧衣新裁》；阿米埃尔[⑨]的一本传记；还有一本藏在其他书后面的纸面小书，讲的是巴尔干半岛的性生活风俗。我也没有忘掉那个杜堡大楼二楼的一个傍晚。”

“是杜福大楼。”他纠正说。

“好吧——是杜福。这些够了吧？”

“不够，”他说，“这些证明不了什么。如果我梦见了您，那很自然您知道我所知道的事情。您列举的书目，尽管长，却毫无价值。”

他的反驳是合情合理的。我说：“要是这个上午和这次见面都是梦，那么我们两人都得相信自己是做梦的人。也许我们得停止做梦，也许不用停止。同时，我们显而易见的责任就是接受这个梦，就像我们接受这个世界，生在这个世界，在这个世界上张望着、呼吸着一样。”

“要是这梦还得做下去呢？”他着急地说。

为了使他也为了使我自己平静下来，我假装出一副很有把握的样子，实际上我当然没有把握。“我的梦至今已经做了 70 年了，”我说，“无论如何，没有一个活着的人醒来的时候不发现自己是跟自己在一起的。现在我们的情况就是这样——只是我们是两个。您想不想知道我的过去，也就是想不想知道等待着您的未来？”

他没有开口，点头同意。我就说了起来，有点儿昏头昏脑：“母亲身体很好，仍旧住在布宜诺斯艾利斯却尔卡斯街和马伊浦斯街转角的房子里，可是父亲已经在 30 多年前就去世了。是心脏病死的。半身不遂要了他的命；他的左手放在右手上，就像孩子的手放在巨人的手上一样。他急于要死，都到了不耐烦的程度，不过没有一句怨言。我们的祖母也是死在这所房子里的。临死前几天，她把我们都叫到身边，说：‘我是个老太婆，就要死了，只是死得非常非常慢。你们谁也不要对这种普通的常见的事惊讶。’您的姊姊诺拉已经结婚，有了两个儿子。顺便问一句：家里都好吗？”

“都很好。父亲还在那儿开他那种反宗教的玩笑。昨晚上他说：耶稣就像加乌乔一样。加乌乔们是不喜欢约束自己的，所以他才用譬喻布道。”他犹豫了一会儿，又说，“您呢？”

“我不知道您要写多少本书，不过我知道一定会写很多。您会写诗；

写诗会带给您快乐，那是别人没法分享的；您也会写带点儿幻想性质的小说。跟您的父亲还有我们家里那么多别的人一样，您也会去教书。”

我很高兴，他没有问他写的书是失败的还是成功的。我换了一种口气，接着说：“至于历史，已经又打了一次仗，还是那几个对手。法国很快垮了台；英国和美国跟一个名叫希特勒的德国独裁者打仗——那是滑铁卢战役的循环。1946 年前后，布宜诺斯艾利斯产生了第二个罗萨斯，他长得跟我们的亲戚十分相似。1955 年，科尔多瓦省前来援救了我们，就跟上个世纪恩特雷里奥斯省一样。现在局势越来越坏。俄国霸占了世界。美国被民主的迷信所困扰，下不了决心做一个帝国。日子一天天地过去，我们的国家更加乡土化了。更加乡土化而且更加骄傲自大——仿佛闭上了眼睛一样。假使我们学校里不教拉丁文，改教瓜拉尼语，我也不会感到奇怪的。”

我敢说，他根本没有注意听。对根本不可能发生然而却发生了的事情的恐惧，使他心惊胆战。我从来没有做过父亲，对这个可怜的孩子——他跟我的关系比我亲生的孩子更加亲密——不禁产生了怜爱。看见他手里攥着一本书，我就问他是什么书。

“《鬼迷的人》，或者，我相信，是《恶魔》，费奥多尔·陀思妥耶夫斯基的。”他不是没有一点虚荣地回答说。

“我已经记不得这本书了。写得怎样？”我一说出这句话，就觉得这样问本身就是亵渎。“这位俄罗斯的大师，”他说，“深入斯拉夫灵魂的迷宫，要比任何别人都好。”

这句如此讲究修辞的话，在我看来，是他已经恢复镇静的证据。我又问，他还看过这位大师的什么其他作品。他说了两三本，其中有《两重人格》。于是我又问他，他读了这些书，能不能清楚地区别其中的人物，就像读了约瑟夫·康拉德[10]的书那样；又问，他是不是想继续研究陀思妥耶夫斯基的作品。

“不完全想。”他说，有点儿惊讶。

我问，他在写什么。他告诉我说，他正在编一本诗集，取名《红色赞歌》。他又说，他也考虑把它叫作《红色节奏》。

“有何不可呢？”我说，“您可以举出很好的先例：鲁文·达里奥[11]的蓝色诗句和魏尔伦[12]的灰色诗歌。”

他不理我这些话，解释说，他的作品将要赞扬人类的手足之情。接着又说，我们时代的诗人不可能摒弃自己的时代。我想了一会儿，又问他，他是不是真的觉得自己是所有人的兄弟——例如：所有的殡仪员，所有的邮差，所有的深海潜水员，所有的住在大街小巷偶数门牌里的住户，所有的哑巴，等等，等等。他回答说，他的作品里讲的是最大多数的、受压迫和被隔绝的群众。

“您那个受压迫和被隔绝的群众，不过是抽象的东西，”我说，“存在的只有一个一个个别的人——假使可以说有人存在的话。有个希腊人这样说过：‘昨天的人并不是今天的人。’我们两个，坐在日内瓦或者剑桥的这条长凳上，也许就是一个证明。”

除了历史的严肃篇章之外，值得记忆的事件并不需要值得记忆的语句。一个人临终的时候，会竭力回想孩提时候瞥见的一幅版画；兵士们临阵的时候，谈论的是烂泥或者他们的班长。我们的情况是独一无二的，而且，坦白说，我们都没有思想准备。好像命里注定的一样，我们谈起了文学；我怕我说的无非就是我惯常跟新闻记者说的那些事情。我的第二自我[13]所相信的是发明或者发现新型的隐喻；而我所相信的却是那种符合于密切而明显的亲缘关系的和我们的想象已经接受了的隐喻，如：暮年和日落，梦境和生活，时间和流水的消逝。我把这个意见说了出来，若干年之后他会把它写进一本书里。此刻他勉强地听着我讲。突然，他说：“如果您曾经是我，那么您怎么解释您竟然忘了 1918 年您曾经遇到过一位老先生，他对您说他也是博尔赫斯？”

我没有想到他会提出这么个难题。“也许是那件事太奇怪了，我故意把它忘掉的。”我没有太大把握地回答。

他又想问一个问题，羞怯地说：“您的记忆是什么样子的？”

我明白，对一个不到二十岁的青年来说，一个年逾七十的老人几乎就是进了坟墓的老朽。“我的记忆常常接近于遗忘，”我说，“不过它仍然找得到需要找的东西。我学习古英文，而且我的成绩不是班上最差的。”

我们的谈话已经太长，不像是一个梦了。我猛然有了个念头。“我可以立即证明您并不是在梦中见到我，”我说，“仔细地听着这一句；这句诗，据我所知，您还没有读到过。”

我慢慢地念出了这句著名的诗句：“L’hydre—universtordant son corps é caill é d’astres.”[14]

我感觉到了他的几乎是恐惧的惊讶。他低声地重复了一遍，品味着每一个光彩的字。

“那是真的，”他支支吾吾地说，“我永远不可能写出这样的诗句。”

维克托·雨果把我们拉到一起来了。

现在我想起来，在这之前，他曾经热诚地背诵过惠特曼的一首短诗，诗人在诗中想起了他真正快乐的时候是在海边度过的一个夜晚。

“要是惠特曼颂扬了那个夜晚，”我说，“那是因为他需要它而得不到它。如果我们把它看作是一种渴望的表示，而不是真正发生的事实的记载，这首诗就是成功的了。”

他张大了嘴瞪着我。“您不了解他！”他喊起来，“惠特曼是不会撒谎的。”

半个世纪不是白白地过去的。从我们关于人，关于随意读书，关于我们不同兴趣的谈话中，我发现，我们两人是不可能互相了解的。我们太相像了，也太不相像了。我们不可能互相容忍，以致谈话发生了困难。我们互相是对方的一幅漫画。这种情况太不正常了，不能持久。不论提出忠告还是进行争辩，都是毫无意义的，既然，这是他无可避免的命运：要变成我这样的一个人。

忽然，我记起了柯勒律治[15]的一个幻想：有人做梦，去天堂旅行，得到了一朵花。醒来的时候，他发现果真有那么朵花。我想出了同样的一个巧计。“听着，”我说，“您有钱吗？”

“有，”他回答，“我大约有二十个法郎。今晚上我请西蒙·奇契林斯基到鳄鱼饭店吃饭。”

“告诉西蒙，他将会在卡罗热行医，而且干得很好。现在，给我一个银币。”

他拿出三个大银币和几个小钱。他不明白什么意思，就给了我一个五法郎的银币。我给了他一张那种并不十分合理的美国钞票；这种钞票不论多少票面价值，都是同样大小。他热切地细看着它。

“这不可能，”他说，声音都提高了，“上面是 1964 年的年份。这简直是奇迹，而奇迹总是吓人的。目睹拉撒路[16]复活，一定是可怕的事。”

（几个月后，有人告诉我美元上不印年份。）

我心里想，我们一点儿也没有变。总是说那些书本上的事。他把钞票撕碎，收起了他手里的银币。我决定把我手里的那枚抛进河里。这个大银币的一道弧线消失在银色的河面，将会给我的故事提供一个生动的形象，但是运气却并不允许提供给我这样的形象。我对他说，超自然的事情，如果发生两次，就不再可怕。我建议我们第二天再见面，还是在这条长凳上，那么这条长凳就会在两个地方存在两次。他立刻同意；他没看表，就说他要迟到了。我们两个都在撒谎；我们也都知道对方在撒谎。我对他说，有人来找我了。

“来找您？”他问。

“是的。等您到了我的年纪，您也会几乎完全失去您的视力的。您只会看见黄的颜色，看见亮光和阴影。别担心，逐渐变成瞎子并不是一个悲剧，就像夏天徐徐降临的暮色。”

我们没有互相握手，就告别了。第二天，我并没有去。他也不会去。

我曾经对那次会面思考了很多，直到现在，我从来不曾对人讲起过那次会面的事。我相信我已经发现了答案。那次会面是真的，不过那另一个人在跟我谈话的时候，他是在做梦，这就说明了他怎么会忘记了我。我跟他谈话时，我是醒着的，所以这记忆仍然困扰着我。

另一个人梦见了我，但是梦得并不真切。现在我明白，他梦见的是钞票的年代。

① 选自《博尔赫斯短篇小说集》，王央乐译，上海译文出版社 1983 年版。博尔赫斯（Jorge Luis Borges，1899—1986），阿根廷作家，有诗集《布宜诺斯艾利斯的热情》《面前的月亮》《圣马丁的手册》，小说集《世界丑闻》《交叉小径的花园》等。王央乐（1925—1998），当代翻译家、学者，译有聂鲁达《诗歌总集》、《博尔赫斯短篇小说集》等。

② 剑桥：指美国马萨诸塞州的剑桥城，在查尔斯河畔。

③ 赫拉克利特（约前 540—前 480），古希腊哲学家。

④ 罗纳河：发源于瑞士，流经法国进入地中海的一条河。

⑤ 爱德华·威·莱恩（1801—1876），英国东方学专家，著名的阿拉伯语学者。

⑥ 路易·玛·基什拉（1799—1884），法国语言学家。

⑦ 科·塔西忒斯（55？—117），罗马演说家、政治家和历史学家。

⑧ 托·卡莱尔（1795—1881），苏格兰作家，史学家及哲学家。

⑨ 亨利·弗·阿米埃尔（1821—1881），瑞士诗人和哲学家。

⑩ 约瑟夫·康拉德（1857—1924），出生于波兰的英国小说家。

⑪ 鲁文·达里奥（1867—1916），尼加拉瓜诗人，文学批评家。

⑫ 保罗·魏尔伦（1844—1896），法国诗人。

⑬ 原文为拉丁文 alter ego。

⑭ 法文，意即：宇宙的九头怪物扭曲着它那以星星为鳞片的身体。这句诗出自雨果的作品，

⑮ 柯勒律治（1772—1834），英国诗人。

⑯ 据《圣经·新约·约翰福音》第 11 章讲，拉撒路死了四天后，耶稣站在他坟墓边，大声呼叫说：拉撒路出来，那死人就出来了。

博尔赫斯和我[1]

博尔赫斯 著　林之木 译

有所作为的是另一个人，是博尔赫斯。我只是漫步于布宜诺斯艾利斯的街头并且说不定已经是下意识地会在一处拱券和门洞前踯躅留连。我通过邮件获得关于博尔赫斯的消息并在候选教授的名单或人名辞典中看到过他的名字。我喜欢沙漏、地图、18 世纪的印刷术、词语的来源、咖啡的香味和斯蒂文森的散文；博尔赫斯也有同样的嗜好，不过有点儿虚荣地将那些嗜好变得像演戏。说我们俩不共戴天，未免言过其实；我活着，竟然还活着，只是为了让博尔赫斯能够致力于他的文学，而那文学又反证了我活着的意义。我无须隐讳地承认他确实写了一些有价值的东西，但是那些东西却救不了我，因为好东西不属于任何个人，甚至也不属于他，而是属于语言或传统。此外，我注定要最终销踪匿迹，只有某个瞬息可能会藉他而超生。我尽管知道他有歪曲和美化的恶癖，却还是逐渐将自己的一切全都转赠给了他。斯宾诺莎认为万物都愿意保持自己的形态：石头永远都愿意是石头，老虎永远都愿意是老虎。我将寄身于博尔赫斯而不是我自己（假如说我还是个人物的话），不过，跟他的著

作相比，我倒是在别的许多人的著述里或者甚至是在吉他的紧拨慢弹中更能找到自己的踪迹。很多年前我就曾企图摆脱他而独处并从耽于城郊的神话转向同时光及无限的游戏，然而，那游戏如今也成为博尔赫斯的了，我还得另做打算。因此，我的命运就是逃逸、丧失一切、一切都被忘却或者归于别人。

我不知道我们俩当中是谁写下了这篇文字。

① 选自《博尔赫斯全集·诗歌卷》，浙江文艺出版社 1999 年版。

我和博尔赫斯①

博尔赫斯 著　王永年 译

一个在智慧的学校里皓首穷经的人带着博大精深的学问最后死了，来到永恒之国的门口。

吉祥天使迎上去，对他说：

“喂，凡夫俗子，别往前走啦，你得先向我证明你有进天堂的资格！”那人回答说：

“且慢！我要先问问你，你能不能向我证明这里是真正的天国，而不是我死后昏瞀心灵的急切的幻想？”

天使还没有搭腔，门里有个声音说：“放他进来！他是我们中间的人。”

——引自苏菲派教徒的言论

我不太喜欢博尔赫斯写的东西，但我没有选择余地。我是 80 多岁的人了，相当孤独，双目失明，并不富有。我去过的地方本应比现在多些，因为我只在受到邀请的情况下才外出，而我很喜欢旅行。

博尔赫斯出版的书籍中，书名让我从小就喜欢的唯一的一本是《老虎的金黄》，其余的书名不是起得太抽象，就是太杳渺。

不管怎样，我认为每个人总是写他所能写的而不是他想写的东西。这一点使我有点惊愕：我认为博尔赫斯盛名之下，其实难副。

他写的短篇小说中，我比较喜爱的是《南方》《乌尔里卡》和《沙之书》，他有一个集子就用《沙之书》作为书名。散文体裁，他已弃置不用，因为他事实上并不是一位散文作家。我认为散文一般要表达作者的观点，而我不知道他的观点是否重要；对作者来说也许能起激励作用，不过观点总是在改变的，至少聪明人是这样的。

他一生没有读过报，也不主张读报，因为报上都是转瞬即逝的消息，是一些急就章。

他写作，如果不写作的话，我就感到不幸，倒不是因为他写的东西精彩，而是因为他干不了别的事。

经过70个寒暑的文学活动之后，我认为他的全部作品没有给他丢脸；那些篇章的作者是行家，懂得锤炼字句，知道它们的文学价值。我固然相信有许多人能把博尔赫斯说的东西说得更好，我仍旧希望博尔赫斯用他独特的方式来说，那些东西可能并不重要，但我迫切感到必须要求他保持自己的风格。

他从不在自己的生活中寻找创作题材，我从来没有这种想法。听说有人为了写一个国家而专程前去，使我觉得可笑。

至于灵感，我不知道他是从哪里取得的。也许来自我为他念的所有书籍，我认识的人的闲谈，我听到的东西……

此外，他不是思想家。他是利用哲学问题作为文学素材的作家。叔本华[2]有句名言：我们阅读时是用别人的头脑思索，除了从这层意义来说之外，我不是思想家。博尔赫斯曾用休谟[3]、赫拉克利特、贝克莱[4]等人的头脑思索，但我得重说一遍：他不是思想家，因为除萦怀的时间问题外，我对任何哲学问题都没有得出结论。时间问题启发他写了不少东西。神话始终给他深刻印象。至少比现实主义小说的印象更为深刻。再说，我们生活在充满神话的世界。当他就苏格拉底之死探讨永生之类使他感觉兴趣的问题时，他运用的论证糅合着抽象的思维和神话。听众并没有觉察其中的差别。只见他同时在两个层次中思索，我们已经失去了那种本领。

对于希腊人来说，即使在柏拉图的时代，两种思维方式也是互相混淆的，我猜想今天的情况并没有不同，我们不是生活在理性而是在神话的世界。在睡梦中，心灵还会回到神话的世界。但这只是猜想而已，我希望思维的仁慈和偶然性能帮我们弄清楚。

至于批评，我认为围绕博尔赫斯的作品进行的讨论是有丰富它们的作用的，因为批评揭示了我没有认识到、但是客观存在的事物。我深信作品必须超越作者意识到的领域，否则就没有价值，因为我认为受到别人批评能丰富自己。

博尔赫斯活一天算一天，关于人类的目的、我生活的目的和他一生的作为都没有什么理论。在这方面，我没有什么可说的。

此外，有这种想法也未免荒唐，因为连我自己都不相信自己，有谁会信他呢？因此，他不能谈他作品的目的或者任何别的目的；他不是神秘主义者，也不认为自己受到天启。我只是一介文人。

有一首诗，如果可能的话，博尔赫斯以它为伴，呆在图书馆里默默无闻；那首题名叫 Everness 的诗是这样的：

不存在的事物只有一件，那就是遗忘。
上帝保全了金属，也保全渣滓，

在他预言的记忆里
寄托着将来和逝去的月亮。
一切都已停当。从黎明到黄昏，
你的脸庞在镜中已经留下
并且今后还要留下
千百个反映出来的形象。
宇宙是记忆的一面多彩的镜子，
一切都是它的组成部分；
它艰巨的过道无穷无尽，
你走过后一扇扇门相继关上；
只有在太阳西下的那一方，
你才能见到典型和耀光。

Everness 这个词是威尔金斯在 17 世纪创造的，意思是永恒，但比永恒更有力。他还创造了一个更为有力、更为可怕的词，从没有人用过，那就是 neverness，指的是永远不会发生的事物。因此，博尔赫斯借用了 everness 一词，写下这首特别悲怆的十四行诗，因为他想说明，在这个世界上一切事物都是镜花水月。

这首诗产生的时候，我还以为人死后有某种幸福，因为那时候我还相信所谓的永生，在博尔赫斯的理念里如今这种想法已荡然无存。当他写下“不存在的事物只有一件，那就是遗忘”的时候，他描绘了一个被回忆压垮的苦恼的人，对将他抛弃的女人的回忆，尽管做了极大的努力，我还是忘不了她，现在只能永久生活在那痛苦的回忆之中。

人们设想，上帝的存在是在永恒中发展的，而永恒则是许多昨天的持续不断的、无休无止的进展。正如莎士比亚在《麦克白》中所说，它并不是我们所有的昨天的总和，而是对可能存在的事实一览无余的过去、现在和将来的总和。因为上帝的记忆也将成为上帝的预言。

博尔赫斯写这些诗句时，谈到镜子和反映的形象，显得像是唯心主义者，因为他谈宇宙时并不把它当作一个特殊的问题，而把它当作简单的暂时的交替，或者把它当作我们不妨称之为上帝的、用大写字母书写的“某位人物”的梦境或幻想。

诗人还说，随着每一瞬间的逝去，有一扇门在我们背后关上，我们再也不会打开。所有的东西都成定局，因为它们属于不可侵犯的规律，但是希望还是有的，希望来自太阳西下的彼方，那里的典型和耀光在等待。

按照那首诗的说法，我们生活在充满假象的世界，在我已背弃的另一个世界可能隐藏着永恒的模式。今天我愿意相信另一个世界的存在。也许那是柏拉图梦想的世界，那里有永恒和十全十美的事物。

这些事情都是另一个人，是博尔赫斯的遭遇。多年前我就试图从他身上排除自己，从外围的神话转入时间和无极的游戏，但是那些游戏现在被博尔赫斯接过去了，我要想些别的消遣。是啊，我一生是场逃避，我丧失了一切，一切都已遗忘，或者与我无关。

博尔赫斯也许活得不值，但我觉得我应该认为他的一生是有意义的，尤其现在母亲留下我孤零零一个人，我更有必要加强这一信念。

我不知道我们两人之中是谁同你谈话。

① 选自《博尔赫斯文集·文论自述卷》，海南国际新闻出版中心1996年版。王永年（1927—2012），当代翻译家，译作有《欧·亨利小说全集》《十日谈》等。

② 叔本华（1788—1860），德国哲学家。

③ 休谟（1711—1776），英国历史学家和哲学家。

④ 贝克莱（1685—1753），英国哲学家。

导读

博尔赫斯这三篇作品都在探讨自我。《另一个我》通过晚年博尔赫斯与青年博尔赫斯在梦境中的邂逅，表现了作家对自我的迷惘，两个博尔赫斯都坚执于各自的自我，彼此互不理解，因为“昨天的人并不是今天的人”。这里也许还包含博尔赫斯对时间问题的思考：人在时间的迷宫中永远找不到自己，因此，自我就成了永远难以到达的迷宫的中心。《博尔赫斯和我》《我和博尔赫斯》则探讨了作家和作家创造的文学形象之间的关系，作为文学形象的“博尔赫斯”最终取代了作家博尔赫斯，作家把自己的一切都转赠给了那个自己亲手创造的文学形象。这几篇作品都具有博尔赫斯委婉动人的个人语调，但仍然保留了各自作为小说、诗和谈话的文体风格。《另一个我》具有博尔赫斯小说独具的神秘的幻想风格；《博尔赫斯和我》虽然没有分行，但仍具有诗的集中和凝练；《我和博尔赫斯》则保留了对话的氛围，相比其他两篇更明晰而富有条理。

触类引申

我想时间是一个根本之谜。其他东西也许是神秘的。空间并不重要。你可以想象一个没有空间的宇宙，比如，一个音乐的宇宙。当然，我们是听者。不过，说到时间，你有一个如何给它下定义的问题。我记得圣奥古斯丁说过：“何谓时间？若无人问我，我知之，若有人问我，我则愚而无所知。”我想时间的问题是一个真正的问题。时间问题把自我问题包含在其中，因为说到底，何谓自我？自我即过去，现在，还有对于即将来临的时间、对于未来的预期。所以，这两个不解之谜，正是哲学的基本内容，而我们很高兴它们永无解开之时，因此我们就能永远解下去。

我们可以继续我们的猜测——我们将把这猜测称为哲学，哲学的确仅仅是猜测。我们将继续编织理论，从中体会到莫大的乐趣，然后拆掉它们重新编织新的理论。

——［阿根廷］博尔赫斯《时间是根本之谜》，见巴恩斯通编《博尔赫斯八十忆旧》，西川译，作家出版社 2004 年版

从某种意义上说，它（《博尔赫斯和我》）是博尔赫斯对其文学化身的最终论断。在该文中，双重人格的主题是通过两个博尔赫斯的对抗表现出来的：一个是博尔赫斯他本人，另一个是“博尔赫斯”——前者塑造的文学人物，“博尔赫斯”逐步篡夺了博尔赫斯的所有职能和特权。……成为“博尔赫斯”的博尔赫斯最终抹去了他自己，某种意义上，他终于不再重要了。

《创造者》出版后几个月，一群来自世界各地的出版商聚集于马略卡——少年乔琪到过的那座岛屿，他们将首次颁发的福门托奖授予博尔赫斯和塞缪尔·贝克特。该奖标志着他从此赢得了国际声誉；它也是“博尔赫斯”生活的开始，（因而是）博尔赫斯本人生活的结束。从那时起，“博尔赫斯”便成了主宰。仍属于博尔赫斯的只是些碎片、残余、渣滓。“博尔赫斯”由此不断扩大他的领地，而博尔赫斯仅剩一隅之地。是“博尔赫斯”去访问了美国的大学，荣获一项又一项文学奖，受到世人的评说，赢得举世公认的荣誉，并且成为至少三大洲的成千上万青年人的大师。另一个博尔赫斯（即博尔赫斯）逐渐退缩而终至于无。

——［美］埃米尔·罗德里格斯·莫内加尔《生活在迷宫——博尔赫斯传》，陈舒、李点译，知识出版社 1994 年版

第七章

知音：心灵的相遇

古代传说伯牙鼓琴，曲每奏，钟子期辄穷其趣，以其善听也。后人便把深得己心的朋友称为知音。《吕氏春秋·本味》："钟子期死，伯牙破琴绝弦，终生不复鼓琴，以为世无足复为鼓琴者。"所以刘勰说："知音其难哉！音实难知，知实难逢，逢其知音，千载其一乎！"人们常用伯牙破琴的典故，述说没有知音的苦闷。

语言难以充分达意，文字更是外在形式，时过境迁，要通过文字回复到诗人当初内心所想，谈何容易。白发萧疏，青灯寂寞，诗人既期望理想的读者，也知道这种心灵的相遇，着实难得。

正因为知音罕见，所以一旦遇着心意契合、志趣相投者，便弥足珍贵。而一些孤傲的作者，呕心沥血，把自己内心深处的情思用最精妙的语言表达出来，形诸文字，却只求极少数知己的读者心领神会，便已足够。

杜甫《丽春》以花寄意："纷纷桃李姿，处处总能移。如何此贵重，却怕有人知。"丽春花独处幽谷，不同于四处弄姿的桃李。正如自己宁愿曲高和寡，不愿趋附凡俗。普希金《欧根·奥涅金》的献词开篇也说："我不想取悦骄狂的人世，只希望博得朋友的欣赏。"

一、邂逅另一个我

知音是你愿意与之分享一切欢乐与悲伤以及内心秘密的人。你与他互相依持，激励彼此的成长，丰盈彼此的心灵。他就是你的另一个自己。我们一生都在寻找这样的知音，但是拥有这种幸运的人并不多。对知音的渴求，永远是我们内心深处最强烈的要求和最深切的愿望。作家把对知音的渴望溶解在他的作品中，他正是以其全部的作品呼唤着知音，呼唤着那个最理解他的人。

徐文长传[①]

袁宏道

余少时过里肆中[②]，见北杂剧有《四声猿》[③]，意气豪达，与近时书生所演传奇绝异[④]，题曰“天池生”，疑为元人作。后适越[⑤]，见人家单幅上有署“田水月”者[⑥]，强心铁骨，与夫一种磊块不平之气[⑦]，字画之中，宛宛可见。意甚骇之，而不知田水月为何人。

一夕，坐陶编修楼[⑧]，随意抽架上书，得《阙编》诗一帙[⑨]。恶楮毛书[⑩]，烟煤败黑[⑪]，微有字形。稍就灯间读之，读未数首，不觉惊跃，忽呼石篑：“《阙编》何人作者？今耶？古耶？”石篑曰：“此余乡先辈徐天池先生书也。先生名渭，字文长，嘉、隆间人[⑫]，前五六年方卒。今卷轴题额上有田水月者[⑬]，即其人也。”余始悟前后所疑，皆即文长一人。又当诗道荒秽之时，获此奇秘，如魇得醒[⑭]。两人跃起，灯影下，读复叫，叫复读，僮仆睡者皆惊起。余自是或向人，或作书，皆首称文长先生[⑮]。有来看余者，即出诗与之读。一时名公巨匠，浸浸知向慕云[⑯]。

文长为山阴秀才[17]，大试辄不利[18]，豪荡不羁。总督胡梅林公知之[19]，聘为幕客。文长与胡公约："若欲客某者，当具宾礼，非时辄得出入[20]。"胡公皆许之。文长乃葛衣乌巾[21]，长揖就坐，纵谈天下事，旁若无人。胡公大喜。是时公督数边兵[22]，威振东南，介胄之士[23]，膝语蛇行，不敢举头[24]；而文长以部下一诸生傲之，信心而行[25]，恣臆谈谑[26]，了无忌惮。会得白鹿[27]，属文长代作表[28]。表上，永陵喜甚[29]。公以是益重之，一切疏记皆出其手。

文长自负才略，好奇计，谈兵多中[30]。凡公所以饵汪、徐诸虏者[31]，皆密相议然后行。尝饮一酒楼，有数健儿亦饮其下，不肯留钱。文长密以数字驰公，公立命缚健儿至麾下[32]，皆斩之，一军股栗。有沙门负赀而秽[33]，酒间偶言于公，公后以他事杖杀之。其信任多此类。

胡公既怜文长之才，哀其数困，时方省试，凡入帘者[34]，公密属曰："徐子，天下才，若在本房，幸勿脱失。[35]"皆曰："如命。"一知县以他羁后至，至期方谒公，偶忘属，卷适在其房，遂不偶[36]。

文长既已不得志于有司[37]，遂乃放浪曲蘖[38]，恣情山水，走齐、鲁、燕、赵之地[39]，穷览朔漠。其所见山奔海立，沙起云行，风鸣树偃，幽谷大都，人物鱼鸟，一切可惊可愕之状，一一皆达之于诗。其胸中又有一段不可磨灭之气，英雄失路、托足无门之悲，故其为诗，如嗔如笑，如水鸣峡，如种出土，如寡妇之夜哭，羁人之寒起[40]。当其放意，平畴千里；偶尔幽峭，鬼语秋坟[41]。文长眼空千古，独立一时。当时所谓达官贵人、骚士墨客，文长皆叱而奴之，耻不与交，故其名不出于越。悲夫！

一日，饮其乡大夫家[42]。乡大夫指筵上一小物求赋，阴令童仆续纸丈余进，欲以苦之。文长援笔立成，竟满其纸，气韵遒逸，物无遁情，一座大惊。

文长喜作书，笔意奔放如其诗，苍劲中姿媚跃出。余不能书，而谬谓文长书决当在王雅宜、文征仲之上[43]。不论书法，而论书神：先生者，诚八法之散圣[44]，字林之侠客也[45]。间以其余，旁溢为花草竹石，皆超逸有致。

卒以疑杀其继室，下狱论死。张阳和力解[46]，乃得出。既出，倔强如初。晚年愤益深，佯狂益甚[47]。显者至门，皆拒不纳。当道官至[48]，求一字不可得。

时携钱至酒肆，呼下隶与饮[49]。或自持斧击破其头，血流被面，头骨皆折，揉之有声。或槌其囊[50]，或以利锥锥其两耳，深入寸余，竟不得死。

石篑言：晚岁诗文益奇，无刻本，集藏于家。予所见者，《徐文长集》《阙编》二种而已。然文长竟以不得志于时，抱愤而卒。

石公曰：先生数奇不已[51]，遂为狂疾；狂疾不已，遂为囹圄[52]。古今文人，牢骚困苦，未有若先生者也。虽然，胡公间世豪杰[53]，永陵英主，幕中礼数异等，是胡公知有先生矣；表上，人主悦，是人主知有先生矣。独身未贵耳。先生诗文崛起，一扫近代芜秽之习，百世而下[54]，自有定论，胡为不遇哉[55]？梅客生尝寄予书曰[56]："文长吾老友，病奇于人，人奇于诗，诗奇于字，字奇于文，文奇于画。"余谓文长无之而不奇者也。无之而不奇，斯无之而不奇也哉！悲夫！

① 选自《徐渭集·附录》，中华书局1999年版。徐文长（1521—1593），名渭，字文清，后改字文长，号天池生、青藤老人，山阴（今浙江绍兴）人，善书画，工诗文、戏曲，著有诗文集《徐文长集》、戏曲《四声猿》和戏曲论著《南词叙录》等。袁宏道（1568—1610），字中郎，号石公，湖北公安人，与兄宗道、弟中道合称"公安三袁"，创公安派，主张独抒性灵，不拘格套。

② 里：民户居处。肆：店铺。

③ 北杂剧：元代流行于北方的一种戏剧形式，一般每本四折，开头

或中间另有楔子。明清时往往不受此限，如徐渭所作，少仅一折，多至五折。《四声猿》：徐渭四部杂剧的总称，包括《狂鼓史渔阳三弄》《玉禅师翠乡一梦》《雌木兰替父从军》《女状元辞凰得凤》。

④ 传奇：本指唐以来的文言短篇小说，元人杂剧有时也称传奇。这里指明代在南戏基础上发展而成的长篇戏剧作品。

⑤ 越：古国名，都会稽（今浙江绍兴），后泛指浙东地区。

⑥ 田水月：徐渭别号，三字相合即成“渭”字。

⑦ 磊块：众石累积，形容胸中郁结之气。

⑧ 陶编修：陶望龄，字周望，号石篑，会稽人，袁宏道好友。万历十七年（1589）会试第一，廷试第三，初授翰林院编修，官至国子监祭酒。明代史馆事多以翰林任之，故称翰林为太史。

⑨《阙编》：徐文长诗文集。“阙编”意思是编辑正编所余。徐文长有《文长集》十六卷,《阙编》十卷，为其生前自编。帙（zhì）：书册。

⑩ 恶楮（chǔ）毛书：纸张粗劣，书写不精。楮：树名，叶似桑，皮可造纸。后即以代指纸张。

⑪ 烟煤败墨：形容墨色暗淡模糊。

⑫ 嘉：嘉靖，明世宗年号（1522—1566）。隆：隆庆，明穆宗年号（1567—1572）。

⑬ 卷轴：指字画。题额：题写匾额，这里指匾额。

⑭ 魇：梦中惊叫，噩梦。

⑮ 首：标明，显示。

⑯ 浸浸：渐渐。向慕：向往仰慕。

⑰ 山阴：今浙江绍兴。秀才：明清时指通过最低一级考试，取入府、县学之生员的俗称。

⑱ 大试：明清两代在省城每三年一次的考试，考中的称举人。

⑲ 胡梅林：胡宗宪，字汝贞，号梅林，绩溪（今属安徽）人。当时

任兵部右侍郎总督兼浙江巡抚，抗击倭寇有功。胡与严嵩交厚，严嵩败，被劾入狱，死狱中。

⑳ 非时辄得出入：不规定时间，自由进出。

㉑ 葛衣乌巾：布衣，黑色头巾。此为平民装束。

㉒ 督数边兵：胡宗宪负责南直隶、浙、闽多处军务。

㉓ 介胄之士：指将官们。介，铠甲。胄，头盔。

㉔ 膝语蛇行：跪着说话，爬行而前，极言其敬畏之态。

㉕ 信心而行：指随心所欲地行事。信：放任，随便。

㉖ 恣臆谈谑：放纵而不加限制地谈笑。臆，通“意”。

㉗ 会得白鹿：古以白鹿为祥瑞。《宋书·符瑞志》：“白鹿，王者明惠及下则至。”嘉靖三十七年（1558）春，胡宗宪得白鹿于舟山，上之世宗。

㉘ 属文长代作表：属，通“嘱”。《青藤书屋文集》卷十四有《代初进白牝鹿表》《代再进白鹿表》。

㉙ 永陵：明世宗的陵墓。宋元明人常以陵名称已故的皇帝。

㉚ 谈兵多中：中，符合，结果与预期一致。

㉛ 凡公所以饵汪、徐诸虏者：《明史·徐渭传》：“渭知兵，好奇计，宪宗擒徐海，诱汪（一作王）直（都是通倭寇的海盗），皆预其谋。”

㉜ 麾下：将旗之下。

㉝ 负赀而秽：倚仗有钱财而行为不轨。赀，通“资”，财货。

㉞ 入帘：指担任考官。

㉟ 房：乡试、会试时，设考官若干名，各分房批阅考卷，简称房官。

㊱ 不偶：不遇。

㊲ 有司：这里指主持科举的考官。

㊳ 曲蘖（niè）：酒曲，代指酒。

㊴ 齐、鲁、燕、赵之地：均古国名，今山东、河北、山西等地。

㊵ 羁人之寒起：羁人，旅人。寒起，夜起。

㊶ 畴：田野。这四句意谓：当他放意纵笔，犹如平野千里，偶尔作幽峭之文，则如秋坟鬼语。

㊷ 乡大夫：此指县令。

㊸ 王雅宜：王宠（1494—1533），号雅宜山人，明江苏吴县人。精小楷，尤善行草。文征仲：文征明（1470—1559），初名壁，字征明，后以字行，改字征仲，号衡山居士。长洲（今苏州）人。著名书画家。

㊹ 八法：永字八法，阐述正楷点画用笔的一种方法，代指书法。

㊺ 字林：书法界。

㊻ 张阳和：张元忭，字子荩，别号阳和，山阴人。隆庆五年（1571）进士，官至翰林侍读。

㊼ 佯狂：装疯。另据陶望龄、钱谦益等人记载，胡宗宪因与严嵩来往甚密，于嘉靖四十四年（1565）被参劾二度入狱，死于狱中。幕僚多受牵连，文长惧而发狂，似非装疯。

㊽ 当道：当权，握有权柄。

㊾ 下隶：地位低下的人。

㊿ 椎其囊：以椎子击阴囊。

⑤① 数奇（jī）：命运不佳，遭遇不顺。

⑤② 囹圄（língyǔ）：牢狱。

⑤③ 间世：隔世。

⑤④ 百世：即百代。古人以 30 年为一世。

⑤⑤ 为：通“谓”。

⑤⑥ 梅客生：梅国桢，字客生，湖北麻城人。万历十一年（1583）进士。

导读

对于优秀作品的判断，徐文长有一种特殊的方法：试取所选者读之，果能如冷水浇背，陡然一惊，便是兴观群怨之品；如其不然，便不是矣。而袁宏道初读徐文长文章时的战栗与狂喜，岂止冷水浇背而已!

无论是徐文长抑或袁宏道，都体现了反对文学的清规戒律，主张独抒性灵、不拘格套的时代精神。于是乎，读着前人的书，邂逅的却是他自己。

触类引申

吾生而肥，弱冠而羸不胜衣。既立而复渐以肥，乃至于若斯图之痴痴也。

盖年以历于知非，然则今日之痴痴，安知其不复羸羸，以庶几于山泽之癯耶？而人又安得执斯图以刻舟而守株？

噫，龙耶猪耶？鹤耶凫耶？蝶栩栩耶？周蘧蘧耶？畴知其初耶？

——（明）徐渭《自书小像》

郡城去海不为遥，墨箨淋漓似郁蛟。莫遣风来吹一叶，恐于笺上作波涛。

——（明）徐渭《竹》

半生落魄已成翁，独立书斋啸晚风。笔底明珠无处卖，闲抛闲掷野藤中。

——（明）徐渭《题墨葡萄诗》

庄子[1]（节选）

闻一多

二

庖丁对答文惠君说："臣之所好者道也，进乎技矣。"这句话的意义，若许人变通的解释一下，便恰好可以移作庄子本人的断语。庄子是一位哲学家，然而侵入了文学的圣域。庄子的哲学，不属本篇讨论的范围。我们单讲文学家庄子，如有涉及他的思想的地方，那是当作文学的核心看待的，对于思想本身，我们不加批评。

古来谈哲学以老、庄并称，谈文学以庄、屈并称。南华的文辞是千真万真的文学，人人都承认。可是《庄子》的文学价值还不只在文辞上。实在连他的哲学都不像寻常那一种矜严的，峻刻的，料峭的一味皱眉头，绞脑子的东西；他的思想的本身便是一首绝妙的诗。

一壁认定现实全是幻觉，是虚无，一壁以为那真正的虚无才是实有，庄子的议论，反来覆去，不外这两个观点。那虚无，或称太极，或称涅槃，或称本体，庄子称之为"道"。他说：

> 夫道有情有信，无为无形，可传而不可受，可得而不可见；自本自根，未有天地，自古以固存，神鬼神帝，生天生地，在太极之先而不为高，在六极之下而不为深，先天地生而不为久，长于上古而不为老——豨韦氏得之以挈天地，伏戏氏得之以袭气母，维斗得之终古不忒，日月得之终古不息，堪坏得之以袭昆仑，冯夷得之以游大川，肩吾得之以处大山，黄帝得之以登云天，颛顼得之以处玄宫，禺强得之立乎北极；西王母得之坐乎少

> 广，莫知其始，莫知其终，彭祖得之上及有虞，下及五伯，傅说得之以相武丁，奄有天下，乘东维、骑箕尾，而比于列星。

有大智慧的人们都会认识道的存在，信仰道的实有，却不像庄子那样热忱地爱慕它。在这里，庄子是从哲学又跨进了一步，到了文学的封域。他那婴儿哭着要捉月亮似的天真，那神秘的怅惘，圣睿的憧憬，无边无际的企慕，无涯岸的艳羡，便使他成为最真实的诗人。

然而现实究竟不容易抹杀，即使你说现实是幻觉，幻觉的存在也是一种存在。要调解这冲突，起码得承认现实是一种寄寓，或则像李白认定自己是"天上谪仙人"，现世的生活便成为他的流寓了。"万物生于有，有生于无"，庄子仿佛说：那"无"处便是我们真正的故乡。他苦的是不能忘情于他的故乡。"旧国旧都，望之怅然"，是人情之常，纵使故乡是在时间以前，空间以外的一个缥缈极了的"无何有之乡"，谁能不追忆，不怅望？何况羁旅中的生活又是那般龌龊、逼仄、孤凄、烦闷？

> 悲歌可以当泣，远望可以当归。

庄子的著述，与其说是哲学，毋宁说是客中思家的哀呼；他运用思想，与其说是寻求真理，毋宁说是眺望故乡，咀嚼旧梦。他说："卮言日出，和以天倪，因以曼衍，所以穷年[②]。"一种客中百无聊赖的情绪完全流露了。他这思念故乡的病意，根本是一种浪漫的态度，诗的情趣。并且因为他钟情之处，"大有径庭，不近人情"[③]，太超忽，太神秘，广大无边，几乎令人捉摸不住，所以浪漫的态度中又充满了不可逼视的庄严。是诗便少不了那一个哀艳的"情"字。《三百篇》是劳人思妇的情；屈、宋是仁人志士的情；庄子的情可难说了，只超人才载得住他那种神圣的客愁。所以庄子是开辟以来最古怪最伟大的一个情种；若讲庄子是诗人，还不仅是泛泛的诗人。

或许你要问:《庄子》的思致诚然是美，可是哪一种精深的思想不美呢？怎见得《庄子》便是文学？你说他的趣味分明是理智的冷艳多于情感的温馨，他的姿态也是瘦硬多于柔腻，那只算得思想的美，不是情绪的美。不错。不过你能为我指出思想与情绪的分界究竟在哪里吗？唐子西在惠州给各种酒取名字，温和的叫作“养生主”，劲烈的叫作“齐物论”。他真是善于饮酒，又善于读《庄子》。《庄子》会使你陶醉，正因为那里边充满了和煦的、郁蒸的、焚灼的各种温度的情绪[④]。向来一切伟大的文学和伟大的哲学是不分彼此的。你若看不出《庄子》的文学，只因他的神理太高，你骤然体验不到。

又恐琼楼玉宇，高处不胜寒。

是就下界的人们讲的，你若真是隶籍仙灵，何至有不胜寒的苦头？并且文学是要和哲学不分彼此，才庄严，才伟大。哲学的起点便是文学的核心。只有浅薄的、庸琐的、渺小的文学，才专门注意花叶的美茂，而忘掉了那最原始、最宝贵的类似哲学的仁子。无论《庄子》的花叶已经够美茂的了；即令他没有发展到花叶，只他那简单的几颗仁子，给投在文学的园地上，便是莫大的贡献，无量的功德。

三

讲到文辞，本是庄子的余事，但也就够人赞叹不尽的，讲究辞令的风气，我们知道，春秋时早已发育了；战国时纵横家及以孟轲、荀卿、韩非、李斯等人的文章也够好了，但充其量只算是辞令的极致，一种纯熟的工具，工具的本身难得有独立的价值，庄子可不然，到他手里，辞令正式蜕化成文学了。他的文字不仅是表现思想的工具，似乎也是一种目的，对于文学家庄子的认识，老早就有了定案。《天下》篇讨论其他诸子，只讲思想，谈到庄周，大半是评论文辞的话。

> 以谬悠之说，荒唐之言，无端崖之辞，时恣纵而不傥[⑤]，不以觭见之也[⑥]。以天下为沉浊，不可与庄语。以卮言为曼衍，以重言为真，以寓言为广[⑦]。……其书虽瑰玮，而连犿无伤也[⑧]。其辞虽参差，而諔诡可观。……其理不竭，其来不蜕，芒乎昧乎，未之尽者。[⑨]

这可见庄子的文学色彩，在当时已瞒不过《天下》篇作者的注意，（假如《天下》篇是出于庄子自己的手笔，他简直以文学家自居了。）至于后世的文人学者，每逢提到庄子，谁不一唱三叹的颂扬他的文辞？高似孙说他：

> 极天之荒，穷人之伪，放肆迤演[⑩]，如长江、大河，滚滚灌注，泛滥乎天下；又如万籁怒号，澎湃汹涌，声沉影灭，不可控抟。[⑪]

赵秉忠把他和列子并论，说他们：

> 摛而为文[⑫]，穷造化之姿态，极生灵之辽广，剖神圣之渺幽，探有无之隐赜[⑬]……
>
> 呜呼！天籁之鸣，风水之运，吾靡得覃其奇矣！[⑭]

凌约言讲得简括而尤其有意致：

庄子如神仙下世，咳吐谑浪，皆成丹砂。

读《庄子》，本分不出那是思想的美，那是文字的美。那思想与文字，外形与本质的极端的调和，那种不可捉摸的浑圆的机体，便是文章家的极致；只那一点，便足注定庄子在文学中的地位。朱熹说庄子“是他见得方说到”，一句极平淡极敷泛的断语，严格的讲，古今有几个人当得起？其实在庄子，“见”与“说”之间并无因果的关系，那譬如一面花，一面字，原来只是一颗钱币。世界本无所谓真纯的思想，除了托身在文学里，思想别无存在的余地；同时，是一个字，便有它的涵义，文字等于是思想的躯壳，然而说来又觉得矛盾，一拿单字连缀成文章，居然有了缺乏思想的文字，或文字表达不出的思想。比方我讲自然现象中有一种无光的火，或无火的光，你肯信吗？在人工的制作里确乎有那种文字与思想不碰头的偏枯的现象，不是辞不达意，便是辞浮于理。我们且不讲言情的文，或状物的文。言情状物要做到文辞与意义兼到，固然不容易，纯粹说理的文做到那地步尤其难，几乎不可能。也许正因那是近乎不可能的境地，有人便要把说理文根本排出文学的范围外，那真是和狐狸吃不着葡萄，说葡萄酸一样的可笑。要反驳那种谬论，最好拿《庄子》给他读，即使除了庄子，你抬不出第二位证人来，那也不妨。就算庄子造了一件灵异的奇迹，一件化工罢了——就算庄子是单身匹马给文学开拓了一块新领土，也无不可。读《庄子》的人，定知道那是多层的愉快。你正在惊异那思想的奇警；在那踌躇的当儿，忽然又发觉一件事，你问那精微奥妙的思想何以竟有那样凑巧的曲达圆妙的辞句来表达它，你更惊异；再定神一看，又不知道那是思想那是文字了，也许什么也不是，而是经过化合作用的第三种东西，于是你尤其惊异。这应接不暇的惊异，便使你加倍的愉快，乐不可支。这境界，无论如何，在庄子以前，绝对找不到，以后，遇着的机会确实也不多。

四

如果你要的是纯粹的文学，在庄子那素净的说理文的背景上，也有着你看不完的花团锦簇的点缀——断素、零纨、珠光、剑气、鸟语、花香——诗、赋、传奇、小说，种种的原料，尽够你欣赏的，采撷的。这可以证明如果庄子高兴做一个通常所谓的文学家，他不是不能。

他是一个抒情的天才。宋祁、刘辰翁、杨慎等极欣赏的：

> 送君者皆自厓而返，君自此远矣！[15]

果然是读了“令人萧寥有遗世之意”。《则阳篇》也有一段极有情致的文字：

> 旧国旧都，望之畅然。虽使丘陵草木之缗，入之者十九，犹之畅然，况见见闻闻者也？以十仞之台悬众间者也？[16]

明人吴世尚曰：“《易》之妙妙于象，《诗》之妙妙于情；《老》之妙得于《易》，《庄子》之妙得于《诗》。”这里果然是一首妙绝的诗——外形同本质都是诗：

> 天其运乎？地其处乎？日月其争于所乎？孰主张是？孰维纲是？孰居无事推而行是？意者其有机缄而不得已邪？[17]意者其运转而不能自止邪？云者为雨乎？雨者为云乎？孰隆施是？[18]孰居无事淫乐而劝是？风起北方？一西一东，有上彷徨[19]——孰嘘吸是？孰居无事而披拂是[20]？

这比屈原的《天问》何如？欧阳修说："参差奇诡而近于物情，兴者比者俱不能得其仿佛也。"只讲对了作者的一种"百战不许持寸铁"的妙技，至于他那越世高谈的神理，后世除了李白，谁追上他的踪尘？李白仿这意思作了一首《日出入行》，我们也录来看看：

日出东方隈，似从地底来，历天又入海，六龙所舍安在哉？其始与终古不息，人非元气安得与之久徘徊！草不谢荣于春风，木不怨落于秋天。谁挥鞭策驱四运？万物兴歇皆自然。……

古来最善解《庄子》的莫如宋真宗。张端义《贵耳集》载着一件逸事，说他："宴近臣，语及《庄子》，忽命《秋水》，至则翠鬟绿衣，一小女童，诵《秋水》篇。"这真是一种奇妙批评《庄子》的方法。清人程庭鹭说："向秀、郭象应逊此女童全具《南华》神理。"所谓"神理"正指诗中那种最飘忽的，最高妙的抒情的趣味。

庄子又是一位写生的妙手。他的观察力往往胜过旁人百倍，正如刘辰翁所谓"不随人观物，故自有见"。他知道真人"凄然似秋，暖然似春"，或则"尸居而龙见，渊默而雷声"[21]。他知道"生物之以息相吹"；他形容马"喜则交颈相靡，怒则分背相踶"[22]；又看见"泽雉十步一啄，百步一饮"。他又知道"槐之生也，入季春五日而兔目，十日而鼠耳，更旬而始规，二旬而叶成"[23]。一部《庄子》中，这类的零星的珍玩，搜罗不尽。可是能刻画具型的物体，还不算一回事，风是一件不容易描写的东西，你看《齐物论》里有一段奇文：

夫大块噫气[24]，其名为风。是唯无作，作则万窍怒号[25]。而独不闻之翏翏乎[26]？山林之畏隹[27]，大木百围之窍穴，似鼻，似口，似耳，似枅[28]，似圈，似臼，似洼者，似污者[29]——激者、谪者、叱者、吸者、叫者、譹者、宎者，咬者[30]，前者唱于而随者唱喁，冷风则小和，飘风则大和，厉风济，则众窍为虚[31]，而独不见之调调之刁刁乎？[32]

注意那写的是风的自身，不像著名的宋玉《风赋》只写了风的表象。

① 节选自《闻一多全集》，生活·读书·新知三联书店1982年版。闻一多（1899—1946），湖北浠水人，诗人、学者，原名闻家骅，字友三，著有诗集《红烛》《死水》，学术著作《神话与诗》《唐诗杂论》《古典新义》《楚辞校补》等。

② 卮言：随人意而变，无主见之言。卮：酒器，满则倾，空则仰，空满任物，倾仰随人，卮言谓无心之言。天倪：自然之分。曼衍：变化无穷。

③ 径庭：偏激。

④ 郁蒸：闷热。

⑤ 傥：倜傥，洒脱不拘。闻一多自注："傥，诸本作'不傥'，《释文》无'不'字，今据删。"觭（jī）见：偏于一隅之见。

⑥ 重（zhòng）言：为人推重之言。

⑦ 连犿（huān）：婉转貌。

⑧ 諔（chù）诡：奇异。

⑨ 不蜕：不离根本。芒昧：幽暗不明。芒通"茫"。

⑩ 迤演：曲折绵延貌。

⑪ 控抟：引持，把握。

⑫ 摛（chī）：铺叙。

⑬ 隐赜（zé）：隐微深奥。

⑭ 覃（tán）：长，广。

⑮ 厓：通“涯”，水边。

⑯ 缗（mín）：茫昧不分明貌。入：义同“没”。谓旧国旧都为草木所掩者十九。见见闻闻：随处可见可听的。

⑰ 机缄：主宰、制约。机、缄，都是关、闭的意思。

⑱ 隆施：谓兴云降雨。隆，兴。施，降。

⑲ 一西一东：或西或东。

⑳ 披拂：扇动。

㉑ 尸居而龙见（xiàn），渊默而雷声：寂然不动而有龙现之势，深沉静默而有雷霆之声。

㉒ 踶（dì）：踢，踏。

㉓ 规：叶始舒。闻一多自注：“万希槐辑《庄子逸文》引《御览》。”

㉔ 噫（ài）气：这里指天地吐气。

㉕ 呺（háo）：吼叫。

㉖ 而：你。翏翏（liùliù）：悠长的风声。

㉗ 畏隹（wèicuī）：通“嵔崔”，高大参差貌。

㉘ 枅（jī）：木制酒瓶。

㉙ 污：泥坑。

㉚ 激：激流声。謞（xiāo）；飞箭声。譹：号哭声。宎（yáo）：沉吟声。

㉛ 济：止息。

㉜ 调调刁刁：形容摇动的样子。

导读

《史记》曰“庄子者，蒙人也”，宋国蒙约在今河南商丘；而朱嘉认为“庄子自是楚人”，王国维也说“老庄之徒，生于南方”，冯友兰《中国哲学史》专列一节《庄子与楚人精神》：“蒙为宋地，庄子为宋人，然庄子之思想，实与楚人为近。”因为《庄子》与《楚辞》，都想象丰富，情思飘逸，从思想到文体，都极为超旷。

触类引申

《庄子》的中心目标是自我转化。……《庄子》的中心的和开始的神话，是一个关于一条鱼（鲲）发生变化而变成一只鸟（鹏）的故事。

……故事告诉我们，我们是从黑暗中开始的（华滋生的英译将“北冥”译为“In the northern darkness，故有此说——编者注）。开头之黑暗的存在，象征着认识论的起点。我们不开始于任何概念或前概念。如果我们开始于概念或前概念，我们就很可能无法以恰当的顺序来理解这个故事的要点。

在故事的中间，鱼把自己转化成鸟。我不认为，庄子是随意地选择这两种动物的。以鱼开始，意味深长。鱼象征着一个能被捉住的动物。由于在一开始就说到鱼，我们可以容易地把鱼看作读者的象征。鱼，跟我们一样，生活在黑暗之中，或者从认识论上说，生活在无知之中。但是，鱼拥有将自己转化为别的动物的能力。这别的动物就是鸟。选择鸟也不是文学上的偶然。鸟象征着一种我们将其跟自由和超越联系起来的动物。这里的主题信息（thematic message）是：从无知向有知的转化是在我们之内的一种内在的可能性，并且，这种转化的结果就是自由的取得。这也是幸福的取得，这种幸福是以目的地（天池）来象征的。仅仅是这个神话故事的开头就已告诉我们多少关于《庄子》的整体信息！这些信息包括：捉住无知的读者，告诉我们在我们之内的自我转化的能力，自由和幸福的取得。

——［美］爱莲心:《向往心灵转化的庄子：内篇分析》，周炽成译，江苏人民出版社2004年版

荷马墓上的一朵玫瑰[1]

安徒生 著　叶君健 译

东方所有的歌曲都歌颂着夜莺对玫瑰花的爱情。在星星闪耀着的静夜里，这只有翼的歌手就为他芬芳的花儿唱一支情歌。

离士麦那[2]不远，在一株高大的梧桐树下，商人赶着一群驮着东西的骆驼。这群牲口骄傲地昂起它们的长脖子，笨重地在这神圣的土地上行进。我看到开满了花的玫瑰树所组成的篱笆。野鸽子在高大的树枝间飞翔。当太阳射到它们身上的时候，它们的翅膀发着光，像珍珠一样。

玫瑰树篱笆上有一朵花，一朵所有的鲜花中最美丽的花。夜莺对它唱出他的爱情的悲愁。但是这朵玫瑰一句话也不讲，它的叶子上连一颗作为同情的眼泪的露珠都没有。它只是面对着几块大石头垂下枝子。

“这儿躺着世界上一个最伟大的歌手！”玫瑰花说，“我在他的墓上散发出香气；当暴风雨袭来的时候，我的花瓣落到他身上，这位《伊利亚特》的歌唱者变成了这块土地中的尘土，我从这尘土中发芽和生长！我是荷马墓上长出的一朵玫瑰。我是太神圣了，我不能为一个平凡的夜莺开出花来。”

于是夜莺就一直歌唱到死。

赶骆驼的商人带着驮着东西的牲口和黑奴走来了。他的小儿子看到了这只死鸟。他把这只小小的歌手埋到伟大的荷马的墓里。那朵玫瑰

花在风中发着抖。黄昏到来了。玫瑰花紧紧地收敛起它的花瓣，做了一个梦。

它梦见一个美丽的、阳光普照的日子。一群异国人——法兰克人——来参拜荷马的坟墓。在这些异国人之中有一位歌手；他来自北国，来自云块和北极光的故乡[③]。他摘下这朵玫瑰，把它夹在一本书里，然后把它带到世界的另一部分——他的辽远的祖国里来。这朵玫瑰在悲哀中萎谢了，静静地躺在这本小书里，他在家里把这本书打开，说："这是从荷马的墓上摘下的一朵玫瑰。"

这就是这朵花做的一个梦。她惊醒起来，在风中发抖。于是一颗露珠从她的花瓣上滚到这位歌手的墓上去。太阳升起来了，天气渐渐温暖起来，玫瑰花开得比以前还要美丽。她是生长在温暖的亚洲。这时有脚步声音响起来了。玫瑰花在梦里所见到的那群法兰克人来了；在这些异国人中有一位北国的诗人：他摘下这朵玫瑰，在它新鲜的嘴唇上吻了一下，然后把它带到云块和北极光的故乡去。这朵花的躯体像木乃伊一样，现在躺在他的《伊利亚特》里面。它像在做梦一样，听到他打开这本书，说："这是荷马墓上的一朵玫瑰。"

① 选自《安徒生童话全集》，叶君健译，浙江文艺出版社 2021 年版。安徒生（1805—1875），丹麦作家。

② 士麦那（Smyrna）：土耳其西部的一个海口。

③ 指丹麦、挪威和瑞典。

导读

荷马史诗是西方文学的重要源头，千百年来影响了无数诗人作家和哲人。荷马这位传说中的盲眼诗人，长久以来都是诗人们膜拜的最大偶像。荷马墓地长出的“玫瑰”，被一位欧洲北方的诗人采撷，带到远方。这就是荷马与后世诗人关系的隐喻。安徒生属于那类被“神触摸过的人”，他的作品就是荷马的沃土里长出的最美“玫瑰”之一。

触类引申

这是一首散文诗，收在《诗人的集市》里。这大概也是安徒生在旅行中根据自己的见闻有所感而写成的。文中的“一位北国的诗人”可能就是他本人。那朵玫瑰有它坎坷的遭遇，诗人的一生中有时也有类似的经验。因此也只有他最能理解和钟爱这朵玫瑰花。

——《安徒生童话全集》，叶君健译，浙江文艺出版社 2021 年版

两千五百多年之后，从安徒生的羽毛笔下，一朵骄傲的玫瑰花生长起来，它决不肯为一只平凡的夜莺而开放，它一直等待着，直到一个异国的诗人把它带走，夹到自己的藏书里。如果你想知道这是怎么回事，你自己去打开书本吧——荷马墓上的一朵玫瑰，就在《伊利亚特》的诗页间，它将为你盛开。

——艾晓明《骑桶飞翔》，广东人民出版社 1998 年版

二、谁解其中味

每一个作品都包含着若干人性的和艺术的秘密。这秘密既是对阅读

的招引和呼唤，也是对阅读的奖赏。

当你用智慧、同情、理解和耐心揭开作品的秘密，不仅作品的意义得到了丰富、延伸和扩充，你的心灵也因此得到了丰富、提升和充实。

阅读，就是帮助我们不断成长，就是不断丰富和提升我们的人性。

析《春望》[①]

颜元叔

国破山河在，城春草木深。
感时花溅泪，恨别鸟惊心。
烽火连三月，家书抵万金。
白头搔更短，浑欲不胜簪。

这首诗十分感人，我想用“新批评”的方法，探究一下那些感人的因素。第一句“国破山河在”，“破”和“在”之间，立即形成矛盾局面——诗为矛盾语，见布鲁克斯（Cleanth Brooks）批评理论——国家已“破”，山河依旧“存在”；已破的是一个国家的组织，社稷的结构，这些都是人为的成果；这个人为的成果已遭摧毁。“山河”在这里显然指自然景物；然则，自然景物，大好河山，却不因国家社稷之覆卵而有所改变，所以“山河在”。杜甫的悲哀起于“国破”，若“国破”而山河亦破，悲哀亦许是压倒性的，但不会有目前这种无可奈何的况味：国虽“破”而山河无动于衷，依旧楚楚可怜，自个儿碧绿着。山河无情，莫此之甚！故“国破”是情感语，“山河在”是无情语。第二句正好加强了“山河无情”的表征：“城春草木深。”国破之后，应该是一幅肃杀情景，而春天降临城池，草木欣欣向荣。中国古典诗人之中，杜甫的炼字功夫最深。“草木深”之“深”字，即是一例。盖“深”字在此有多义。一义是说草木长得茂盛——已如前述；另一义是影射草木长得零乱芜秽；而此一义极佳，因为国家已破，一切事物风光，无人照料，人工所能给予自然的秩序条理，都不存在；一切任其滋长，任其蔓延；“深”字把这种茂盛而零乱的情况，正好给点明出来。从第一句到第二句，人事之凋谢与自然之昌旺，各自发展；第一句只说一“破”一“在”，而第二句说那“在”的自然，更是欣欣向荣。是以，人事与自然的两相离脱；这是此处矛盾语的基本架构。

次联“感时花溅泪，恨别鸟惊心”，显示诗人要将上面两行人事自然两相离脱的情况，给它扭转过来：诗人把自然拉进他的情感漩涡，重建人与自然的结合。于是，诗人“感时”，“花”亦随之“溅泪”；诗人“恨别”，“鸟”亦随之“惊心”。实际上，当然花不会溅泪，鸟亦不会惊心，无论人间有多大的苦痛！但是，移情作用是人的本能之一；人喜欢把自己的情感，投射到他事他物之上，于是，月色含悲，海波呜咽。这种情感的投射，被19世纪的罗斯金（John Ruskin）称之为“伤感谬误”（Pathetic Fallacy）。过分的“伤感谬误”，会造成过度的主观色彩，漠视了客观的情况；然而，含蓄而合理的情感投射，正是主观与客观沟通的桥梁，结合的契机。于是，杜甫以“感时花溅泪，恨别鸟惊心”，把人事之情渲染到自然之物，以个人的情感抓住了自然，使人与自然结合为一。就这种观点来看，第一联与第二联是两相矛盾，因为第一联点明的是人事与自然的离脱，而第二联则点明人事与自然的结合，两相冲突，正好也应验了诗为矛盾语的说法。

从第一联到第二联，同时标示一个过程，即是诗人在第一联中，显示他对草木无情之充分了解，这是认识客观真象。在第二联，他似乎故意把自然牵涉到情感中来；以客观认识为基础，用主观攫取客观，把客观人性化和人情化。中国古典诗行常常省掉主词，结果构成了十分奥妙的情况。“感时花溅泪，恨别鸟惊心”，是诗人“感时”，是诗人“恨别”；因此主词是诗人。可是，主词既然省却，就打开了第二义解说的可能；也就是说，“花”“鸟”各别为主词，于是花感时而溅泪，鸟恨别而心惊了。假设说第二义可以成立，则第三义也可成立，即花“感时”而诗人因之“溅泪”，鸟“恨别”而诗人因之“惊心”。也许，我们是在玩弄句构上的“把戏”，但是这种“把戏”是有益的。因为，如上所示的多义解说，正足以说明物我合一的境界，人与花鸟在感时恨别之中，已经分不开来了。这可说是一种“化境”。

有人总喜欢牵强附会，说杜甫在《春望》中如何忧国忧民，但是诗里面没有任何证明，可以支持这种说法。就事论事，就诗论诗，是“新批评”另一个特色。杜甫固然自“国破”开始他的吟哦，重心却不是忧国，而是“想家”！“烽火连三月，家书抵万金”，这不是想家又是什么?！忧国只能从“国破”与“感时花溅泪”，约莫看出一点影子；而“烽火连三月，家书抵万金”，却是直道念家之情——这不是说杜甫不忧国忧民，只是在这首诗不是就是了。杜甫炼字之巧，在“烽火连三月”的“连”字里又显示出来。“连”字在句构上处于“烽火”与“三月”之间，而恰好这两个片语，在字义上都可接受“连”字的附着。“连”在字面上固然是说：“烽火”连绵或持续有“三月”之久，也就是说三个月的相互“连”接；可是，“连”字反过头来，也可影射烽火台连绵不绝的烧着，予人一种千百个烽火台相继举火的意象。故“连”字用于“三月”，有时间感；“连”字用于“烽火”，则有空间感。一般而言，“三月”当为“三个月”的意思，但是“三月”若解释为“暮春三月；莺飞草长”之三月，亦有可能。《杜诗镜诠》与《杜诗详注》中，各注有“谓乱两逢三月”（即经年之意），与“物色连三月”（王勃诗句），可见三月为暮春三月，甚有可能。果若如此，“城春草木深”在节令上有呼应矣。三月若为暮春，正是万物生发的好时光，而战争的象征——“烽火”却“连”接在“三月”之上，好像说“烽火”烧入了暮春的景色，摧残了自然的生命，予人一片破败荒凉之感。（我以为“城春草木深”，意味着城市已无战争，故自然景物十分昌盛，而“烽火连三月”则意味疆场之上，烽火不已，因此，切断了交通。故这两行诗在自然景物上没有形成冲突。）

在这种情况下，家书当然可以抵万金。万金不可得，家书亦不可得。我以为“家书抵万金”是一句虚拟语气的反话：他根本没有收到任何家书，正如他无有万金一般。“抵”固然是“值”的意思，但是抵达之意亦油然而生，如此则使“万金”，本为万两黄金之意，产生一种地名感，而令“家书抵万金”构成空间感。这容许是“错觉”，却是有益于多义的一种可喜的“错觉”。“抵”原可用“值”来取代，平仄上无问题；但是，杜工部宁可用“抵”，而不用“值”，也许不仅因为“抵”的音量洪大，也可能他在字面意义之外，有意玩弄一点空间感，以与“烽火连三月”相呼应，也未可知。

最后一联：“白头搔更短，浑欲不胜簪”，有人说有些幽默自嘲的况味（见 William Hung 的《杜甫诗传 TuFu》）。我以为幽默自嘲，完全不能配合全诗的严肃悲伤的气氛。杜甫那个时候容许头尚未白，却为了诗的需要非得一头白发，才能符合凄苍之味。然而，我以为不论如何，最后两句是全诗的败笔。“白头搔更短”，似乎无法承受“烽火连三月”与“家书抵万金”的浓烈情感，当然更无法承接前面的两联：怎么国破家亡，光是搔首踟蹰就算了。太麻木！太琐碎！最后的“浑欲不胜簪”，更加强了这种趋势。白发越搔越少，终于簪子都插不稳。起于“国破山河在”，终于一根发针，真有鼠尾之感。“不胜”二字似乎有抢救这行诗的企图，因为“不胜”有不胜其悲愁的况味，这正是全诗所需要的结果或结论。可是，“不胜”两字终究被“白头”在前“簪”在后，限制了它的含义，它只能解释为：头发越搔越少，几乎连簪子都插不稳。多琐碎的关怀与纤弱的举动！如要牵强附会，这两行字当然可以说成好诗，可以与全诗吻合。不过，我所强调的是：就全诗而言，这两行够不够好，它们能不能够与同篇其他诗行，等量齐观？前面的六行是如此“浓重”而“直接”，这两行却是如此“稀薄”而“间接”！

一头的白发，搔首的行动，稀疏的白毛，插不稳的簪子，无法充分显示出深重的愁苦，而这份愁苦是前面六行塑造出来的。所以，就全诗而言，《春望》有好的起头，有好的中腰，却无好的结尾。个人每读《春望》，总为前面六行感动良深，读至最后两行，则有冷漠感。

① 选自《中华文学评论百年精华》，人民文学出版社2002年版。颜元叔（1933—2012），台湾学者，论著有《文学的玄思》《论民族文学》、《文学的史与评》等。

导读

20世纪兴起于欧美的文学“新批评”，强调文学语言独特的认知功能，视文学作品为独立自足的存在物，主张通过细读去发现这迷人的想象王国的巨大艺术价值。颜元叔在20世纪70年代大力提倡“新批评”，主张回归作品本身，将其视作独立自足的有机体，这深刻地影响了台湾的中国文学研究。他鉴赏杜甫的《春望》，不是传统的印象式点评，更不是空泛的社会历史背景描述。如何用“新批评”方法来解析古典诗歌？本文是极佳的范例。

触类引申

我们既可以分析一段文字的声音肌理，也可以集中讨论重要的含混，还可以观察语法和句法是怎样结合起来的。既可以检视一段文字对其呈现的事物或观点的情感态度，也可以着重研究关键的悖论、前后不一致以及自相矛盾的地方。有时候，追究言外之意相当重要。判断一段文字的口吻及它的走向——是变换了，还是在游移——同样会有收获。准确定义一段文字的性质也会有所助益。它可能是忧郁的、随意的、迂回的、口语化的、唐突的、倦怠的、油滑的、夸张的、反讽的、简练的、朴实的、粗暴的、肉感的、有力的，等等。所有这些策略都有一个共同点，即对语言的高度敏感。即便是感叹号，都值得专门点评。以上这些，被人们称为文学批评的“微观”方面。但是，还有“宏观”的问题，譬如人物、情节、主题、叙事之类。

——［英］特里·伊格尔顿《文学阅读指南》，范浩译，河南大学出版社 2015 年版

文学批评的确是一种次生意识对于原生意识所经历过的感性经验的把握。批评的特殊使命是“使创造的天才得以再生”。

——［比］乔治·布莱《批评意识》，郭宏安译，百花洲文艺出版社 1993 年版

《西洲曲》叹赏[1]（节选）

陈渡

忆梅下西洲，折梅寄江北。[2]
单衫杏子红，双鬓鸦雏色。[3]
西洲在何处？两桨桥头渡。[4]
日暮伯劳飞，风吹乌臼树。[5]
树下即门前，门中露翠钿。[6]
开门郎不至，出门采红莲。[7]
采莲南塘秋，莲花过人头。
低头弄莲子，莲子清如水。
置莲怀袖中，莲心彻底红。[8]
忆郎郎不至，仰首望飞鸿。[9]
鸿飞满西洲，望郎上青楼。[10]
楼高望不见，尽日栏杆头。
栏杆十二曲，垂手明如玉。[11]
卷帘天自高，海水摇空绿。[12]
海水梦悠悠，君愁我亦愁。[13]
南风知我意，吹梦到西洲。

一

好诗如沙不可胜数，能够感动我们的诗也不可胜数，但一见之下便终生难忘，此后便永久回荡在我们心中，使我们想起来就梦魂摇动、不能自已的诗却不多。《西洲曲》是一首这样的诗。

有的好诗像一片风景，永久地招引我们、诱惑我们，使我们流连，让我们低回。这是真诗人真性流露才能写出的好诗。一个诗人一生中能够写出一两首这样的诗就可以瞑目了。有的好诗却是一个标准。读过了这样的诗，你的一切就都不同了。它在你心中树立了一个尺度，既是关于诗的，也是关于人性的。它是一个境界，划出了好坏、高下的界限。它是一条雪线，为我们标示出人性所能达到的高度。它是沧海水，巫山云，比下了世间其余一切的云水。读这样的诗，是对灵魂的洗礼。有这样的诗在心中，你在诗艺上就有了鉴别的眼光，你对人生就有了期待的底线；它提高了你整个的灵魂，整个的生活。这样的诗是诗中的诗，是体现了诗的本质的诗。诗歌要从这样的诗获得，而其他的诗却要从诗获得意义。《西洲曲》是一首这样的诗。

金陵文物，南朝风流，至今仍是文人墨客说来神往的话题。“六朝文物草连空”，那是风云际会，不可再现、不能重来的奇迹。但成为这一切之完美象征的，不是哪个士人的绝笔，而恰恰是这一阕来自民间的绝唱（有人以为《西洲曲》是江淹或梁武帝所作，恐不可信）。南朝的文采风流，声歌繁响，士人心灵的自由，情调的超逸，以及由之而来的深情高致，都在这一首诗里获得了不可摧毁的完美的形式——《西洲曲》用自身的不朽教育诗人为形式献身，因为世俗的繁华无非过眼烟云，形式的胜利才是最后的胜利——它是祭奠那个时代的一座不朽的纪念碑。

南北朝是诗歌发现的时代，文学史家说它是唐诗繁荣的奠基。但有了这一首诗，我们知道这个发现的时代在自身就已达到了完美，并不需要借光唐诗来增加它的光荣。说到底，就单篇而言，有哪些唐诗的篇章可以与这来自民间的杰作媲美呢？我想来想去，似乎也只有张若虚的《春江花月夜》，那可是被闻一多誉为“诗中的诗，顶峰上的顶峰”[15]的。但我得说，那首诗的情调难道不正是由这一篇中化出？从“海水摇空绿”到“落月摇情满江树”不正指示着这条路？萧涤非谓张若虚《春江花月夜》、李白《长干行》都“从此脱出”[16]，信非虚语。清初诗人、诗评家陈祚明（字胤倩,《采菽堂古诗选》编者）更谓“此诗诚唐人心慕手追而究莫能逮者”，“初唐刘希夷、张若虚七言古诗皆从此出，言情之绝唱也”，“太白尤亹亹于斯，每希规似,《长干》之曲，竟作粉本，至如‘海水摇空绿’，寄愁明月，随风夜郎，并相蹈袭”。[17]李白所向往的境界，“清水出芙蓉，天然去雕饰”，在这里不是已经得到最完美的表现？只是太白这一个“去”字下得并不准，清水芙蓉是天然而自有雕饰，奈何得而去之？而此诗下半片的奇思幻想，还另启了李贺、龚自珍奇警一脉（李贺“朝朝暮暮愁海翻”、秦观“飞红万点愁如海”、龚自珍“秋心如海复如潮”也就从此诗的“海水”两句翻出）。以《西洲曲》比《春江花月夜》，这一首是风华绝代的姐姐，那一首是风姿绰约的妹妹，我真说不清应该更爱哪一个。但妹妹的身上却多少有着姐姐的影子。何况张若虚毕竟多沾染了月夜的寒雾，情调过于凄清了。这一首却是健康、明朗，那是青春的、不可再现的美啊。虽然姐姐和妹妹我都不愿放弃，但是如果两者只能取其一，我更愿向姐姐焚香默祷。

就像《红楼梦》照亮了它之前的小说,《西洲曲》也照亮了它之前的诗。它照亮了《诗经》，照亮了汉乐府，也照亮了它同时代的民歌。

不单如此，它也照亮了整个南朝，照亮了中国的中古，并以自身耀眼的光芒置身现代，置身我们之中。

中国文人诗中缺少情诗的传统，这是中国诗史的缺憾。在中国士人的世界中，女性始终处于依附的地位。在文人诗中，女性只是欲的对象，幻想的对象，而不是爱的对象。从宋玉的高唐神女到曹植的洛神宓妃，这些女性形象都只有身体，没有心灵。她们的美只在形貌衣饰，却没有精神，“她们光彩照人却并不照亮什么”[18]（西川语）。她们可以“荐枕席于君王”，却不能像贝特丽采引导但丁进入天堂。这种美是物质性的，因而是危险的——它“倾国倾城”，却不建造什么。也因此，中国文人诗中只有艳诗而没有情诗。因为没有领受“永恒的女性光辉”，中国士人的心灵是残缺的（社会限制了女性人格的完成，同时也就限制了男性自身的人格完成）。但在民间却是另一种情形。在“男耕女织”的社会生活方式中，女性对家庭经济有着不容忽视的贡献。民间女子在家庭经济中的这种重要性，使她们获得了一种远比上层仕女更为平等的地位和相对独立的人格。女性的这个地位既挽救了自己，同时也挽救了男性，而爱情也就在此间孕育着——平等是爱情的前提，爱的自觉更有赖于独立的人格。世间还有比《西洲曲》中的主人公更深情的女子吗？这深情正是来自其人格的完满。禁宫中的嫔妃，深院中的妻妾，是不可能有此深情的。这也就是为什么情诗只在民间而不出士大夫之门的缘故。从《诗经》、汉乐府、南北朝民歌、唐朝的竹枝词、明清的挂枝儿、山歌，一直延续到近世的花儿、信天游，那是一条歌的长河，爱的长河。在这条歌的长河中，《西洲曲》无疑是其中最为优美动人、回肠荡气的华彩乐章。拿世界诗歌史上的例子来类比，它可以媲美于希伯莱人的《雅歌》。它没有《雅歌》的场面宏大，似乎也没有《雅歌》的文辞绚烂，但它却比《雅歌》更缠绵、更温柔，它的高贵和一往情深一点也不输于《雅歌》；而这个“单衫杏子红，双鬟鸦雏色”的女子，她的美足以匹敌引起了希腊人十年征战的海伦，而海伦没有她的深情……

二

《西洲曲》是一首情韵悠长的诗，是一曲回肠荡气的歌，也是一组流光溢彩的画。

《西洲曲》的色彩之富，声韵之流利宛转，情调之高，意境之优美，在中国古典诗歌中称得上前无古人。一首诗有这些特点之一，便可成为不朽之作，而《西洲曲》却是兼而有之。

我们要用什么来形容这首诗的风格呢？典雅、绮丽、飘逸、空灵、流动、自然、纤秾、含蓄、洗练、沉着……我们几乎用掉了司空图《二十四诗品》中一半的形容，但似乎仍不足以道尽它的风格之美。它有《诗经》的深情，有《楚辞》的华美，也有《古诗十九首》的沉哀（字面却几乎不露），更加上南朝民歌的风流。这一切加起来就形成了它难以追摹的高贵华丽，明艳如霞的风格。这样的情、意、词兼美，是何等的情致！好像是绝世的女子，千年才那么匆匆一现。

这首诗写四季相思，同时也写尽了江南四季的美。梅的流光，杏的红，鸦的黑，莲花的赤，莲子的青，海天的绿，江南四季的美全在这一篇之中了。它的色彩之富，哪位画家的画能比得起呢？中国画自然是太素淡了，太沉静了。莫奈吗？德加吗？雷诺阿吗？高更么？还是梵高？这些色彩的大师似乎也太著于形迹了，太主观了，不能写出色彩的灵魂，色彩的意志。读这首诗，只觉得一片摇动着，不，飞动着的色彩，牵引着我的梦魂到繁丽的江南了。“海水摇空绿”，只这一句，哪个大匠的彩笔描画得出呢？那是色彩的舞蹈啊，牵连着，飞动着，变幻着一个无穷的色的世界；一种色彩引出另一种色彩，一个梦牵连着另一个梦。我们只有艳羡着、欣赏着、沉醉着、迷恋着……

这首诗的声韵之美，前人已叹为观止。陈祚明说它“语语相承，段段相绾，应心而出，触绪而歌，并极缠绵，俱成哀怨”，“摇曳轻飏，六朝乐府之最艳者”，又曰“段段绾合，具有变态……自近而之远（自女子身上的单衫而渐至于天海，那是一条多么迢遥的路程！），自浅而至深（由“忆”而“望”，由“望”而“梦”，这一份痴情愈转愈深，愈转愈浓，终至连天海也容不下了），无可奈何而托之于梦，甚至梦借风吹，“缥缈幻忽无聊之思，如游丝随风，浮萍逐水”[19]（此真行家语）；《古诗归》说它“声情摇曳而纡回”；《古诗源》说它“续续相生，连跗接萼，摇曳无穷，情味愈出”。其实，不但这首诗的音节之婉扬极尽了中国语言之长，其构思之圆满也达到了古典诗歌的极致。萧涤非所谓“蝉联而下，一转一妙，正复起束井井，自成章法”。[20]以空间言，诗以西洲始、以西洲终，中间由门前而南塘而高楼而天海，是一个大的回环；以时间言，从朝至暮，从冬至春，从春至夏，从夏至秋，是另一个回环；而其间以重字、叠词反复穿插钩连，造成波起云涌，连绵不断，韵转而意不转，意转而句不断的效果，那又是一个个小的回环。四季风光流转不息，女子对情人的思念绵绵不绝，诗的音节亦随之流转不已——而诗的结构环环如扣，把流动和秩序天衣无缝地结合为一个完整的圆。

三

《西洲曲》也是古今第一深情的诗。

《诗经·柏舟》“之死矢靡它。母也天只！不谅人只！”，汉乐府《上邪》“天地合，乃敢与君绝”，近世信天游民歌“手拿铡刀取我的头，血身子也要和你头对头”的直抒胸臆，情痴似之，却终没有《西洲曲》的深沉含蓄。我怕这样太积极的热情也许不能持久。同样是爱而不得，《西洲曲》的女主人公却是没有一句怨言，而只有一往情深、满腔的热诚、永不放弃的心意。这是宽谅、忍让、理解的爱，这是满怀期待、不以占有为目标的爱。文人诗赋中，曹植《洛神赋》词采或过之，但哪里有《西洲曲》这般深情？宋玉的《高唐》《神女》事涉淫亵，更谈不上一个“情”字。苏轼“但愿人长久，千里共婵娟”词采斐然，算得上情、意兼美，但若论一往情深，终还要输《西洲曲》一段。差可比拟的，要说是《诗经·秦风》中的《蒹葭》一篇，那也是情、意、词兼美的名篇，音节的宛转悠扬也似之，但词采、意境终是稍逊一筹。这一篇该是《西洲曲》的源流吧？《蒹葭》《西洲曲》《春江花月夜》，我说是古今情诗三绝。《春江花月夜》的主题似乎更复杂一些，但其“人生代代无穷已，江月年年只相似”的时间意识，在《西洲曲》的四季流转中不是已经启其端了吗？它那空阔无边的空间意识、彻悟以至透明的宇宙意识不也同样在《西洲曲》的天空海水中荡漾着了吗？闻一多先生把《春江花月夜》看作宫体诗的自赎，我却有点不敢苟同。宫体诗中虽有“春江花月夜”一题，张若虚的诗却和宫体品性完全两样。宫体本来是南朝生命充溢、风情无限的民歌进入宫廷以后的堕落。那么，《春江花月夜》无非是正本清源罢了，它让诗歌由宫体的萎靡重新回到了南朝民歌健康、明朗、生命充溢的航道上。这对唐诗可是一个决定性的举动。唐诗蓬勃的生命活力不正是由此发源的吗？这里哪有什么宫体的遗产？！《春江花月夜》确是《西洲曲》的妹妹，神情气质相似到骨子里！而又一样明艳动人！我想不出，如果没有这几首诗，一部中国诗史不知要落寞多少？

我们赞叹这首诗境界的明丽，词采的飞扬，音节的流利宛转，结构的周密圆满，而实际上这一切无不自深心自然流出。因为它是“言情之绝唱”，所以才有如此的境界、词采、音节和结构；因为声情婉转，所以语语动人，所谓“情溢于中，不能自已，随目所接，随境所遇，无地无物非其感伤之怀”（陈胤倩语）。诗中女子的一腔深情正是“游丝随风”的“风”，正是“浮萍逐水”的水。

四

《西洲曲》全篇三十二句一百六十字，而提领全篇的只在“忆”“望”“梦”三字。由这三字可以把全诗分为三段，第一段从第一个“忆”字开始到“莲心彻底红”结束，共十八句。这一段主在一个“忆”字。第二段从第二个“忆”字开始（“忆郎郎不至”）到“海水摇空绿”一句结束，共十句。这一段主在一个“望”字。第三段为最后四行，主在一个“梦”字。

“忆”“望”“梦”，这三个字每一字都关乎情爱的本质。

爱的反面是遗忘。“爱很短，遗忘很长”，这是令所有爱者感到彻骨冰凉的现实。爱所追求的是一种非时间的、永恒的存在，而令人悲哀的是，生命只能在时间中展开它的历程。因此，爱的堤岸不得不忍受时间的浪涛无情地冲刷。为了在时间中挽救爱，情人们不得不依靠回忆。事实上，回忆就是爱存在的方式。没有记忆的地方，也就没有爱情。性与爱的区别在于：一个只有现在时，而一个差不多总是过去时的。这话不全对，爱是过去、未来、现在的全体，它是一个完整的圆（“忆”是过往，“望”不就是未来吗？“梦”不就是过去、未来、现在的牵手吗？）。所以，真正的情人永远是一个回忆者，他是要“坐在对面也想你”的。你看，这首诗从一开篇就揭出了爱的本质，而它把这个本质呈现得如此美好，如此缠绵，如此高贵，又如此温柔，使读者也情不自禁成为沉浸在爱中的回忆者了。真的，诗歌就是这样教育一些人成为爱者的吧？

因为心中有爱，则眼前所见、所感、所想无非都是回忆了。“忆梅下西洲，折梅寄江北。单衫杏子红，双鬓鸦雏色。西洲在何处？两桨桥头渡。”——西洲是两人共同纪念的定情之所吧？它贮满了爱的回忆那是当然的。而自己身上的单衫，两鬓的乌发也在回忆中了，那是因为爱给了她另一副眼光，使她在观察自己、观察世界的时候也带上了情人的眼光——那是期待，同时也是回忆。——“杏子红”，注家以为是杏黄色，但在读者心中引起的感觉却分明是一片明艳的红！（有的版本“红”作“黄”，则色的感觉明显大为逊色）“红”是“恋”的颜色吧？那是深心里的“恋”满溢而著于身上的吧？那里边也有着“桃之夭夭，灼灼其华；之子于归，宜其室家”的期待吧？——看下文“树下即门前，门中露翠钿”，不正是用情人的眼光反观自己的明证吗？这是女子在自己门口，想象情人来时（是昔日也是明日）在门口眺望自己的情形。她也当因此徘徊不忍进门了吧。“日暮伯劳飞，风吹乌臼树。树下即门前，门中露翠钿。

开门郎不至，出门采红莲。采莲南塘秋，莲花过人头。低头弄莲子，莲子清如水。置莲怀袖中，莲心彻底红。”——朝暮的变换，四季的更替，空间的变迁，在痴情人的心理上只是不断唤醒了逝去的爱的记忆。在爱的心理运动中，时间和空间都软化了，它们都成了回忆的材料和爱的养料。“莲心彻底红”，那是里外通透的慧心啊。女子的心是透明的，诗也是透明到纤尘无染！这样的心，这样的诗，我们只能像诗人一样赞叹，“慧心啊，大海！”

时间是爱的一个对手，爱的另一个对手叫距离。情人们用回忆来抗拒时间，同时用“望”来弥缝空间的距离。正如回忆是爱存在的方式，“望”则是爱表现于外部的经典姿势。——爱，是需要守望的；没有守望的爱，很快会堕落成欲望的俘虏。事实上，“望”和“忆”同是情人的典型姿势，只不过一个表现于内部，另一个表现于外部，它们实在是“望”中有“忆”，“忆”中也有“望”的。春天有“忆”有“望”，夏天、秋天当然也有“忆”有“望”，并非春夏专有“忆”，而秋天专有“望”。但用文字说来，却不得不有先有后，所以就分出了两个段落。但秋天的“望”却真是最执着，它望得最高（天也因此高了吧），也望得最深远（空间也因此深远了吧）。原来，这个“望”的高度是由“忆”不断堆出来的。既如此，那么，索性就让秋天专用来守望吧。经由春夏的酝酿，这个秋天的“望”是不是有些醺醺然了？“忆郎郎不至，仰首望飞鸿。鸿飞满西洲，望郎上青楼。楼高望不见，尽日栏杆头。栏杆十二曲，垂手明如玉。卷帘天自高，海水摇空绿。”——这是最深情的守望啊。真是“独上高楼，望尽天涯路”，望得心也醉了，神也摇了，天空和海水都在心中荡漾着了。“海水摇空绿”一句是真好。读之觉得我们自己也在楼中了，天空海水也在我们眼前荡漾着，离合着，我们也不觉在爱中沉醉了。碧的天，绿的水，在滉漾着的刹那成了同一个东西，只觉得满楼的绿，满天的绿，满海的绿呈献于前，挑弄得人心里也满都是绿了。在这一刹那，无情的空间变成了有情的。这绿可不就是“碧海青天夜夜心”的“碧”和“青”吗？它是情人的泪眼吧？它是恋者的痴心吧？这里以“海水”呼“江水”不知是当时南人习语，还是诗人的匠心，但是用“海水”确比“江水”境界高远到不知哪里去。要说在这诗里，似乎也只有“海水”才当得起那日夜相思的分量。

以上两段描写四季风物，止于“莲心彻底红”和“鸿飞满西洲”的秋天而不及于冬天，是诗人的聪明之处。秋天的绚烂，在诗中和春的绮丽、夏的繁华混融一体，而如果进一步及于冬天，则难免添出几分肃杀之气，情调上就不容易谐调了。在情感的分寸上，这首诗是温柔敦厚，连“哀而不怨”的“哀”也是没有的。诗人只怕冬天的肃杀之气把这个分寸打破，所以宁愿写四季而缺其一——而四季相思的印象已经在暗示中完成了。

“梦”是情人的最后一件法宝（它也是诗的法宝啊），它可以在刹那间穿越时间和空间的阻隔，而实现爱的想象的圆满。它终于在最后的时刻出场了。“海水梦悠悠”，这是用海水来形容梦，也是用梦来形容海水，于是海水和梦打成了一片，醒和梦也打成了一片。痴情人于是就终日如在梦中，如在醉中了。前文“海水摇空绿”一句，事实已经是梦中语、醉中语，此处梦的出场正是水到渠成，毫不费力。“君愁我亦愁”，不言己愁而先言君愁，仿佛我只是担心着你为爱而愁，若你不愁则我亦可无愁了——这同是女子的深情。这首诗反复倾诉着女子一年四季、日夜的相思，而通篇不见“苦”字，也不见“恨”字，只在此处放出两个“愁”字。这两个“愁”字于是就有了千钧的分量。而两个“愁”字紧跟在两个“海水”之后，更使它赋有了全部海水的分量。李白《长干行》中的女子直言自己“坐愁红颜老”，这诗里的女子却只道自己红颜如花（“单衫杏子红，双鬓鸦雏色”“垂手明如玉”），仿佛说我看自己尚貌美如此，为什么君竟弃而不顾呢——真是痴情人的痴话啊。“南风知我意，吹梦到西洲”，这两句是说，南风如果知道我思念情人的心意，应当把我像梦一样吹到西洲去。此处如果把“吹梦到西洲”单纯解作希望与情人在梦中相会，那还不是诗人之意，也非情人之意，因为梦中相会正不必求南风，而抒情主人公所求于南风的，是要把自己变作一个梦吹到西洲去。如此，才真是痴情之语、深情之语。所以，这首诗表现的才是情中之至情。

分析至此，出我自己的意料，这一篇情诗中的绝唱，到最后竟变成了一个关于爱的可能性的问题。如果爱只存在于“忆”中、“望”中、“梦”中，那么，爱还是可能的吗？我想诗人的意思是，爱的价值就在它的不可能中。爱是不可能的，而人却仍然有此深情，在不可能中坚执自己的一份痴情——这也就把不可能变成了可能。也就是说，真爱只存在于对不可能的战胜中。这首诗所以为绝唱，莫非为此吗？

五

行文至此，这诗里还剩下一个没有解决的问题。“西洲”到底在什么地方？它是在江南呢还是江北？这个问题因为关系到对全诗的理解，所以还有必要讨论一番。这诗是一个居住江南的女子的口吻，她的情人现在则是住在江北，这一点大抵已成共识。余冠英先生认为，西洲既然两桨可渡，鸿飞可见，则离江南必定不远，或就为江中之洲，而男子所居的“江北”却是不近，要不然就不会有这许多梦、许多愁。[21]吴小如先生则认为，“西洲”“江北”为互文，“西洲”也就是“江北”，“江北”也就是“西洲”。[22]吴先生主要是根据“吹梦到西洲”一句作此推断的，既然女子的梦魂要飞往西洲，则西洲必是男子所居之地无疑了。我原来也觉得吴先生所说极是。但现在想来也还有些疑问。全诗提到“西洲”凡四次，前三次用情人所居之地来解释终觉有些不大稳妥。“忆梅下西洲，折梅寄江北”，吴先生解释为“忆欢下西洲，我折梅以寄之”，把“梅”作为情人的代称，把“西洲”解作情人所去的地方。这个解释有点大胆。我觉得这里的“梅”还是“梅”，两句意思是，“我因忆着西洲的梅花时节而起重访之意，并欲折梅以寄江北的情人”。这样说起来意思才顺畅。“西洲”，余先生认为是“诗中男女共同纪念的地方”，我以为是确当的。诗中反复出现“西洲”而又以其命题，我觉得这个“西洲”不把它看作“江北”，而作为“爱情的圣地”讲，于诗意更为圆满。“西洲在何处？两桨桥头渡”，这一句我也赞成余先生所论，是说西洲不远，而直以两桨渡而访之，意思乃是承上文“折梅寄江北”而来——上面是说欲折梅以寄之，这里便直说渡船访之了，而下文“日暮伯劳飞，风吹乌臼树”当是访西洲归来所见。“鸿飞满西洲，望郎上青楼”，可说是想象之辞，不必是真能看见西洲鸿飞，但也不一定非是情人现今所居之所。从这两句文意上讲，西洲是常在女子的念想之中，而且不是很难到的地方。如此解释，只最后一句有点麻烦，“吹梦到西洲”不是明说西洲不近吗？我认为，最后这个西洲并非实指，它实际上代表的是爱情的纪念。“吹梦到西洲”也者，是说愿与情人的梦魂共到西洲，而重温昔日鸳梦耳。这个“西洲”，吴先生解为与“江北”互文是有道理的。因为“西洲”既是当初定情之所，用以代指现在情人的所在，也很自然。但我不认为因为这个“西洲”可与“江北”互文，就可以当然推断前三个“西洲”也都与“江北”互文。此外，还有一个结构上的理由，使得诗人在最后必用“西洲”以代“江北”——因为它完成了结构上的圆。而圆正是这首诗结构上的最大特征——人生不圆，爱情不圆，而以诗圆之。这也是《西洲曲》给诗下的定义。

2008.3

① 选自西渡《灵魂的未来》，河南大学出版社2009年版。陈渡（1967—），诗人，毕业于北京大学中文系，著有诗集多种。《西洲曲》最

早著录于徐陵（507—583）所编《玉台新咏》，历来被视为南朝乐府民歌的代表作。西洲：地名，不详所在。唐温庭筠《西洲曲》有“西洲风色好，遥见武昌楼”之句，西洲可能在武昌附近。或以为在南昌。以诗意猜想，西洲当是一个春天有梅花盛开的江中之洲。见《先秦汉魏晋南北朝诗》，逯钦立辑校，中华书局 1983 年版。

② 下：往，去。

③ 杏子红：杏子红熟的颜色。雅雏色：像小乌鸦的羽毛那样又黑又亮的颜色。这两句说，女子身穿杏红的单衫，双鬓的头发像小乌鸦的羽毛又黑又亮。

④ 这两句说，西洲在什么地方呢？可由桥头以两桨渡而到之。

⑤ 伯劳：一种仲夏开始鸣叫的禽鸟，喜单栖。乌臼树：落叶乔木。

⑥ 翠钿（diàn）：用翠玉做的或镶嵌翠玉的首饰。

⑦ 莲：谐音“怜”。以下“莲”字都有此双关意思。

⑧ 彻底红：红得里外通透。

⑨ 望飞鸿：古人有鸿雁传书的说法，望飞鸿有暗喻盼望情人音信的意思。

⑩ 青楼：以清漆涂饰的楼房，喻显贵之家，与后代以“青楼”指妓家不同。

⑪ 垂手：放下手。明如玉：形容手像玉一样光洁。

⑫ 海水：江水。有人以为此处“海水”指蓝天，则“摇空绿”三字就没有那么传神了。这句意思是，蓝天映于江水，江水摇动，则天空也在水中动荡，就像江水摇动天空的样子。这一幅水天动摇的景象正像极了思人梦魂难安的情怀。

⑬ 悠悠：邈远的样子。海水悠悠无尽，而思梦也正像这般绵延不断。

⑭ 闻一多《宫体诗的自赎》，见闻一多《唐诗杂论》，山西古籍出版社 2001 年版。

⑮ 萧涤非《汉魏六朝乐府文学史》，人民文学出版社 1984 年版。

⑯（清）陈祚明评选；李金松点校《采菽堂古诗选》，上海古籍出版社 2009 年版。

⑰ 西川《我读曹植〈洛神赋〉》，见西渡《名家读古文（上）》，中国计划出版社 2005 年版。

⑱（清）陈祚明评选；李金松点校《采菽堂古诗选》，上海古籍出版社 2009 年版。

⑲ 萧涤非《汉魏六朝乐府文学史》，人民文学出版社 1984 年版。

⑳ 余冠英《谈西洲曲》，见余冠英《汉魏六朝诗论集》，古典文学出版社 1956 年版。

㉑ 吴小如《〈西洲曲〉臆解》，见吴小如《古典诗词札从》，天津古籍出版社 2002 年版。

导读

采摘花草相赠的风俗起源很早。《诗经·郑风·溱洧》：“维士与女，伊其相谑，赠之以芍药。”《楚辞·湘夫人》：“搴汀洲兮杜若，将以遗兮远者。”汉代《古诗十九首》中也有“涉江采芙蓉，兰泽多芳草。采之欲遗谁？所思在远道”的动人诗句。而《西洲曲》的动人，也许更因民歌的本色而洗练出尘，最是一往情深的歌唱。

触类引申

《蒹葭》模式中，目标退缩是形成《蒹葭》悲剧特质的关键（尽善尽美的美人意象，原欲和超越理想向文化理想的暗转，陷入五行运行模式）。退缩的美人在追求者看来是那样的悠然、空灵，若云、若霞。其实，美人本身也陷入了文化的困境。美人作为被追求者不是天仙，而是凡人，是一个与追求者一样处于悲剧之中而心性比追求者更柔弱，从而也是比追求者更加不幸的人。还是从《诗经》开始罢。《诗经·郑风·将仲子》：将仲子兮！无逾我里，无折我树杞。岂敢爱之，畏我父母。仲可怀也，父母之言，亦可畏也。

将仲子兮！无逾我墙，无折我树桑。岂敢爱之，畏我诸兄。仲可怀也，诸兄之言，亦可畏也。

将仲子兮！无逾我园，无折我树檀。岂敢爱之，畏人之多言。仲可怀也，人之多言，亦可畏也。

仲子的爱情追求者是逾里、逾墙、逾园的追求，一种违礼的追求。杞、桑、檀，在古代都是珍贵的树，暗喻了礼的神圣性。仲子逾里、逾墙、逾园的追求，必然破坏珍贵的树、神圣的礼，从而必然要遭到礼的维护者：父母、兄弟、邻人舆论的反对。诗以违礼的仲子为一方，以护礼的父母、兄弟、邻人舆论为另一方形成尖锐对立。而主人公就处在这两种对立之间。作为陷进热恋中的爱者，她站在仲子一边。她的内心本就隐埋着反叛的爱情之火，但作为文化的人，她一直爱杞、桑、檀这些珍贵树木，是守礼的；作为父母之女，兄之妹，邻人之友好，她应该和他们的思想利益一致。诗一开始，主人公的社会本能使她站在维护杞、桑、檀树一边，反对仲子。求他不要折坏了这些树。随即爱情很快占了上风。爱仲子更甚于爱这些树木，尽管它们是珍贵的。然而，树木虽然不言不动，礼是无形的抽象概念，树木和礼的维护者，父母、诸兄、邻人却是活的存在，是一种具体的威慑力量。一念及此，主人公就陷入爱仲子和畏父母、诸兄、人言的不可调和的情感冲突之中。处于两种对立之间的主人公，如果彻底地倒向仲子一方，可能会成为罗密欧朱丽叶式的悲剧，如果倒向礼的一方，是另外一种悲剧意识。从全诗来看，主人公是倾向于向父母、诸兄、人言，也就是向礼屈服。《蒹葭》模式已从反面证明了这一点，因为这是中国文化的要求。此后的同类作品清楚地说明了这种冲突的结局。从冯梦龙《警世通言》，陈六龙《雷峰记》到方成培《雷峰塔》的白娘子故事，就其深层结构来说，就是《将仲子》模式。只是追求者是女方白娘子，被追求者是男方许仙。但表层的变换并不影响深层结构中作为同一项发挥一样的结构功能。这里，礼与非礼的区别以人妖的区别表现出来。

——张法《中国文化与悲剧意识》，中国人民大学出版社 1997 年版

说“曲终人不见，江上数峰青”

——答夏丏尊先生[①]

朱光潜

记不清在哪一部书里见过一句关于英国诗人 Keats 的话，大意是说谛视一个佳句像谛视一个爱人似的。这句话很有意思，不过一个佳句往往比一个爱人更可以使人留恋。一个爱人的好处总难免有一口使你感到“山穷水尽”，一个佳句的意蕴却永远新鲜，永远带有几分不可捉摸的神秘性。谁不懂得“采菊东篱下，悠然见南山”？但是谁能说，“我看透这两句诗的佳妙了，它在这一点，在那一点，此外便别无所有”？

中国诗中的佳句有好些对于我是若即若离的。风晨雨夕，热闹场，苦恼场，它们常是我的佳侣。我常常嘴里在和人说应酬话，心里还在玩味陶渊明或是李长吉的诗句。它们是那么亲切，但同时又那么辽远！钱起[②]的“曲终人不见，江上数峰青”两句对我也是如此。它在我心里

往返起伏也足有廿多年了，许多迷梦都醒了过来，只有它还是那么清新可爱。

这两句诗的佳妙究竟何在呢？我在拙著《谈美》里曾这样说过：

> 情感是综合的要素，许多本来不相关的意象如果在情感上能协调，便可形成完整的有机体。比如李太白的《长相思》收尾两句“相思黄叶落，白露点青苔”，钱起的《湘灵鼓瑟》收尾两句“曲终人不见，江上数峰青”，温飞卿的《菩萨蛮》前阕“水晶帘里颇黎枕，暖香惹梦鸳鸯锦，江上柳如烟，雁飞残月天”，秦少游的《踏莎行》前阕“雾失楼台，月迷津渡，桃源望断无寻处，可堪孤馆闭春寒，杜鹃声里斜阳暮”，这里加点的字句所传出的意象都是物景，而这些诗词全体原来都是着重人事。我们仔细玩味这些诗词时，并不觉得人事之中猛然插入物景为不伦不类，反而觉得它们天生成地联络在一起，互相烘托，益见其美，这就由于它们在情感上是谐和的。单拿“曲终人不见，江上数峰青”来说，曲终人杳虽然与江上峰青不相干，但是这两个意象都可以传出一种凄清冷静的情感，所以它们可以调和，如果只说“曲终人不见”而无“江上数峰青”，或是说“江上数峰青”而无“曲终人不见”，意味便索然了。

这是三年前的话，前几天接得丏尊先生的信说：“近为颇有志于文章鉴赏法。昨与友人谈起‘曲终人不见，江上数峰青’，这两句大家都觉得好。究竟好在何处？有什么理由可说：苦思一夜，未获解答。”

这封信引起我重新思索，觉得在《谈美》里所说的话尚有不圆满处。我始终相信“欣赏一首诗，就是再造一首诗”，各人各时各地的经验，学问和心性不同，对于某一首诗所见到的也自然不能一致。这就是说，欣赏大半是主观的，创造的。我现在姑且把我在此时此地所见到的写下来就正于丏尊先生以及一般爱诗者。

我爱这两句诗，多少是因为它对于我启示了一种哲学的意蕴。“曲终人不见”所表现的是消逝，“江上数峰青”所表现的是永恒。可爱的乐声和奏乐者虽然消逝了，而青山却巍然如旧，永远可以让我们把心情寄托在它上面。人到底是怕凄凉的，要求伴侣的。曲终了，人去了，我们一霎时以前所游目骋怀的世界，猛然间好像从脚底倒塌去了。这是人生最难堪的一件事，但是一转眼间我们看到江上青峰，好像又找到另一个可亲的伴侣，另一个可托足的世界，而且它永远是在那里的。“山重水复疑无路，柳暗花明又一村”，此种风味似之。不仅如此，人和曲果真消逝了么，这一曲缠绵悱恻的音乐没有惊动山灵？它没有传出江上青峰的妩媚和严肃？它没有深深地印在这妩媚和严肃里面？反正青山和湘灵的瑟声已发生这么一回的因缘，青山永在，瑟声和鼓瑟的人也就永在了。

写到这里，猛然想起英国诗人华兹华斯的《独刈女》。凑巧得很，这首诗的第二节末二行也把音乐和山水凑在一起，

Breaking the silence of the seas
Among the farthest Hebrides.

传到那顶远顶远的希伯里第司
打破那群岛中的海面的沉寂。

华兹华斯在游苏格兰西北高原时，听到一个孤独的割麦的女郎在唱歌，就作了这首诗。希伯里第司群岛在苏格兰西北海中，离那位女郎唱歌的地方还有很远的路。华兹华斯要传出那歌声的清脆和漫长，于是描写它在很远很远的海面所引起的回声。这两行诗作一气读，而且里面的

字大半是开口的长音，读时一定很慢很清脆，恰好借字音来传出那歌声的漫长清脆的意味。我们读这句诗时，印象和读“曲终人不见，江上数峰青”两句诗很相似，都仿佛见到消逝者到底还是永恒。

玩味一首诗，最要紧的是抓住它的情趣。有些诗的情趣是一见就能了然的，有些诗的情趣却迷茫隐约，不易捉摸。本来是愁苦，我们可以误认为快乐，本来是快乐，我们也可以误认为愁苦；本来是诙谐，我们可以误认为沉痛，本来是沉痛，我们也可以误认为诙谐。我从前读“曲终人不见，江上数峰青”，以为它所表现的是一种凄凉寂寞的情感，所以把它拿来和“相思黄叶落，白露点青苔”，“可堪孤馆闭春寒，杜鹃声里斜阳暮”诸例相比。现在我觉得这是大错。如果把这两句诗看成表现凄凉寂寞的情感，那就根本没有见到它的佳妙了。艺术的最高境界都不在热烈。就诗人之所以为人而论，他所感到的欢喜和愁苦也许比常人所感到的更加热烈。就诗人之所以为诗人而论，热烈的欢喜或热烈的愁苦经过诗表现出来以后，都好比黄酒经过长久年代的储藏，失去它的辣性，只剩一味醇朴。我在别的文章里曾经说过这一段话：“懂得这个道理，我们可以明白古希腊人何以把和平静穆看作诗的极境，把诗神阿波罗摆在蔚蓝的山巅，俯瞰众生扰攘，而眉宇间却常如作甜蜜梦，不露一丝被扰动的神色？”这里所谓“静穆”（serenity）自然只是一种最高理想，不是在一般诗里所能找得到的，古希腊——尤其是古希腊的造型艺术——常使我们觉到这种“静穆”的风味。“静穆”是一种豁然大悟，得到归依的心情。它好比低眉默想的观音大士，超一切忧喜，同时你也可说它泯化一切忧喜。这种境界在中国诗里不多见。屈原、阮籍、李白、杜甫都不免有些像金刚怒目，愤愤不平的样子。陶潜浑身是“静穆”，所以他伟大。

如果在“曲终人不见，江上数峰青”两句诗中见出“消逝之中有永恒”的道理，它所表现的情感就决不只是凄凉寂寞，就只有“静穆”两字可形容了。凄凉寂寞的意味固然也还在那里，但是尤其要紧的是一片得到归依似的愉悦。这两种貌似相反的情趣都沉没在“静穆”的风味里。

江上这几排青山和它们所托根的大地不是一切生灵的慈母么？在人的原始意识中大地和慈母是一样亲切的。“来自灰尘，归于灰尘”也还是一种不朽。到了最后，人散了，曲终了，我们还可以寄怀于江上那几排青山，在它们所显示的永恒生命之流里安息。

十月十四日北平

① 选自《朱光潜全集》第八卷，安徽教育出版社 1996 年版。本文原刊于 1935 年 12 月《中学生》杂志第 60 期。朱光潜（1897—1986），字孟实，安徽桐城人，美学家、翻译家，1920 年代曾与匡互生等在上海创办立达学园，1925 年起，先后留学英、法、德等国，回国后曾任北京大学、四川大学、武汉大学等校教授，著有《西方美学史》，译有黑格尔《美学》等。

② 钱起（722—约 780）：字仲文，吴兴（今属浙江）人，唐代诗人，天宝进士，官至考功郎中，“大历十才子”之一，有《钱考功集》存世。

“题未定”草·七[1]

鲁迅

还有一样最能引读者入于迷途的，是“摘句”。它往往是衣裳上撕下来的一块绣花，经摘取者一吹嘘或附会，说是怎样超然物外，与尘浊无干，读者没有见过全体，便也被他弄得迷离惝恍。最显著的便是上文说过的“悠然见南山”的例子，忘记了陶潜的《述酒》和《读山海经》

等诗，捏成他单是一个飘飘然，就是这摘句作怪。新近在《中学生》的十二月号上，看见了朱光潜先生的《说“曲终人不见，江上数峰青”》的文章，推这两句为诗美的极致，我觉得也未免有以割裂为美的小疵。他说的好处是：

> 我爱这两句诗，多少是因为它对于我启示了一种哲学的意蕴。“曲终人不见”所表现的是消逝，“江上数峰青”所表现的是永恒。可爱的乐声和奏乐者虽然消逝了，而青山却巍然如旧，永远可以让我们把心情寄托在它上面。人到底是怕凄凉的，要求伴侣的。曲终了，人去了，我们一霎时以前所游目骋怀的世界猛然间好像从脚底倒塌去了。这是人生最难堪的一件事，但是一转眼间我们看到江上青峰，好像又找到另一个可亲的伴侣，另一个可托足的世界，而且它永远是在那里的。“山穷水复疑无路，柳暗花明又一村”，此种风味似之。不仅如此，人和曲果真消逝了么；这一曲缠绵悱恻的音乐没有惊动山灵？它没有传出江上青峰的妩媚和严肃？它没有深深地印在这妩媚和严肃里面？反正青山和湘灵的瑟声已发生这么一回的因缘，青山永在，瑟声和鼓瑟的人也就永在了。

这确已说明了他之所以激赏的原因。但也没有尽。读者是种种不同的，有的爱读《江赋》[②]和《海赋》[③]，有的欣赏《小园》或《枯树》[④]。后者是徘徊于有无生灭之间的文人，对于人生，既惮扰攘，又怕离去，懒于求生，又不乐死，实有太板，寂绝又太空，疲倦得要休息，而休息又太凄凉，所以又必须有一种抚慰。于是“曲终人不见”之外，如“只在此山中，云深不知处”或“笙歌归院落，灯火下楼台”之类，就往往为人所称道。因为眼前不见，而远处却在，如果不在，便悲哀了，这就是道士之所以说“至心归命礼，玉皇大天尊”也。

抚慰劳人的圣药，在诗，用朱先生的话来说，是“静穆”：

> 艺术的最高境界都不在热烈。就诗人之所以为人而论，他所感到的欢喜和愁苦也许比常人所感到的更加热烈。就诗人之所以为诗人而论，热烈的欢喜或热烈的愁苦经过诗表现出来以后，都好比黄酒经过长久年代的储藏，失去它的辣性，只剩一味醇朴。我在别的文章里曾经说过这一段话：“懂得这个道理，我们可以明白古希腊人何以把和平静穆看作诗的极境，把诗神亚波罗摆在蔚蓝的山巅，俯瞰众生扰攘，而眉宇间却常如作甜蜜梦，不露一丝被扰动的神色？”这里所谓“静穆”（Serenity）自然只是一种最高理想，不是在一般诗里所能找得到的。古希腊——尤其是古希腊的造型艺术——常使我们觉到这种“静穆”的风味。“静穆”是一种豁然大悟，得到归依的心情。它好比低眉默想的观音大士，超一切忧喜，同时你也可说它泯化一切忧喜。这种境界在中国诗里不多见。屈原、阮籍、李白、杜甫都不免有些像金刚怒目，愤愤不平的样子。陶潜浑身是“静穆”，所以他伟大。

古希腊人，也许把和平静穆看作诗的极境的罢，这一点我毫无知识。但以现存的希腊诗歌而论，荷马的史诗，是雄大而活泼的，沙孚[⑤]的恋歌，是明白而热烈的，都不静穆。我想，立“静穆”为诗的极境，而此境不见于诗，也许和立蛋形为人体的最高形式，而此形终不见于人一样。至于亚波罗[⑥]之在山巅，那可因为他是“神”的缘故，无论古今，凡神像，总是放在较高之处的。这像，我曾见过照相，睁着眼睛，神清气爽，并不像“常如作甜蜜梦”。不过看见实物，是否“使我们觉到这种‘静穆’的风味”，在我可就很难断定了，但是，倘使真的觉得，我以为也许有些因为他“古”的缘故。

我也是常常徘徊于雅俗之间的人，此刻的话，很近于大煞风景，但有时却自以为颇“雅”的：间或喜欢看看古董。记得十多年前，在北京认识了一个土财主，不知怎么一来，他也忽然“雅”起来了，买了一个鼎，据说是周鼎，真是土花斑驳，古色古香。而不料过不几天，他竟叫铜匠把它的土花和铜绿擦得一干二净，这才摆在客厅里，闪闪的发着铜光。这样的擦得精光的古铜器，我一生中还没有见过第二个。一切“雅士”，听到的无不大笑，我在当时，也不禁由吃惊而失笑了，但接着就变成肃然，好像得了一种启示。这启示并非“哲学的意蕴”，是觉得这才看见了近于真相的周鼎。鼎在周朝，恰如碗之在现代，我们的碗，无整年不洗之理，所以鼎在当时，一定是干干净净，金光灿烂的，换了术语来说，就是它并不“静穆”，倒有些“热烈”。这一种俗气至今未脱，变化了我衡量古美术的眼光，例如希腊雕刻罢，我总以为它现在之见得“只剩一味醇朴”者，原因之一，是在曾埋土中，或久经风雨，失去了锋棱和光泽的缘故，雕造的当时，一定是崭新，雪白，而且发闪的，所以我们现在所见的希腊之美，其实并不准是当时希腊人之所谓美，我们应该悬想它是一件新东西。

凡论文艺，虚悬了一个“极境”，是要陷入“绝境”的，在艺术，会迷惘于土花，在文学，则被拘迫而“摘句”。但“摘句”又大足以困人，所以朱先生就只能取钱起的两句，而踢开他的全篇，又用这两句来概括作者的全人，又用这两句来打杀了屈原、阮籍、李白、杜甫等辈，以为“都不免有些像金刚怒目，愤愤不平的样子”。其实是他们四位，都因为垫高朱先生的美学说，做了冤屈的牺牲的。

我们现在先来看一看钱起的全篇罢：

善鼓云和瑟，常闻帝子灵。冯夷空自舞，楚客不堪听。苦调凄金石，清音入杳冥。苍梧来怨慕，白芷动芳馨。流水传湘浦，悲风过洞庭。曲终人不见，江上数峰青。

——《省试湘灵鼓瑟》

要证成“醇朴”或“静穆”，这全篇实在是不宜称引的，因为中间的四联，颇近于所谓“衰飒”。但没有上文，末两句便显得含糊，不过这含糊，却也许又是称引者之所谓超妙。现在一看题目，便明白“曲终”者结“鼓瑟”，“人不见”者点“灵”字，“江上数峰青”者做“湘”字，全篇虽不失为唐人的好试帖，但末两句也并不怎么神奇了。况且题上明说是“省试”[7]，当然不会有“愤愤不平的样子”，假使屈原不和椒兰吵架，却上京求取功名，我想，他大约也不至于在考卷上大发牢骚的，他首先要防落第。

我们于是应该再来看看这《湘灵鼓瑟》的作者的另外的诗了。但我手头也没有他的诗集，只有一部《大历诗略》[8]，也是迂夫子的选本，不过篇数却不少，其中有一首是：

不遂青云望，愁看黄鸟飞。梨花寒食夜，客子未春衣。世事随时变，交情与我违。空余主人柳，相见却依依。

——《下第题长安客舍》

一落第，在客栈的墙壁上题起诗来，他就不免有些愤愤了，可见那一首《湘灵鼓瑟》，实在是因为题目，又因为省试，所以只好如此圆转活脱。他和屈原、阮籍、李白、杜甫四位，有时都不免是怒目金刚，但就全体而论，他长不到丈六。

世间有所谓“就事论事”的办法，现在就诗论诗，或者也可以说是无碍的罢。不过我总以为倘要论文，最好是顾及全篇，并且顾及作者的全人，以及他所处的社会状态，这才较为确凿。要不然，是很容易近乎说梦的。但我也并非反对说梦，我只主张听者心里明白所听的是说梦，这和我劝那些认真的读者不要专凭选本和标点本为法宝来研究文学的意思，大致并无不同。自己放出眼光看过较多的作品，就知道历来的伟大的作者，是没有一个“浑身是‘静穆’”的。陶潜正因为并非“浑身是‘静穆’，所以他伟大”。现在之所以往往被尊为“静穆”，是因为他被选文家和摘句家所缩小，凌迟了。

① 选自《且介亭杂文二集》，人民文学出版社 1973 年版。本文原刊于 1936 年 1 月《海燕》第 1 期。

②《江赋》：晋代郭璞作。

③《海赋》：晋代木华作。

④《小园》《枯树》：北周庾信作。

⑤ 沙孚：通译萨福，古希腊女诗人。

⑥ 亚波罗：通译阿波罗，希腊神话中的太阳神。司掌光明、青春、音乐和诗歌之神。

⑦ 省试：科举中的礼部试，唐、宋、金、元时称会试。唐代本由吏部的考功员外郎主持。开元二十四年（736）考功员外郎李昂与考生言语冲突，朝廷以郎官地位较低，移由尚书省的礼部侍郎主持。通称省试，亦称礼部试或礼闱。

⑧《大历诗略》：唐诗选集，清代乔亿评选。大历，唐代宗李豫年号（766—779）。

再论“曲终人不见，江上数峰青”①

朱自清

在本志（《中学生》）六十号里见到朱孟实先生论这两句诗的文字，觉得很有趣味。自己也有点意思，写在这里，请孟实、丏尊二位先生指教。

先抄全诗：

善鼓云和瑟，常闻帝子灵。
冯夷空自舞，楚客不堪听。
苦调凄金石，清音入杳冥。
苍梧来怨慕，白芷动芳馨。
流水传湘浦，悲风过洞庭。
曲终人不见，江上数峰青。
——《湘灵鼓瑟》

这是一首试帖诗。诗题出于《楚辞·远游》篇，云：

使湘灵鼓瑟兮，令海若舞冯夷。

《旧唐书》卷一六八记此诗情形云：

起能五言诗。初从乡荐，寄家江湖。常于客舍月夜独吟，遽闻人吟于廷曰：“曲终人不见，江上数峰青。”起愕然。摄衣视之，无所见矣。以为鬼怪，而志其一十字。起就试之年，李暐所试《湘灵鼓瑟》诗，题中有“青”字。起即以鬼谣十字为落句。晞深嘉之，称为绝唱，是岁登第。

“绝唱”只说得好，只说得爱好；那个鬼故事当然是后来附会出来的。至于“究竟好在何处？有什么理由可说？”前人评语不外两端：一是切题，二是所谓“远神”。唐汝询《唐诗解》卷五十云：

瑟乃神灵所弹，原无处所，是以曲终而不见其人，徒对江上数峰而惆怅也。

这里只说得上一句：压根儿就不见人，不独曲终时为然。但“江上数峰青”又与题何干呢？“湘灵”王逸无注，洪兴祖补云：“上言‘二女’，则此‘湘灵’乃湘水之神，非湘夫人也。”可见得以前颇有人以为湘灵就是湘夫人，就是帝尧的二女。《楚辞·九歌·湘夫人》有云：“九嶷缤兮并迎，灵之来兮如云”，王注云：“舜使九嶷之山神缤然来迎二女。”可见得湘夫人虽“死于沅、湘之中”，却可在九嶷山里。又《山海经·中山经》云：“洞庭之山……帝之二女居之”，这里的“二女”也就是湘夫人。那么，“江上数峰青”只是说人虽不见，却可想象她们在那九嶷山或“洞庭之山”里。钱起远在洪兴祖之前，他大概还将湘灵当作湘夫人的。

可是这么一说，这两句诗不过切题而已，何以“称为绝唱”呢？沈德潜《唐诗别裁集》评云：“远神不尽。”但又云：“落句固好，然亦诗人意中所有；谓得自鬼语，盖谤之耳。”“神”字太麻烦，姑不去解释；说“远”，说“不尽”，究竟是什么呢？既是“诗人意中所有”，该不是怎样玄虚的东西。我们可以想到所谓“远神”大概有两个意思：一是曲终而余音不绝，一是词气不竭，就是不说尽。这两个意思一从诗所咏的东西说，一从诗本身说，实在是一物的两面。

我们都知道“余音绕梁”“响遏行云”两个成语；实在是两个典故，见《列子·汤问》篇，云：

……秦青……抚节悲歌，声振林木，响遏行云。

……昔韩娥东之齐，匮粮，过雍门，鬻歌假食。既去而余音绕梁欐，三日不绝。

前条说声响之高，后条说声响之久；“江上数峰青”也正说的是曲调高远，袅袅于江上青峰之间，久而不绝，该是从《列子》脱化而出。可是意境全然新的，并非抄袭。所以可喜。这是一。

《全唐诗话》卷一云：

中宗正月晦日幸昆明池赋诗。群臣应制百余篇。帐殿前结彩楼，命“昭容”选一篇为新翻御制曲。从臣悉集其下。须臾纸落如飞，各认其名而怀之。既退，惟沈（佺期）、宋（之问）二诗不下。移时一纸飞坠，竞取而观，乃沈诗也。及闻其评曰：“二诗工力悉敌。沈诗落句云：‘微臣雕朽质，羞睹豫章才。’盖词气已竭；宋诗云：‘不愁明月尽，自有夜珠来。’犹陡健举。”沈乃伏，不敢复争。

沈说尽，宋不说尽，却留下一个新境界给人想，所以为胜。钱诗是试帖，与沈、宋应制诗体制大致相同，都是五言长律，落句也与宋异曲同工。上官昭容既定下标准在前头，影响该不在小；钱起的试官李晧或有意或无意大约也采取了这种标准，所以深为嘉许。这是二。

还有，据《旧唐书》所记及陈季等同题之作，知道此诗所限之韵中有“青”字。钱押得如此自然，怕也是成为“绝唱”的一个小因子。《唐诗别裁集》评语有云:“神来之候，功力不与”，其实就是说的这个押韵的自然。

诗中他句也有可论，但纪昀差不多都说过了，见《唐人试律说》，在《镜烟堂十种》中。

1936 年 2 月 1 日

① 选自《朱自清全集》第八卷，江苏教育出版社 1993 年版。本文原刊于1936年2月《中学生》杂志第62期。朱自清（1898—1948），字佩弦，江苏扬州人，散文家、诗人、学者，曾任清华大学、西南联大教授，著有散文集《欧游杂记》《你我》，论著《经典常谈》《论雅俗共赏》等。

导读

夏丏尊先生也许不曾料到，他的一封关于文章鉴赏的信，会引发三位大学者的争论。这三篇文章，朱光潜作于 1935 年 10 月 14 日，鲁迅作于同年 12 月 18—19 日，朱自清作于 1936 年 2 月 1 日。鲁迅文章，直接针对朱光潜。后来有学者将朱鲁之争，视作 30 年代文坛中京派与海派、右翼与左翼、典雅的人文的文艺观与革命的批判的文艺观之争。

三位学者早已作古，可谓“曲终人不见”；透过他们的文字，可见其学养、识见与风骨，依旧“江上数峰青”。

触类引申

艺术批评的诸种坐标

每一件艺术品总要涉及四个要点，几乎所有力求周密的理论总会在大体上对这四个要素加以区辨，使人一目了然。第一个要素是作品，即艺术产品本身。由于作品是人为的产品，所以第二个共同要素便是生产者，即艺术家。第三，一般认为作品总得有一个直接或间接地导源于现实事物的主题——总会涉及、表现、反映某种客观状态或者与此有关的东西。这第三个要素便可以认为是由人物和行动、思想和情感、物质和事件或者超越感觉的本质所构成，常常用“自然”这个通用词来表示，我们却不妨换用一个含义更广的中性词——世界。最后一个要素是欣赏者，即听众、观众、读者。作品为他们而写，或至少会引起他们的关注。

在这个以艺术家、作品、世界、欣赏者构成的框架上，我想展示各种理论进行比较。为了强调这种构架的人为性，同时使分析更加醒豁，我们可以用一个方便实用的模式来安排这四个坐标。就用三角形吧，把艺术品——阐释的对象摆在中间：

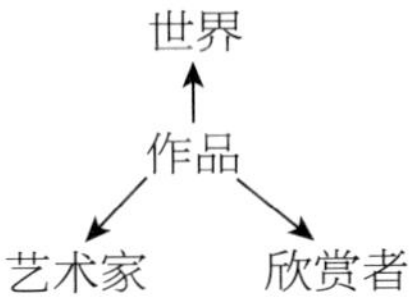

尽管任何像样的理论多少都考虑到了所有这四个要素，然而我们将看到，几乎所有的理论都只明显地倾向于一个要素。就是说，批评家往往只是根据其中的一个要素，就生发出他用来界定、划分和剖析艺术作品的主要范畴，生发出借以评判作品价值的主要标准。因此，运用这个分析图式，可以把阐释艺术品本质和价值的种种尝试大体上划为四类，其中有三类主要是用作品与另一要素（世界、欣赏者或艺术家）的关系来解释作品，第四类则把作品视为一个自足体孤立起来加以研究，认为其意义和价值的确不与外界任何事物相关。

——［美］M. H. 艾布拉姆斯《镜与灯：浪漫主义文论及批评传统》，郦稚牛等译，北京大学出版社 2004 年版

第八章

翻译：语言之间的对话

我们生活在一个文化和语言都极为多样的世界上。语言的多元一方面为文化的多元创造了条件，另一方面也把人们分隔在语言的两岸。这种分隔过去曾造成了不同文化之间的隔膜和冲突，给人类带来了无穷的灾难。只有增进不同民族和文化之间的相互理解和尊重，才能避免今后重蹈覆辙。翻译是在不同的文化和语言之间架设桥梁的事业。它的意义不仅在于文化的交流和传播，更重要的还在于它在世界范围内传布了一种人类共同体的信念。

大规模的翻译活动在中国很早就开始了。文学翻译对中国现代文学的成熟功不可没，现代汉语的成熟很大程度上得益于翻译的催生和磨砺。翻译文学本身就是中国现代文学重要而充满活力的组成部分。统一的中华民族大家庭里有56个民族，各民族都形成了自己丰富深厚的文化传统，其中不少民族拥有自己的不朽经典。这些不同语言的典籍极大地丰富和充实了中华民族的文化宝库，也是我们今天进一步弘扬和壮大中华文化的重要资源。中华民族内部各少数民族语言与汉语之间的对话和交融，是丰富和发展汉语的重要途径和动力。

一、重建巴别塔

根据《圣经·旧约》记载的古老传说，人类本来是使用同一语言的同样的人民，他们决定齐心协力建造一座通往天堂的高塔——巴别塔，以追求更高的幸福。人类的这个大胆行动引起了上帝耶和华的惧怕，他于是设法变乱人们的口音，使他们彼此言语不同，又将人类分散到不同地方。从那以后，人类陷入语言的混乱之中，巴别塔也只剩下了废墟。

翻译，某种程度上就是重建巴别塔的事业，是人类追求相互理解的道路。著名作家王小波、莫言谈论文学翻译的文章，可让我们对翻译的作用有更深刻的理解。

我的师承①

王小波

我终于有了勇气来谈谈我在文学上的师承。小时候，有一次我哥哥给我念过查良铮先生译的《青铜骑士》：

我爱你，彼得兴建的大城，
我爱你严肃整齐的面容，
涅瓦河的水流多么庄严，
大理石铺在它的两岸……

他还告诉我说，这是雍容华贵的英雄体诗，是最好的文字。相比之下，另一位先生译的《青铜骑士》就不够好：

我爱你彼得的营造

我爱你庄严的外貌……

现在我明白，后一位先生准是东北人，他的译诗带有二人转的调子，和查先生的译诗相比，高下立判。那一年我十五岁，就懂得了什么样的文字才能叫作好。

到了将近四十岁时，我读到了王道乾先生译的《情人》，又知道了小说可以达到什么样的文字境界。道乾先生曾是诗人，后来做了翻译家，文字功夫炉火纯青。他一生坎坷，晚年的译笔沉痛之极。请听听《情人》开头的一段：

我已经老了。有一天，在一处公共场所的大厅里，有一个男人向我走来，他主动介绍自己，他对我说："我认识你，我永远记得你。那时候，你还很年轻，人人都说你美，现在，我是特为来告诉你，对我来说，我觉得现在你比年轻的时候更美，那时你是年轻女人，与你那时的面貌相比，我更爱你现在备受摧残的面容。

这也是王先生一生的写照。杜拉斯的文章好，但王先生译笔也好，无限沧桑尽在其中。查先生和王先生对我的帮助，比中国近代一切著作家对我帮助的总和还要大。现代文学的其他知识，可以很容易地学到。但假如没有像查先生和王先生这样的人，最好的中国文学语言就无处去学。除了这两位先生，别的翻译家也用最好的文学语言写作，比方说，德国诗选里有这样的译诗：

朝雾初升，落叶飘零

让我们把美酒满斟！

带有一种永难忘记的韵律，这就是诗啊。对于这些先生，我何止是尊敬他们——我爱他们。他们对现代汉语的把握和感觉，至今无人可比。一个人能对自己的母语做这样的贡献，也算不虚此生。

道乾先生和良铮先生都曾是才华横溢的诗人，后来，因为他们杰出的文学素质和自尊，都不能写作，只能当翻译家。就是这样，他们还是留下了黄钟大吕似的文字。文字是用来读，用来听，不是用来看的——要看不如去看小人书。不懂这一点，就只能写出充满噪声的文字垃圾。思想、语言、文字，是一体的，假如念起来乱糟糟，意思也不会好——这是最简单的真理，但假如没有前辈来告诉我，我怎么会知道啊。有时我也写点不负责任的粗糙文字，以后重读时，惭愧得无地自容，真想自己脱了裤子请道乾先生打我两棍。孟子曾说，无耻之耻，无耻矣。现在我在文学上是个有廉耻的人，都是多亏了这些先生的教诲。对我来说，他们的作品是比鞭子还有力量的鞭策。提醒现在的年轻人，记住他们的名字，读他们译的书，是我的责任。

现在的人会说，王先生和查先生都是翻译家。翻译家和著作家在文学史上是不能相提并论的。这话也对，但总要看看写的是什么样的东西。我觉得我们国家的文学次序是彻底颠倒了的：末流的作品有一流的名声，一流的作品却默默无闻。最让人痛心的是，最好的作品并没有写出来。这些作品理应由查良铮先生、王道乾先生在壮年时写出来的，现在成了巴比伦的空中花园了……以他们二位年轻时的抱负，晚年的余晖，在中年时如有现在的环境，写不出好作品是不可能的。可惜良铮先生、道乾先生都不在了……

回想我年轻时，偷偷地读到过傅雷、汝龙等先生的散文译笔，这些文字都是好的。但是最好的，还是诗人们的译笔；是他们发现了现代汉语的韵律。没有这种韵律，就不会有文学。最重要的是：在中国，已经有了一种纯正完美的现代文学语言，剩下的事只是学习，这已经是很容易的事了。我们不需要用难听的方言，也不必用艰涩、缺少表现力的文言来写作。作家们为什么现在还爱用劣等的文字来写作，非我所能知道。但若因此忽略前辈翻译家对文学的贡献，又何止是不公道。

正如法国新小说的前驱们指出的那样，小说正向诗的方向改变着自己。米兰·昆德拉说，小说应该像音乐。有位意大利朋友告诉我说，卡尔维诺的小说读起来极为悦耳，像一串清脆的珠子洒落于地。我既不懂法文，也不懂意大利文，但我能够听到小说的韵律。这要归功于诗人留下的遗产。

我一直想承认我的文学师承是这样一条鲜为人知的线索。这是给我脸上贴金。但就是在道乾先生、良铮先生都已故世之后，我也没有勇气写这样的文章。因为假如自己写得不好，就是给他们脸上抹黑。假如中国现代文学尚有可取之处，它的根源就在那些已故的翻译家身上。我们年轻时都知道，想要读好文字就要去读译著，因为最好的作者在搞翻译。这是我们的不传之秘。随着道乾先生逝世，我已不知哪位在世的作者能写如此好的文字，但是他们的书还在，可以成为学习文学的范本。我最终写出了这些，不是因为我的书已经写得好了，而是因为，不把这个秘密说出来，对现在的年轻人是不公道的。没有人告诉他们这些，只按名声来理解文学，就会不知道什么是坏，什么是好。

① 选自《王小波全集》第三卷，云南人民出版社2006年版。

导读

王小波是20世纪90年代中期以来卓有影响的作家，他想象奇诡、语言峻朗的小说和思想清明、文笔灵动的随笔征服了一大批读者。在本文中，他坦承自己曾极大地受惠于查良铮、王道乾先生翻译的优秀外国文学作品，并对翻译家对中国现代文学的贡献给予极高评价。他说：“提醒现在的年轻人，记住他们的名字，读他们译的书，是我的责任。”

触类引申

那时，天下人的口音言语都是一样。他们往东边迁移的时候，在示拿地遇见一片平原，就住在那里。他们彼此商量说：“来吧，我们要做砖，把砖烧透了。”他们就拿砖当石头，又拿石漆当灰泥。他们说：“我们要建造一座城和一座塔，塔顶通天，为要传扬我们的名，免得我们分散在全地上。”耶和华降临，要看看世人所建造的城和塔。耶和华说：“看哪，他们成为一样的人民，都是一样的言语，如今既做起这事来，以后他们所要做的事就没有不成就的了。我们下去，在那里变乱他们的口音，使他们的言语彼此不通。”于是，耶和华使他们从那里分散在全地上，他们就停工不造那城了。因为耶和华在那里变乱天下人的言语，使众人分散在全地上，所以那城名叫巴别（就是“变乱”的意思）。

——《圣经·创世纪》

翻译家功德无量①

莫言

不久前，在莫斯科申办奥运的大会上，一个奥委会委员对中国申奥代表团提出了这样一个问题：在 2008 年奥运会上，中国有没有足够的外语人才来承担翻译工作？我感到这个问题十分好笑。中国在别的方面也许还存在一些问题，但在外语人才方面则可以大胆地承诺。中国有这么多外国语大学和大学外语系，有社会科学院外文研究所，现在又有了一个世界文学研究所。一个奥运会所需要的外语人才，根本不需要全国总动员，把北京大学的教师和学生动员起来，就基本上可以满足要求了吧？如果北京大学的外语人才满足不了奥运会的需要，把全北京的外语人才动员起来，恐怕就要严重过剩了。

我相信世界上还没有一个国家能够像中国这样，具有如此庞大、如此优秀的翻译队伍。前几年克林顿来北大演讲，带了一个汉语翻译，我相信他是美国最优秀的汉语翻译之一，但是他的汉语说得怪腔怪调，他的语法有毛病，词汇量也明显不足，但是我们中国能讲一口流利英语的人可以说是成群结队。我们不但有大量的杰出的英语人才，诸如法、德、西、俄、日等重要语种也是人才济济。连那些小得许多人都没听说过的小语种，也照样是不乏通家。中国在经济上虽然还不如西方国家发达，但在语言上，已经成为了世界第一强国。

翻译家对文学的影响是巨大的，如果没有翻译家，世界文学这个概念就是一句空话。只有通过翻译家的创造性劳动，文学的世界性才得以实现。没有翻译家的劳动，托尔斯泰的书就只能是俄国人的书；没有翻译家的劳动，巴尔扎克也就是法国的巴尔扎克；同样，如果没有翻译家的劳动，福克纳也就是英语国家的福克纳，加西亚·马尔克斯也就是西班牙语国家的加西亚·马尔克斯。同样，如果没有翻译家的劳动，中国的文学作品也不可能被西方读者阅读。

如果没有翻译家，世界范围内的文学交流也就不存在。如果没有世界范围内的文学交流，世界文学肯定没有今天这样的丰富多彩。鲁迅先生曾经说过：“世界有文学，少女多丰臀”，没有丰臀，少女就不是一个完整的少女；没有文学，世界也就不是一个完整的世界。由此可见，我们的世界文学研究所是一个多么重要的机构！

我作为一个在20世纪80年代出道的作家，亲身体验到了向外国文学学习的重要性。如果没有杰出的翻译家把大量的外国文学翻译成中文，像我们这样一批不懂外文的作家，就不可能了解外国文学所取得的辉煌成就，如果没有我们的翻译家的创造性劳动，中国的当代文学就不是目前这个样子。当然会有一些作家拒绝承认外国文学对自己的影响，仿佛可以借此表示自己的不同凡响。其实这是一种不必要的虚伪。承认借鉴外国文学并不影响你的伟大，翻译家也不会来分你的稿费。鲁迅借鉴过外国文学，郭沫若借鉴过，茅盾借鉴过，巴金、曹禺也借鉴过。连那位山药蛋派的老祖宗赵树理先生，也借鉴过外国文学。这丝毫也不影响他们的伟大，也许正因为如此他们才伟大起来。当然有人可以反诘：曹雪芹不懂外文，也没有阅读翻译过来的外国文学，不是也写出了伟大的《红楼梦》吗？我的回答是，曹雪芹是天才，天才当然可以不必借鉴。如果要强词夺理，也可以说，曹雪芹《红楼梦》的佛学思想，其实也是外国文学。

当然，在20世纪80年代向外国学习的热潮中，也出现过一些负面现象。我本人就经历了从笨拙的模仿到巧妙借鉴的过程。因为我们这批作家在文化准备上的先天不足，所以当大批的外国优秀作品铺天盖地地笼罩过来时，的确出现了眼花缭乱的状况，我们大都产生过当年加西亚·马尔克斯在巴黎阅读卡夫卡时的觉悟：他妈的，小说原来可以这样写！当年我读了加西亚·马尔克斯《百年孤独》的一个章节后就把书扔掉了，我心中想：这样写，我也会！但是我很快就意识到：尽管这样写我也会，但如果我也这样写，那我就永远也没有出头之日。如果我要成为一个好的作家，我必须借助于他们的作品，解放自己的思想，搞出自己的玩意儿。只能停留在“小说原来可以这样写”上，而不能前进到“这样写我也会”上。我记得范文澜先生在他的《中国通史简编》里曾经打过这样的比喻，他说向外国文化学习，应该像吃羊肉一样，把营养吸收，而不是把羊肉贴到自己的身上。我们向外国作家学习，就要把他们吃掉，吸收了营养后，再把他们排泄掉。当然是吃他们的作品。是用眼睛吃，用心吃，不是用嘴巴和牙齿。

不久前我去大连参加了一次长篇小说问题讨论会，在会上，复旦大学的陈思和先生提出了一个问题，他说被翻译成汉语的外国文学作品，究竟是算外国文学，还是算中国文学？这些翻译过来的小说的语言，究竟是算原作者的语言还是算翻译家的语言？像我们这样一批不懂外语的作家，看了赵德明、赵振江、林一安等先生翻译的拉美作品，自己的小说语言也发生了变化，我们的语言是受了拉美文学的影响，还是受了赵德明等先生的影响？我毫不犹豫地回答，我的语言受了赵德明等先生的影响，而不是受了拉美作家的影响，那么是谁的语言受了拉美作家的影响呢？是赵德明等先生。

陈思和先生做出的判断是：从文体的角度说，被翻译成汉语的优秀外国小说，已经是中国文学的一部分。我同意他的判断。我认为一个优秀的翻译家，除了是一个外语的专家外，还是一个母体的文体家。这两者结合起来就是一个语言学大师。他们不仅仅是用卓越的劳动让我们了解了外国作家讲诉的故事、讲诉故事的技术、通过故事表现出来的思想，他们还丰富发展了我们的母语。他们的工作真是功德无量。从这个意义上讲，北京大学世界文学研究所这样的机构就不仅仅是研究、翻译外国文学的机构，同时也是培育中国文学的摇篮，不仅仅是研究、翻译外国语言的机关，也是给中国语言带来新鲜素质的文体实验室。

有人已经预言，21 世纪，将是汉语的世纪。预言者说，在新的世纪里，汉语将成为最流行、最时髦的语言。不仅仅是我们的汉语要不断地吸收外来语的营养来丰富自己，外国的语言更要从我们的汉语里吸收营养来丰富它们。但目前的状况是，除了使用汉语的人数在地球上名列前茅外，汉语实际上还是一种弱势语言。我出国时，常常因为不懂外语而感到羞愧，但我发现那些不懂汉语的家伙毫无羞愧之心。好像中国人就应该懂外语，而那些外国人就应该不懂汉语。我们对那些不懂汉语的外国人是多么友好啊，可是那些外国人对我们这些不懂外语的中国人是多么冷漠。刚开始我还为这种不公平的现象耿耿于怀，但现在我想明白了。造成汉语这种弱势地位的不是外国人，而是我们自己。我们闭关锁国，夜郎自大，拒绝向外国学习，结果使自己在各方面落到了别人后边。我想一个伟大的民族，就是要有善于向别的民族学习的精神，而向别的民族学习，首要的就是要学习对方的语言。这是一个民族的胸怀，一个民族的气魄，一个民族的风度。我们的汉唐盛世的一个突出标志就是有许多的外语人才。我们汉唐时期的文学就是吸收了外来的影响之后才实现了自己的辉煌。李白就精通外语。一个国家外语人才济济，是这个国家繁荣昌盛的鲜明标志或者是即将繁荣昌盛的预兆。这是开明的表现，是进步的表现，是发展的需要和条件，也是一个民族具有强大的自信心的表现。我想，当大多数的中国人都能熟练地使用外语时，汉语才可能成为强势语言，当汉语成为了强势语言时，中国也就成为了世界强国。那时候，外国人就会为他们不懂汉语而感到羞愧了。那时候，我们的文学也就会成为真正的世界文学。那时候，就会有外国的作家崇拜中国的作家，也许那时候就会有一个外国的年轻作家说：我受到了中国作家莫言的影响。从这个意义上说，北京大学世界文学研究所的成立，实在是一件与千百万普通百姓都有关系的大事。也是从这个意义上来说，世界文学研究所就不仅仅属于北大，北大的世界文学研究所属于全国人民。从更加广大的意义上说，北大的世界文学研究所不仅仅属于中国，而是属于全人类。

我曾经对我故乡的一位县长说，我愿意用我一半的小说，换他的县长职位。现在我也可以说，我愿意用我的另一半小说，换一门熟练的外语，如果交换成功，我就是一个精通外语的县长，仕途将会十分辉煌。但是那位县长说：别说用你一半的小说，就是用你全部的小说，也换不来一个县长，顶多换给你一个村长。我相信，用我全部的小说也换不来一门外语，顶多换来几个单词。因为我知道，小说人人都可以写，但外语却不是随便就能学会的。我的爷爷曾经对我说过，1900 年德国人在我们故乡修建胶济铁路时，搜求了一群模样端正的中国小孩去学习德语。我爷爷说，在开始学习德语之前，德国人首先给这群中国孩子修理了舌头，就像驯鸟的人为了让鸟说话首先要给鸟儿修剪舌头一样。由此可见，想学会一门外语是多么的不容易，因此我对精通外语的各位表示崇高的敬意，你们的舌头是多么灵巧，你们的头脑是多么复杂！

2001 年 10 月 8 日

① 选自《小说的气味》，当代世界出版社2003年版。莫言（1955— ），当代小说家，原名管谟业，山东省高密人，2012 年诺贝尔文学奖获得者，著有小说《红高粱》《丰乳肥臀》《生死疲劳》等。

导读

莫言是当代中国最有影响的小说家之一。在本文中，他高度评价了翻译对文学的贡献，并以 20 世纪 80 年代以来的文学为例，具体论证了向外国文学学习的重要性，同时也指出了其中的负面现象。他认为，从文体的角度说，翻译成汉语的优秀外国小说，已经是中国文学的一部分；善于向别的民族学习，这是一个民族的胸怀、气魄和风度的表现。

触类引申

一个好的译者应该通晓原作者的语言，但尤其要通晓本国的语言。我的意思是说：不仅要文字通顺，而且要懂得本国语言的精微、灵活之处；含蓄隐藏的表达手段。

——［法］安德烈·纪德《论翻译》，见《陈占元晚年文集》，人民文学出版社 2006 年版

翻译的目的，即用文字打开与他者的关系，通过与外来的东西交往丰富自己，这和每一文化的中心主义结构，和每个社会都希望成为毫无杂质的纯粹整体那种自恋心理，都是直接相反对的。

——［法］安托万·伯尔曼《异的考验》，转引自张隆溪《翻译与文化理解》，见《中西诗歌翻译百年论集》，上海外国语教育出版社 2007 年版

翻译和文化的发展，可比作一个硬币的两面，是有着不解之缘的。从某种意义上说，若无翻译，文化则不可能。

——［德］顾彬《翻译好比摆渡》，王祖哲译，见《中西诗歌翻译百年论集》，上海外国语教育出版社 2007 年版

二、彼此的抵达（少数民族语与汉语）

除汉族以外，中国广袤的土地上还生活着 55 个民族。各民族在长期历史发展中形成了自己独特的文化传统，有着自己的语言、信仰和风俗习惯。不少民族拥有自己的文字，其中许多民族创造了不朽的文化经典，包

括文学经典。汉语文学中的很多杰出作品都直接或间接地受到过少数民族文学的影响或启发。由于语言和地域的差异，我们对这些文化和文学的理解还不够深入，翻译也不够丰富。我们选入藏族诗人仓央嘉措、维吾尔族诗人纳瓦依的诗作，希望能开启一扇了解各少数民族文化和文学的窗口。

仓央嘉措诗四首[①]

仓央嘉措 著　曾缄 译

一

心头影事幻重重，化作佳人绝代容，
恰似东山山上月，轻轻走出最高峰。

二

手写瑶笺被雨淋，模糊点画费探寻，
纵然灭却书中字，难灭情人一片心。

三

入定修观法眼开，启示三宝降灵台，
观中诸圣何曾见，不请情人却自来。

四

静时修止动修观，历历情人挂眼前，
肯把此心移学道，即生成佛有何难。

① 选自《六世达赖仓央嘉措情歌及秘史》，西藏人民出版社2003年版。仓央嘉措（1683—1706），藏族诗人，第六世达赖喇嘛，其所著诗歌在藏区传唱甚广，1930年代翻译成英语，引起西方文学界的瞩目。

导读

仓央嘉措是西藏第六世达赖，也是藏族伟大的抒情诗人。他有卓越的诗才，可惜 24 岁就离世。仓央嘉措留下的许多诗歌，至今仍在藏区广为传唱，这也可以说是一种特殊的“转世”。在历代民间传唱过程中，藏区各地的诗人和歌者对仓央嘉措的诗歌不断加工改造，很多诗歌已是集体艺术智慧的结晶，具有民歌的性质。

触类引申

概其生平，酣醉于文艺而视尊位如敝屣，其与南唐李煜何以异？唯不识其辞庙之日，有无垂泪对宫娥之悲，赴京之秋，有无不堪回首之恨耳？今观其情歌，其事奇，其词丽，其意哀，其旨远，读而喜之，因携归寓，译为汉文。

——刘希武《第六世达赖仓央嘉措情歌六十首译者序》，见《仓央嘉措及其情歌研究（资料汇编）》，黄颢、吴碧云编，西藏人民出版社 1982 年版

我让历史记住仇人的名字，
而有人的地方将一如既往地回响
我的歌；我发明了爱情的声音和舞姿；
只要身体和嗓子仍然活着，它就活着
像那些永恒的事物：玛尼堆、经轮和风旗。

——西渡《仓央嘉措》，见《草之家》，新世界出版社 2002 年版

酒颂 [①]

纳瓦依 著　帕尔哈提·吐尔逊 译

酒杯太阳般照出神之光，碰出一声：
“露酒中能看到所爱者的倒影。”[②]

假如心灵之杯因异念而阴郁
酒保啊，唯有“与神合一”之酒才能使它洁净。[③]

哦，酒之珍贵在于，即便斟入残杯，
残杯也会幻化出仙境，连詹希德大帝都愿为之行乞。[④]

假如你有一百个世界，就都为酒杯当喜礼吧，
假如你有一千条命，亦值得为酒杯牺牲。

理智者光临酒肆，就是为了出乖露丑，
酒保啊，就从我这乞丐开始斟酒。

当心灵之杯中的理念，闪耀着容颜，
任何美食，都引不起我的食欲。[⑤]

在酒与杯之中，盈满着与神合一的境界
因此，“酒”与“杯”总是合成“酒杯”一词。[⑥]

你不知道，还有另一种酒杯，

无知的苦行僧啊，勿对酒徒动怒。[7]

哦，纳瓦依，不要渴念酒
因为命运的酒保正盛邀我们狂饮。

① 根据纳瓦依《格则里》（新疆人民出版社 1983 年维文版）翻译。“纳瓦依”是维吾尔族诗人尼扎木丁·艾利狮尔（Elshir Nawai，1441—1501）的笔名，在维吾尔语中意为“鸟儿般的歌唱者”“乐师”，著有《四卷诗集》《五卷叙事长诗集》《鸟的语言》《众心所爱》等。

② 诗人深受苏菲派神秘主义倾向的影响。苏菲派的渊源可以追溯到雅利安人的原始宗教中“三位一体”即人、神和宇宙合为一体的思想。苏菲主义者相信万物都有神的属性，为了达到与神合一的境界，人必须要超越感官和逻辑思维的障碍。他们之所以赞颂酒，是因为人通过醉酒能摆脱肉身和理智的束缚。

③ “与神合一”之酒指的并不是某种具体的酒，而是一种隐喻。诗人认为“与神合一”之理念也像酒一样会带来醉意。只要人有“与神合一”的信念，他就会弃绝尘世，与神相通。

④ 詹希德大帝：传说中古代波斯的帝王，以热爱赌博而闻名。他为了一面能看见世界一切仙境的镜子而赌尽了所有的财产，甚至输掉了妻子和王位。

⑤ 在这里，诗人暗示的是传说中的约瑟。据《古兰经》和《圣经》记载，约瑟被当作奴隶贩卖到埃及，在埃及长达七年的灾荒时期，饥民们看到了约瑟的容颜，四十天没有感觉到饥饿。

⑥ 维吾尔语中“酒”和“杯”连起来拼写表示一个词。诗人在这里暗示，酒是酒杯存在的前提，如果把人的躯体比喻成酒杯，把思维即人神相通的感觉比喻成露酒，那么没有思维，这躯体就不可能存在。人要是达

不到与神合一的境界，所有的东西，包括他的躯体，都是空虚的。

⑦ 伊斯兰教禁忌喝酒，这里诗人嘲讽那些保守者，说明酒不仅仅是凡人所知的那种酒。在这里，我们可以感觉到新柏拉图主义对苏菲派的影响。

导读

《酒颂》是维吾尔古典诗人纳瓦依的名作。对这首诗，维吾尔文学史中有很多不同解释。

酒是人类进入迷醉状态的方式之一。作为肉体之人想得到创造力或心灵的提升，必须借助神的帮助，或者获得某种引人入醉的超验力量，酒被普遍视为具有这样一种神秘的力量。在人类早期的很多文化中，饮酒带来的迷醉被视为与神沟通的方式，也被诗人或艺术家视为与艺术女神缪斯沟通的方式。一些诗人和批评家也喜欢把艺术创作和欣赏的最高境界形容为一种迷醉的状态。

纳瓦依这首诗呈现的，正是这种关系。在纳瓦依看来，酒杯代表人的肉身，酒是某种超验力量的象征，也象征着人类否定或超越自身的活力，它带来的狂欢和对现有秩序的否定，将使人获得新生的契机。

触类引申

“酒颂”是维吾尔古典文学中典型的诗歌题材。在诗人纳瓦依生活的时代，崇尚苦行和禁欲，艺术被视为奢侈放荡而遭禁，用文学形式表达宗教思想也不被允许。为免于迫害，作家只能将自己封闭在宗教化的表达中，因此他们笔下的爱情和美酒都具有神秘色彩。

受苏菲主义影响的诗人，常常嘲笑那些不懂形而上学的人的无知。正如纳瓦依诗中写的：“你不知道，还有另一种酒杯，无知的苦行僧啊，勿对酒徒动怒……”很多宗教掌权者因为害怕被嘲笑无知，就不敢对诗歌说三道四。

伊斯兰神秘主义者认为，宇宙和真主安拉互为表里。宇宙的规律反映在世界万物中，比如，让人进入无我状态的酒杯。在这首诗里，诗人把酒杯的银光比作神之光，犹如碰杯时发出的声音暗示着诗人：露酒中能看到所爱者，即神的倒影。第三、四行里用“与神合一”之酒这一隐喻，赋予其玄妙的含义。第六至第十二行，诗人描写美酒神秘的吸引力及其带来的精神体验。对美酒的迷恋，能够让世上最富有的皇帝也因其幻化出的仙境而行乞，为了美酒，任何人都愿意放弃财富和理智，放浪形骸。诗人将心灵比喻成杯，将柏拉图式的理念比喻成酒。这个理念背后就是神，用“杯”与“酒”的结合，暗示心灵与神合为一体。

——帕尔哈提

三、彼此的抵达（外语与汉语）

20世纪是中国社会现实发生巨大变革的世纪，也是汉语发生巨大变革的世纪。在现代汉语丰富和成熟的过程中，翻译起到了不可估量的巨大作用，众多翻译家功不可没。通过翻译，新的词汇、句法、修辞手段以至文体不断被引进到汉语中，使汉语面貌发生了巨大变化。而语言的变革同时也意味着思维方式的变革，从本质上看，它也是人的存在方式的变革。从这个意义上讲，语言变革既是社会变革的动力，又是社会变革的重要成果。各种外国语言的文学作品源源不断地被翻译成汉语，给汉语注入鲜活的生命力。一个个精彩的翻译文本就像一座座充满异域风情的建筑，当我们徜徉其中，饱览异域风光之际，也在悄悄改变着我们感觉、情感和思维的方式，塑造着一种新的精神人格。

时间的润泽会让好的译本变得越来越出色。当我们在汉语中读到莎士比亚、乔伊斯、雨果、巴尔扎克、普希金、托尔斯泰、蒲宁、歌德、卡夫卡……这些杰出作家的作品，并为之陶醉不已时，应该感谢无数翻译家，是他们以艰辛的劳动在汉语和众多外国语言之间修筑了对话的不朽桥梁。

爱芙林[①]

乔伊斯 著　卞之琳 译

她坐在窗口看暮色侵入林阴路，她的头靠着窗幔，她的鼻腔里有尘染的印花布的气味。她是疲倦了。

很少人走过。从最后那所房子里走出来的人走过了，正在回家去；她听见他的脚步声沿着水泥的人行道托托地响去，接着就在那所新造的红房子前面的煤渣路上沙沙地响了。从前那儿有一块场地，他们每晚同人家的孩子们在那儿玩耍。后来有一个从贝尔法斯特来的人买下了那块场地，在那儿造了房子——并不像他们那些棕色的小房子，而是鲜明的砖房子，上面有发亮的屋顶。从前林阴路一带的孩子们常常在那块场地上一块儿玩耍——德文家、瓦透家、邓家的孩子们，跛脚的小基奥，她同她的弟兄和姊妹。厄奈思却从来不玩的：他太大了。她的父亲常常用他的黑荆树手杖把他们从那块场地上赶出去，常常由小基奥望风，当他看见她的父亲来的时候便吆喝一声。可是那时候总仿佛很幸福。她的父亲那时候还不怎么坏，而且她的母亲还在。那是在很久以前了，她同她的弟兄和姊妹都长大了，她的母亲是死了，小邓也死了，瓦透家已经搬回英国去了。一切都变了。现在她也要像人家一样地走了，离家了。

家！她向房间里巡视，把熟稔的东西都检阅一下，她曾经把那些东西每星期拂拭一次，拂拭了那么些年了，老觉得奇怪：尘沙到底从哪儿来的。也许她永远也不再看见那些熟稔的东西了，从前却从不曾梦想到将来会同它们分离啊。可是她在那许多年中从不曾寻究出那张发黄的照片上那位牧师的名字，尽看它挂在那架破旧的小风琴上边的墙上，傍着那张彩印的对玛格利・亚拉科克（Margaret Alacoque）圣女许下的愿书，他是她的父亲的学友。每逢他指点那张照片给来客看的时候，她的父亲常常是随便凑一句：

“他现在是在墨尔本了。”

她已经同意走了，离家了。这个办法到底好不好？她把这个问题从各方面来考虑。在家里究竟有屋子住，有饭吃，周围有她一向认识的人。自然，她总得辛苦的，在家务上，也在职业上。当他们发觉她跟一个汉子逃走了，他们在合作社里会怎样说她呢？说她是一个傻子，也许，她的位置会登广告招人来补的吧。嘉凡小姐可乐了。她总有意激恼她，尤其是每逢有人在听着的时候。

“希耳小姐，你不看见这些女士们在等着吗？”“别那么愁眉苦脸吧，希耳小姐，我请你。”离开合作社，她不会掉多少眼泪的。

可是在她的新家里，在远方一个不熟悉的国度里，就不会有这样的情形了。那时候他要结婚了——同她，爱芙林。那时候人家要尊敬她了。就是现在，虽然她已经过了十九岁了，她有时候还觉得有身受父亲虐待的危险。她知道就是这个使她心悸的。当他们长大起来的时候，他从不曾打骂过她，像他常常打骂哈利和厄奈思一样，因为她是女孩子；可近来他开始威吓她，说他要怎样对付她，要不是看在她那个亡母的面上。现在她是没有人保护了。厄奈思已经死了，哈利做了装饰教堂的事情，差不多总在乡下什么地方。而且，每星期六晚上为了钱项照例的争吵也使她感觉到说不出的烦腻了。她总把她挣得的薪水——七个先令——全数拿出来，哈利能寄多少总寄多少出来，可是要向她的父亲拿一点钱就麻烦了。他说她常常浪费钱，说她没有头脑，说他不愿意把他辛辛苦苦挣得的钱给她扔在街上，还有许多许多，因为他到星期六晚上脾气往往来得坏一点。最后他常常把钱给她了，问她想不想办些星期日饭菜。于是她就得赶快冲出去买东西，紧紧地把她的黑皮钱袋捏在手里，一边在人丛里往前挤去，很晚了才回家，带了大堆的食物。她很辛苦地料理家务，照应两个归她管的年幼的孩子按时上学，按时吃饭。这是辛苦的工作——辛苦的生活——可是现在眼看要同它分离了，她却并不觉得那是全然要不得的生活呢。

她要同弗朗克去探索另一种生活了。弗朗克是很和善的，有丈夫气的，坦白的。她得乘夜班船走，做他的妻室，同他住在布宜诺斯艾利斯，那儿他有一个家在等着她。她第一次见他的情形她记得多么清楚啊；他那时正寄住在大街上她常到的一所房子里。似乎是不多几个星期以前的事情。他正站在大门口，他的尖顶帽子耸立在脑后，他的头发向前掩到一个紫铜色的脸上。于是他们成为相识了。他每晚在合作社外边会她，送她回家。他带她看《波希米女子》，她很得意，当她同他坐在戏院里一个她不大熟悉的地方。他非常爱好音乐，也会唱一点儿。人家知道他们是在通殷勤了，他唱到那个女孩子爱一个水手的时候，她总觉得心里愉快地乱着。他常常开玩笑地叫她“宝贝”。最初，结识了一个男人在她是一件很兴奋的事情，后来她渐渐喜欢他了。他有许多关于远方各国的故事，他起初在亚兰公司一艘开往加拿大的船上当一个茶房，一镑钱一月。他对她说起他曾经在上面做过事的许多船的名字，各种职位的名字。他曾经航过麦哲伦海峡，他给她讲许多关于可怕的巴答哥尼亚（Patagonia）人的故事。他已经在布宜诺斯艾利斯安顿下来了，他说，又说他来故国无非是过一个假期罢了。自然，她的父亲已经看穿了底细，不许她睬他。

“我知道这些水手小子。”他说。

有一天他同弗朗克闹起来了，以后她得秘密地会她的情人。

林荫路上的暮色深了。她膝上两封信的白色变得模糊了。一封信是给哈利的，还有一封信给她的父亲。厄奈思原是她最中意的，可是她也喜欢哈利。她的父亲最近老起来了，她注意到，他会想念她。有时候他倒也怪有趣呢。不久以前，她病了，一天没有起床，他给她念一篇鬼怪的故事，给她在炉火上烤面包。还有一天，那时候他的母亲还在，他们全家到赫斯（Howth）山去野宴。她记得她的父亲戴了母亲的帽子逗孩子们发笑。

她的时间已经迫近了，可是她还是坐在窗口，头靠着窗幔，呼吸尘染的印花布的气息。远远地在林阴路那头她听到有人玩手摇琴，她懂得那支曲子。奇怪的是它偏在这一晚来提醒她给母亲的约言，她答应管家，说是能维持总维持下去呢。她记得母亲害病的最后一夜；他仿佛又在门厅那边那一个紧密的、黑暗的房间里，她听见外面有一支忧郁的意大利曲子。后来玩手摇琴的被打发走了，给了六个便士。她记得她的父亲大踏步走回病室里来说：

“倒霉的意大利人！到这儿来啦！”

她沉思的时候，她母亲一生的可怜的幻象打动了她的深心——那一生平庸的牺牲，疯癫的结局。她颤抖起来了，当她又听到她母亲的声音，痴痴地重复着说：

“Derevaun Seraun！ Derevaun Seraun！”[②]

她突然怕得站了起来，逃走！她一定要逃走！弗朗克会救她。他会给她生命，也许还有爱情。她要生活。为什么她不该有幸福？她有求幸福的权利。弗朗克会挽她在臂弯里，抱她在臂弯里。他会救她。

……

她站在北城车站上涌来涌去的人丛里。他握着她的手，她知道他是在对她讲话，把船钱什么的事情说了又说。站上满是兵士，带了棕色的行李。从铁棚宽大的门里她瞥见那艘船的一大堆黑影，碇泊在码头旁，亮起了许多舷窗。她一句话也不回答。她觉得她的面颊又苍白又冷，从苦恼的云雾里祈祷上帝引导她，指示她什么是她的本分。船向雾中发出一声漫长的愁惨的汽笛声。如果她走呢，明天她要同弗朗克一块儿在海上了，开到布宜诺斯艾利斯去了。他们的船票已经买好了。在他给她把一切办好以后，她还能罢手吗？她的苦恼引起了心上的作呕，她不断地搬动嘴唇，沉默中热切的祈祷着。

一阵铃声响在她的心上。她觉得他抓住了她的手：

“来吧！”

世界上所有的海全在她的心上翻滚。他正把她拉进海里去：他要把她淹死了。她用两手抓住了铁栏杆。

“来吧！”

不！不！不！这是不可能的。她发疯似的揪住了铁栏杆。在翻滚的海里她发出一声惨痛的呼号。

“爱芙林！爱薇！”

他冲到栏杆那一边去，叫她跟他走，人家吆喝他快走，可是他仍然叫她。她用苍白的面孔向着他，被动地，像一只无告的小兽。她的眼睛不给他看出一点爱恋，或辞别，或认识的表情。

① 选自《卞之琳译文集》上卷，安徽教育出版社 2000 年版。乔伊斯（James Joyce，1882—1941），爱尔兰作家，著有短篇小说集《都柏林人》，

长篇小说《青年艺术家画像》《尤利西斯》《为芬尼根守灵》等。

② 原文为盖尔语（Gaelic，爱尔兰人用语），王逢振和宗白华分别译为“我亲爱的孩子！”和“小乖乖”。

导读

乔伊斯带领我们走进了都柏林傍晚一个少女的内心风景中。为什么她身边的声响、景色此刻变得如此清晰？为什么她想起了儿时与朋友、兄弟游戏的情景？为什么她要把家里的一切都细细检点一遍？为什么她回忆起母亲的遗言？……此刻，19 岁的爱芙林百感交集，“世界上所有的海全在她的心上翻滚”，回忆、现实和对将来的憧憬混合在一起，煎熬着她的内心。

触类引申

他的许多人物都可在亲戚和熟人身上找到原型：而其他的人物，就像评论家们经常说的那样，部分地代表了他自己如果滞留在都柏林可能会变成的那样的人。怀有尼采式幻觉和变态心理的达菲，失意的诗人小昌德勒，过着寄生生活的列尼汉，头脑清醒的马丁·卡宁汉姆，以及受到婚姻桎梏的职员多兰——所有这些人都从不同侧面构成了步入歧途的詹姆斯·乔伊斯。

——［英］约翰·格罗斯《乔伊斯》，袁鹤年译，生活·读书·新知三联书店 1986 年版在我的阅读经验中，存在着两个乔伊斯：写作长篇小说《尤利西斯》时野心勃勃、老谋深算的文体叛逆者；作为短篇小说巨匠温情而敏感的青年艺术家。当然，也许有人要反驳说，写作《都柏林人》的乔伊斯（当时只有二十四五岁）并不缺乏野心，因为收在《都柏林人》中的 15 个故事并不是通常意义上短篇小说的汇编，而是为了一个明显的写作目的，有意识的精心策划的、由一个个互相联系的短篇构成的系统。所以，《都柏林人》如果被认为是一篇写法新颖独特的长篇小说，也不是没有依据。詹姆斯・乔伊斯本人就把《都柏林人》看成是为爱尔兰而写的一部“精神史”，试图通过“童年、少年、成年以及社会生活”这样一个顺序来全方位地展示爱尔兰社会的精神症结。实际上，在这 15 篇故事中，每一个短篇的主题都有所侧重，作品的人物分属不同的社会阶层，场景也涉及到了爱尔兰社会生活的各个方面。即便没有乔伊斯本人的阐释，我们也不难看出作者在主题或形式上的精细设想：让一团团迷离奇幻的色块组合成一个绚丽的拼贴画。

——格非《博尔赫斯的面孔》，译林出版社 2014 年版

轻盈的气息[①]

蒲宁 著　戴骢 译

在公墓的一座新堆起来的土坟上，竖立着一个坚实、沉重、光滑的新的橡木十字架墓碑。

四月份的天灰不溜丢的，开阔的县公墓上的一座座墓碑，由于眼下树木还是光秃秃的，隔着老远就能望到。料峭的寒风在墓地上飒飒地响着，十字架的台基上，瓷制的花环也发出飒飒的响声。

在十字架中央，镶嵌着一幅很大的凸起的椭圆形的烧瓷像，那是一个女子中学学生的遗像，她长着一对活泼得惊人的欢乐的眼睛。

她是奥利娅·麦谢尔斯卡娅。

她小姑娘的时候，在穿女子中学的深褐色校服的同学中间，一点也没有出众的地方：有什么好夸她的呢，除了家道清白、家境富裕、家人宠爱之外，要么就是天资比较聪明，可是却淘气得可以，总是把级任老师对她的训导置之脑后。后来，她开始发育，不是一天比一天，而是一小时比一小时漂亮。到十四岁那年，她不但有细细的腰肢和匀称的双腿，而且她的胸脯和女性其他一切线条（对这些线条的魅力，人类的语言还从未能表达过）已显露得相当好看了。到十五岁上，她已出挑成一个美女。她的一些女友是那么精心地梳理她们的头发，那么苛求地讲究外表的整洁，那么矜持地注意自己的一颦一笑，一举一动！可她却什么都不在乎，哪怕手指上沾了墨迹，脸热得通红，头发蓬乱，或者奔跑时露出了膝盖，她都不放在心上。她对自己的容貌仪态是从不操任何心，从不做任何努力的。她压倒全校所有同学的那些超群出众之处——娴雅、时髦、玲珑、顾盼生姿的眼波……似乎都是在最后两年内不知不觉跑到她身上去的。在舞会上，谁也不可能像奥利娅·麦谢尔斯卡娅那样跳舞，在溜冰场上谁也不可能像她那样溜冰，谁也不可能在舞会上有她那么多的献殷勤的人，而且不知为什么连低年级的同学也都爱她，像那样的爱是谁也不可能得到的。在不知不觉中她长成了大姑娘，在不知不觉中她取得了校花的声誉。而且有人已经在说她坏话，讲她举止轻佻，没有追求者一天也活不下去，还说有个姓舍申的中学男生已发疯似的爱上了她，据说她也爱他，可是对他的态度却反复无常，害得他几次想自杀……

奥利娅·麦谢尔斯卡娅在她生命的最后一个冬天，据学校讲，心情特别欢乐，像发了狂一样。这是个多雪的又是个晴朗的、寒冷的冬天。太阳很早就落到白雪皑皑的校园内高高的云杉树后面，夕阳没有一天不是光华熠熠的，预示着次日仍将是个严寒而晴朗的日子，可以去索鲍尔大街散步，可以去县立公园溜冰场溜冰。公园内，在玫瑰红的残照下，演奏着清越悠扬的乐曲，溜冰场上人们如穿梭般滑来滑去，而在这些人中间，奥利娅·麦谢尔斯卡娅似乎是最无忧无虑、最幸福的了。就在这年冬天，有一回午休时，她在集会厅内同一群一年级的小姑娘游戏，她在前面跑，小姑娘们悦耳地尖叫着在后面追。正当她像一阵旋风似的奔跑着的时候，忽然有人来叫她去见校长。她一下子就刹住步子，只深深地吐了口气，呼吸就平复了下来，用一种她已用惯了的妇人的手势迅速地理好鬓发，把罩裙的两肩拉好，两眼亮晶晶地闪着光，朝楼上奔去。女校长虽然头发已经花白，可是相貌显得挺年轻，此刻正若无其事地坐在写字台后面沙皇的肖像下，结着绒线。

“你好，Mademoiselle[②] 麦谢尔斯卡娅，”她用法语说，眼睛没有离开手里的绒线，“遗憾得很，我已经不是第一次不得不请你来谈谈你的品行。”

“我一定好好听你谈，madame[③]。”麦谢尔斯卡娅一面回答说，一面走近写字台，泰然地、活泼地望着校长，可脸上没有丝毫表情，然后坐了下来，坐得那么轻盈、优美，只有她才会这么坐。

“你是一定不会好好听我谈的。遗憾得很，我对这一点深信不疑。”校长说道，随后拉动绒线，躺在打蜡地板上的绒线球跟着转动起来，她抬起眼睛，发现麦谢尔斯卡娅正在好奇地望着绒线球。“我不会跟你谈多久，也不会重复我的话。”

麦谢尔斯卡娅非常喜欢这间纤尘不染的宽敞的办公室，那只豪华的荷兰式炉子散发出来的舒适的暖气充溢全室，驱走了大冷天的寒气，写字台上的铃兰发出阵阵幽香。她望了望年轻的沙皇[④]的全身像，背景是穷奢极侈的宫殿大厅，又望了望校长从正中央一分为二、精心地做出波纹来的乳白色头发，便默默地等校长开口。

“你已经不是小姑娘了。”校长话中有话地说，顿时心里燃起一股无名火。

“是的，madame。”麦谢尔斯卡娅天真地，几乎是愉快地回答说。

“但也还不是妇人，”校长更是话中有话地说，她那没有光泽的脸微微涨红了，“首先，你这是梳的什么发式？这是已婚女子的发式！”

“madame，这不是我的过错，我的头发天生长得好。”麦谢尔斯卡娅回答说，举起双手略略抚了抚梳得漂漂亮亮的头发。

“噢，是这样，不是你的过错！”校长说道，“梳这样的发式不是你的过错，头上插着那么贵重的梳子不是你的过错，脚上的鞋子得要你父母花二十个卢布才能买一双，这也不是你的过错！但是，我要向你再说一遍，你完全忘记了你眼下还只不过是个女子中学的学生……”

就在这时，麦谢尔斯卡娅突然彬彬有礼地打断了她的话，而神态仍然是天真的、沉着的：

“请原谅，madame，您错了，我已经是个妇人，这是谁的过错，您知道吗？是我爸爸的朋友和邻人，您的哥哥阿列克赛·米哈伊洛维奇·马柳京。这事是去年夏天在乡下发生的……”

在这次谈话后一个月，有个哥萨克军官——这人长得不但不漂亮，而且一副粗野的样子，跟奥利娅·麦谢尔斯卡娅所属的那个圈子毫无共同之处——在火车站上，当着刚下火车的一大群旅客，开枪把她打死了。于是奥利娅·麦谢尔斯卡娅当初使校长大为震惊的那番难以置信的自白，终于得到证实：军官向法院侦查员供称麦谢尔斯卡娅勾引他，同他关系亲密，并海誓山盟要嫁给他。他行凶那天，她陪他去新切尔卡斯克，到站后，她突然对他说，她从来连想都没想到过会爱他这种人，关于婚嫁的那些话，不过是她对他的奚落，并让他看了谈到马柳京的那页日记。

“我飞快地看完这段日记，立刻就在站台上（她当时正在站台上踱来踱去等我看完）开枪把她打死了。”军官说，“这就是那本日记，请您看看去年 7 月 10 日的内容吧。”

日记中是这样写的：

现在是午夜两点。我睡着了，睡得很熟，可马上又醒了过来……从今天起，我已成了妇人！爸爸、妈妈和托利亚都进城去了，我一个人留了下来。我真幸福啊，就我一个人！打一早晨起，我就上果园和田野里去散步，还去了树林子，我觉得整个世界上似乎就只我一个人，我的心情是那么愉快，有生以来还从未这么愉快过。吃午饭时也是我一个人，后来我弹了整整一个小时的钢琴。琴声使我产生了一种感觉，我将永无尽头地活下去，我将比任何人都幸福。后来我在爸爸的书房里睡着了，四点钟的时候卡嘉来把我叫醒，说是阿列克赛·米哈伊洛维奇来了。我对他印象很好，所以高高兴兴地接待他。他是驾着一对维亚特马来的，马漂亮极了，一直并立在台阶旁。他留了下来，因为下雨了，他希望黄昏前雨能停下来。他嘴上说没遇见爸爸感到非常遗憾，可是人却非常高兴，像个骑士那样向我大献殷勤，不时跟我开玩笑说，他早就倾心于我，早就钟情于我了。午茶前天又放晴了，我们去果园散步，阳光穿过满园湿淋淋的果树倾泻到地上，可仍然感到凉丝丝的。他挽着我的手臂说，他是挽着玛甘泪的浮士德[5]。他虽说已经五十六岁，可还非常漂亮，穿着也十分讲究（使我不称心的只有一点，那就是他披了件斗篷），浑身是英国香水味，一双眼睛还非常年轻，黑油油的，大胡子优雅地梳成两部，已完全是银白色的了。我们一起坐在装有玻璃窗的凉台上喝茶时，我觉得自己似乎有点不舒服，便躺到沙发床上。他呢，抽了一阵烟，后来就坐到我身边，又向我讲了不少恭维话，然后端详起我的手来，并连连地吻着。我用一方丝手绢盖住了脸，他几次隔着丝手绢亲我的嘴唇……我弄不懂怎么会发生这件事的，我疯了，我从没料到我竟是个这样下贱的人！现在我只剩下一条出路了……我是那样地厌恶他，憎恨他，我怎么也受不了，我活不下去了！……

一到四月份，县城就不再是遍地泥泞，变得干燥、清洁了，石砖路也发白了，走在上面使人觉得轻松愉快。每逢星期天做完弥撒后，总是有一个穿着丧服，戴着黑色牛皮手套，拿着顶红木柄小阳伞的矮小的妇人，沿着索鲍尔大街朝城关走去。她顺着公路穿过肮脏的广场，广场四周有许多叫烟熏得黑不溜秋的铁匠铺，可是在这里你已经可以闻到四野清新的气息了；再往前走，可以望到在男修道院和监狱之间飘浮着白云的天空和春日灰色的田野。等你绕过修道院围墙下的一个个水洼，往左一拐，便可看到一大片围着白栅栏的像花园似的地方，树木都矮矮的，大门上写着圣母升天公墓。那个矮小的妇人画了个幅度很小的十字，便习惯地沿着主林荫道走到竖着橡木十字架的长椅前，坐了下来，冒着春日的寒风一坐就是一两个小时，一直要到穿着薄薄的半高筒靴的脚和戴着窄窄的牛皮手套的手冻僵了才会离去。她谛听着小鸟不顾这料峭的春寒甜蜜地唱着歌，谛听着风吹在瓷制花环上发出飒飒的声响，往往不由得想道，只要她眼前不存在那只象征死亡的瓷花环，她宁愿舍出自己下半世的生命。啊，这瓷花环，这坟墩，这橡木的十字架！在这三者的下面长眠着的怎么可能是那个女孩子呢，要知道在十字架墓碑上凸出的烧瓷像中，她的眼睛是多么生气勃勃呀。再说，如今同奥利娅·麦谢尔斯卡娅的名字联系在一起的那件可怕的事又怎么能同烧瓷像中如此纯洁的目光联系在一起呢？但是在这个矮小的妇人心底却有一种幸福感，就如一切献身于某种狂热的理想的人那样。

这个妇人是奥利娅·麦谢尔斯卡娅的级任老师，一个老处女，长久以来，一直用某种臆想来替代她的现实生活。起初她的臆想都集中在她弟弟身上。他是个收入微薄，一无可取之处的准尉，她曾把她的整个心灵，同他，同他的前程，联结在一起。不知她凭了什么会认为她弟弟的前程一定是飞黄腾达的。自从他在沈阳城下被打死以后[⑥]，她便要自己安命乐天，终生当思想界的一个劳动者。奥利娅·麦谢尔斯卡娅的死激起了她新的幻想。如今奥利娅·麦谢尔斯卡娅成了她倾注自己无休无止的想象和感情的对象。每逢假日，她都到麦谢尔斯卡娅的坟上去，一连几个小时凝望着橡木十字架，回忆着棺材中的那张灰白的小脸蛋，四周摆满了鲜花，还回忆着有一回她无意中听到的奥利娅·麦谢尔斯卡娅的话。有次午间休息时，麦谢尔斯卡娅同她亲密的女友，高大丰满的苏鲍季娜在校园内散步，奥利娅像打连珠炮似的对女友说：

“我在爸爸的一本书里——我爸爸有许许多多有趣的古书——看到过一段话，谈一个女人怎么样才算得上是美丽的……书里讲了许多，你懂吗，我无法统统记下来，反正这几条是少不了的：要有像沸腾的焦油一般的黑眼珠——真的，的确是这么写的：像沸腾的焦油！——要有像夜一般乌黑的睫毛，要有泛出柔和的红晕的面颊，要有苗条的身材，要有比一般人长的手指——你懂吗，要比一般人长！——要有一双纤小的脚，要有丰满适度的胸脯，要有圆得恰到好处的小腿肚，要有颜色跟贝壳一样的膝盖，要有一对削肩膀——瞧，有好几处我几乎都能倒背如流了，人家讲得对嘛！——而最主要的，你知道是什么吗？要有轻盈的气息！我恰恰有这样的气息，你听，我是怎么呼吸的——对吗，是这样的吗？”

如今这轻盈的气息重又在世界上，在白云朵朵的天空中，在料峭的春风中飘荡。

① 选自《蒲宁文集（短篇小说卷）》，安徽文艺出版社 2005 年版。蒲宁（1870—1953），俄国小说家、诗人，著有《旧金山来的先生》《米佳的爱情》

《乡村》等小说，获 1933 年诺贝尔文学奖。戴骢（1933—2020），俄语文学翻译家，译有《蒲宁文集》《金玫瑰》《敖萨德故事》《红色骑兵军》等。

② Mademoiselle：法语，意为小姐。

③ Madame：法语，意为夫人。

④ 沙皇：指俄国末代沙皇尼古拉二世（1868—1918），绰号“血腥的尼古拉”，即位时年 27 岁，十月革命后被杀。

⑤ 见歌德所著长诗《浮士德》。老博士浮士德返老还童，爱上了年仅 14 岁的少女玛甘泪，在与其幽会时，误杀其母，杀死其兄，玛甘泪养了私生子，把儿子溺死，自己被投入狱中，成了疯人。

⑥ 指 1904—1905 年以我国东北为主要战场的日俄战争。在这场帝国主义战争中，日军于 1904 年 3 月在沈阳附近击溃俄国陆军主力。

导读

少女时代不仅是一个女人一生中最夺目的时刻，也是“人生”这首诗中一个最美的意象，“轻盈的气息”则是少女之美的精华。蒲宁感于这种美的毁灭，用诗一般的文字谱写了一曲美的哀歌。康·帕乌斯托夫斯基认为蒲宁这篇小说是“为少女的美写的墓志铭”，“是充满了怕和爱的生活本身”。

触类引申

我在报亭买了一张当天的《俄罗斯言论报》。三等车候车室内光线昏暗得无法看报。我数了数口袋里的钱。够我到灯火通明的车站餐厅去喝杯茶，甚至还可以有一点儿余钱付给醉醺醺的侍应生作小费。

餐厅里有张桌子挨着一只装香槟酒用的白铜空桶。我就在这张桌子旁坐下来，打开了报纸……

我埋头看报，直到一个小时之后车站的司阍摇着铃，故意带着鼻音喊道：“去叶弗列莫夫、沃洛沃、图拉的注意，打第二遍铃了！”我这才如梦初醒。

我跳起身来，奔上车厢，缩在黑洞洞的车窗旁，一直到叶弗列莫夫没有动一动。我的整个身心由于悲伤，由于爱而战栗。我为谁悲伤？爱上的又是谁呢？

我为之悲伤的、我爱上的是个美好的姑娘，就是那个在这儿的火车站上被枪杀的中学女生奥利娅·麦谢尔斯卡娅。原来报上登载了蒲宁的短篇小说《轻盈的气息》。

我不知道这篇作品能不能用小说来称呼它。它不是小说，而是启迪，是充满了怕和爱的生活本身，是作家悲哀的、平静的沉思，是为少女的美写的墓志铭。

我深信在叶列茨的公墓里，我曾走过奥利娅·麦谢尔斯卡娅的坟墓，风吹拂着已经陈旧了的瓷花圈，发出怯生生的飒飒声，仿佛在呼唤我立停下来。

可我却一步不停地走了过去，什么也不知道。噢，要是我当时知道就好了！要是我能办到就好了！那我一定把大地上所有的鲜花都撒在这座坟茔上。我已经爱上了这个女郎。她的无可挽回的命运使我不寒而栗。

车窗外忽明忽灭地战栗着乡村稀疏、凄凉的灯火。我眺望着这些灯火，幼稚地安慰自己，奥利娅·麦谢尔斯卡娅是蒲宁虚构出来的，我之所以会突如其来地爱上这个已被杀害了的姑娘，并为此而痛苦不堪，无非是因为我倾向于以浪漫主义的态度对待世界罢了。

大概正是在这天深夜，在寒气袭人的车厢里，在俄罗斯黑暗忧郁的旷野中，在被晚风吹得簌簌发响的、还未及长满新叶的白桦林间，我第一次彻底地理解了何谓艺术，以及艺术有多么崇高的、永恒的感染力。

我好几次打开报纸，借着渐渐熄灭下去的烛光，后来又在游移不定的黎明时分那似水一般淡淡的晨光下，反复地诵读描述奥利娅·麦谢尔斯卡娅的轻盈的气息的那些句子，诵读小说结尾的那个句子："如今这轻盈的气息重又在世界上，在白云朵朵的天空中，在料峭的春风中飘荡。"

——［俄］康·帕乌斯托夫斯基《金玫瑰》，戴骢译，上海译文出版社 2004 年版

布宁的小说，以"散文中的诗"而著称，其叙述语言既充满激情又带有内在的韵律感，其所展现出的画面清新、优美，有着深远的意境；而诗歌，则以多叙述性、现实性见长，诗语简洁、流畅，情绪自然、真实，常暗含有一个故事或情节。这种诗近文、文如诗的风格，贯穿了布宁的整个创作。

——刘文飞《思想俄国》，山东友谊出版社 2006 年版

乡村医生[①]

卡夫卡 著　孙坤荣 译

我感到非常窘迫：我必须赶紧上路去看急诊；一个患重病的人在十英里外的村子里等我，可是从我这儿到他那里是广阔的原野，现在正狂风呼啸，大雪纷飞。我有一辆双轮马车，大轮子，很轻便，非常适合在我们乡村道路上行驶，我穿上皮大衣，手里拿着放医疗用具的提包，站在院子里准备上路，但是找不到马，根本没有马。我自己的马就在头天

晚上，在这冰雪的冬天里因劳累过度而死了。我的女佣人现在正在村子里到处奔忙，想借一匹马来，但是我知道，这是不会有什么结果的，我白白地站着，雪愈下愈厚，愈等愈走不了了。那姑娘在门口出现了，只有她一个人，摇晃着灯笼。当然，谁会在现在这样的时刻把马借给你走这一程路呢？我又在院子里走来走去，可是想不出一点办法。我感到很伤脑筋，心不在焉地向多年来一直不用的猪圈破门踢了一脚。门开了，门板在门铰链上摆来摆去发出拍击声。一股热气和马身上的气味从里面冒出来。一盏昏暗的厩灯吊在里面的一根绳子上晃动着。有个人在这样低矮的用木板拦成的地方蹲着，露出一张睁着蓝眼睛的脸。“要我套马吗？”他问道，匍匐着爬了出来。我不知道说什么好，只是弯下腰来看看猪圈里还有什么。女佣人站在我的身边。她说：“人往往不知道自己家里还会有些什么东西。”我们两人都笑了。

“喂，老兄！喂，姑娘！”马夫叫着，于是两匹强壮的膘肥的大马，它们的腿紧缩在身体下面，长得很好的头像骆驼一样低垂着，只是靠着躯干运动的力量，才从那个和它们身体差不多大小的门洞里一匹跟着一匹挤出来。它们马上都站直了，原来它们的腿很长，身上因出汗而冒着热气。“去帮帮他忙。”我说，于是那听话的姑娘就赶紧跑过去，把套车用的马具递给马夫。可是她一走近他，那马夫就抱住她，把脸贴向她的脸。她尖叫一声，逃回到我这里来，脸颊上红红地印着两排牙齿印。“你这个畜生，”我愤怒地喊道，“你是不是想挨鞭子！”但是我马上就想到，这是个陌生人。我不知道他是从哪儿来的，而当大家都拒绝我的要求时，他却自动前来帮助我摆脱困境。他好像知道我在想什么，所以对我的威胁没有生气，只顾忙着套马，最后才把身子转向我。“上车吧。”他说。的确，一切都已准备好了。我注意到这确实是一对好马，我还从来没有用过这样的好马拉过车呢，我就高高兴兴地上了车。“不过我得自己来赶车，因为你不认识路。”我说。“当然啰，”他说，“我不跟你去，我要留在罗莎这里。”“不！”罗莎叫喊起来，并跑进屋里，预感到自己将遇到无可逃避的厄运。我听见她拴上门链发出的叮当声，我听见钥匙在锁孔里转动的声音，我还可以看到她先关掉过道里的灯，然后穿过好几个房间把所有的灯都关掉，别人就找不到她了。“你同我一道走，”我对马夫说，“否则我就不去了，即使是急诊也罢。我不想为这事把姑娘交给你作为代价。”“驾！”他吆喝道，同时拍了拍手，马车便像在潮水里的木头一样向前疾驰。我听到马夫冲进我屋子时把房屋的门打开发出的爆裂声，接着卷来一阵狂风暴雪侵入我所有的感官，使我什么也听不见什么也看不到。但这只是一瞬间的工夫，因为我已经到了目的地，好像病人家的院子就在我家的院门外似的，两匹马安静地站住了，风雪已经停止，月光洒在大地上，病人的父母匆匆忙忙地从屋里出来，后面跟着病人的姐姐。我几乎是被他们从车子里抬出来的，他们七嘴八舌地嚷嚷着，我一句也听不清楚，病人房间里的空气简直无法呼吸，炉子没人管可是冒着烟。我想打开窗子，但是我首先得看看病人。这年轻的病人长得很瘦，不发烧，不冷，也不热，有一双失神的眼睛，身上没有穿衬衫，他从鸭绒被下坐起来，搂住我的脖子，对着我的耳朵轻声说：“医生，让我死吧。”我向四周看了一眼，没有人听到这句话。病人的父母正弯身向前默默地站着，静候我的诊断。姐姐搬来一张椅子让我放手提包。我打开提包，寻找医疗用具，这孩子还是从床上向我摸过来，要我记住他的请求。我取出一把小镊子，在烛光下检查了一下又把它放回去。“是的，”我有些亵渎神明地想，“上帝在这种情况下真肯帮忙，送来了失去的马，由于事情紧急还多送了一匹，甚至还多送了一个马夫——”这时我才又想起了罗莎，我该怎么办，我怎样才能救她，离她有十英里之外，而且套的两匹马难以驾驭，在这种情况下，我怎样才能把她从马夫身下拉出来呢？现在，这两匹马不知用什么方法松开了缰绳，我也不知道它们怎样从外面把窗户顶开的。每一匹马都从一扇窗户探进头来注视着病人，对于这家人的叫喊毫不在乎。“我最好马上就回去。”我想，好像那两匹马在要求我回去似的，但我还是容许病人的姐姐替我脱下皮大衣，她还以为我热得有些晕眩了。老人给我斟来一杯罗木酒，拍拍我的肩膀，他拿出心爱的东西来待客表明对我的亲切信赖。我摇了摇头。老人狭隘的思想，使我很不舒服，正是由于这个原因我谢绝喝酒。母亲站在床边招呼我过去，我顺从了，而当一匹马向天花板高声嘶叫的时候，我把头贴在孩子的胸口，他在我的潮湿的胡子下面战栗起来。这就证实了我的看法：这孩子是健康的，只是血液循环方面有些小毛病。这是因为她母亲宠爱过分给他多喝了咖啡的缘故，但确实是健康的，最好还是把他赶下床来。我并不是个社会改革家，所以只好由他躺着。我是这个地区雇佣的医生，非常忠于职守，甚至有些过了分。我的收入很少，但我非常慷慨，对穷人乐善好施。可是我还得养活罗莎，所以这男孩想死是对的，因为我自己也想死。在这漫长的冬日里，我在这儿干些什么啊！我的马已经死了，村子里没有一个人肯借马给我。我只得从猪圈里拉出马来套车。要不是猪圈里意外地有两匹马，我只好用猪来拉车了。事情就是这样。于是我向这家人点点头。他们一点也不知道这些事，即使他们知道了，他们也是不会相信的。开张药方是件容易的事，但是人与人之间要互相了解却是件难事。好了，我的出诊也就到此结束，我又一次白跑了一趟，反正我已经习惯了。这一地区的人老是晚上来按我的门铃，使我深受折磨，但是这一次还得牺牲个罗莎，这个漂亮的姑娘多年来一直和我生活在一起，我几乎没有怎么管她——这个牺牲未免太大了。于是我必须在头脑里仔细琢磨一下，以克制自己不致对这家人训斥起来，他们无论如何也不可能把罗莎还给我了。但是当我关上提包，伸手去取皮大衣时，全家人都站在一起，父亲嗅着手里的那杯甜酒，母亲可能对我感到失望——是啊，人们还要期待些什么呢？——她含着泪咬着嘴唇，姐姐摇晃着一条满是血污的毛巾，于是我打定主意作好准备，在某种情况下承认这孩子也许是真的病了。我向他走去，他朝我微笑着，好像我给他端去最滋补的汤菜似的——啊，现在两匹马同时嘶叫起来，这叫声一定是上帝特地安排来帮助我检查病人的——此时我发现这孩子确实有病。在他身体的右侧靠近胯骨的地方，有个手掌那么大的溃烂伤口。玫瑰红色，但各处深浅不一，中间底下颜色最深，四周边上颜色较浅，呈微小的颗粒状，伤口里不时出现凝结的血块，好像是矿山上的露天矿。这是从远处看去。如果近看的话，情况就更加严重。谁看了这种情形会不惊讶地发出唏嘘之声呢？和我的小手指一样粗一样长的蛆虫，它们自己的身子是玫瑰红色，同时又沾上了血污，正用它们白色的小头和许多小脚从伤口深处蠕动着爬向亮处。可怜的孩子，你是无可救药的了。我已经找出了你致命的伤口，你身上的这朵鲜花[②]正在使你毁灭。全家人都很高兴，他们看我忙来忙去，姐姐把这个情况告诉母亲，母亲告诉父亲，父亲告诉一些客人，他们刚从月光下走进洞开的门，踮起脚、张开两臂以保持身体的平衡。“你要救我吗？”这孩子抽噎着轻轻地说，他因为被伤口中蠕动的生命而弄得头昏眼花。住在这个地区的人都是这样，总是向医生要求不可能做到的事情。他们已经失去了旧有的信仰，牧师坐在家里一件一件地拆掉自己的法衣，可是医生却被认为是什么都能的，只要一动手术就会妙手回春。好吧，随他们的便吧：我不是自动要去替他们看病的，如果他们要用我充作圣职，那我也只好这样。我是个上了年纪的乡村医生，我的女佣人都给人家夺去了，我还能希冀什么好事情呢！于是这家人和村子里的长者一同来了，他们脱掉我的衣服，老师领着一支学生合唱队站在房子的前面，用极简单的曲调唱着这样的歌词：

脱掉他的衣服，他就能治愈我们，
如果他医治不好，就把他处死！
他仅仅是个医生，他仅仅是个医生。

然后我的衣服被脱光了，我的手指捋着胡子，我把头侧向一边，静静地看着这些人。我镇定自若，胜过所有的人，尽管他们现在抱住我的头、拖住我的脚，把我按倒在床上，我仍然是这样。他们把我放在朝墙的一面，靠近孩子的伤口。然后他们从小房间里走出去，门也关上了，歌声也停止了，云层遮住了月亮，被褥使我的周身感到暖和，忽隐忽现的马头在洞开的窗户前晃动。“你知道，”我听到有人在我耳边说，“我对你很少信任。你不过是从那儿被抛弃掉的，根本不是用自己的脚走来的。你不但没有帮助我，还缩小我死亡时睡床的面积。我恨不得把你的眼睛挖出来。”“你说得对，”我说，“这的确是一种耻辱。但我是个医生。那我怎么办呢？相信我，我作为一名医生，要做什么事情也并不是很容易的。”“你以为这几句道歉的话就会使我满足吗？哎，我也只能这样，我对一切都很满足。我带着一个美丽的伤口来到世界上，这是我的全部陪嫁。”“年轻的朋友，”我说，“你的错误在于，你对全面的情况不了解。我曾经去过远远近近的许多病房，可以告诉你，你的伤口还不算严重。只是被斧子砍了两下，有了这么一个很深的口子。许多人都自愿把半个身子呈献出来，而几乎听不到树林中斧子的声音，更不用说斧子靠近他们了。”“这是真的吗，或者是你趁我发烧的时候来哄骗我？”“确实是这样，你安心地带着一个公家医生以荣誉担保的话去吧。”于是他相信了，他静静地安息了。可是现在我得考虑如何来救我自己了。两匹马还忠实地站在原处。我很快地把衣服、皮大衣和提包收集在一起。我不愿意把时间花费在穿衣服上，如果两匹马能像来时一样快速，那么简直就可以说我从这张床一跳就跳回到自己的床上。一匹马驯顺地从窗口退回去了，我把收拾好的那包东西扔进马车，皮大衣飞得太远了，只有一只袖子牢牢地挂在一只钩子上。这就很好了。我自己也跃上马去。缰绳松松地拖曳着，这匹马同另一匹马几乎没有套在一起，双轮马车晃里晃荡地随在后面，皮大衣拖在最后面，就这样行驶在雪地上。“驾！”我喊道，可是马没有奔驰起来，我们像老年人似的慢慢地拖过荒漠的雪地，在我们后面长久地响着孩子们唱的一首新编的、但是错误的歌曲：

高兴吧，病人们，
医生正陪着你们躺在床上！

这样下去我可永远回不到家，我的兴旺发达的医疗业务也完了，一个后继者正在抢我的生意，但是没有用，因为他不能替代我。在我的房子里那讨厌的马夫正在胡作非为，罗莎是他的牺牲品，我不愿意再想下去了。在这最不幸时代的严寒里，我这个上了年纪的老人赤裸着身体，坐着尘世间的车子，驾着非人间的马，到处流浪。我的皮大衣挂在马车的后面，可是我够不着它，我那些手脚灵活的病人都不肯助我一臂之力。受骗了！受骗了！只要有一次听信深夜急诊的骗人的铃声——这就永远无法挽回。

① 选自《卡夫卡短篇小说选》，孙坤荣选编，外国文学出版社 1985 年版。弗兰茨·卡夫卡（Franz Kafka，1883—1924），奥地利小说家，著有《城堡》《审判》《美国》等作品。孙坤荣，德语文学翻译家，译有德语文学作品多种。

② 鲜花：原文 Blume 为花朵，卡夫卡在这里把鲜红的伤口比作鲜红的花朵，具有一种象征意义。

导读

《乡村医生》属于那种对阐释具有无限防御能力的作品，是卡夫卡最完美的短篇小说之一。小说形成了一个完美的象征结构，每句话、每个情节、每个场景都有丰富的寓意，它们不断地带给我们震惊，引发我们赞叹和沉思，同时又始终拒绝我们对它们进行理性的、抽象的阐释。最杰出的艺术只能依靠自身来解释自身，外部的解释只意味着将它简单化。在这样的作品面前，最好的阐释就是做一个安静的阅读者，将阅读持续地进行下去。

触类引申

《乡村医生》通常被认为是篇难度较大的故事，因为任何一种单一的社会内容看来都不足以穷尽它。在《乡村医生》中，基本关系是比较简单的：一个人窥见了 B 世界，因而从“理性主义的自满”中，从 A 世界中震醒过来；因为这个冲击改变了他对自己作为人的意识，重新估价了他的过去——现在——将来，把他震入了一种新的本体论。

——［捷克］巴西尔·布萨卡，见《论卡夫卡》，叶廷芳编，中国社会科学出版社 1988 年版

想把卡夫卡的作品解说得详详细细，一丝不差，那就错了。一个象征永远是普遍性的，而且尽管它可以构思得一清二楚，一个艺术家却只能暗示它。字面上的复现是不可能的。此外，没有什么比一件象征艺术品更难以理解的了。一个象征始终超越利用这个象征的艺术品，并使它实际上表现得比它存心要说的更多。

——［法］加缪，见《论卡夫卡》，叶廷芳编，中国社会科学出版社 1988 年版

第九章

写作：阅读的升华

当你在纸上写下第一行字时，接下来会写什么样的句子？把世界、生活和心思落笔为语言，是一个微妙复杂的过程。《说文》："写，置物也。"写作是词语的寻找、移置与安放。无论写一则报道，一篇小说，还是一段日记，都是对自我和世界的重新编码。写下来的文字和语篇，反过来又重新塑造我们；甚至可以说，我们是被语言塑造而成的。

一、写作的理由

促使一个人拿起笔来的理由可能各不相同。斯坦贝克说，“只要提起笔来就感到心情舒畅”，史铁生说是为了不至于自杀，布罗茨基认为诗人写诗是为了体验语言的欢乐，奥威尔认为写作有四大动机。归根结底，写作就是为了更有意义地生活。当写作成为你的一种习惯，你会发现，写作给予你的最珍贵的礼物是心灵的自由。写作就是维护心灵独立和高贵的最值得信赖的力量。

谈谈创作原理①

斯坦贝克 著　顾明栋 译

不久前，一所大学要我阐述我的著作全集的创作原理，当时我不明白这一词语为何意。

《牛津大辞典》给“基本原理”下了这样的定义：（一）对种种原理的推理性阐述，有关种种道理的解释或阐述；一套推论出的规则或指导说明；（二）基本原理，任何事情的逻辑基础或理论基础。也可简而言之：你写了些什么？你为何要写这些？

在提笔著书之前，也许有些作家能够提出一套创作理论。但就我的情况而言，我恐怕自己的创作理论也许就是在写完之后对作品的合乎情理的阐述。那与其说是作家采用的方法，倒不如说是评论家的方法。这就像审问一个囚犯一样：“你为什么要行凶杀人？”他的回答也许会是：“让我想想看。我想我讨厌那个家伙，噢，——我当时神经错乱了。”他能说出为何行凶杀人的原因，可无法真的回忆起促使他操起杀人凶器的情感压力。

因此，我在自己的著作中只能说：“这准是这么一回事，或许是这样。”可是我毫无把握认为，自己记得创作时的情境。谈到某一本书时，我可以说：“我认为自己目睹了一些令人气愤的事。”而对另一本书，我却会说：“这不过是一个我觉得有趣的想法而已。于是，我就把它写了下来。”再涉及到另一本书时，我也可能说：“很有可能，我当时是在试图解释某件事——解释某件我不甚知晓的事。我也许觉得，把它写下来也许有助于更清楚地认识这件事。”

我的基本创作理论也许是，我喜欢创作。我只要提起笔来就感到心情舒畅，比之不动笔情绪更好。我可以在篇章结构、作品基调、遣词造句和音韵节奏方面找到乐趣。一旦这些东西恰当地组合成一种有结构、有基调、有情感、有设计方案和建筑实物的“东西”，我就会感到心旷神怡，因而产生出一种心满意足的感受，就像分享美好的爱情后的心情那样。如果在创作过程中还克服了一些困难和挫折，甚至更能使人觉得志得意满。

至于我的那种“对创作原理的合乎情理的阐述”，我以为，它们同任何前人的情况别无二致。正像每一个人那样，我想做一个善良的人，一个坚强的人，一个品德高尚的人，一个富有才智并受人热爱的人。我认为，创作也许不过是与其他人交流思想感情的一种方法或技艺，而创作的促进因素不过是我们生来就有的孤独感受而已。我们搞创作，也许是为了获得友谊。有些人在宗教中感到的慰藉，作家可以在自己的职业中或任何事物中感受到，譬如，把微不足道、精神恐惧、身心孤独的人物写进完整无缺的作品中，也是一种通向荣耀之路的突破。

我认识一位女士，她的那几个未成年的女儿问她，婴儿来自什么地方，她明白了孩子们真想了解这件事后，便告诉了她们。孩子们十分庄重地听她讲述，最后，这位母亲问道：现在你们确信自己明白了吧？”

她的女儿说：“明白了，我们懂得了您做过的事——可是您干吗要这样做呢？”

母亲沉思了片刻，然后答道：“因为那十分有趣！”

这一番话权且充作我的创作理论吧。我的工作充满了乐趣，而且一直洋溢着乐趣，在我内心深处，毫无进一步求索的欲望。

① 选自《诺贝尔文学奖获奖作家谈创作》，北京大学出版社 1987 年版。约翰·斯坦贝克（1902—1968），美国小说家，著有《人鼠之间》《愤怒的葡萄》等，1962 年获得诺贝尔文学奖。

导读

关于写作的感受，斯坦贝克在日记里有过记录：“简直跟一个秘密似的，你开始把词写下来，结果出现了三样东西：你自己、笔和手稿。慢慢地三者合而为一，于是你对手稿的感觉，就像你对手臂的感觉一样。不同的是，你爱它胜过爱自己的手臂。”

斯坦贝克说，作家孤独如星，不教诲也不发号施令，只在天边闪耀，试图与读者建立一种意义的联系、情感的联系，这样就减轻了彼此的孤独。

触类引申

他（斯坦贝克）在 1938 年的一则日记中写道：“世上但凡是诚实的写作……都围绕一个根本主题：设法理解人。相互理解后就会友善相待。

理解了一个人，就绝不会产生恨，十有八九只会产生爱。也有捷径，不在少数。通过写作来推动社会变革、惩恶扬善、赞颂英勇之举，但根本主题是不变的——设法理解彼此。”

——［美］苏珊·西林劳，见约翰·斯坦贝克《人鼠之间》，陈宗琛译，江苏凤凰文艺出版社 2019 年版。

写作二题[①]

史铁生

人为什么要写作?

最简要的回答就是：为了不至于自杀。为什么要种田呢？为什么要做工吃饭呢？为了不至于饿死冻死。好了，写作就是为了不至于自杀。人之为人在于多一个毛病，除了活着还得知道究竟活的什么劲儿。种田做工吃饭乃是为活着提供物质保证，没有了就饿死冻死；写作便是要为活着找到可靠的理由，终于找不到就难免自杀或还不如自杀。

区分人与动物的界线有很多条，但因其繁复看似越来越不甚鲜明了，譬如“思维和语言”，有些科学家说“人类可能不是唯一能思维和说话的动物”，另一些科学家则坚持认为那是人类所独有的。若以我这非学者的通俗眼光看，倒是有一条非常明显又简便的区分线摆在这儿：会不会自杀（是会不会，不是有没有）。这天地间会自杀的只有人类。除了活着还要问其理由的只有人类。丰衣足食且身体健康忽一日发现没有了这样继续下去的理由，从而想出跳楼、卧轨、吃大量安眠药等等千条妙计的只有人类。最后，会写作的只有人类。

鲸的集体上岸“自杀”呢？我看这不是真正意义上的自杀，我猜这准是相当于醉后的坠入茅坑之类，真正的自杀是明确地找死，我看鲸不是。倘若有一天科学家们证明鲸是真正的自杀，那么我建议赶紧下海去买它们的书，我认为会自杀的类都是会写作的类。

去除种种表面上的原因看，写作就是要为生存找一个至一万个精神上的理由，以便生活不只是一个生物过程，更是一个充实、旺盛、快乐和镇静的精神过程。如果求生是包括人在内的一切生物的本能，那么人比其他生物已然又多了一种本能了，那就是不单要活还要活得明白，若不能明白则还不如不活那就干脆死了吧。所以人会自杀，所以人要写作，所以人是为了不致自杀而写作。这道理真简单，简单到容易被忘记。

宿命的写作

“四十而不惑，五十而知天命”，这话似乎有毛病：四十已经不惑，怎么五十又知天命？既然五十方知天命，四十又谈何不惑呢？尚有不知（何况是天命），就可以自命不惑吗？

斗胆替古人作一点解释：很可能，四十之不惑并不涉及天命（或命运），只不过处世的技巧已经烂熟，识人辨物的目光已经老练，或谦恭或潇洒或气宇轩昂或颐指气使，各类作派都已能放对了位置，天命么，则是另外一码事，再需十年方可明了。再过十年终于明了：天命是不可明了的。不惑截止在日常事务之域，一旦问天命，惑又从中来，而且五十、六十、七老八十亦不可免惑，由是而知天命原来是只可知其不可知的。古人所以把不惑判给四十，而不留到最终，想必是有此暗示。

惑即距离、空间的拓开，时间的迁延，肉身的奔走，心魂的寻觅，写作因此绵绵无绝期。人是一种很傻的动物：知其不可知而知欲不泯。人是很聪明的一种动物：在不绝的知途中享用生年。人是一种认真又倔强的动物：朝闻道，夕死可也。人是豁达且狡猾的一种动物：游戏人生。

人还是一种非常危险的动物：不仅相互折磨，还折磨他们的地球母亲。因而人合该又是一种服重刑或服长役的动物：苦难永远在四周看管着他们。等等等等于是最后：人是天地间难得的一种会梦想的动物。

这就是写作的原因吧。浪漫（主义）永不过时，因为现实以“惑”的方式不间断地给它输入激素和多种维他命。

我自己呢，为什么写作？先是为谋生，其次为价值实现（倒不一定求表扬，但求不被忽略和删除，当然受表扬的味道总是诱人的），然后才有了更多的为什么。现在我想，一是为了不要僵死在现实里，因此二是要维护和壮大人的梦想，尤其是梦想的能力。

至于写作是什么，我先以为那是一种职业，又以为它是一种光荣，再以为是一种信仰，现在则更相信写作是一种命运。并不是说命运不要我砌砖，要我码字，而是说无论人干什么人终于逃不开那个“惑”字，于是写作行为便发生。还有，我在给一个朋友的信中这样说过：“写什么和怎么写都更像是宿命，与主义和流派无关。一旦早已存在于心中的那些没边没沿、混沌不清的声音要你写下它们，你就几乎没法去想‘应该怎么写和不应该怎么写’这样的问题了……一切都已是定局，你没写它时它已不可改变地都在那儿了，你所能做的只是聆听和跟随。他要是本事大，你就能听到的多一些，跟随的近一些，但不管你有多大本事，你与它们之间都是一个无限的距离。因此，所谓灵感、技巧、聪明和才智，毋宁都归于祈祷，像祈祷上帝给你一次机会（一条道路）那样。”

借助电脑，我刚刚写完一个长篇（谢谢电脑，没它帮忙真是要把人累死的），其中有这样一段：“你的诗是从哪儿来的呢？你的大脑是根据什么写出了一行行诗文的呢？你必于写作之先就看见了一团混沌，你必于写作之中追寻那一团混沌，你必于写作之后发现你离那一团混沌还是非常遥远。那一团激动着你去写作的混沌，就是你的灵魂所在，有可能那就是世界全部消息错综无序的编织。你试图看清它、表达它——这时是大脑在工作，而在此前，那一片混沌早已存在，灵魂在你的智力之先早已存在，诗魂在你的诗句之前早已成定局。你怎样设法去接近它，那是大脑的任务；你能够在多大程度上接近它，那就是你诗作的品位；你永远不可能等同于它，那就注定了写作无尽无休的路途，那就证明了大脑永远也追不上灵魂，因而大脑和灵魂肯定是两码事。”卖文为生已经十几年了，唯一的经验是，不要让大脑控制灵魂，要让灵魂操作大脑。

① 选自《对话练习》，时代文艺出版社2000年版。史铁生（1951—2010），生于北京，当代作家，著有《我的遥远的清平湾》《命若琴弦》《务虚笔记》《我的丁一之旅》等。

导读

曾有记者问到史铁生的职业，他答曰职业是生病，业余写一点东西。他自嘲：“此病未去彼病又来，成群结队好像都相中我这身体是一处乐园。或许‘铁生’二字暗合了某种意思，至今竟也不死。”

多病之身使史铁生加倍地体会到外界的巨大与躯体的促狭、人群的庞杂与自身的囚押，于是他选择了写作。“人为什么要写作”是他对多年来写作意义的自问；“宿命的写作”则仿佛是对此追问的自答。

触类引申

一个人之所以写诗，意图各不相同：或为了赢得所爱女子的心，或为了表达他对一片风景或一个国家等周围现实的态度，或为了塑造他当时所处的精神状态，或为了在大地上留下痕迹——如他此刻所想的那样。他诉诸这一形式——诉诸一首诗——首先是出于无意识的、拟态的意图：白色纸张上垂直的黑色单词淤块，仿佛能使一个人想到他在世界上的个人处境，想到空间与他身体的比例。但是，与促使他拿起笔的各种意图无关，与流出其笔端的一切所起的效果无关，对于他的读者，无论其读者是多还是少——这一事业迅即的结果，就是一种与语言产生了直接联系的感觉，更确切地说，就是一种对语言中所说、所写、所实现的一切迅即产生依赖的感觉。

这种依赖性是绝对的，专断的，但它也会释放自由。因为，作为一种永远比作者更为古老的东西，语言还具有其时间潜力——即在前面的一切时间——赋予它的巨大的离心力。这一潜力，虽说也取决于操这一语言的民族的人数，但更取决于用这一语言所写的诗的数量。只要想想古希腊罗马文学的作者们就够了，只要想想但丁就够了。比如，今天用俄语或英语创作的作品，就能为这两种语言在下一个世纪中的存在提供保证。诗人，我重复一遍，是语言存在的手段。或者，如伟大的奥登所言，诗人就是语言赖以生存的人。写这些诗句的我不在了，读这些诗句的你们不在了，但写出那些诗句的语言和你们用它阅读那些诗句的语言却将留存下来，这不仅是由于语言比人更为长寿，而且还因为它更适应于突变。

……写诗的人写诗，首先是因为，诗的写作是意识、思维和对世界的感受的巨大加速器。一个人若有一次体验到这种加速，他就不再会拒绝重复这种体验，他就会落入对这一过程的依赖，就像落进对麻醉剂或烈酒的依赖一样。一个处在对语言的这种依赖状态的人，我认为，就称之为诗人。

——[美]布罗茨基《文明的孩子：布罗茨基论诗和诗人》，刘文飞等译，中央编译出版社 2007 年版

我为什么要写作[1]

奥威尔 著　董乐山 译

从很小的时候开始，也许是五六岁的时候，我就知道了我在长大以后要当一名作家。在十七岁到二十四岁之间，我曾经想放弃这个念头，但是我心里很明白，我这么做是违背我的天性的，或迟或早，我会安下心来写作的。

我是三个孩子里中间的一个，两头的年龄差距都是五岁，我在八岁之前很少见到我父亲。为了这个原因和其他原因，我的性格有些孤僻，我很快就养成了一些不讨人喜欢的习惯举止，这使我在整个学生时代不受人欢迎。我有孤僻孩子的那种编织故事和同想象中的人物对话的习惯，我想从一开始起我的文学抱负就同无人理睬和不受重视的感觉交杂在一起。我知道我有话语的才能和面对不愉快事实的毅力，我觉得这为我创造了一种隐蔽的个人天地，我在日常生活中遭到的失败可以在这里得到补偿。不过，我在整个童年和少年时代所写的全部认真的——也就是说真正当作一回事的——作品，加起来不会超过五六页。我在四岁，也许是五岁，写了第一首诗，我母亲把它记了下来。我已经什么都记不得了，除了它说的是关于一只老虎，那只老虎有“椅子一般的牙齿”——这句子造得还够格，不过我想这首诗是抄袭布莱克[2]的“老虎，老虎”的。我十一岁的时候，爆发了 1914 至 1918 年的战争，我写了一首爱国诗，发表在当地报纸上，两年后又有一首悼念基钦纳[3]逝世的诗，也登在当地报纸上。我长大了一些以后，我不时写些蹩脚的而且常常是没有写完的乔治时代风格的“自然诗”。我也曾两次尝试写短篇小说，都以失败告终，不堪一提。这就是我在那些年代里实际上用笔写下来的全部认真的作品。

但是，在这期间，从某种意义上来说，我确也从事了文学活动。首先是那些我不花什么力气就能很快地写出来的但是并不能为我自己带来很大乐趣的应付差事的东西。除了学校功课以外，我还写些应景诗，那是一种半开玩笑的打油诗，我能够按今天来看是惊人的速度写出来——十四岁的时候，我曾只花了大约一个星期的时间，模仿阿里斯托芬[4]写了一部押韵的完整诗剧——我还参加了校刊的编辑，有铅印的，也有手稿。这些校刊都是些你无法想象的可笑到可怜程度的东西。我当时为它们所花的力气要比我今天为最无价值的新闻写作所花的力气少得多了。但是与此同时，在大约十五年以上的时间里，我还在进行一种完全不同的写作练习：那便是编造一个关于我自己的连续"故事"，一种只存在于心中的日记。我相信这是许多儿童和少年都有的一种共同习惯。我在很小的时候就常常想象我是侠盗罗宾汉或什么的，把自己想象为令人刺激的冒险故事中的英雄，但是很快我的"故事"就不再是这种露骨的自我陶醉性质了，而越来越成为对我自己在做的事情和看到的东西的单纯的描述。有时我的脑际会连续几分钟出现这样的话："他推开门进了房间。一道淡黄色的阳光透过细布窗帘斜照到桌上，上面有一匣半打开的火柴放在墨水缸旁。他右手插在口袋里，向窗前走去。下面的街上有一只黄棕色的猫在追逐一片枯叶。"等等等等。这个习惯一直持续到我二十五岁的时候，贯穿了我还没有从事文学活动的年代。虽然我得花力气寻觅，而且的确花了力气寻觅适当词语，我似乎是在一种外力的驱使下，几乎不由自主地在做这种描述景物的练习。可以想象，这个"故事"一定反映了我在不同的年龄所崇拜的不同作家的风格，不过就我记忆所及，它始终保持了在描述上一丝不苟的特点。

我大约十六岁的时候突然发现了单纯词语本身所带来的乐趣，也就是词语的声音和联想。《失乐园》[5]中这两行：

这样他艰辛而又吃力地
向前：他艰辛而又吃力

今天在我看来已不是特别精彩了，但是当时却使我全身战栗；用“hee”来拼“he”（他）也增加了快感。至于描述景物的必要性，我早已全部明白了。因此，如果说我在那个时候要写书的话，我要写的是什么样的书就可想而知了。我要写的是大部头的结局悲惨的自然主义小说，里面尽是细枝末节的详尽描写和明显比喻，而且还尽是成段成段的华丽辞藻，所用的字眼一半是为了取其声音的效果而用的。事实上，我的第一部完整的小说《缅甸岁月》就是一部这种小说，那是我在三十岁的时候写的，不过在这以前很久就已构思了。

我之所以提供这些背景材料是因为我认为不了解一个作家的早期发展的一些情况是无法估量他的动机的。他的题材由他所生活的时代所决定——至少在我们自己生活的这些动荡不安的革命性的年代里是如此——但是在他开始写作之前，他就已经形成了一种感情态度，这是他以后永远也无法摆脱的。毫无疑问，提高自己的气质和避免在还没有成熟的阶段就动起手来，或者陷于一种反常的心态，是他之责任；但是如果他完全摆脱早年的影响，他就会扼杀写作的冲动。除了需要谋一生计以外，我想从事写作，至少从事散文[⑥]写作，有四大动机。在每一作家身上，它们都有不同程度的存在，而在任何一个作家身上，所占比例随着时间的变化而有不同，要看他所生活的环境气氛而定。这四大动机是：

一、纯粹的自我中心。希望显得聪明，为大家谈论，死后留名，向那些在你童年的时候冷落你的大人出口气，等等等等。硬说这不是动机，而且不是一个强烈的动机，完全是自欺欺人。作家同科学家、艺术家、政治家、律师、军人、成功的商家——总而言之，人类的全部上层精华——都有这种特性。而广大的人类大众却不是这么强烈的自私。他们在大约三十岁以后就放弃了个人抱负——说真的，在许多情况下，他们几乎根本放弃了自己是个个人的意识——主要是为别人而活着，或者干脆就是被单调无味的生活重轭压得透不过气来。但是也有少数有才华有个性的人决心要过自己的生活到底，作家就属于这一阶层。我应该说，严肃的作家整体来说比新闻记者更加有虚荣心和以自我为中心，尽管不如新闻记者那样看重金钱。

二、审美方面的热情。欣赏外部世界的美，或者，在另一方面，欣赏词语和它们正确组合的美。享受一个声音的冲击力或者它对另一个声音的冲击力，享受一篇好文章的铿锵有力或者一个好故事的节奏明确。希望分享一种你觉得是有价值的和不应该错过的经验。在不少作家身上，审美动机是很微弱的，但是即使是一个写时论的或者编教科书的作家都有一些爱用的词句，对他有非功利的吸引力；或者他可能特别喜欢某一种印刷字体、页边的宽窄，等等。任何书，凡是超过火车时刻表水平以上的，都不能完全摆脱审美的考虑。

三、历史方面的冲动。希望看到事物的如实面貌，找出真正的事实把它们存起来供后代使用。

四、政治方面的目的——这里所用“政治”一词是指它的最大程度的泛义而言。希望把世界推往一定的方向，改变别人对他们要努力争取的到底是哪一种社会的想法。再说一遍，没有一本书是能够真正做到脱离政治倾向的。有人认为艺术应该脱离政治，这种意见本身就是一种政治态度。

不难看到，这些不同的冲动必然会互相排斥，而且在不同的人身上和在不同的时候有所不同。从本性来说——所谓你的“本性”是指你在刚成年的时候所达到的状态——我是一个头三种动机压倒第四种动机的人。在和平的年代，我可能会写一些讲究辞藻的或者仅仅是描述性的书，而且很可能对我自己的政治倾向几乎毫无意识。但是实际情况是，我却为形势所迫，成了一个写时论的作家。我先在一种并不适合我的职业中度过了五年（缅甸的印度帝国警察部队），后来又经受了贫困和失败的滋味。这增强了我对权威的天生憎恨，使我第一次充分认识到劳动阶级的存在，而且在缅甸的工作使我对帝国主义的本性有了一些了解，但是这些经验还不足以使我具有明确的政治方向。接着来了希特勒、西班牙内战，等等。到了 1935 年底，我仍没有作出最后的决定。我记得在那个时候写的一首小诗，表达了我的进退维谷的困境。

西班牙内战和 1936 至 1937 年之间的其他事件决定了天平的倾斜，从此我知道了自己站在哪里。我在 1936 年以后写的每一篇严肃的作品都是直接或间接地反对极权主义和拥护民主社会主义的，当然是根据我所理解的民主社会主义。在我们那个年代里，认为你能够避免写这种题材，在我看来几乎是胡说八道。大家都在用某种方式为掩蔽写这种题材。这简单地就是一个你站在哪一边和采取什么方针的问题。你对自己的政治倾向越是有明确意识，你就越有可能在政治上采取行动而不牺牲自己的审美和思想上的独立完整。

我在过去十年之中一直最要做的事情就是使政治写作成为一种艺术。我的出发点总是由于我有一种倾向性，一种对社会不公的强烈意识。我坐下来写一本书的时候，我并没有对自己说，“我要生产一部艺术作品。”我所以写一本书，是因为我有一个谎言要揭露，我有一个事实要引起大家的注意，我最先关心的事就是要有一个让大家来听我说话的机会。但是，如果这不能同时也成为一次审美的活动，我是不会写一本书的，甚至不会写一篇杂志长文。凡是稍微留心看一看我的作品的人都会发现，即使这是直接的宣传，它也包含了一个职业政治家会认为无关本题的许多内容。我不能够，也不愿意完全放弃我在童年时代所形成的世界观。只要我还健康地活着，我就会继续对散文这一文体抱有强烈的感情，热爱地球表面上的一切事物，对具体的东西和各种知识感到兴趣，尽管这些知识是片断的或者无用的。要压抑这一方面的自我，我是做不到的。我该做的是把我天性的爱憎同这个时代对我们所要求的基本上是共同的而不是个人的活动调和起来。

这样做可不容易。这就引起了结构和语言问题，而且这还以一种新的方式提出了真实性的问题。我这里只举一个由此而引起的那种比较明显的困难的例子。我写的那部关于西班牙内战的书《向加泰隆尼亚致敬》当然是一部毫不掩饰的政治作品，但是基本上我是用一种相当超然的态度和对形式的尊重来写的。我在这本书里的确作了很大努力，要把全部真相说出来而又不违背我的文学本能。但是除了其他内容以外，这本书里有很长的一章，尽是引自报纸上的话和诸如此类的东西，为那些被指责与佛朗哥合谋的托派分子辩护。显然这样的一章会糟蹋全书，因为过了一两年后普通读者会对它失去兴趣。一位我所尊敬的批评家教训了我一顿。“你为什么把这种材料放在里面？”他说，“本来是一本好书，你却把它变成了新闻报道。”他说得不错，但我只能这样做。因为我正好知道英国只有很少的人才被允许知道的事情：清白无辜的人遭到了诬告。如果不是由于我感到愤怒，我是永远不会写那本书的。

这个问题以某种方式又出现了。语言问题比较细腻，讨论起来要花太多的时间。我这里只想说，在后来的几年中，我努力写得不那么渲染而更严谨些。不管怎么样，我发现等到你完善了任何一种写作风格的时候，你总是又超越了这种风格。《动物农场》是我在充分意识到自己在做什么的情况下努力把政治目的和艺术目的融为一体的第一本书。我已有七年不写小说了，不过我希望很快就再写一部小说。它肯定会失败，每一本书都是一次失败，但是我相当清楚地知道，我要写的是一本什么样的书。

回顾刚才写的几页，我发现自己好像在表示我的写作活动完全出于公益精神的驱使。我不希望让这成为最后的印象。所有的作家都是虚荣、自私、懒惰的，在他们的动机的深处，埋藏着的是一个谜。写一本书是一桩消耗精力的苦差事，就像生一场痛苦的大病一样。你如果不是由于那个无法抗拒或者无法明白的恶魔的驱使，你是绝不会从事这样的事的。你只知道这个恶魔就是那个令婴儿哭闹要人注意的同一本能。然而，同样确实的是，除非你不断努力把自己的个性磨灭掉，你是无法写出什么可读的东西来的。好的文章就像一块玻璃窗。我说不好自己的哪个动机最强烈，但是我知道哪个动机值得遵从。回顾我的作品，我发现在我缺乏政治目的的时候我写的书毫无例外地总是没有生命力的，结果写出来的是华而不实的空洞文章，尽是没有意义的句子、辞藻的堆砌和通篇的假话。

1946 年《流浪汉》第 4 期夏季号

① 选自［英］乔治·奥威尔《我为什么要写作》，董乐山译，上海译文出版社 2007 年版。乔治·奥威尔（1903—1950），英国作家、新闻记者和社会评论家，著有小说《一九八四》《动物庄园》，散文集《英国式谋杀的衰落》《巴黎伦敦落魄记》等。董乐山（1924—1999），当代学者、翻译家，译作有《奥威尔文集》《西方人文主义传统》《苏格拉底的审判》等。

② 布莱克（William Blake，1757—1827）：英国诗人。

③ 基钦纳（Earl Kitchener，1850—1916）：英国陆军元帅，曾任埃及军队司令，后又任印度军队司令，埃及和苏丹总督。

④ 阿里斯托芬（Aristophanes，约前 450—前 380）：古希腊喜剧诗人。

⑤《失乐园》：诗人弥尔顿（John Milton，1608—1674）的长诗。

⑥ 这里的散文是指与韵文相对而言，包括小说和随笔。

导读

乔治·奥威尔以寓言《动物庄园》与小说《一九八四》奠定了在文坛上的地位，他本名埃里克·布莱尔，传记作家克里克说："对布莱尔来说，他身上的奥威尔，一半是自己要当之无愧的理想形象：正直、诚实、单纯、平等的信念，简朴的生活，简朴的写作，简朴的语言，总而言之，一个几乎不顾一切立志要说出不受欢迎的真话的人。"

触类引申

他以一个有见识和正直的匠人开始他的文学生涯，最后成了我们这一世纪的大预言家。但是，归根结底来说，他所以能有这异常的成就，与其说是由于他的文学才能，不如说是由于他的勇气、专致和清晰的眼光，能够看到极权主义对人类的没有先例的威胁，并加以分析和谴责。

——［澳］西蒙·黎斯《奥威尔论：政治的恐怖》，见奥威尔《我为什么要写作·前言》，董乐山译，上海译文出版社 2006 年版

奥威尔的成功，在于他在最恰当的时机写出了最恰当的书籍。事实证明，他对于那一个特殊历史偶然的描述，正好就是关系自由主义政治的未来前途所必需的东西。

……

奥威尔在实践上最大的贡献，就是透过对苏联的重新描述，让第二次世界大战后的政治局势展现新的面貌，从而使我们对于这些辩解有所敏感。

——［美］理查德·罗蒂《偶然、反讽与团结》，徐文瑞译，商务印书馆 2003 年版

优秀读者与优秀作家[1]

纳博科夫 著　范伟丽 译

我的计划是找几部欧洲名家作品来进行研究。做的时候想本着一种爱慕的心情，细细把玩，反复品味。因此，“怎样做一个好读者”或“善待作家”这类标题或可作为这些针对不同作家的不同讨论的副题。早在一百年前，福楼拜就在给他情妇的一封信里说过这样的话：谁要能熟读五六本书，就可称为大学问家了[2]。

我们在阅读的时候，应当注意和欣赏细节。如果书里明朗的细节都一一品味理解了之后再作出某种朦胧暗淡的概括倒也无可非议。但是，谁要是带着先入为主的思想来看书，那么第一步就走错了，而且只能越走越偏，再也无法看懂这部书了。拿《包法利夫人》来说吧。如果翻开小说只想到这是一部“谴责资产阶级”的作品，那就太扫兴了，也太对不起作者了。我们应当时刻记住，没有一件艺术品不是独创一个新天地的，所以我们读书的时候第一件事就是要研究这个新天地，研究得越周密越好。我们要把它当作一件同我们所了解的世界没有任何明显联系的崭新的东西来对待。我们只有仔细了解了这个新天地之后，才能来研究它跟其他世界以及其他知识领域之间的联系。

另外一个问题，是我们能不能指望通过一部小说来了解世界，了解时代？当然谁也不至于天真到以为只要看看由那些新书俱乐部四处兜售的装帧漂亮的标以历史小说的畅销书，就能对过去有所了解。但是文学名著又当怎样看呢？比如简·奥斯丁，她只了解牧师家庭的生活，而她书中描写的却是英格兰地主阶层的缙绅生活和田园风光，我们可以相信她所描绘的这幅图画吗？再如《荒凉山庄》，这本书写的是荒唐的伦敦城里的荒唐传奇，难道我们可以称其为百年前的伦敦大观吗？当然不行。

这里所讨论的其他同类小说也当如是看。事实上，好小说都是好神话，并且这里选的小说更是最上乘的神话了。

就天才作家（就我们能猜测到的而言，而我们相信我们的猜测是正确的）而言，时间，空间，四季的变化，人们的行为，思想，凡此种种，都已不是引自常识的古已有之的老概念了，而是艺术大师懂得以其独特方式表达的一连串独特的令人惊奇的事物。至于平庸的作家，可做的只是粉饰平凡的事物：这些人不去操心创造新天地，而只想从旧家当，从作小说的老程式里找出几件得用的家伙来炮制作品，如此而已。不过他们的天地虽小，倒也能导出一些有点趣味的花样来，招得平庸的读者一时的喜爱，因为这些读者喜欢看到自家的心思在小说里于一种令人愉快的伪装下得到反映，但是一个真正的作家会发射星球上天，会仿制一个睡觉的人，并急不可待的用手去搔他的肋骨逗他笑。这样的作家手中是没有现成的观念可用的，他们必须自己创造。写作的艺术首先应将这个世界视为潜在的小说来观察，不然这门艺术就成了无所作为的行当。我们这个世界上的材料当然是很真实地（只要现实还存在），但却根本不是一般所公认的整体，而是一摊杂乱无章的东西。作家对这摊杂乱无章的东西大喝一声："开始！"霎时只见整个世界在开始发光、熔化，又重新组合，不仅仅是外表，就连每一粒原子都经过了重新组合。作家是第一个为这个奇妙的天地绘制地图的人，其间的一草一木都得由他定名。那里结的浆果是可以吃的；那只从我身边窜过，身上带斑点的动物也许能被驯服，树木环绕的湖可以叫作"蛋白石湖"，或者更艺术味一点，叫"洗盘水湖"，那云雾是一座山峰，而且是注定要被征服的山峰。在那无路可循的山坡上攀援的是艺术大师，只是他登上山顶，当风而立。你猜他在那里遇见了谁？是气喘吁吁却又兴高采烈的读者。两人自然而然的拥抱起来了。如果这本书永垂不朽，他们就永不分离。

在一次巡回讲学途中，某天晚上我到了一所偏远的地方医院，讲课的时候，我提出了一道小测验题，列举“优秀读者十大条件”，让学生从中选四项足以使人成为优秀读者的条件。原题不在手边，现在记得大体是这样的。请从下面的答案中选出四条作为一个优秀读者所应具备的条件：

1. 须参加一个图书俱乐部。

2. 须与作品中的主人公认同。

3. 须着重从社会—经济角度来看书。

4. 须喜欢有情节有对话的小说，而不喜欢没有情节、对话少的。

5. 须事先看过根据本书改编的电影。

6. 须自己也在开始写东西。

7. 须有想象力。

8. 须有记性。

9. 手头应有一本词典。

10. 须有一定的艺术感。

当时，学生对作品大多看重情感上的认同、情节、社会—经济角度、历史眼光。当然，你可能已经猜到了，一个优秀的读者应该有想象力，有记性，有字典，还要有一些艺术感——这个艺术感很重要，我自己也在不断培养，而一有机会就向别人宣传。

顺便说一句，我这里所指的“读者“是一种泛泛的说法。奇怪的是我们不能读一本书，只能重读一本书。一个优秀读者，一个成熟的读者，一个思路活泼、追求新意的读者只能是一个“反复读者”。听我说是怎么回事。我们第一次读一本书的时候，两只眼左右移动，一行接一行，一页接一页，又复杂又费劲，还要跟着小说情节转，处于不同的时间空间——这一切使我们同艺术欣赏不无隔阂。但是，我们在看一幅画的时候，并不需要按照特别方式来移动眼光，即使这幅画像一本书一样有深度、有发展也不必这样。我们第一次接触到一幅画的时候，时间因素并不介入。可看书就必须要有时间去熟悉书里的内容，没有一种生理器官（像看画时用眼睛）可以让我们先把全书一览无余，然后来细细品味其间的细节。但是等我们看书看到两遍、三遍、四遍时情况就跟看画差不多了。不过，总也不要把视觉这一自然进化而来的怪异的杰作跟思想这个更为怪异的东西混为一谈。一本书，无论什么书，虚构作品也罢，科学作品也罢（这两类书的界限也并不如人们一般想得那么清楚），无一不是先打动读者的心。所以，心灵、脑筋、敏感的脊椎骨，这些才是看书时候真正用得着的东西。

好，既然如此，就让我们来研究一下这样一个问题：闷闷不乐的人看一本轻松愉快的书，他的心理活动会怎么样？首先，他的闷气消了，然后好歹便踏进了这本书的精神世界。但是，要开始看一本书，尤其在年轻人倘若又听到他们私下认为太保守、太正统的人称赞过这本书，往往下不了这个决心。不过，决心既下，随后的收获也是丰富多彩的。文学巨匠当初运用想象写出了一本书，后来读这本书的人也要善于运用想象去体会他的书才是。

但是，读者的想象各不相同，至少有两种。读书的时候哪一种合适？一种属于比较低的层次：只从书里寻找个人情感上的寄托（在这类寄情读书法名下还可以分列许多细目），这种读者常常为书里某一个情节所深深打动是因为它勾起了他对往事的回忆。也有人特别钟爱某一本书，只因为其中提到某国某地、某处风景、某种生活方式，使他顿兴恋旧之情。还有一些读者就更糟了，只顾把自己比作书里某一个人物。这些不同种类的等而下之的想象，当然绝不是我所期望于读者的。

那么，一个人读书，究竟应该怎样读才合理呢？要有不掺杂个人情感的想象力和审美趣味。我认为，需要在读者作者双方心灵之间形成一种艺术上的和谐平衡关系。我们要学得超脱一些，并以此为乐才好，同时又要善于享受——尽情享受，无妨声泪俱下，感情激越的享受伟大作品的真谛所在。当然这种事情要做到非常的客观是不可能的，因为真正有价值的东西无不带有若干主观成分。譬如，分明你们坐在这里，却可能只是我的幻觉；而我也许只是你的一个噩梦。但是，这儿我要说的是：读者应该知道他在什么时候，在哪一处得收拾起他的想象，这需要他弄清楚作者笔下是一种什么样的天地。我们必须用眼睛看，用耳朵听；必须设想小说人物的起居、衣着、举止。《曼斯菲尔德庄园》里范妮·普莱斯的眼珠是什么颜色，她那间阴冷的小屋子是怎么布置的，都不是小事。

气质人人不同，但是我可以马上告诉你：读书人的最佳气质在于既富艺术味，又重科学性。单凭艺术家的一片赤诚，往往会对一部作品偏于主观，唯有用冷静的科学态度来冲淡一下直感的热情。不过如果一个读者既无艺术家的热情，又无科学家的韧性，那么他是很难欣赏什么伟大的文学作品的。

一个孩子从尼安德特峡谷[③]里跑出来大叫“狼来了”，而背后果然紧跟一只大灰狼——这不成其为文学，孩子大叫“狼来了”而背后并没有狼——这才是文学。那个可怜的小家伙因为扯谎次数太多，最后真的被狼吃掉了纯属偶然，而重要的是下面这一点：在丛生的野草中的狼和夸张的故事中的狼之间有一个五光十色的过滤片，一副棱镜，这就是文学的艺术手段。

文学是创造，小说是虚构。说某一篇小说是真人真事，这简直是侮辱了艺术，也侮辱了真实。其实，大作家无不具有高超的骗术，不过骗术最高的应首推大自然。大自然总是蒙骗人们。从简单的因物借力进行撒种繁殖的伎俩，到蝴蝶、鸟儿的各种巧妙复杂的保护色，都可以窥见大自然无穷无尽的神机妙算。小说家只是效法大自然罢了。

回头再来看看那个孩子叫狼的故事。我们也许可以这样说：艺术的魔力在于孩子有意捏造出来的那只狼身上，也就是他对狼的幻觉；于是他的恶作剧就构成了一篇成功的故事。他终于被狼吃了，从此，坐在篝火旁边讲这个故事，就带上了一层警世危言的色彩。但那个孩子是小魔法师，是发明家。

我们可以从三个方面来看待一个作家：他是讲故事的人、教育家和魔法师。一个大作家集三者于一身，但魔法师是其中最重要的因素，他之所以成为大作家，得力于此。

我们期望于讲故事的人的是娱乐性，是那种最简单不过的精神上的兴奋，是情感上介入的性质以及不受时空限制的神游。另一种稍有不同倒也未必一定高明的读者是：把作家看作教育家，进而逐步升格为宣传家、道学家、预言家。我们从教育家那里不一定只能得到道德教育，也可以求到直接知识、简单的事实。说来可笑，我就知道有些人看法国小说或俄罗斯小说，目的在于从中了解巴黎有多快活，俄国有多悲惨。最后，而且最重要的还是这句话：大作家总归是大魔法师。从这点出发，我们才能努力领悟他的天才之作的神妙魅力，研究它诗文、小说的风格、意象、体裁，也就能深入接触到作品最有兴味的部分了。

艺术的魅力可以存在于故事的骨骼里，思想的精髓里。因此一个大作家的三相——魔法、故事、教育意义往往会合而为一而大放异彩。有些名著，虽然也只是内容平实清晰，结构谨严，但给我们在艺术上冲击之大，不亚于《曼斯菲尔德庄园》，或是狄更斯式的富于感官意象的跌宕文字。在我看来，从一个长远的眼光来看，衡量一部小说的质量如何，最终要看它能不能兼备诗道的精微与科学的直觉。聪明的读者在欣赏一部天才之作的时候，为了充分领略其中的艺术魅力，不只是用心灵，也不全是用脑筋，而是用脊椎骨去读的。只有这样才能真正领悟作品的真谛，并切实体验到这种领悟给你带来的兴奋与激动。虽然读书的时候总还要与作品保持一定的距离，超脱些。如果能做到这一点，我们就可以带着一种既是感官的，又是理智的快感，欣然瞧着艺术家怎样用纸板搭城堡，这座城堡又怎样变成一座钢骨架玻璃的漂亮建筑。

① 选自［美］纳博科夫《文学讲稿》，申慧辉等译，上海三联书店2005年版。纳博科夫（1899—1977），俄裔美国作家，代表作有《洛丽塔》《微暗的火》《绝望》《说吧，记忆》等。

② 原文是法语。——译者注

③ 尼安德特峡谷：位于德国杜塞尔多夫城以东，人们在此曾发现史前人类化石。——译者注

导读

作为国际象棋爱好者以及《防守》一书的作者，纳博科夫说，如同象棋难题中的竞赛并不真正在白方与黑方之间，而是在制作者与假想的解题者之间一样，在一部第一流的小说里，真正的冲突不在人物之间，而在作家与读者之间。

谁是优秀读者？谁是优秀作家？阅读本文之前，作为读者，最好记得纳博科夫说过的话："作家之所以同读者发生冲突，是因为作家本人是自己的理想读者，而其他读者往往是动动嘴唇的魔鬼和健忘症患者。"

对于身兼作家与读者二职的纳博科夫来说，写作的理由究竟是什么呢？

触类引申

当你开始阅读一本书，一篇随笔，或是一个杂志故事的时候，发生了什么？如果作品有趣，那么你在寻找作者。你在猜想藏在文章背后的那个头脑。这种猜想经常采用一种直截了当甚至是发自肺腑的形式：这

个人究竟是谁？无论作家多么谨言慎行，他们都在场，读者会对他们形成判断。生活在一个作者隐身于第三人称全知全觉的络腮胡背后的时代，梭罗写道："我们通常不记得，归根结底，总是第一人称在说话。"今天的读者的确普遍会牢记这一点。也可能牢记得过了头。聪明的作家一面力求避免自我意识过于强烈，一面始终意识到读者们探查的眼睛。

——［美］特雷西·基德尔、理查德·托德《非虚构的艺术》，黄红宇译，上海译文出版社 2020 年版

二、在写作中成长

语言是比个人更强大的力量，在它身上积淀了使用这一语言的种族在其全部历史中积淀的集体的智慧、热情和梦想。它是历史，同时也是未来。当一个人拿起笔，语言这一神奇的力量就赋予他思考和生长的能力，使他成为一个自由的个体，而不仅仅是束缚于现实的肉身。语言教育我们成长，胜过世界上任何一个优秀的导师。

思想之狐[①]

泰德·休斯 著　胡家峦 译

我想象着这午夜时分的森林：
还有某个别的东西活跃
在这孤寂的时钟

和我的手指移动着的这页空纸旁。

透过窗户，我望不见星星：
有某个东西更近
但却更深地隐匿在黑暗之中，
正在进入这片孤寂：

冰凉地，微弱地，如幽暗的雪，
一只狐狸的鼻子触动着细枝，叶子；
两只眼睛配合着运动，一会儿，
又一会儿，一会儿，再一会儿

将整齐的足迹印在树木间的
白雪上，一个跛足的影子
小心地、缓慢地绕过树桩，一个
空心的躯体大胆地走来

穿过林间空地，一只眼睛，
一片加宽、加深着的碧绿，
闪亮地，专注地，
前来做它自己的事情

直到，突然带着一阵辛辣刺鼻的狐臭，
它钻进头脑的黑洞里。
窗上依然没有星星；钟声滴答滴答，
纸页印好。

① 选自《英国名诗详注：英汉对照》，胡家峦编注，外语教学与研究出版社 2017 年版。

触类引申

全诗的情节发生在午夜，诗人独坐桌前，只有滴答的钟声相伴。这个意象暗含着宁静和孤寂，诗人与外界隔绝，准备进入他的文学想象。他的想象如同某种存在物，搅扰着午夜的寂静，似乎正偷偷地爬到诗人身上，给人以一种隐秘活动的感觉：午夜象征诗人内心深处一片黑茫茫的想象和创作灵感，这种想象和灵感静静地、突然地爬到诗人身上，“冰凉地，微弱地，如幽暗的雪”（Cold，delicately as the dark snow，第9 行）。想象的活跃是神秘的，其神秘性被喻为狐狸的模糊的影子，在午夜的黑暗中悄悄爬行。黑暗中的影子代表文学灵感的无定形和抽象性，它像狐狸一样神秘地、突然地偷偷跑来。狐狸似乎在白雪中从无形的东西变成了具体的事物，变成了白雪中的一个淡淡的影子，接着表现为一个“大胆地走来”的“躯体”（a body that is bold to come，第 16 行）。狐狸逐渐成形的意象相当于创作想象的过程，它在诗人头脑的黑暗深处慢慢形成，从而产生了艺术作品。

——胡家峦《英国名诗详注：英汉对照》，外语教学与研究出版社 2017 年版

这首诗没有什么可以轻易归纳为意义的东西。很明显，它讲的是一只狐狸，但此狐狸既是狐狸，又非狐狸。什么样的狐狸能直接走进我的脑子里——也许现在还待在里面——笑对一直吠叫的狗呢？它是一只狐狸，也是一个幽灵。它是一只真正的狐狸；当我读这首诗的时候，我看

到它在动，我看到它在雪地留下的脚印，我看到它的影子越过凌乱的雪。词语让我看到这一切，它越来越近。对我来说，它异常真切。词语给了它一个身体，给了它行走的空间。

——［英］特德·休斯《诗的锻造：休斯写作教学手册》，杨铁军译，广西人民出版社 2019 年版

写作让人活两辈子[1]

鲍尔吉·原野

写作会改变一个人，这是众所周知的道理。这里说的“改变”，不是指它使一个人由代课教师变成文联主席这种地位上的变化。我是说心灵，作为一个诚实的劳动者的写作，会发现内心出现一条通向远方的道路。走过去，你会变成另外的人。

写作使人谦逊。世上让人骄狂的事情很多，小时候我记得，有个人穿了双皮鞋就很骄狂。事实上世上每件事都会让某些人骄狂。这就像某种人吃了某种药一定会过敏一样。何止皮鞋？权力、声誉、豪宅、出国、打保龄球，甚至有人当一次右派要在文章中写两百遍，这不也是骄狂吗？我老婆说卖肉和卖西瓜的，一般比较狂妄。可是为什么卖肉或卖西瓜的就易生妄心呢？手里有刀，以及眼前血红？有一些生存方式容易把人变成无赖。但你在一片丰饶的田野上，看不到一个骄狂的农人。农人在劳作与休息的时候都是谦逊的，换言之，创造者易于谦逊。除了上帝之外，女人、工匠与农人，以及作家都是创造者。面对着时间，面对着无尽，人像孩子一样生出敬畏之心。写作让我们感到生活的广阔，感到你在生活中的位置。我常常感到我由于写作而变得像小蚂蚁一样勤勉和认真，

像小蚂蚁一样充满欢喜地做每一件事。我感到街坊邻居都喜欢我的朴素、强壮和单纯。他们甚至用这样的话来赞扬我："你根本不像写东西的人。"他们所欣赏的本真与谦逊，恰恰是写作所带来的。

写作使人善良。什么工作常常思考人的命运？法官？算命的人？以及作家？从近来披露的新闻中得知，法官决定人的命运，但并不思考人的命运。算命者不决定人的命运，却天天思虑。两者实际离人的命运很远。而作者面对的是命运的血肉。有时候，我感到天下哪有什么好人坏人，当你看清命运的手之后，对所谓"坏人"反生可怜之心。一个作家在多年的写作之后仍然不是一个人道主义者，证明他走在了错误的道路上。如果在一种酝酿已久的写作中我们仍然不能了解人的宝贵、人的脆弱、人的向善的天性以及人对恶的诱惑的向往，特别是对人的信心，也证明他走在了错误的道路上。我已经很久不用"善良"这个词了。因为这是一种特定境遇的形容词，不能够也不应该被广泛使用。上帝善良吗？许多事情不是善良与不善良的问题。但写作使人善良，作家比别人更能感受人间的不公平而带来的痛楚。他们是在白天和黑夜始终警醒的社会的神经。如果我们可以要求治国大师应该坚强，教师应该渊博，铁路信号员的视力应该良好的话，作家应善良。对中国下一代的读者而言，比尖锐明敏更需要的是温厚仁慈，这对国人性格是一种救治。下一世纪初，中国更需要泰戈尔、托尔斯泰、川端康成和米斯特拉尔。

写作使人朴素。差不多所有的劳动都使人朴素。农人对着麦子的表情与歌星对着观众的表情肯定不一样，前者更平静实际更美。写作不是开炮，一拉引绳便有震耳效果。它是一点一滴的劳动的积累。在这种积累中，他已经有可能把时代与命运、把遭遇与梦想，把荣耀与付出进行过不止一次的权衡，生活的繁华使写作者感到朴素更适合于自己。朴素的人更容易感受到美。

在将近 50 年的时光中，写作在中国已经不是一条通向高官厚禄的道路，至少已经开始如此了。它作为一项心智活动更接近于纯粹。在写作中，无论苦难或忧伤，所经历的一切在流露笔端之前，在内心再一次经历一遍。所谓谦逊、善良、朴素都是这种经历的结果之一，它使我感到活了两辈子，原来的悲喜都没有浪费。而且它使我在品格方面比过去更好了一些，这是过去所没想到的。在这种意义上，写作与修道仿佛。对我来说，谨此，仅此。

① 选自鲍尔吉·原野《掌心化雪》，吉林文史出版社2001年版。鲍尔吉·原野（1958— ），当代作家，著有《今年秋天的一些想法》《譬如朝露》《羊的样子》《青草课本》《每天变傻一点点》等。

导读

倘若一生只能有一本书陪伴，雨果选择夏多布里昂的《墓畔回忆录》，甘地选择泰戈尔的《吉檀迦利》，巫宁坤选择莎士比亚的《哈姆雷特》，也有人会选择鲍尔吉·原野的《掌心化雪》，说哪怕只是读着这书名，就会有柔软的感觉升起，仿佛看见一个孩子的手，几片晶莹的雪花在手心慢慢融化。那么他的写作体验，又是怎样的呢？

触类引申

从文学的角度谈，在我身上存在两个截然不同的人：一个酷爱大叫大嚷，酷爱激情，酷爱鹰的展翅翱翔，句子的铿锵和臻于巅峰的思想；另一个竭尽全力挖掘搜索真实，既喜爱准确揭示细微的事实，也喜爱准确揭示重大事件。他愿意大家几乎在“实质上”感受到他再现的东西，后者喜欢嘲笑，并在人的兽性里找到乐趣。

——［法］福楼拜《福楼拜小说全集》（下），刘益庚、刘方译，人民文学出版社 2002 版

三、写作的痛苦与欢愉

写作的过程就是对困难的克服，写作就是独自卷入与语言的搏斗。老舍自比文牛，是一种永远没有希望的动物。卡夫卡说：“在写作时，只身独居还不够，一个人静静地形影相吊还不够，夜深人静的深夜究竟太少。”诗人都乐于承认诗是改出来的。

然而，写作的欢愉和自由就纠缠、寄寓于写作的困难和痛苦之中。布罗茨基说，谁一旦体验了这种欢乐，谁就会落入对这一欢乐的依赖，就像另一些人对烈酒和麻醉剂的依赖一样。

写作的痛苦和欢乐，实际上浓缩了人生的悲喜。

文牛①

老舍

干哪一行的总抱怨哪一行不好。在这个年月能在银行里，大小有个事儿，总该满意了，可是我的在银行做事的朋友们，当和我闲谈起来，没有一个不觉得怪委屈的。真的，我几乎没有见过一个满意、夸赞他的职业

的。我想，世界上也许有几位满意于他们的职业的人，而这几位人必定是英雄好汉。拿破仑、牛顿、爱因斯坦、罗斯福，大概都不抱怨他们的行业“没意思”。虽然不自居拿破仑与牛顿，我自己可是一向满意我的职业。我的职业是多么自由啊！我用不着天天按时候上课或上公事房，我不必等七天才到星期日；只要我愿意，我可连着有一个星期的星期日！

我的资本很小，纸笔墨砚而已。我的生活可以按照自己的意思安排，白天睡，夜里醒着也好，昼夜都不睡也可以；一日三餐也好，八餐也好！反正我是在我自己的屋里操作，别人也不能敲门进来，禁止我把脚放在桌子上。专凭这一点自由，我就不能不满意我的职业。况且，写得好吧歹吧，大致都能卖出去，喝粥不成问题，倒也逍遥自在。虽然因此而把妒忌我的先生们鼻子气歪，我也没法子代他们去扳正！

可是，在近几个月来，也不知怎么我也失去了自信，而时时不满意我的职业了。这是吉是凶，且不去管，我只觉得“不大是味儿”！心里很不好过！

我的职业是“写”。只要能写，就万事亨通，可是，近来我写不上来了！问题严重得很，我不晓得生了娃娃而没有奶的母亲怎样痛苦，我可是晓得我比她还更痛苦。没有奶，她可以雇乳娘，或买代乳粉，我没有这些便利。写不出就是写不出，找不到代替品与代替的人。

天天能写一点，确实能觉得很自由自在，赶到了一点也写不出的时节呀，哈哈，你便变成世界上最痛苦的人！你的自由，闲在，正是对你的刑罚；你一分钟一分钟无结果地度过，也就每一分钟都如坐针毡！你不但失去工作与报酬，你简直失去了你自己！

一夏天除了阴雨，我的卧室兼客厅兼饭堂兼浴室兼书房的书房，热得老像一只大火炉。夜间一点钟以后，我才能勉强地进去睡。睡不到四个小时，我就必须起来，好乘早凉儿工作一会儿；一过午，屋内即又成烤炉。一夏天，我没有睡足。睡不足，写的也就不多，一拿笔就觉得困啊。我很着急，但是想不出办法，缙云山上必定凉快，谁去得起呢！

入秋，我本想要“好好”地工作一番，可是天又霉，纸烟的价钱好像疯了似的往上涨。只好戒烟。我曾经声明过：“先上吊，后戒烟！”以示至死不戒烟的决心。现在，自己打了嘴巴。最坏的烟卖到一百元一包（二十枝，我一天须吸三十枝），我没法不先戒烟，以延缓上吊之期了；人都惜命呀！没有烟，我只会流汗，一个字也写不出！戒烟就是自己跟自己摔跤，整天地摔跤还怎能写字呢？半个月，没写出一个字！

烟瘾稍杀，又打摆子，本来贫血，摆子使血更贫。于是，头又昏起来。不留神，猛一抬头，或猛一低头，眼前就黑那么一下，老使人有“又要停电”之感。每天早上，总盼着头不大昏，幸而真的比较清爽，我就赶快地高高兴兴去研墨，期望今天一下子能写出两三千字来。墨研好了，笔也拿在手中，也不知怎么的，头中轰地一下，生命成了空白，什么也没有了，除了一点轻微的嗡嗡的响声。这一阵好容易过去了，脑中开始抽着疼，心中烦躁得要狂喊几声！只好把笔放下——文人缴械！一天如此，两天如此，忍心地、耐性地敷衍自己：“明天会好些的！”第三天还是如此，我开始觉得：“我完了！”放下笔，我不会干别的！是的，我晓得我应当休息，并且应当吃点补血的东西——豆腐、猪肝、猪脑、菠菜、红萝卜等。但是，这年月谁休息得起呢？紧写慢写还写不出香烟钱，怎敢休息呢？至于补品，猪肝岂是好惹的东西，而豆腐又一见双眉紧皱，就是菠菜也不便宜啊！如此说来，理应赶快服点药，使身体从速好起来。可是西药贵如金，而中药又无特效。怎么办呢？到了这般地步，我不能不后悔当初为什么单单选择这一门职业了！唱须生的倒了嗓子，唱花旦的损了面容，大概都会明白我的苦痛：这苦痛是来自希望与失望的相触，天天希望，天天失望，而生命就那么一天天地白白地摆过去，摆向绝望与毁灭！

最痛苦是接到朋友征稿的函信的时节。

朋友不仅拿你当作个友人，而且是认为你是会写点什么的人。可是，你须向友人们道歉；你还是你，你也已经不是你——你已不能够写了！

吃的是草，挤出的是牛奶；可是，文人的身体并不和牛一样壮，怎么办呢？

青年朋友们，假使你没有变成一头牛的把握，请不要干我这一行吧；当你写不出字来的时候，你比谁的苦痛都更大！我是永不怨天尤人的人，今天我只后悔自己选错了职业——完全是我自己的事，与别人毫不相干。我后悔做了写家，正如我后悔"没"做生意或税吏一样；假若我起初就作着囤积居奇与暗中拿钱的事，我现在岂不正兴高采烈地自庆前程远大么？啊，青年朋友们，即使你健壮如牛，也还要细想一想再决定吧，即在此处，牛恐怕是永远没有希望的动物，管你，和我一样的，不怨天尤人。

① 选自《老舍散文精编》，舒济编选，人民文学出版社1994年版。

导读

梁秉堃问老舍："写台词要注意什么？"老舍答："实际上是六个字：想得深，说得巧。"梁又问："写东西有窍门吗？"老舍答："勇敢写，不成功就勇敢地扔掉。"这正应了他的笔名：老舍。他确是用文字的妙手，勾描人物，涂抹风景，无论笔墨或浓或淡，令人捧腹的幽默，力透纸背的悲凉，都是纯粹的老舍味，绝难模仿。

然而文字的巧妙，与作家的苦痛成正比。本文结尾说，"牛恐怕是永远没有希望的动物"，初读想笑，再读欲哭。

触类引申

伟大艺术家们的传记十分清楚的证明了：创造性冲动常常是如此专横，它吞噬艺术家的人性，无情地奴役他去完成他的作品，甚至不惜牺牲其健康和普通人所谓的幸福。孕育在艺术家心中的作品是一种自然力，它以自然本身固有的狂暴力量和机敏狡猾去实现它的目的，而完全不考虑那作为它的载体的艺术家个人的命运。

——［瑞士］荣格《心理学与文学》，冯川、苏克译，译林出版社 2014 年版

文学抱负不是消遣，不是体育，不是茶余饭后玩乐的高雅游戏。它是一种专心致志、具有排他性的献身，是一件压倒一切的大事，是一种自由选择的奴隶制——让它的牺牲者（心甘情愿的牺牲者）变成了奴隶。……因为文学抱负是以作家的生命为营养的，正如侵入人体的长长的绦虫一样。

——［秘鲁］略萨《给青年小说家的信》，赵德明译，上海译文出版社 2004 年版

我是如何写作的 [①]

罗素 著　蓝仁哲 译

我不能假装知道应该如何写作，也不能声称知道名家会给我什么教诲以提高我的写作。我所能做的最多是谈谈有关自己曾经做过的某些努力罢了。

在二十一岁以前，我总希望自己的写作或多或少具有约翰·斯图尔特·米尔[2]的风格。我喜欢他的句子结构和他那展开主题的方式。然而这时，我心里已另有不同的目标，这也许得益于数学吧。无论表达什么，我希望以最少量的词语把它说清楚。我想，人们要模仿的应该是旅游手册而不是什么文章范本。我喜欢一连几小时去寻找简洁明了的表达方式。为了这个，我情愿放弃对文笔优美的苦苦追求。

但在二十一岁那年，我受到了新的影响，它来自我未来的姐夫洛根·史密斯[3]。当时他完全沉醉于与内容相对的文章风格，把福楼拜和沃尔特·佩特[4]奉若神明，我也十分相信写作之道在于模仿他们的技巧。他告诫我种种简便易行的准则，现在我只记得其中两条："每隔四个词就打一个逗点"，"除了在句首，绝不使用'和'（and）这个连词"。他最为强调的忠告是：你往往必须重写一遍。我认认真真地照办，却发现我的初稿总是比第二稿强。这一发现省却了我大量时间。当然，我只将他的忠告用于文章形式而非文章内容。每当我发现内容有重大错误，我总是全部重写一遍。我未曾发现的是，即使我对一个句子表达的内容满意，这句子也是可以改进的。

我逐渐地摸索到一些无需多少烦恼与焦急便能奏效的写作方法。我年轻时每当面临写篇像样的作品，总是有一段时间——也许是一长段时间——感到力不从心。我把自己搅得心烦意乱，神经紧张，生怕永远写不出来。我试了一遍又一遍，却总是不满意，到头来只好作罢。最后我才明白这种种摸索试验简直是浪费时间。看来，最初想以某个题目写本书又经过认真的初步思索之后，我仍需要在潜意识里酝酿的时间；这期间慌忙不得，而且总是愈有意识地思索愈是裹足不前。有时过些时候，我会发现自己犯了一个错误，我无法撰写心目中想写的那本书。但通常我总是更为幸运。经过一番深思琢磨，把问题置入潜意识之中，它便会从底部萌发，突然令人豁然开朗，问题的答案已清清楚楚。于是，只消把那仿若神示的一切记下来便行了。

那种过程中最有趣的例子发生在 1914 年初，尔后它使我深信不疑。当时我已答应为波士顿的洛威尔讲座演讲，选的题目是“我们对外部世界的知识”。整个 1913 年我都在思索这个题目。学期中在剑桥大学的宿舍，假期里在泰晤士河上游的幽静客店，我冥思苦想，以致有时神情恍惚，猛然惊觉，气喘吁吁。但这一切毫无助益。我想出的每一种理论，我都觉得会有致命的反驳理由。最后我绝望了，径自去罗马过圣诞节，希望这次度假会恢复我疲惫的精力。1913 年最后一天，我回到剑桥大学。尽管我面临的难题仍然全无着落，但余下的日子不多了，我只好安排了速记员，准备尽力而为。第二天早上她刚到我门口，我突然醒悟到自己该讲些什么，于是毫不迟疑地口授了全书。

我不想令人产生夸大其词的印象，那书很不完善，我现在认为它存在严重的错误。但它是我最佳的发挥，而那时要是采取慢条斯理的方式（在我能支配的时间内）去写，几乎可以肯定会写得更糟。无论别人的情形如何，这方法对我有效。我发觉，就我自己而言，最好把福楼拜和佩特忘掉。

尽管我现在对于如何写作的想法与我十八岁那阵的想法并无很大差别，但我的发展过程不是一帆风顺的。在本世纪初，我曾有一段时间雄心勃勃，追求辞藻，讲究修辞。那正是我写《一个自由人的崇拜》的时候，现在我并不满意这作品。当时我沉醉于弥尔顿的散文风格，他那豪放磅礴的气势令我心旷神怡，回肠荡气。我不敢说如今已不再赞赏那样的语言文字，但要叫我模仿就难免有些不诚实了。事实上，模仿总是危险的。论风格，没有比祈祷书和《圣经》钦定本更优美的了，但它们表达的思想感情与我们时代的大相径庭。好的风格应当是作者的个性亲切而又近乎自然的流露，同时作者的个性还必须是值得表露才行。不过，依葫芦画瓢固然不可取，但熟谙优美的散文篇章则大有益处，尤其在培养对散文的节奏感方面。

这里有几条简单的准则——也许不比我姐夫洛根·史密斯给予我的那些更简单——我愿向写议论性散文的作者推荐。第一，能用短词的时候绝不使用长词；第二，如果你需要多个附加语来表达，你得将它们分散到几个句子里去；第三，别让你的句子开头部分给读者某种期待，而末尾的意思又与之相反。譬如，在社会学著作里你可能会见到这样一个句子：“人们只在某些先决条件下方能避免令人讨厌的行为模式，那些条件是实际生活中罕有的，须得意外的有利条件的配合，无论是自身的或外部的，才能偶然造就一个人，其诸多因素有别于社会中的正常情形。”咱们试着把这句话变成明白的话吧，我建议这样表达：“所有人都是坏蛋，至少是绝大部分人。不是坏蛋的人一定在出身和教养两方面都特别幸运。”这个句子既简短又明了，表达的意思完全一样。但我担心，要是有哪位教授使用第二句而不是第一句，他可能会丢掉饭碗。

我这话是说，听众中若确有教授，这可算一个忠告。我被允许使用明白易懂的英语，因为大家知道，只要我愿意，就能运用数理逻辑。以这样一句话为例：“有些人与亡妻的姐妹结婚”。我能用经过多年研究才变得简明的语言来表述，这给了我自由。我建议年轻教授们撰写第一部著作时采用少数大学问家才懂的行话，一旦有了这个靠山以后，便可随心所欲地运用“大众化”语言。可是当今，我们的命运操在教授们手里，我想他们真要采纳我的建议，我们少不了要对他们感恩戴德的。

① 选自《罗素思想小品》，庄敏、江涛编，上海社会科学院出版社1996年版。伯特兰·罗素（1872—1970），英国哲学家，1950年诺贝尔文学奖获得者，著有《西方哲学史》等。蓝仁哲（1940—2012），当代翻译家，译作有福克纳《八月之光》等。

② 约翰·斯图尔特·米尔（1806—1873）：英国哲学家、经济学家。

③ 洛根·史密斯（1821—1946）：英国散文家、批评家、语言学家。

④ 福楼拜（1821—1880）：法国小说家。沃尔特·佩特（1839—1894）：英国散文家、文艺批评家。

导读

真与爱是罗素人生观的核心。他的文章通畅明快，深邃而富有哲理，既能开拓人们的智慧，又能温暖人们的心灵。他说过："简单而无比强烈的三种激情主宰了我的一生：爱的渴望、知识的追求以及对人类苦难的极度同情。"你一定会得到教益，倘若认真参考他的三种激情，以及他的写作经历。

触类引申

一个诗人的经历中最使他感到痛苦的就是：他发现自己的一首诗受到公众欢迎，而且被选入选集，可是他知道这首诗是伪造之作。就他所知，这首诗可能的确不算差，可是问题不在这里，他本来就不应该写它。

年轻作家的作品——歌德的《维特》（即《少年维特之烦恼》——编者）是一个典型的例子——有时候是治病的一种方式。他发现自己为某种思想感情所困扰，本能告诉他，他必须摆脱掉这种思想负担才能找到自己真正的兴趣与感情寄托，而要永远摆脱它们的唯一办法就是向它们屈服。一旦他这样做了以后，他就能滋生出一种必需的抗体，使他终生免疫。一般地说，这种痛苦也就是他这一代人的某种精神上的通病。不过，如果他这样做了，他很可能会像歌德一样，发现自己陷入一种尴尬的境地。他为了祛除某种感情而写作，可是他所写的偏偏受到同时代人的狂热欢迎，因为这些文字恰好表达了他们的思想感情，但他们与他不同，他们正因为有这样的思想感情而十分得意。一时间，他们把他视为自己的发言人，可是随着时间的推移，作者逐渐把毒素从自己的思想体系里排除掉了，他开始转向自己真正感兴趣的事情，可是他早年的崇拜者却仍然抱残守缺，他们如今追逐在他的身后，喊道："叛徒！"

"人的智慧被迫进行选择：

生活的完美还是作品的完美。"（叶芝）

其实，这是不真实的，不论是生活还是作品的完美都是不可能达到的。实际上的情况是，作家也像一切人一样，有他个人的弱点与局限性，他应该有自知之明，注意不让这些缺点在作品里表现出来。每一个作家，由于他性格与才能上的缺陷，总有一些题材是他千万不应该去触及的。

——［英］奥登《论著作》，见［英］戴维·洛奇编《二十世纪文学评论》，葛林等译，上海译文出版社 1993 年版

致斐丽斯[①]

卡夫卡 著　刘小枫 译

（1913 年 1 月 14 日—1913 年 1 月 15 日）[②]

我最亲爱的：

今晚在写作中不觉又到了夜深人静的时候。我总是在深夜近两点钟时才一下子想到那位中国诗人[③]。唉，可惜唤醒我睡意的并不是诗中的那位女子，而是这封我一直惦记着要给你写的信。有一次你在信中写道，你多么想在我写作时坐在我身旁。哦，可是我想，这样我就无法写作了，

（尽管我可以写得少一些）但这样我就根本无法写作了。什么叫写作，写作就是把自己心中的一切都敞开，直到不能再敞开为止。写作也就是绝对的坦白，没有丝毫的隐瞒，也就是整个身心都贯注在里面。这样，一个人就会觉得在跟人的交往中失去了自我，而在这种状态下，只要他还是清醒的，就会变得畏惧起来，因为人只要活着，那他就想活下去。但是，对写作来说，坦白和全神贯注却远远不够。这样写下来的只是表层的东西，如果仅止于此，不触及更深层的泉源，那么这些东西就毫无意义，在这时刻产生的只是真实的感情使地层的表面晃动而已。所以，在写作时，只身独居还不够，一个人静静地形影相吊还不够，夜深人静的深夜到底太少。所以，对一个写作的人来说，需要有很长的时间供他支配，因为路途太长，很容易迷失方向，甚至还会感到害怕，在毫无强迫和诱惑的情况下也得控制自己的快乐（这种快乐后来多半要遭重惩），正如猝然之间被自己最亲爱的人的芳唇吻了一下！我常常在想，对于我来说，最好的生活方式也许是一个人呆在宽大而又幽闭的地下室里最靠尽头的一间小室，只身伴着孤灯和写作用的纸笔。吃的东西叫人给我送来。让地下室大门的启闭老是离我远远的。我唯一的散步就是穿着睡衣，经过地下室里一个一个的拱顶去取别人给我送来的饭食。然后很快回到自己的书桌旁，一边默思一边慢慢地用餐，然后马上又拿起笔来写作。那我将会写出什么来啊！我会把我内心最深处的东西都写出来！而且毫不费力！因为最高度的集中就不知道什么紧张了。不过我也许不能这样坚持太久，也许在这种情况下一开始我就会遭到不可避免的失败，而这必然会导致我神经错乱。你的看法呢？我最亲爱的。在这样一位地下室的居士面前你不会吓跑吧！

弗郎兹

① 选自《西方文艺理论名著选篇》下卷，伍蠡甫、胡经之主编，北

京大学出版社 1987 年版。斐丽斯，卡夫卡的女友，曾与他有过两次订婚，后又解除婚约。刘小枫（1956—），当代学者、翻译家，著有《这一代人的怕和爱》《诗化哲学》《拯救与逍遥》《古典学与古今之争》等。

② 译者注：这封信是卡夫卡在深夜写的，所以是从 14 日至 15 日，而不是分为两天写成。

③ 1912 年 11 月 24 日卡夫卡给斐丽斯寄了汉学家译的袁枚的《寒夜》："寒夜读书忘却眠，锦衾香尽炉无烟。美人含怒夺灯去，问郎知是几更天？"

导读

从表面看，卡夫卡的一生平淡无奇：家境优越，天资聪明，8 个学期即取得法学博士学位，12 年的工夫便从助理员擢升为高级职位的总秘书。然而他不动声色的双眸后面，是一个紧张欲狂的内心世界，一生表面的平静其实是未喷的火山，内里的岩浆已经沸腾。他是现代艺术一个非凡的探险者，为德语文学乃至整个西方现代文学奠定了最坚实的基石。在这封给女友的信中，可以体会到语言带给他的痛苦与欢愉。

触类引申

我如此地害怕人言，
他们把一切全和盘托出：
这个叫作狗，那个叫房屋，
这儿是开端，那儿是结束。

我怕人的聪明，人的讥诮，
过去和未来他们一概知道；
没有哪座山再令他们感觉神奇，
他们的花园和田庄紧挨着上帝。

我不断警告、抗拒：请离远些。
我爱听万物的歌唱；可一经
你们触及，它们便了无声息。
你们毁了我一切的一切。

——［奥］里尔克《里尔克诗选》，臧棣编，杨武能译，中国文学出版社 1996 年版

敬告作者

《人之初：母语九章》收入了一批古今中外品质上乘，且适合青少年阅读的优秀作品。由于涉及作者人数较多，作品时间跨度较大，尽管我们经多方努力，多数作品已获得授权许可，但仍有部分作者、译者未能联系上。敬请作者、译者或著作权人予以谅解，并与我们联系著作权使用事宜，我们将及时奉寄样书并支付稿酬。

联 系 人：陈卓

联系电话：(020) 85716911

广东人民出版社

2025 年 7 月

图书在版编目（CIP）数据

人之初：母语九章 / 王尚文等编选 . -- 广州：广东人民出版社，2025. 9. -- ISBN 978-7-218-18663-4

I. H19

中国国家版本馆 CIP 数据核字第 2025AU3243 号

REN ZHI CHU: MUYU JIU ZHANG

人之初：母语九章

王尚文　西渡　郭初阳　颜炼军　编选

出 版 人： 肖风华

策划编辑： 陈　卓
责任编辑： 钱飞遥　陈　卓
营销编辑： 邓煜儿
执行编辑： 吴瑶瑶
封面设计： 周伟伟
责任技编： 吴彦斌

出版发行： 广东人民出版社
地　　址： 广州市越秀区大沙头四马路 10 号（邮政编码：510199）
电　　话：（020）85716809（总编室）
传　　真：（020）83289585
网　　址： https://www.gdpph.com
印　　刷： 北京雅图新世纪印刷科技有限公司
开　　本： 890 毫米 × 1240 毫米　1/32
印　　张： 14.625　　**字　　数：** 410 千
版　　次： 2025 年 9 月第 1 版
印　　次： 2025 年 9 月第 1 次印刷
定　　价： 78.00 元